우리말로 읽는
부처님 말씀
능엄경

반자밀제 법사 한역漢譯

원조 각성스님 한역韓譯

제안 용하스님 편저編著

비움과소통

발 간 사

"본래 한 글자도 없으나 항상 광명을 놓는 그러한 경을 읽어야 한다. 능엄경은 화엄경, 법화경, 열반경에 버금가는 경이다. 수없이 많은 경전 중 가장 알찬 경으로서, 대장경의 핵심이 될 만한 경전이 바로 능엄경이다."

이 시대에 불(佛), 유(儒), 도(道) 삼교에 있어 최고의 대강백이신 원조 각성스님 일찍이 능엄경 강의를 시작하면서 이와 같이 선언적으로 말씀하신 바 있습니다. 능엄경은 마음의 소재에 대한 의문에서 시작하여 부처님의 마음으로 세상을 제대로 보는 이치, 깨달음을 위한 수행의 방법, 수행의 검증을 위한 지표와 경계할 대상 등, 불자(佛子)로서 체득해야 할 법의 내용을 선(禪)과 교(敎)의 경계를 뛰어넘어 종합적으로 제시하고 있습니다. 이런 이유로 능엄경을 예로부터 "소화엄"이라 칭하였으며 전국의 강원에서는 능엄경을 화엄경, 금강경, 원각경과 더불어 출가수행자가 공부해야 할 필수 교재로 채택하고 있습니다.

능엄경은 또한 "차돌능엄"이라는 별칭을 갖고 있는데,

이는 능엄경이 그 결구와 논리 전개에 있어 빈틈이 없고 단단한 짜임새를 갖추고 있기 때문입니다.

그러나 이 "차돌경전"이라는 표현에는 한편으로 능엄경이 좀처럼 격파하기 어려운, 즉 그 뜻을 온전히 이해하기가 쉽지 않은 경전이라는 의미가 담겨 있습니다. 총 10권이라는 한정된 분량 안에서, 내용적으로는 화엄, 법화, 유마, 원각, 금강, 반야, 여래장, 밀엄 등 각종 대승불교 경전에 담긴 사상을 두루 담아내고 있으며, 형식적으로는 이를 사자일구(四字一句) 문체를 통해 표현하고 있기 때문에 그 함축적 의미의 파악에 어려움이 많은 것이 사실이기 때문입니다.

그러면 귀하고 수승한 법어(法語)를 어떻게 하면 보다 널리 나누고 항상 가까이 두고 되새길 수 있을까? 이와 같은 고민의 결과로 맞이한 인연이 바로 한글본 능엄경의 법공양입니다.

능엄경의 가치가 큰 만큼 지금까지 수많은 번역서와 주석서, 그리고 논(論)과 소(疏)가 출간되어 왔고, 지금 우리 불교계만 하더라도 탄허, 운허, 각성 등 당대의 걸출한 선학들이 모두 능엄경에 대한 번역 및 주석서를 편찬하셨습니다. 이러한 주석서들은 분명 난해한 능엄경을 공부하는 데 있어 훌륭한 길잡이이자 스승으로 작용합니다. 그러나 때때로 전 10권으로 구성된 능엄경의 분량에 덧붙여 빼곡하게 제공된 주석과 해설은 독자에게 오히려 피로와 부담으로 다가오는 경우도 적지 않음을 부인할 수 없습니다.

이러 취지에서 차제에 원문의 한자뿐만 아니라 여타의 주석까지 최대한 배제하고 오직 한글로 번역된 경전 내용만으로 구성된 순 한글본 〈능엄경〉을 편찬하여 법공양하고자 합니다. 〈한글 능엄경〉은 이미 능엄경을 공부하신 분들에게는 오로지 경전의 내용에만 집중하여 전체의 대의를 되새겨 볼 시간을 마련해주고, 아직 능엄경을 접하지 못한 분들에게는 능엄경이 대략 어떤 내용들의 진리를 담고 있는지를 보다 빨리 파악할 기회를 제공할 것입니다. 특히 평소 대승불교를 체계적으로 공부할 기회가 별로 없는 대중의 불자들에게는 이 〈한글 능엄경〉이야말로 대승불교의 교과서로서 손색이 없는 소중한 법보(法寶)가 될 것입니다.

본 〈한글 능엄경〉은 번역의 완성도를 확보하기 위해 원조각성 큰스님이 작업하신 번역 원문을 중점으로 채택하였습니다. 각성 큰스님은 불유도(佛儒道) 삼교에 통달하시고, 60십년 동안 강원에서 학승들을 지도해 오셨습니다. 능엄경에 대해서도 각별한 관심을 가지고 오랫동안 연구와 강의를 해오셨으며, 그 결실을 〈능엄경정해〉라는 가장 상세하고 심도 깊은 한글 주석서에 담아내셨습니다.

〈능엄경정해〉에 실린 각성 큰스님의 한글 번역문을 토대로, 다시 용하 스님이 윤문 및 한자 부기 작업을 해주셔서 보다 원활하게 경문을 이해할 수 있도록 도움을 주셨습니다. 용하 스님은 각성 큰스님의 전강제자로서 다년간 여러 강원과 모임을 통해서 능엄경 공부모임을 하셔서 큰스님의 학문적 뜻을 잘 이해하고 있습니다.

  능엄경의 부처님 말씀 중, 부처님을 항상 생각하면 따로이 방편을 구하지 않더라도 저절로 마음이 열리게 됨이, 마치 향에 물든 사람이 저절로 몸에 향기가 나는 "향광장엄(香光莊嚴)"과 같다고 하셨습니다. 원컨대, 〈한글 능엄경〉 법보시 공덕으로 이 땅에 대승불교의 법향(法香)이 그윽하게 퍼지기를 기원합니다.

                    전등선원 원산元山 동명東明 합장

능엄경이 전래된 인연

능엄경은 그 어떤 경전보다 뜻이 풍부하고 이치가 정연하여 평생을 두고 곱씹어 사유하고 공부할 경전으로 손색이 없다. 그런 귀한 경전인 만큼 이 경을 만나는 인연도 귀한 것일까? 여러 문헌에서는 능엄경이 전래된 인연이 결코 순탄하지 않았음을 세세히 전해주고 있다.

당나라 때의 어느 날 반자밀제(般刺密帝, Paramiti, 한역으로 極量)라는 중인도 스님이 홀연 배를 타고 광주에 도착하여 제지사란 절에 머물렀다. 오래지 않아 스님의 해박함과 사물을 꿰뚫어보는 지혜로 인하여 많은 대중들이 찾아와 공경하였다. 그의 행장 안에는 능엄경 10권이 모셔져 있었는데, 스님은 바로 역경작업을 착수하셔서 705년 5월에 이 경의 번역을 완성하였다. 〈속고금역경도기〉에 의하면, 이때 오장국의 스님 미가석가(彌伽釋迦)가 한역하고, 광주 자사를 지낸 방융(房融)이 필수하였으며, 순주 남루사의 스님 회적(懷適)이 증역을 하였다. 반자밀제 스님은 어찌된 일인지 능엄경의 역경이 완수되자마자 곧바로 서쪽으로 배를 띄워 돌아가셨다 한다. 이로써 능엄경이 중국에 유통되기 시작하였다.

여기서 한 가지 의문점이 있다. 당시에 역경은 나라의 중대한 사업이었기 때문에 통상적으로는 중앙에서 관장하였다. 그런데 능엄경은 어째서 광주라는 지방도시에서 국가의 통제를 받지 않고 역경이 이루어졌을까?

능엄경에는 "중인도 나란타 대학 도량 (어) 권정부록출별행"이라는 별칭이 기재되어 있다. 능엄경이 나란타 대학의 권정부에서 송출된 경전이란 뜻이다. 나란타 대학은 당시 인도 뿐 아니라 세계 불교의 사상적 중심지로서 모든 경전과 석학들이 집중된 곳이다. 〈의소주경〉에 의하면, 능엄경은 너무나 중요한 경전이므로 국가에서 왕이 직접 이 경의 외부반출을 엄금하는 령을 내렸다 한다. 때문에 열람을 철저히 통제함은 물론이고 필사나 대출 등이 금지된 경전이었다. 반자밀제 스님은 이 능엄경을 몰래 한 품 반출하여 중국에 가져와 역경 작업에 전념하신 것이다. 역경이 완수되자 바로 돌아가셨다 하니, 반자밀제 스님은 오로지 능엄경에 담긴 부처님의 귀한 말씀을 널리 전파한다는 단 하나의 소임을 위해서 목숨을 거신 것이라 하겠다.

돌이켜보면 반자밀제 스님 이전에 천태 지의(智顗, 538-597)선사가 일찍이 능엄경의 명성을 듣고, 경을 한번이라도 친견하고자 18년간 조석으로 서쪽을 향해 절을 올렸지만 끝내 보지 못하시니, 지금도 천태산 정상에 남아 있는 배경석(拜經石)에서 스님의 안타까운 염원이 전해질 뿐이다. 또한 현장 법사가 바로 나란타대학에서 다년간 유학하신 후 귀국(645)하면서 많은 경전을 가져왔지만 끝내 능엄경은 가져오지 못하셨으니, 능엄경을 만나는 인연은 너무나도 소중하고 희유한 것이다. 1300여 년이 지난 오늘 능엄경을 마음껏 펼쳐들고 공부하는 후학으로서 반자밀제 스님의 보살심에 지극한 감사의 예를 올린다.

능엄경이 이 땅에 전해진 것도 오래되어 고려의 대각국사 의천(義天, 1055-1101) 스님이 공식적으로 경을 가져온 것으로 확인되지만, 사실상 신라시대에 이미 당나라 유학승들을 통해 이 땅에 유포되었을 것으로 추정된다.

반자밀제 스님의 보살행으로 능엄경이 세상에 나오고 중국에서 한역되었지만, 우리의 입장으로는 어찌 보면 아직까지 해제되지 않은 또 하나의 금령이 남아있으니, 바로 언어의 문제이다. 현존하는 능엄경은 한자로 된 한역본(漢譯本)이 유일한데, 이 한자가 과거에는 소수 식자층의 전유물로, 오늘날 우리 한글세대에게는 불편한 타국의 언어로서 자리하여, 우리가 경의 의미를 온전히 파악하는 데 많은 어려움을 주고 있기 때문이다.

그간에 이 문제를 타파하기 위해 많은 석학과 대덕스님들의 노고가 있어왔지만, 능엄경의 한 구절 한 구절마다 세세하게 뜻을 밝힌 것은 원조 각성 큰스님의 〈능엄경정해〉가 제일이라. 비유하자면 언어와 뜻의 금령으로부터 제2의 해제이자 역경을 이루신 것과 같다 함이다. 이번 원산 동명 스님의 법공양 인연으로 〈능엄경정해〉를 토대로 〈한글 능엄경〉을 엮어내었으니, 후학으로써 새삼 원조 각성 대강백 스님께 이루 말할 수 없는 감사의 마음을 전해드린다.

정유년 늦가을 남청산 정변지사에서 제안
용하 합장

목 차

발간사   3
능엄경이 전래된 인연   6

제1부 서분(序分)
  1. 여섯 가지의 증신서(證信序)   16
  2. 타락을 보이신 발기서(發起序)   18

제2부 정종분(正宗分)
제1문. 경명(經名) 이전에 묘정(妙定)의 시종을 갖추 보이시다   20
  제1장 사마타를 말하여 묘심의 원정(圓定)을 깨닫게 하다
    제1. 전도상(顚倒想)을 녹여 공여래장(空如來藏)을 말하다
      첫째, 육근의 본성(本性)에서 진심(眞心)을 가리키다   21
        1. 일곱 번 망심을 쳐부숨   22
        2. 이종근본(二種根本)을 밝히다   36
        3. 손가락을 굽혀 "무엇으로 보느냐?"고 묻다   38
        4. 머리를 쓰다듬어 위로하고 일체유심을 설하다   40
        5. 육진(六塵)을 떠나 실체 없는 것은 허망하다   41
        6. 만(卍)자에서 방광하여 제불과 대중에게 비추다   43
        7. 열 번 견성을 밝히다   45
        8. 두 가지 전도망견(顚倒妄見)을 밝히다   77
        9. 본각(本覺)은 인연, 자연, 화합, 비화합이 아니다   83
      둘째, 사과(四科)와 칠대가 모두 여래장임을 밝히다   86
        1. 오음(五陰)이 본래 여래장(如來藏) 묘진여성   87
        2. 육입(六入)이 본래 여래장(如來藏) 묘진여성   93
        3. 십이처(十二處)가 본래 여래장 묘진여성(妙眞如性)   101
        4. 18계(界)가 본래 여래장(如來藏) 묘진여성   108
        5. 칠대(七大)가 본래 여래장 묘진여성   117
      셋째. 아난과 대중이 깨닫고 발심(發心)하다   133

제2. 세혹(細惑)을 제거해 이여래장(二如來藏)을 말하다
　첫째. 부루나(富樓那)의 두 가지 의혹을 풀어주다　136
　　1. 불공장을 말해 만법의 홀생(忽生)과 상속을 밝힘　138
　　2. 공불공장을 말해 오대가 원융한 이유를 밝힘　147
　　3. 부루나가 "중생은 무슨 원인에서 망상이 있는가" 묻다 153
　　4. 여래께서 '망상(妄想)은 원인 없음'을 밝히시다　154
　　5. "세 가지 상속을 따르지 않으면 돈증한다"고 말하다　156
　둘째, 아난의 2차 인연, 자연의 의혹을 풀어주다　157
　셋째. 대중이 깨닫고 의혹이 제거되다　161

제2장 삼마제를 말해 묘심의 문성(聞性)에 심입하게 하다
　제1. 근(根)을 선택하여 도(道)에 들게 함
　　첫째. 깨달음의 집에 이결정의(二決定義)가 필요함
　　　1. 여래께서 이결정의(二決定義)를 말씀하시다　163
　　　2. 육근의 이합(離合), 심천, 원변(圓徧)을 알아야 함　171
　　　3. 일근의 점결(粘結)을 벗어나 오점(五粘)을 원탈함　176
　　둘째. 문성(聞性) 등이 12상(相)을 떠나도 단멸(斷滅)은 아님
　　　1. 7상주과(七常住果)를 얻지 못할 단멸이라고 의심함　178
　　　2. 종을 쳐서 문성(聞性)이 부단(不斷)함을 밝힘　180
　　셋째. 생사와 보리가 다 육근(六根)이고 딴 것 없다
　　　1. 아난이 신심(身心)의 결해(結解)를 묻다　184
　　　2. 아난에게 마정(摩頂)하시자 제불이 방광하시다　185
　　　3. "생사와 보리가 다 육근이라"고 제불이 말씀하심　186
　　　4. 육해일망(六解一亡)과 원근 택함을 게언(偈言)하시다　187
　　　5. 마음눈이 열리어 서결(叙結)의 차례를 묻다　189
　　넷째. 수건을 맺어서 그 차례를 알리시다　190
　　다섯째. 여러 성인들에게 원통(圓通)을 말하게 하시다　197
　　　1. 육진(六塵)원통　197
　　　2. 오근(五根)원통　202
　　　3. 육식(六識)원통　206
　　　4. 칠대(七大)원통　211
　　　5. 관세음보살(觀世音菩薩)의 이근원통(耳根圓通)　230
　　여섯째. 제불의 광명과 천화(天花), 범패의 서응(瑞應)　245

　　　일곱째. 문수(文殊)에게 간택(揀擇)함을 명하시다　246

　　　여덟째. 대중이 듣고 개오(開悟)하고 증득(證得)하다　261

　제2. 조도(助道)의 능엄주(楞嚴呪)를 지송(持誦)하게 함　263

　　　첫째. 계정혜(戒定慧)인 삼무루학(三無漏學)을 알 것　264

　　　　1. 먼저 계(戒)를 엄수(嚴守)할 것　264

　　　　2. 사종계(四種戒)를 정지(淨持)하여 영단(永斷)할 것　275

　　　　3. 숙업(宿業)을 없애려면 능엄주(楞嚴呪)를 외울 것　275

　　　둘째. 도량을 세우고 정혜(定慧)를 닦는 법　278

　　　셋째. 능엄주(楞嚴呪)를 다시 연설(演說)하심　282

　　　　- 능엄주문(楞嚴呪文)　284

　　　넷째. 능엄주(楞嚴呪)를 지송(持誦)하는 공덕(功德)　289

　　　다섯째. 성중(聖衆)과 신장(神將)이 옹호함　298

제3장 선나(禪那)를 말하여 원정(圓定)의 성도를 수증하게 하다　301

　제1. 염연기(染緣起)는 잘못 윤회를 이룸

　　　첫째. 중생의 전도(顚倒)　302

　　　둘째. 세계의 전도(顚倒)　305

　제2. 정연기(淨緣起)는 성위(聖位)를 역증(歷證)함

　　　첫째. 삼점차(三漸次)　310

　　　둘째. 욕애건혜(欲愛乾慧)　314

　　　셋째. 십신위(十信位)　315

　　　넷째. 십주위(十住位)　317

　　　다섯째. 십행위(十行位)　318

　　　여섯째. 십회향위(十回向位)　320

　　　일곱째. 사가행위(四加行位)　322

　　　여덟째. 십지위(十地位)　323

　　　아홉째. 등각위(等覺位)　324

　　　열째. 묘각위(妙覺位)　325

제2문. 본경(本經)의 다섯 가지 경명(經名)을 말씀하다　326

제3문. 경명(經名) 이후에 초심자의 긴요한 법을 밝히시다　327

제1장 칠취(七趣)를 말하여 떠나기를 권함　329

제1. 중생의 내분의 정(精)과 외분의 상(想)　329
제2. 칠취(七趣)가 생긴 종류
　　첫째. 지옥취(地獄趣)　333
　　둘째. 아귀취(餓鬼趣)　347
　　셋째. 축생취(畜生趣)　349
　　넷째. 인간취(人間趣)　352
　　다섯째. 신선취(神仙趣)　355
　　여섯째. 천취(天趣)
　　　　1. 욕계(欲界)의 육천(六天)　358
　　　　2. 색계(色界)의 십팔천(十八天)　360
　　　　3. 무색계(無色界)의 사천(四天)　366
　　일곱째. 아수라취(阿修羅趣)　368
제3. 칠취(七趣)가 있으나 본래 허망함　369
제4. 윤회를 끊으려면 삼혹(三惑)을 제거할 것　371

제2장 오음마(五陰魔)를 말하여 타락을 방지함
제1. 물음 없이 오음(五陰)의 마(魔)를 자설(自說)하심　372
　　첫째. 마(魔)를 진동시켜 마(魔)가 생김　373
　　둘째. 오음마(五陰魔)의 양상을 자세히 밝히시다
　　　　1. 색음마(色陰魔)의 열 가지 양상　376
　　　　2. 수음(受陰)마(魔)의 열 가지 양상　383
　　　　3. 상음마(想陰魔: 천, 귀마)의 열 가지 양상　392
　　　　4. 행음(行陰)마(魔)의 열 가지 양상　408
　　　　5. 식음마(識陰魔)의 열 가지 양상　426
　　셋째. 초증(超證)함과 호지(護持)함을 말씀하다　435
제2. 물음을 인하여 오음(五陰)의 기멸(起滅)을 밝힘
　　첫째. 오음(五陰)의 본인(本因)은 모두 망상(妄想)이다　438
　　둘째. 이(理)로는 돈오하나 사(事)에서는 점제(漸除)한다　442

제3부 유통분(流通分)
1. 지옥의 죄가 극락(極樂)으로 변함　444
2. 이 경(經), 주(呪)를 지송(持誦)하면 보리를 이룸　445
3. 대중들이 법희를 얻다　445

成佛是果

念佛是因

일러두기

☞ 경문은 〈능엄경정해〉에 실린 각성 큰스님(화엄학회 회주)의 한글 번역문을 토대로 하였다. 여기에 다시 용하 스님이 과목별로 소제목을 달고 윤문 및 한자 부기 작업을 하여 보다 체계적으로 원활하게 경문을 이해할 수 있도록 도움을 주었다.

☞ 주석은 명나라 때의 등신불인 감산대사(憨山大師, 1546~1623)의 〈수능엄경 통의(通議)〉 가운데 핵심적인 내용을 경문에 맞게 삽입하여, 난해한 종지(宗旨)를 선(禪)과 유식(唯識)과 천태지관(天台止觀) 법문 등을 통해 명쾌하게 이해할 수 있도록 하였다. 별도의 출처가 기재되지 않은 주석은 모두 감산대사의 통의 본 주석을 따른 것이다.

☞ '대세지보살 염불원통장'에서는 박병규 거사가 번역한 정권법사(靜權法師, 1881~1960)의 주석을 위주로 구성하였다.

☞ '관세음보살 이근원통장'에서는 정원규 거사가 번역한 선화상인(宣化上人, 1918~1995)의 주석을 부분적으로 첨부하였다.

대불정수능엄경[1] 제1권

제1부 서분(序分)

1. 여섯 가지의 증신서(證信序)

이와 같이 내가 들었다.

어느 때 부처님이 실라벌성 기원정사(祇園精舍)에 계셔서, 대비구중(大比丘衆) 1,250명과 같이 계셨다. 그분들은 모두 무루(無漏)인 대아라한(大阿羅漢)들이다. 불자로 잘 머물러 가져서 모든 유(有)를 잘 초월했으며 능히 국토에서 위의(威儀)를 성취하며 부처님으로부터 법륜을 굴려서 유촉(遺囑)을 묘(妙)하게 감당하며, 계율을 엄정하여 삼계

---

[1] 수능엄경은 모든 여래의 대총지문(大摠持門)이자 비밀스런 심인(心印)으로 일대장교를 종합적으로 포함하고 있다. 오시(五時), 삼승(三乘), 범부와 성인, 참과 거짓, 미혹과 깨달음, 인(因)과 과의 법을 남김없이 포함한다. 수증의 올바르고 삿된 등급의 차이와 윤회의 전도된 상황이 눈앞에 분명한 것이 마치 아마륵과를 보는 듯, 일심의 근원을 사무치고 만법의 이치를 총괄함이 이 경처럼 광대하고 완비된 것이 없다. _감산대사 〈수능엄경통의〉. 이하 별도의 출처가 기재되지 않은 주석은 모두 감산대사의 통의(通義)를 따름.

(三界)의 큰 모범이 되며, 몸 나투기(應身)를 한량없이 하여 중생들을 제도하고 해탈하며 미래의 중생까지 발제(拔濟)해서 모든 진루(塵累)를 초월하셨다.

그 이름을 말하자면, 위대한 지혜인 사리불과 마하목건련과 마하구치라와 부루나미다라니 아들과 수보리와 우파니샤타 등이 회석의 우두머리가 되셨다.

다시 한량없는 벽지불과 무학(無學), 그리고 그 초심(初心)에 있는 이들이 함께 부처님의 처소에 왔었다.

때마침 여러 비구들이 휴하(休夏)에 자자(自恣)할 때 시방의 보살들이 마음에 의심나는 것을 묻고 결정하여 '자비하고 엄숙하신 부처님을 공경히 받들어서 장차 밀의(密意)를 구하려고 하니, 이때 여래께서 자리를 펴고 편히 자리하시고 회중의 모든 이들을 위하여 심오한 법²⁾을 나타내셨다.

그 법회에 모였던 청정한 대중들은 일찍이 미증유(未曾有)를 얻었으며, 부처님의 음성은 시방세계에 두루 하셨다. 항하 모래수와 같은 보살들이 이 도량에 모였으니 문수사리보살(文殊師利菩薩)이 가장 우두머리가 되었다.

그때 바사익 왕이 자기 부왕의 기일에 재(齋)를 거행할

---

2) 경전에서 "부처님은 일대사인연(一大事因緣) 때문에 세간에 출현하신다"고 했다. 이른바 '일대사(一大事)'는 바로 일진법계여래장(一眞法界如來藏)의 청정한 진심(眞心)이다. 이 마음이야말로 모든 부처님과 중생이 균등하게 품부 받은 것이다. 다만 중생이 이 마음을 미혹했기 때문에 여래께서 특별히 세간에 출현해서 중생이 깨달아 들어갈 수 있도록 이 마음을 열어보였다. 그러므로 이것이야말로 '가장 중대한 하나의 일'이다.

적에 부처님을 궁액(宮掖)에 초청하여 친히 부처님을 맞아들이고 여러 가지 좋은 음식과 위없는 최상의 묘한 음식을 널리 장만하였으며, 겸하여 여러 대보살들을 친히 맞아들였다. 사위성(실라벌성) 안에 다시 장자(長者)와 거사(居士)가 있어서 동시에 스님들에게 공양을 올리려고 하여 부처님이 와서 응해 주시기를 기다렸는데, 부처님께서 문수에게 명령하시어 보살과 아라한들을 나누어 거느려서 여러 재주(齋主: 재를 올리는 사람)를 응하게 하셨다.

2. 타락을 보이신 발기서(發起序)

오직 아난(阿難)이 먼저 따로 초청을 받아서 멀리 노닐면서 돌아오지 못하여 승차(僧次)에 참석하지 못했다.

아난은 이미 상좌(上座)와 아사리도 없이 홀로 돌아오는 도중이었는데, 그날따라 공양이 없어서 발우를 들고 성안에서 집집마다 걸식을 하는 중이었다.

그의 마음에는 최후단월(最後檀越)을 처음으로 구하여 재주(齋主)를 삼을 것이라 하여 깨끗함과 더러움, 찰리(刹利: 귀족계급)와 전타라(旃陀羅: 천민)를 따지지 않으며, 평등한 자비를 행하여 미천하다 차별하지 않음으로서 일체중생의 한량없는 공덕을 원만히 이루려는 뜻을 내었다.

아난은 이미 부처님께서 수보리와 대가섭을 두고 "아라한이 되었으나 마음이 균평하지 못하다" 꾸짖으셨던 것을 알기에, 부처님이 개천하신 것이 가리는 것 없는 것을 흠앙(欽仰)하여 모든 의심과 비방을 벗어나려고 하셨다.

저 성을 지나서 천천히 성문으로 걸어가서 위의(威儀)를 엄정하고 재법(齋法)을 숙공(肅恭)하였다.

그때 아난이 걸식할 때를 인하여 음녀(淫女)가 사는 집을 지나가다 크게 요술을 하는 마등가녀(摩登伽女)를 만나게 되었다. 그녀가 사비가라 선범천주(娑毘迦羅 先梵天呪)로써 아난을 음실에 붙잡아 들어오게 하고 음탕한 몸으로 어루만지니, 아난은 장차 파계의 위기에 빠졌다.

여래께서는 이 음술이 행해졌음을 알아채시고, 재를 마치고 문득 돌아가셨는데, 바사익왕과 여러 대신과 장자와 거사들이 함께 와서 부처님에게 법요(法要)를 청하였다.

그때 세존께서 정수리에서 여러 가지 보배인 두려움이 없는 광명을 놓으시니 광명 가운데에 천 가지 보배연꽃이 나타나고, 그 위에 각기 부처님의 화신이 계셔서 가부좌를 맺고 앉으셨다. 세존이 신주(神呪)를 선설(宣說)하시고 문수보살로 하여금 주문(呪文)으로 아난을 보호하게 하셨다.[3] 악주(惡呪)가 소멸되거늘 문수께서 아난과 마등가를 데리고 부처님 처소에 돌아오셨다.

---

3) 선(禪)을 닦는 수행자는 성욕 때문에 정심(定心)을 무너뜨리고 법왕(法王)을 파괴해서 마(魔)의 권속이 되고 만다. 이 욕망의 업습을 말미암음이 극도로 깊고 깊기에 세존께서 먼저 정수리 광명을 방출해서 비추고, 무위(無爲)의 화불(化佛)의 비밀심주(祕密心呪)로써 파괴하며, 문수의 대 지혜로 뿌리 뽑았다. 아난을 찾아가 구원한 것은 대정(大定)의 체(體)를 제시한 것이다. 애욕을 비롯함은 생사의 근본이 되고, 대정은 성불의 근본이 됨을 알 수 있다.

제2부 정종분(正宗分)

제1문(門), 경명(經名) 이전에 묘정(妙定)의 시종(始終)을 갖추 보이시다(3)

아난이 부처님을 보고 정례(頂禮)하고 슬피 울면서 무시래(無始來)로 언제나 다문(多聞)만 하고 도력(道力)이 온전치 못한 것을 한탄하여 시방의 여러 부처님께서 보리를 얻어 이루신 묘한 사마타(奢摩他)와 묘한 삼마제(三摩提)와 묘한 선나(禪那)의 최초방편을 은근히 계청(啓請)하였다.[4]

그때 다시 항하 모래수와 같은 보살과 여러 시방의 위대한 아라한들과 벽지불 등이 모두 듣기를 원하여 물러나 앉아서 침묵을 지키고 부처님의 설법을 기다리고 있었다.

---

4) 아난은 지금 마의 힘에 걸려들고 나서야 비로소 다문(多聞)의 쓸데없음을 알았을 뿐 아니라, 애욕의 습관이 깊고 두텁다는 것도 스스로 알았다. 이는 대법(大法)이 아니면 완전히 끊을 수 없으므로 반드시 삼관(三觀)의 힘에 의지해야만 그 욕망의 번뇌를 소멸시킬 수 있다. 그래서 이제 분발하여 수행하려고 최초의 방편을 여쭌 것이다.

제1장 사마타를 말하여 묘심(妙心)의 원정(圓定)을 깨닫게 하다(2)

(제1주 파망현진(破妄顯眞))

제1, 전도상(顚倒想)을 녹여 공여래장(空如來藏)을 말하다(3)

첫째, 육근(六根)의 본성(本性)에서 진심(眞心)을 가리키다(9)

부처님이 아난에게 이르시기를 "너와 나는 동기(同氣)라. 정(情)이 천륜(天倫)과 같으니 처음 발심함을 당하여 나의 법에서 어떠한 수승한 모양을 보고 세간의 깊고 중한 은애를 단번에 버렸느냐?"

아난(阿難)이 부처님께 고하여 말하기를 "여래의 32상이 승묘(勝妙)하고 수절하시어 형체가 빛나고 투명함이 유리와 같음을 보고 '이러한 모습은 이 욕애(欲愛)로 난 바가 아니니 무슨 까닭이냐 하오면 욕애(欲愛)의 기운은 거칠고 탁하여 비린내, 노린내가 얽히고 설켜 금광체를 발생할 수 없다'고 항상 생각하였습니다. 그러므로 우러러 간절히 사모하여 부처님으로부터 머리를 깎았나이다."

부처님이 말씀하시기를 "잘했다. 아난아! 너희들은 마땅히 알아라. 일체중생이 비롯이 없는 때로부터 지금까지 옴으로 생사가 되풀이 되는 것은 모두가 상주진심(常住眞心)의 성정명체(性淨明體)를 알지 못하고 온갖 망상(妄想)을 쓰기 때문이니, 이 생각이 참되지 않기 때문에 그러므로 윤전(輪轉)이 있다."

1. 일곱 번 망심을 쳐부숨(7)

1) 참마음은 안에 있지 않음

"네가 지금 위없는 보리를 연마하여 참으로 성(性)을 깨달고자 한다면 응당 곧은 마음으로 내가 묻는 말에 대답해야 된다.

시방의 여래께서 하나의 도(道)가 같기 때문에 생사를 벗어나셨으니 모두가 다 직심(直心)으로써 한 것이다. 마음과 말이 곧기 때문에 이와 같이 내지 종말과 처음의 지위에 이르기까지 그 중간에 모든 위곡상(委曲相)이 없었다."

"아난아! 내가 너에게 묻노니 네가 발심할 때에 여래의 32상을 인연했다고 하니, 그때 어떤 것을 가지고 보았으며 무엇이 좋아했느냐?"

아난이 부처님께 말하기를 "세존이시여! 이와 같은 애락(愛樂)은 저의 마음과 눈을 쓴 것이오니 눈으로 말미암아 여래의 수승한 모양을 보고 마음에 애락을 내었기 때문에 그러므로 제가 발심(發心)하여 생사를 버리기를 원했습니다."

부처님께서 아난에게 이르시기를 "네가 지금 말한 바와 같아서 참으로 애락한 바는 마음과 눈으로 인한 것이다. 만약 마음과 눈의 소재를 알지 못하면 곧 능히 진로(塵勞)를 항복받지 못할 것이다.

비유컨대 나라의 임금이 적에게 침략을 당했을 때, 병사를 발동하여 적을 토벌해서 제거하기 위하여 이 군대는 마땅히 적의 소재를 알아야 할 것이다.5)

너로 하여금 유전(流轉)하게 한 것은 마음과 눈이 허물이 된 것이다. 내가 지금 너에게 묻노니 오직 너의 마음과 눈이 지금 어디에 있느냐?"

아난이 부처님께 여쭈어 말하기를 "세존이시여! 일체세간에 열 가지 이성(異性)들이 함께 식심(識心)을 가져서 몸 안에 있나니, 비록 여래의 푸른 연꽃과 같은 눈을 볼지라도 역시 부처님 얼굴에 있으며 제가 지금 이 눈을 보아도 저의 얼굴에 있사오니, 이와 같은 식심(識心)은 참으로 몸 안에 있는 것입니다."

부처님이 아난에게 말씀하시기를 "네가 지금 여래의 강당에 앉아서 기타림 숲을 보는데, 지금 어느 곳에 있느냐?"

"세존이시여! 이 큰 겹집의 청정한 강당은 급고독원에 있고 지금 기타림은 참으로 강당 밖에 있습니다."

"아난아! 네가 지금 강당에서 무엇을 먼저 보느냐?"

"세존이시여! 저는 강당 가운데 있어서 먼저 부처님을

---

5) 성불의 요체는 바로 일심삼관(一心三觀)이다. 타파된 허망함은 오직 오온과 팔식일 뿐으로, 일대 장경 속 대승의 가르침은 이를 드러냈을 뿐이다. 100부의 대승 경전을 종합하여 성립된 〈기신론〉에서 "오음의 색(色)과 마음, 그리고 육진 경계를 추구해도 필경 무념(無念)이고, 마음은 형태나 모습이 없어서 시방에 구해도 얻을 수 없다"고 했으니, 이는 대승의 종지이다.

보고, 다음에 그 주위의 대중들을 보고 그와 같이 밖으로 바라보아야만 비로소 임원(林園)을 봅니다."

"아난아! 네가 임원을 보는 것이 무엇으로 인하여 보게 되느냐?"

"세존이시여! 이 큰 강당의 문이 활짝 열렸으므로 제가 지금 강당에 있어서 멀리 볼 수가 있습니다."

그때 세존이 대중 가운데에서 금색의 팔을 펴서 아난의 정수리를 만지시고 아난과 여러 대중에게 말씀하셨다.

"삼마제(三摩提)가 있으니 그 이름이 대불정수능엄왕(大佛頂首楞嚴王)이라. 만 가지 행(行)을 갖추신 시방 부처님이 모두 지나신 일문(一門)으로 묘하게 장엄한 길이니 너는 지금 자세히 들으라."

아난이 이마를 땅에다 대고 예배하고 자비로운 가르침을 엎드려 받았다.

부처님이 아난에게 말씀하셨다. "네가 지금 말한 바대로 몸이 강당에 있어서 문이 활짝 열려서 터졌기 때문에 멀리 기타림 공원을 본다고 하는데, 그렇다면 어떤 중생이 이 강당 가운데에 있으면서 여래를 보지 않고 강당 밖을 볼 수 있겠느냐?"

아난이 대답하여 말하기를 "세존이시여! 이 강당에 있으면서 부처님을 보지 못하고 능히 기타림을 본다는 것은 있을 수가 없습니다."

"아난아! 너도 또한 그러해서 너의 심령(心靈)이 모든 것을 분명히 잘 아나니. 만약 현전(現前)에 분명히 잘 아는 너의 마음이 참으로 몸 안에 있다면 그때 먼저 몸 안을 응당 보고 알아야 할 것이니, 자못 어떤 중생이 먼저 자기 몸속을 보고 그 다음에 바깥 물건을 보는 이가 있느냐?"

비록 심장과 간과 지라와 위를 보지 못한다 해도, 손톱이 자라고 터럭이 자라며 힘줄이 뛰고 맥이 뛰는 것은 진실로 합당히 밝게 알아보아야 할 것인데 어찌 알아보지 못하느냐?

반드시 안을 알아보지 못하는데 어찌 바깥 것을 알아볼 수 있겠느냐?

그러므로 응당 알아라. 네가 말한 '느껴서 알고 능히 아는 마음이 몸 안에 머물러 있다'고 하는 것은 옳은 것이 아니다."

2) 참마음은 밖에 있지 않음

아난이 머리를 조아리고 부처님께 고하여 말하기를 "제가 여래의 그와 같은 법음을 듣고 저의 마음이 참으로 몸 밖에 있다는 것을 깨달아 알았습니다.

그 까닭이 무엇이냐 하면, 비유컨대 등불의 광명이 방안에서 불이 탈 때 이 등불은 반드시 먼저 방안을 비추고 그 방의 문으로부터 그 뒤에 마당으로 비춰감과 같나이다.

일체 중생이 몸 속을 보지 못하고 유독 몸 밖을 보는 것은 비유컨대 또한 등불 광명이 방 밖에 있어서 능히 방 안을 비추지 못하는 것과 같사오니.

이 뜻이 반드시 분명하여 장차 의혹될 바가 없어서 부처님이 아시는 뜻과 같은 것이오니 허망이 없겠습니까?"

부처님께서 아난에게 이르시기를, "이 여러 비구들이 마침 나를 따라와 실라벌성에서 밥을 빌어서 기타림에 돌아왔다. 나는 이미 일찍 먹었다마는 너는 비구들을 보라. 한 사람이 먹을 때에 여러 사람이 배가 부르느냐?"

아난이 대답하여 말하기를, "아니옵니다. 세존이시여! 무슨 까닭이냐 하오면 이 여러 비구가 비록 아라한이나 몸과 목숨이 다 같지를 않은데 어찌 한 사람이 능히 여러 사람으로 하여금 배가 부르게 하겠습니까?"

부처님이 아난에게 이르시기를, "만일 너의 느껴 알고 알아보는 마음이 참으로 몸 밖에 있다면 몸과 마음이 서로 등져서 서로 상관하지 아니하여 곧 마음에 아는 바를 몸이 능히 알지 못할 것이고, 느껴 아는 것이 또 몸 속에 있다면 마음은 능히 알지 못할 것이다."

"내가 지금 너에게 나의 도라면(兜羅綿) 손을 보이노니 네가 눈으로 볼 때 마음으로도 분별을 하느냐?"

아난이 대답하여 말하기를, "그렇습니다. 세존이시여!"

부처님이 아난에게 말씀하시기를. "만약 서로가 안다면 어찌 밖에 있겠느냐?

그러므로 응당 알아라. 네가 '느껴서 알고 능히 아는 마음이 몸 밖에 머물러 있다'고 말한 것은 옳지 않다."

3) 참마음은 눈 안에 있지 않음

아난이 부처님께 고하여 말하기를, "세존이시여! 부처님의 말씀하신 바와 같아서 몸 안을 보지 못하기 때문에 몸 안에 있는 것도 아니고 몸과 마음이 서로가 알아서 서로 떠나지를 않기 때문에 몸 밖에 있는 것이 아니니, 제가 지금 생각해 보아 한 곳에 있는 것임을 알았습니다."

부처님이 말씀하시기를, "그 한 곳은 지금 어디에 있느냐?"

아난이 말하기를, "이 잘 아는 마음이 이미 안을 알지 못하면서도 능히 몸 밖을 보나니 제가 생각하는 것과 같아서는 근(根) 속에 잠복해 있는 것 같습니다.

마치 어떤 사람이 유리로 된 주발을 가지고 그 두 눈을 덮으면 비록 물체가 덮인 것이 있으나 장애되지 아니하여 저 눈이 보는 것을 따라서, 그에 따라서 곧 분별합니다.

그러나 저의 느껴 알아 능히 아는 마음이 몸 안을 보지 못하는 것은 곧 마음이 눈에 있기 때문이고, 또 분명히 바깥을 보되 장애가 없는 것은 눈 안에 잠재해 있기 때문입니다."

부처님이 아난에게 이르시기를, "네가 말한 바와 같아서 마음이 눈 안에 잠재한 것이 마치 유리로 눈을 덮은 것과 같다고 한다면 저 사람이 유리로써 눈을 덮었기 때문에 산과 강을 볼 때에 유리를 보느냐?"

"그렇습니다. 세존이시여! 이 사람이 유리로써 눈을 덮었기 때문에 참으로 유리를 봅니다."

부처님이 아난에게 이르시기를, "너의 마음이 만약 유리로 덮은 것과 같다면 산하(山河)를 볼 때 어찌 눈을 보지 못하느냐?

만약 눈을 본다고 한다면 눈은 곧 바깥 경계와 같아서 눈이 봄을 따라서 분별한다는 말이 성립하지 못하며, 만약 눈을 능히 보지 못한다면 이 잘 아는 마음이 눈 안에 잠재해 있는 것이 유리로 눈을 덮은 것과 같다고 어떻게 말하겠느냐?

그러므로 응당 알아라. 네가 느껴 알아 능히 아는 마음이 근(根) 속에 잠재해 있는 것이 마치 유리로 눈을 덮는 것과 같다고 말한 것은 옳지 못하다."

4) 참마음은 내외(內外)가 아님

아난이 부처님께 고하여 말하기를, "세존이시여! 제가 지금에 또 이와 같은 생각을 해보니 이 중생 몸의 오장육

부는 몸 속에 있고 구멍은 밖에 있으니, 장부(臟腑)에 있으면 어둡고 구멍에 있으면 밝습니다.

지금 제가 부처님을 대하여 눈을 뜨고 밝은 것을 보는 것은 밖을 보는 것이 된다고 말할 수가 있고, 눈을 감고 어두운 것을 보는 것은 안(장부)을 보는 것이 된다고 하오니 그 뜻이 어떻습니까?"

부처님이 아난에게 이르시기를, "네가 눈을 감고 어두운 것을 볼 때 이 어두운 대상이 눈과 더불어 상대가 되느냐? 눈과 더불어 상대가 되지 않느냐?

만약 어두운 대상이 눈과 더불어 상대가 된다면 어두운 것이 눈앞에 있으니 어떻게 안을 보는 것이 된다고 하겠느냐?

만약 내장을 보는 것이 된다면, 암실에 있어서 해와 달과 등불이 없으면 이 어두운 암실이 다 너의 초부(焦腑: 내장)이겠구나.

만약 어두운 것이 상대가 되지 않는다면 어떻게 보는 것을 이루겠느냐?

만약 밖으로 보는 것을 떠난다고 한다면, 곧 안으로 대응하는 것이 성립하는 것이니, 눈을 감고 어둠을 보는 것이 곧 몸 속을 보는 것이 된다고 말한다면, 눈을 뜨고 밝은 것을 볼 때는 어찌 얼굴을 보지 못하느냐?

만약 얼굴을 보지 못한다면 안으로 대응한 것(內對)이 성립하지 못한다.

얼굴 보는 것이 만약 성립된다면, 그 보고 아는 마음과 눈의 감관이 허공에 있을 것이니 어찌 안에 있다고 말하겠느냐?

만약 눈과 마음이 허공에 있다면 당연히 너의 몸은 아니니, 곧 여래께서 지금 너의 얼굴을 보는 것 또한 응당 너의 몸인 것이다.

너의 눈은 이미 알거니와 몸은 합당히 알지를 못할 것이다.

반드시 네가 몸과 눈, 두 가지가 다 지각이 있다고 고집해서 말한다면 응당 두 가지 아는 것이 있을 것이니 곧 너의 한 몸이 응당 두 부처가 되겠구나.

그러므로 응당 알아라. 네가 말하기를 '어두운 것을 보는 것이 속 내부를 보는 것이라'고 말하는 것은 옳지 않다."

5) 참마음은 사유체(思惟體)와 합처(合處)가 아님

아난이 말하기를 "제가 일찍 들어보니 부처님께서 사부대중에게 개시(開示)하시기를 '마음이 생김을 말미암아서 가지가지 법이 생기고 법이 생김을 말미암아서 가지가지 마음이 생긴다'고 하셨으니,

제가 지금 생각해 보니 곧 생각하는 자체가 참으로 저의 심성(心性)이어서 상합(相合: 心法相合)한 바를 따라서 마음

이 곧 따라 있습니다.

또한 내(內)와 외(外)와 중간(中間) 세 곳이 아닙니다."

부처님께서 아난에게 말씀하시기를, "네가 지금 말하기를 '법(法)이 생김으로 말미암아 가지가지 마음이 생겨서 그 법에 합하는 곳을 따라서 마음이 따라 있다'고 하니, 이 마음이 실체가 없다면 곧 합할 바가 없을 것이고 만약 마음이 실체가 없는데도 능히 합한다고 한다면 곧 19계(界)가 7진(塵)으로 인하여 합한다고 하는 것과 같으니 그 도리가 옳지 못하다.

만약 실체가 있다면 네가 손으로써 스스로 너의 몸을 때리는 것과 같을 것이니, 너의 아는 바 마음이 안에서 나오느냐 밖에서 들어가느냐? 만약 그것이 안에서 나온다고 하면 또한 몸 속을 보아야 할 것이고, 만약 밖으로부터 왔다면 먼저 합당히 얼굴을 보아야 될 것이다."

아난이 말하기를, "보는 것은 이 눈이고, 마음으로 아는 것은 그 눈이 아니기 때문에 본다고 하는 것은 옳지 못합니다."

부처님이 말씀하시기를, "만약 눈이 본다고 한다면 네가 방안에 있을 적에 문이 능히 보느냐? 곧 이미 죽은 사람도 오히려 눈이 있으니 응당 모두 다 물건을 보겠구나. 만일 죽은 사람이 물체를 본다면 어찌 죽었다고 말하겠느냐?

아난아! 또 너의 느껴 알고 능히 아는 마음이 반드시

그 실체가 있다면 그 자체가 하나냐, 여러 개냐? 지금 그 마음이 너의 몸에 있다면 몸에 두루 하였느냐, 몸에 두루 하지 아니하였느냐?

만약 그 자체가 하나라고 한다면 곧 네가 손으로 한 팔이나 손가락을 때릴 때에 사지가 응당 모두 느껴야 할 것이니, 만약 사지가 모두 다 느낀다면 때린 그곳이 응당 없을 것이고, 만약 때린 그곳이 있다면 곧 네가 말한 그 자체가 하나라고 한 것은 저절로 성립될 수 없을 것이다.

만약 마음이 여러 개라고 한다면 곧 여러 사람이 될 것이니 어떤 것이 네가 되느냐?

만약 몸에 두루 했다면 앞에서 때린 것을 말한 바와 같다.

만약 몸에 두루 하지 아니한 것이라고 한다면 네가 머리를 부딪칠 적에 또한 발을 부딪칠 경우에 머리는 감각이 있고 발은 응당 아는 감각이 없어야 할 것인데 지금 너는 그렇지 않다.

그러므로 응당 알아라. 마음이 상합한 곳을 따라서 마음이 곧 따라 있다고 하는 것은 옳지 못하다.”

6) 참마음은 근진(根塵)의 중간도 아님

아난이 부처님께 고하여 말하기를, “세존이시여! 제가 또 들어보니 부처님께서 문수 등 모든 법왕자와 더불어 실상(實相)을 말씀하실 때 세존께서 또한 말씀하시기를 '마음이 안에도 있지 않으며 또한 밖에도 있지 않다'고 하셨습니다.

제가 생각하기에는 안으로는 보는 바가 없고 밖으로 또 서로 아는지라, 안으로 아는 바가 없기 때문에 마음이 안에 있다는 것이 성립되지 않고 몸과 마음이 서로 알기 때문에 밖에 있다는 말도 옳지 못하니, 지금 서로 알기 때문이며 또 안으로는 보는 것이 없기 때문에 마땅히 중간에 있는 것 같습니다."

부처님이 말씀하시기를, "네가 중간이라고 말하니 이 중간이란 반드시 헷갈리지 아니해서 소재가 없지 아니할 것이다. 지금 네가 마음이 중간에 있다고 미루니 중간은 어디에 있는 것이냐? 중간은 처(處)에 있는 것이 되느냐, 몸에 있는 것이 되느냐?"

만약 몸에 있다고 했을 때, 몸의 가장자리에 있으면 이는 중간이 아닌 것이고, 몸 안에 있다고 하면 보지 못하는 내장과 같으니, (이 또한 중간이라 할 수 없다.)

만약 또 처(處)에 있다면 표시할 바가 있느냐, 표시할 바가 없느냐? 표시할 바가 없으면 없는 것이나 같고, 표시한다면 표시는 일정하지 않다. 무슨 까닭이냐 하면 어떤 사람이 표시를 가지고 중간이라고 표시할 때 동쪽에서 보면 서쪽이 되고 남쪽에서 보면 북쪽이 되어서 표시하는 자체가 이미 애매하나니, 마음도 응당 잡난할 것이로다."

아난이 말하기를, "제가 말한 중간(中間)이라는 것은 이 두 가지가 모두 아닙니다.

세존께서 말씀하신 바와 같이 '눈과 빛깔이 인연이 되어 안식(眼識)을 낸다'고 하였으니, 눈은 분별함이 있고 색진(色塵)은 분별함이 없거든 식(識)이 그 가운데 나오는 그것이 곧 마음이 있는 곳이라고 하옵니다."

부처님이 말씀하시기를, "너의 마음이 만약 근과 진의 가운데에 있다면 이 마음의 자체가 두 가지를 겸한 것이 되느냐, 겸하지 아니한 것이 되느냐?

만약 두 가지(근과 진)를 겸했다고 하면 물(物, 곧 진)과 (근의) 자체가 잡난(雜亂)하여 물은 아는 것이 없기에 대적을 이루어서 (知와 不知가) 양립(兩立)을 하게 되나니 어찌 중(中)이 되겠느냐?

만약 두 가지 겸하는 것이 성립되지 못한다면 지(知)와 부지(不知)가 아니어서 곧 체성(體性, 중간인 체성)이 없을 것이니 중간이란 것이 무슨 모양이 있겠느냐?

그러므로 응당 알아라. 중간에 있다고 한 것이 옳지 못하다."

7) 참마음은 일체무착(一切無着)도 아님

아난이 부처님께 고하여 말하기를, "세존이시여! 제가 예전에 보니 부처님께서 대목련과 수보리와 부루나와 사리불 4대 제자들과 함께 법륜을 굴릴 적에 항상 말씀하시기를 '느껴 아는 분별의 마음 성품이 이미 안에도 있지 않고 또한 밖에도 있지 않고 중간에도 있지를 아니하여 함께 소재가 없다'고 하셨으니,

일체 집착이 없는 그것을 마음이 된다고 말할 수 있으니 곧 제가 '집착이 없는 것으로 마음이 된다'고 말할 수가 있습니까?"

부처님이 아난에게 말씀하시기를, "네가 말하기를 '느껴 아는 분별의 심성(心性)이 함께 있는 곳이 없다'고 하니 세상의 허공과 육지에 날아다니거나 걸어 다니는 온갖 물상들을 일체라고 할 수 있으니 네가 집착하지 아니한다고 한 것은 그가 있는 것이냐, 없는 것이냐?

물체가 없다면 거북이의 털, 토끼의 뿔과 같을 것이니 무엇에 집착하지 않는다는 것이냐?

또한 (물체가) 있는데 집착하지 아니한다면, 이것을 (집착이) 없다고 이름할 수 없다. 물상이 없으면 물체가 아주 없는 것이고, (물체가) 없는 것이 아니면 곧 물상이다. 물상이 있으면 집착함이 있나니 어찌 집착이 없겠느냐?

그러므로 응당 알아라. 일체 집착이 없는 것을 느껴 아는 마음이라고 말한 것은 옳지 못하다."[6]

---

6) 부처님께서 오온의 가아(假我)를 중생이 허망하게 항상하다고 집착함을 타파함은 지금 일곱 곳에서 마음을 따지는[七處徵心] 글에 해당한다. 명칭은 비록 마음을 따짐[徵心]이지만 실제로는 색온과 수온을 은밀히 타파했을 뿐이다. 망상이 한결같이 사대를 집착해 받아들임을 '나'로 삼아서 마음이 몸 안에 있다고 여기고 있으니, 이는 색신을 집착하여 마음의 의지처로 삼는 것이다. 마음이 몸 안에 있다고 집착하게 되면 안으로 그 마음을 구한들 얻지 못하고, 마음이 밖에 있다고 집

2. 이종근본(二種根本)을 밝히다(2)

1) 무시생사(無始生死)의 근본(根本)

그때 아난이 대중 가운데 있다가 곧 자리에서 일어나 오른 어깨를 벗어 매고 오른 무릎을 땅에 대고, 합장하고 공경하여 부처님께 고하였다.

"저는 부처님의 가장 어린 동생으로 부처님의 자비로운 사랑을 받아서 비록 지금 출가했으나 오히려 예뻐하신 것만을 믿기 때문에 많이 듣기만 하고 무루를 얻지 못했습니다.

능히 사비나주(呪)를 꺾어서 항복받지를 못하고 그에 휘둘려 음사(淫舍)에 빠졌으니, 이는 진심(眞心)의 소재를 알지 못함으로 말미암은 것입니다.

원하옵나니 세존께서는 큰 자비로 불쌍히 여기시어 저희들에게 사마타의 길을 열어주셔서 일천제(闡提)들로 하여금 악견(惡見)을 떨어뜨리게 하소서."

이 말을 여쭈기를 마치고 오체를 땅에다 던져서 여러 대중과 더불어 목마르게 우러르면서(교저翹佇) 가르침을 경청하고 있었다.

그때 부처님께서 그 얼굴에서 가지가지 광명을 놓으시

착하면 밖으로 찾은들 얻지 못한다. 허망한 몸은 실체가 없어서 집착하여 받아들임을 '나'로 삼는 것은 허망한 것일 뿐이다.

니 그 광명이 빛나고 빛나서 백천 개의 태양과 같았다.

여러 부처님 세계가 6종(種)으로 진동하며 이와 같이 시방의 미진수인 국토가 일시에 다 보이거늘 부처님의 위신력이 모든 세계를 하나의 세계로 합해 만드시니 그 세계 가운데 있는 여러 대보살들이 다 본국에 있으면서 합장하고 법문을 듣고 있었다.[7]

부처님께서 아난에게 이르시기를 "일체 중생이 비롯이 없는 때로부터 오면서 가지가지로 전도(顚倒)하여 업(業)의 종자(種子)가 저절로 악차 무더기 같으며, 모든 수행하는 사람이 무상보리(無上菩提)를 이루지 못하고 고작 성문(聲門)과 연각(緣覺)을 이루거나 외도(外道)와 모든 하늘 마왕(魔王)의 권속이 되는 것은 모두가 두 가지 근본을 알지 못하고 착란하게 닦아 익힘을 말미암은 탓이니, 이는 마치 모래를 삶아서 아름다운 밥을 만들려고 하는 것과 같음이라. 비록 진겁을 지날지라도 끝내 (보리를) 얻을 수가 없다.

어떤 것이 두 가지냐?

아난아! 첫째는 비롯이 없는 생사의 근본이니, 네가 지금에 모든 중생과 더불어 반연하는 마음(攀緣心)을 써서

---

7) 부처님께서 하나의 광명을 놓아 육근, 육진, 육식, 18계를 비추어 깨뜨려[照破] 하나하나가 본래 참[眞]이기 때문에 "모든 부처님 세계에서 광명이 단박에 나타났다"고 했다. 광명을 돌이켜 무명을 타파했기 때문에 "여섯 가지로 진동했다"고 말했으며, 육근과 육진의 문두(門頭)가 전혀 장애가 없기 때문에 "하나의 계(界)를 합하여 이루었다"고 설한 것이다. 사대가 본래 공하고 오온의 실체가 있지 않음이 바로 대정(大定) 전체의 현전이다.

자성(自性)으로 여기는 것이다."

2)무시(無始) 보리, 열반(涅槃)의 청정체

"두번째는 비롯이 없는 보리열반의 원래 청정한 자체니, 곧 네가 지금에 식정원명(識精元明)이 능히 여러 가지 인연을 내거든 그 인연에서 유실한 것이다."[8]

3. 손가락을 굽혀 "무엇으로 보느냐?"고 묻다

"아난아! 네가 지금 사마타의 길을 알아서 생사를 벗어나기를 원하기 때문에 지금 다시 너에게 묻겠다." 하시고, 즉시에 여래께서 금색 팔을 들어서 다섯 바퀴 손가락을 구부리시고 아난에게 말씀하시기를,

"네가 지금 보느냐?"

아난이 말하기를, "봅니다."

부처님이 말씀하시기를, "네가 무엇을 보느냐?"

아난이 말하기를, "제가 부처님께서 팔을 들고 손가락을

---

8) 온갖 중생이 이 근본의 밝음[本明]을 잃어버렸기에 생사를 잘못 받아들인다. 식정(識精)은 팔식의 체이고, 원명(元明)은 본각의 묘하게 밝은 참마음[妙明眞心]이다. 온갖 중생은 이 근본의 묘하게 밝은 마음을 미혹하는 바람에 식정으로 변해서 망상을 일으키는 것이다. 따라서 먼저 망상을 타파한 뒤 식정을 타파해야 본각의 참마음[眞心]이 비로소 드러난다.

구부리시어 빛나는 주먹을 만들어서 저의 마음과 눈에 비치는 것을 봅니다."

부처님이 말씀하시기를, "네가 무엇을 가지고 보느냐?"

아난이 말하기를, "제가 대중과 함께 눈을 가지고 봅니다."

부처님께서 아난에게 말씀하시기를, "네가 지금 나에게 대답하기를 '여래께서 손가락을 구부려 광명의 주먹을 만들어서 저의 마음과 눈을 비춥니다'고 하니, 너의 눈은 볼 수가 있으나 무엇을 가지고 마음이라고 하여 나의 주먹이 빛나는 것에 당하겠느냐?"

아난이 말하기를, "여래께서 현재 마음의 소재를 물으시매 제가 마음으로써 추궁하여 찾아보고 있사오니 곧 능히 추궁하여 찾아보는 그것을 제가 마음이라고 합니다."

부처님이 말씀하시기를, "예끼, 아난아! 이것은 너의 마음이 아니다."

아난이 놀라서 자리를 피하여 합장하고 서서 부처님께 말하기를, "이것이 저의 마음이 아니라면 뭐라고 말해야 됩니까?"

부처님이 아난에게 이르시기를, "이것은 이에 전진(前塵)의 허망한 모양의 생각이다. 너의 진성을 미혹하니 네가 무시로 말미암아 금생(今生)에 이르기까지 도적을 아들로 여겨서 너의 '으뜸이고 항상한 자리'를 잃었기 때문에 그러므로 윤전(윤회)을 받는다."9)

아난이 부처님께 고하여 말하기를, "세존이시여! 저는 부처님의 총애하는 아우로서 제가 마음에 부처님을 사랑하기 때문에 저로 하여금 출가(出家)하게 하셨으니 저의 마음은 어찌 유독 석가여래만을 공경하겠습니까? 내지는 항하 모래수와 같은 국토를 두루 거치면서 여러 부처님과 선지식을 받들어 섬기고 큰 용맹을 발하여 일체 행하기 어려운 법과 일을 행하는 것도 다 이 마음을 쓰는 것이며 비록 법을 비방하여 선근에서 영원히 물러날지라도 이 또한 마음을 쓰는 때문이오니,

이와 같이 발명한 것이 그 마음이 아니라고 한다면 저는 이에 마음이 없는 것이 흙과 나무와 같아서 이 느껴 아는 것을 떠나고는 다시 딴 마음이 없을 것이니,

어찌하여 여래께서 이것은 저의 마음이 아니라고 말씀하십니까? 저는 실로 놀라고 두려워하며 겸하여 이 대중들도 의혹이 없지를 않사오니 오로지 대비를 드리우셔서 깨닫지 못한 저와 여러 대중들을 위해서 잘 가르쳐 주소서."

4. 머리를 쓰다듬어 위로하시고 일체유심(一切唯心)을 설하시다

그때 세존이 아난과 대중들을 개시하시어 마음으로 하

---

9) 육식의 반연하는 마음, 이른바 허망한 반연의 기운[緣氣]이 그 가운데 쌓여서 가명으로 마음을 삼아 아난의 참 성품[眞性]을 미혹한 것이다.

여금 무생법인(無生法忍: 생멸이 끊어진 법)에 들게 하고자 하여, 사자의 자리에서 아난의 정수리를 만지시고 말씀하셨다.

"여래가 항상 말하되 '모든 법의 생기는 바가 오직 마음에서 나타난 바이며 일체의 인과와 세계의 미진(微塵)이 모두 마음으로 인하여 이루어진 것이라' 하였느니라.

아난아! 모든 세계에 일체의 존재는 설령 초목과 실오라기라 할지라도 그 근원을 따져 보면 모두 다 체성(體性)이 있다. 비록 허공이라 할지라도 또한 명모(名貌)가 있는데, 하물며 청정하고 묘하고 밝은 마음이 일체 마음의 본성이 되는데 어찌 그 실체가 없겠느냐?"

5. 육진(六塵)을 떠나 실체 없는 것은 허망하다

"만약 네가 분별각관(分別覺觀)으로 아는 마음에 고집해서 이것이 분명 마음이라고 한다면, 이 마음이라는 것이 곧 응당 일체의 색(色), 향(香), 미(味), 촉(觸)과 모든 진(塵)의 사업을 떠나고 따로 온전한 성품이 있어야 할 것이다.

네가 지금에 나의 법을 받아들이는 것도 이것인 즉 소리를 인하여 분별이 있으며 비록 일체 보거나 듣거나 느끼거나 알거나 하는 것을 없애고 안으로 고요함(幽閑)을 지키더라도 오히려 법진(法塵)의 분별영사(分別影事)가 된다.10)

내가 너에게 명령하여 마음이 아닌 것이 된다고 고집하라는 것은 아니니, 다만 네가 마음으로 자세하게 살펴보라. 만약 목전의 티끌을 떠나고도 분별하는 마음이 있다면 곧 참으로 너의 마음이거니와, 만약 분별성이 육진을 떠나서 실체가 없다면 이것은 곧 전진을 분별하는 그림자이다.

육진의 경계는 항상 머물러 있는 것이 아니다. 때문에 만약 (육진 경계가) 변하여 사라질 때는 그 마음도 곧 거북털과 같고 토끼뿔과 같아서 곧 너의 법신이 끊어져서 없어진다 할 것이니, 그 누가 무생법인을 닦아 증득할 수 있겠느냐?"

즉시 그때에 아난이 여러 대중과 더불어 침묵하여 망연자실하였다.

부처님이 아난에게 이르시기를, "세간에서 닦아 배우는 모든 사람들이 현재에 비록 구차제정(九次弟定: 四禪八定과 滅盡定)을 이룬다 해도 루(漏)가 다한 아라한이 되는 것을 얻지 못하는 것은 모두가 이 생사 망상을 고집하여 진실로 잘못 여긴 탓이니, 그러므로 너도 지금에 비록 다문(多聞)을 얻었지만 성인(聖人)의 과덕(果德)을 이루지 못했다."

---

10) 이 구절은 칠식(七識; 말나식)이 참이 아님을 드러내고 있다. 육식이 분별하는 망상이 참이 아닐 뿐 아니라, 설사 네가 일체의 보고 듣고 지각하고 앎[見聞覺知]을 멸한 채 육근의 작용을 행하지 않고 안으로 고요함을 지키더라도 오히려 법진(法塵)을 분별하는 환영(幻影)의 일이 되고 만다. 이는 칠식이 집착하는 '자기 안의 나'가 의식의 근본이 되는 것으로서 생사의 근본이 된다.

6. 만(卍)자에서 방광하여 제불과 대중에게 비추다

아난이 그 말을 듣고 거듭 다시 슬피 눈물을 흘려서 오체를 땅에 던지고 길게 무릎을 꿇고 합장하고 부처님께 고하여 말했다.

"제가 부처님을 따라서 발심(發心)하여 출가함으로부터 부처님의 위신력만을 믿어서 항상 스스로 생각하기를 '내가 닦음을 수고롭게 하지 않아도 장차 여래께서 나에게 삼매를 주실 것이라'고 여기고서 몸과 마음이 본래 서로 대신하지 못하는 것을 알지 못하여 저의 본심(本心)을 잃어버렸사오니, 비록 몸은 출가했으나 마음은 도에 들어가지 못한 것이 비유컨대 빈궁한 아들이 아버지를 버리고 도망한 것과 같습니다.

오늘에야 비록 많이 들음이 있어도 만약 수행하지 않으면 듣지 않은 것과 같음이 마치 어떤 사람이 먹는 것을 이야기함에 마침내 능히 배부를 수가 없는 것과 같음을 알게 되었습니다.

세존이시여! 저희들이 지금 두 가지 장애(障礙)가 얽힌 것은 진실로 적상심성(寂常心性)을 알지 못한 때문이니, 원컨대 부처님께서는 저의 궁로(窮露)함을 불쌍히 여기시어 묘하고 밝은 마음을 발명하셔서 저에게 도안(道眼)을 열어 주소서."

즉시에 여래께서 가슴의 만(卍)자에서 보배광명을 솟아내시니 그 광명이 빛나고 빛나서 백천 색깔이 있었다.

시방의 미진수와 같은 여러 부처님 나라에 일시에 두루
하여 시방에 있는 여러 금은과 칠보로 장엄된 불국토의
여러 부처님의 정수리에 두루 대시고 아난과 여러 대중에
게 돌아오시고, 곧 아난에게 이르시기를, "내가 지금 너를
위하여 큰 법의 깃발을 세우며 또한 시방의 모든 중생으
로 하여금 묘하고 미밀한 성(性)과 청정하고 밝은 마음을
얻어서 청정한 눈을 얻게 하겠다."11)

---

11) 여래께서 가슴의 만(卍)자로부터 온갖 보배 광명을 뿜어 내신 것은 이 망상이
   원래 여래장심의 대지혜 광명임을 표현한 것이다. 지금은 미혹해서 망상이 되었으
   므로 이 지혜 광명을 전변(轉變)해 망견으로 삼았는데, 이제 허망함을 타파하려
   하기에 먼저 이 광명으로 시방을 사무치게 비추어 일시에 두루하는 것을 현전의
   모습으로 삼았다. 이 광명은 성인과 범부에게 공통으로 있기에 시방 부처님의 정
   수리에 흘러들어갔다가 아난과 대중에게 되돌아온 것이다.

7. 열 번 견성을 밝히다(10)

1) 보는 성(견성)이 곧 참마음이다

"아난아! 네가 저번에 나에게 대답하기를 '광명의 주먹을 보았다'고 하였으니, 이 주먹의 광명은 무엇으로 인하여 있으며 어떻게 주먹이 되었으며 네가 무엇을 가지고 보았느냐?"

아난이 말하기를, "부처님의 몸 전체가 염부단금(閻浮檀金)이라서 빛나기가 보석의 산과 같으시어 청정한 것에서 생긴 것이므로 광명이 있으시거늘, 제가 눈으로 보았으며 다섯 바퀴 손가락의 끝을 구부리고 펴서 사람에게 보이시므로 주먹이란 모양이 있습니다."

부처님이 아난에게 이르시기를, "여래께서 오늘날에 진실한 말로 너에게 말하노니 모든 지혜가 있는 자는 종요로이 비유로써 깨달음을 얻게 될 것이다.

아난아! 비유하자면 만일 나의 손이 없다면 나의 주먹을 이룰 수가 없고, 만약 너의 눈이 없으면 너는 볼 수가 없을 것이니, 너의 눈을 가지고서 나의 주먹의 이치에 비유한다면 그 뜻이 같으냐?"

아난이 말하기를, "예! 그렇습니다. 세존이시여! 저의 눈이 없으면 저의 보는 것을 이루지 못할 것이니, 저의 안근(眼根)으로써 여래의 주먹에 비유하면 그 사실이 서로 같습니다."

부처님이 아난에게 이르시기를, "네가 서로 같다고 말한 것은 그 뜻이 옳지 않다. 무슨 까닭이냐? 손이 없는 사람은 주먹이 필경에 없지만 저 눈이 없는 사람은 보는 것이 없는 것 아니다.

무슨 까닭이냐? 네가 시험 삼아 길에서 맹인들에게 묻기를 '네가 무엇을 보느냐?'고 말하면 모든 맹인들이 반드시 너에게 대답하기를 '나는 지금 눈앞에 어두운 것만 보고 다시 딴 것을 보는 것이 없다'고 말할 것이다. 이 뜻으로써 본다면 전진(前塵)이 스스로 어두울지언정 보는 것에 어찌 휴손(虧損)함이 있겠느냐?"

아난이 말하기를, "모든 봉사가 눈앞에 오직 암흑만을 보는데 어찌 그것을 본다고 할 수 있습니까?"

부처님이 아난에게 이르시기를, "모든 장님들이 눈이 없어서 오직 암흑만 보는 그것이 눈 있는 사람이 암실에 있는 것과 그 두 가지 어둠이 다름이 있느냐, 다름이 없느냐?"

"그와 같습니다. 세존이시여! 이 어두운 가운데 사람이 보는 것과 저 여러 봉사가 보는 두 가지 어두운 것을 비교하여 헤아려 본다면 애초에 다를 바가 없습니다."

"아난아! 만약 눈이 없는 사람이 전적으로 그 앞의 어두운 암흑만을 보다가 문득 눈빛을 얻게 되면 또한 전진에 대해서 가지가지 빛깔을 보게 될 것이니, 만약 눈이 본다고 말한다면 저 암실 속에 있던 사람이 전적으로 앞의 암흑만을 보다가 문득 등불 빛을 얻게 되면 또한 전진에서 가지가지 빛깔을 보게 될 것이니 그를 응당 등불이 본다고 말하겠구나.

만약 등불이 본다고 한다면 등불이 능히 보는 것이 있으므로 등불이라고 이름하지 아니할 것이며, 또는 등불이 본 것이라면 네가 보는 사실과 무슨 관련이 있느냐?

그러므로 마땅히 알아라. 등불이 능히 빛깔을 나타내거든 그와 같이 보는 것은 이 눈이고 등불이 아니며, 눈이 능히 빛깔을 나타내거든 이와 같이 보는 성품은 이 마음이고 눈이 아니다."12)

아난이 비록 그와 같은 말을 다시 얻어듣고 여러 대중과 같이 입은 이미 침묵하나 마음이 열리거나 깨닫지 못해서 오히려 여래께서 자비한 음성으로 보여주시기를 바라고서 합장하여 마음을 맑히고 부처님의 자비한 가르침을 기다리고 있었다.

2) 견성(見性)은 부동(不動)하다

그때 세존께서 두라면 그물모양인 빛나는 손을 펴서 다섯 바퀴 손가락을 펴시고 아난과 여러 대중에게 가르쳐 말씀하시기를 "내가 처음에 도를 이루고 녹야원에서 아야다 등 다섯 비구와 너희 4부 대중을 위하여 말하기를 '일체 중생들이 보리와 아라한을 이루지 못하는 것은 모두

---

12) 안근은 단지 능히 빛깔을 드러낼 뿐, 봄[見]의 성품은 마음이지 눈이 아님. 이것이 바로 봄을 회통해 마음에 돌아가는 것이다.

객진번뇌(客塵煩惱)로 말미암아 그르친 바라'고 했는데, 너희들이 그 당시에는 무엇을 인해서 개오하여 지금 성인의 과덕을 이루었느냐?"

그때 교진나가 일어서서 부처님께 고하기를 "제가 지금 장로로서 대중 가운데 홀로 이해했다는 이름(解名)을 얻은 것은 객진(客塵) 두 글자를 두고 깨달음을 얻은 결과입니다.

세존이시여! 비유하자면 나그네가 여관에서 숙박하여 혹은 잠을 자기도 하고 밥을 먹기도 하다가 먹고 자는 일을 마침에 행장을 꾸리고 길을 떠남으로서 안주하지를 못하는데, 만약 여관 주인이라면 그곳에 머물고 가는 바가 없겠나이다. 그와 같이 생각해 본다면 머무르지 않는 것은 객이라고 말하고 머무는 사람을 주인이라고 말하나니, 머무르지 않는 것이 객(客)의 의미가 됩니다.

또 날씨가 처음 개임에 청명하게 맑은 햇빛이 하늘에 오르면 일광이 문틈으로 들어와서 공간 속에 있는 온갖 먼지가 보이는데 먼지의 바탕은 요동하지만 허공은 고요하니, 그와 같이 생각해 본다면 맑고 고요한 것은 허공이라 이름하고 요동하는 것은 먼지라고 이름하나니 요동하는 것으로써 진(塵)의 의미라고 말합니다."

부처님이 말씀하기를, "그와 같다."

이때 여래께서 대중 가운데에서 다섯 바퀴 손가락을 오므렸다가 다시 펴시며 폈다가 다시 오므리시고 아난에게 일러 말씀하시기를, **"네가 지금 무엇을 보느냐?"**

아난이 대답하기를, "제가 여래께서 백 가지 보배 오륜의 손바닥을 대중 가운데에서 폈다 오므렸다 하시는 것을 보고 있습니다."

부처님이 아난에게 이르시기를, **"네가 나의 손이 대중 가운데에서 폈다가 오므렸다가 하는 것을 보고 있으니, 나의 손이 폈다 오므렸다 하는가, 너의 보는 것이 폈다 오므렸다 하는 것이냐?"**

아난이 말하기를, "세존께서 보배손을 대중 가운데서 폈다가 오므렸기 때문에 제가 여래의 손이 스스로 폈다가 오므려지는 것을 본 것일지언정 저의 견성이 폈다가 오므리는 게 있는 것이 아닙니다."

부처님이 말씀하시기를, "어느 것이 움직이고 어느 것이 고요하느냐?"

아난이 말하기를, "부처님 손이 가만히 있지 않을지언정 저의 견성은 오히려 고요할 것도 없는데 어찌 가만히 있지 않음이 되겠습니까?"

부처님이 말씀하시기를, "그와 같다."

이때 여래께서 바퀴 모양이 있는 손바닥에서 하나의 보배로운 광명을 날리시어 아난의 오른편에 대시니 즉시에 아난이 머리를 돌려서 오른쪽을 보거늘, 또 하나의 광명을 날려서 아난의 왼편에 비추시니 아난이 곧 머리를 돌려서 왼쪽을 보았다.

부처님이 아난에게 이르시기를, **"너의 머리가 지금 어찌**

하여 자꾸 요동을 하느냐?"

아난이 말하기를, "제가 여래께서 묘한 보배의 광명을 내시어 저의 좌우에 오기 때문에 제가 좌우로 돌아보느라고 머리가 스스로 요동하였습니다."

"아난아! 네가 부처님의 광명을 볼 때 좌우로 머리가 움직였으니 너의 머리가 움직인 것이냐? 다시 너의 보는 것이 움직였느냐?"

"세존이시여! 저의 머리가 스스로 움직였지만 저의 보는 마음은 오히려 그친 것도 없는데 어찌 요동함이 있겠습니까?"

부처님이 말씀하시기를 "그와 같다."

이에 여래께서 대중에게 두루 말씀하시기를, "만약 어떤 중생이 요동한 것을 진(塵)이라고 말하고 머무르지 않는 것을 객(客)이라고 이름 한다면, 너희가 아난을 보아라.

아난의 머리가 스스로 요동함이 있을지언정 보는 것은 요동하는 바가 없으며, 또 네가 나를 보아라. 나의 손이 스스로 폈다가 오므려질 뿐이고, 그를 보는 것은 펴지거나 오므려지는 것이 없다.

어찌하여 너는 지금 움직이는 것을 몸으로 여기고 움직이는 것을 경계로 여겨서, 처음부터 종말까지 생각 생각이 생멸해서 진성(眞性)을 유실하고 뒤바뀐 짓을 하여 그 심성(心性)에서 참됨을 잃고 물건을 자기로 여기며 그 (몸과 경계) 가운데서 윤회하여 스스로 유전함을 취하느냐?"

대불정수능엄경 제2권

3) 견성(見性)은 불멸(不滅)하다

그때 아난과 여러 대중들이 부처님께서 가르쳐 보이심을 듣고 몸과 마음이 태연하여 끝없는 옛적부터 오면서 본심(本心)을 잃어버리고 연진(緣塵)의 분별영사만을 망령되이 인식하였다가 오늘날에야 마음이 열리고 깨닫는 것이 마치 젖을 잃은 어린애가 문득 자애로운 어머니를 만난 것 같음을 생각하고, 합장하며 부처님께 예불하여 석가여래께서 '몸과 마음에 어떤 것이 진실이고 어떤 것이 허망한 것이며 현재의 생멸(生滅)과 불생멸(不生滅)인 그 두 가지 성(性)'을 발명해 주시기를 듣고 싶어 했었다.

그때 바사익왕이 일어서서 부처님께 고하여 말하기를, "제가 옛적에 부처님의 가르침을 받지 못하고, 가전연과 비라지자를 보니 모두가 말하기를 '이 몸이 죽고 난 다음에 단멸(斷滅)하는 것을 열반(涅槃)이라 한다'고 하였습니다.

제가 지금 부처님을 만났으나 지금도 오히려 의심함이

있사오니, 어떻게 밝혀 발휘하여야만 이 마음의 불생멸지(不生滅地)를 증험하여 알 수가 있습니까?

지금 이 여러 대중(大衆)과 모든 누(漏)가 있는 사람들도 모두가 다 듣기를 원합니다."

부처님이 대왕(大王)에게 이르시기를, "당신의 몸이 현재 있거니와 지금 당신에게 묻겠다. 당신의 그 몸이 금강과 같아서 항상 머물러 있어서 섞지 않는가, 변(變)하여 무너지는가?"

"세존이시여! 저의 지금 이 몸은 마침내 변(變)해서 없어질 것입니다."

부처님이 말씀하시기를, "대왕이여! 당신은 일찍이 없어지지 않았는데 어떻게 변멸(變滅)이 될 줄을 아는가?"

"세존이시여! 저의 이 무상(無常)하게 변하고 무너지는 몸은 비록 일찍이 없어지지 않았으나, 제가 보건대 현전에 찰나 찰나에 옮겨서 사라지며 새록새록 머무르지 아니한 것이 마치 불이 재를 이루는 것과 같아서 점점 사라져서, 죽어 없어짐이 쉬지 않기 때문에, 결국 이 몸은 마땅히 멸진(滅盡)해질 것임을 압니다."

부처님이 말씀하시기를, "그와 같다. 대왕이여! 당신이 지금 나이가 이미 쇠로(衰老)에 다가왔으니 얼굴이 동자의 때와 어떠한가?"

세존이시여! 제가 예날 어릴 적에는 피부와 혈관이 윤택하고 나이가 장성함에 이르러서는 혈기가 충만하더니 지금에는 나이가 들어서 늙은 것에 가까웠으니 형색이 초췌하고 정신이 혼매하며 터럭이 희고 얼굴이 쭈그러져서 장차 오래지 못할 것 같으니 어찌 왕성할 때와 비교할 수 있겠습니까?"

부처님이 말씀하시기를. "대왕이여! 당신의 모습은 응당 단박에 썪지는 아니할 것이다."

왕이 말하기를, "세존이시여! 변화가 암암리에 옮기는 것을 제가 진실로 알 수는 없으나 춥고 더운 것이 천류(遷流)해서 점점 이 지경에 이르렀습니다.

무슨 까닭이냐 하면 저의 나이가 스무 살이었을 때에는 비록 나이가 젊다고 말하나 얼굴이 이미 열 살 때보다 늙었으며, 삼십이 되는 나이에는 또 이십대보다 노쇠하며 지금 육십이 되었고 또 둘을 지났으니 오십 적을 본다면 지금보다 완연히 건장하였습니다.

세존이시여! 제가 '암암리에 옮겨가는 것이 비록 이 죽어가는 것임'을 보나 그 사이에 흘러 변하는 것을 우선 10년을 한정했지만 만일 다시 제가 미세하게 생각해 본다면 그 변하는 것이 어찌 일기(一紀), 이기(二紀)의 순간 뿐이겠습니까?

실로 해마다 변하며, 어찌 해마다 변할 뿐이겠습니까? 또한 다시 달로 변화하며, 어찌 또 달로 변화할 뿐이겠습니까? 또다시 날로 옮겨가오니 자세히 생각하고 자세히 관찰해 본다면 찰나 찰나 생각 생각의 순간에도 머무르지 아니하기에 그러므로 저의 몸이 마침내 변하여 없어질 것을 압니다."

부처님이 대왕에게 이르시기를, "당신이 '변화가 옮기고 머무르지 않는 것을 보아서 그대가 없어질 줄을 안다'고 하였으니, 또한 없어질 때에 그대는 그대의 몸 가운데 없어지지 않는 것이 있는 것을 알고 있는가?"

바사익왕이 합장하고 부처님께 고하여 말하기를, "저는 실로 모릅니다."

부처님이 말씀하시기를 "내가 지금 그대에게 생멸하지 않는 성품을 보여 주겠다. 대왕이여! 그대 나이가 몇 살 적에 항하의 물을 보았는가?"

왕(王)이 말하기를, "제가 태어난 지 세 살 때에 어머니께서 저를 데리고 가서 기바천 신에게 알현하려고 이 강을 경과했으니 그때 곧 이 항하 물임을 알았습니다."

부처님이 말씀하시기를, "대왕이여! 그대가 말한 바와 같아서 이십 때에는 열 살보다 노쇠(老衰)하고 내지 육십에 이를 때까지 날과 달과 해와 시간이 생각 생각에 옮겨서 변화하나니, 곧 그대가 세 살 적에 이 강물을 볼 때와 나이가 열세 살에 이르러서 볼 때에 그 물이 어떠한가?"

왕이 말하기를, "세 살 때와 같아서 완연히 다름이 없으며 내지 금년 예순두 살에 이르렀어도 또한 다름이 없습니다."

부처님이 말씀하시기를, "그대가 지금 머리카락이 희고 얼굴이 쭈그러짐을 스스로 슬퍼하는데 그 얼굴을 반드시 어린 나이 때부터 쭈그러지기 시작했거니와, 곧 지금의 항하를 보는 것과 옛날 아이 적의 항하를 보는 그 견(見)에 아이 적과 늙은이 적의 차이가 있는가?"

왕(王)이 말하기를, "아니옵니다. 세존이시여!"

부처님이 말씀하시기를, "대왕이여! 그대의 얼굴은 비록 쭈그러졌으나 이 견정(見精)은 본성이 일찍이 쭈그러진 것은 아니니, 쭈그러지는 것은 변하지만 쭈그러지지 않는 것은 변하지를 아니하며, 변하는 것은 없어지거니와 저 변하지 않는 것은 원래 생멸이 없다. 어찌 그 가운데 그대의 죽고 사는 것을 받는 것이 있겠는가?13) 그런데도 저 말가리 등이 모두 말한 '이 몸이 죽고 난 다음에 온전히 없어진다'는 것을 오히려 믿는가?"

왕이 이 말을 듣고 몸이 죽고 난 다음에 이 생을 버리고 저 세상에 나아감을 믿고 알아서 여러 대중과 더불어 날뛰면서 기뻐하여 미증유(未曾有)를 얻었다.

4) 견성(見性)은 유실하지 않는다

아난이 곧 자리에서 일어나 부처님께 예배하고 합장하고 무릎을 길게 꿇고 부처님께 말하기를, "세존이시여! 만일 이 보고 듣는 것이 반드시 생멸하지 아니한다면 어찌

---

13) 세 살 때 강물을 보면서부터 늙음에 이르기까지 형해(形骸)는 변했지만 물을 보는 '봄(見)의 성품'은 변하지 않았다. 이 변하지 않는 성품이 바로 참 성품[眞性]이다. 참되고 항상하는[眞常] 성품은 바로 이 몸에 나아가 그대로 드러나 있다.

하여 세존께서 저희들을 '진성(眞性)을 유실(遺失)하고 뒤바뀐 짓을 한다'고 말씀하셨습니까?

원하옵나니 자비(慈悲)를 일으키셔서 저의 마음의 때 진구(塵垢)를 씻어주옵소서."

그때 곧 여래께서 금색의 팔을 드리우시어 손을 아래로 뒤집으시고 아난에게 보여 말씀하시기를 "네가 지금 나의 모타라(법륜인) 손을 보아라. 바른 것이냐, 거꾸로 된 것이냐?"

아난이 말하기를 "세간 중생들은 그것을 뒤집혔다(倒)라고 말하거니와 저는 무엇이 바른 것이고 무엇이 거꾸로 된 것인지 알 수가 없습니다."

부처님이 아난에게 이르시기를, "만약 세상 사람들이 이 것으로써 거꾸로 된 것이라고 한다면 곧 세간 사람들이 무엇을 가지고 바른 것이라고 하느냐?"

아난이 말하기를, "여래께서 팔을 세우셔서 두라면의 손이 위로 허공을 가리키시면 곧 바른 것이 됩니다."

부처님께서 곧 손을 세우시고 아난에게 일러 말씀하시기를, "이와 같은 전도(顚倒)는 머리와 꼬리를 서로 바꾼 것이니 세간의 사람들이 일배(一倍)나 본 것이다.

곧 알아야 할 것이니 너의 몸을 여래의 청정법신과 견주어 밝혀본다면 여래의 몸은 정변지라 말하고 너희들의 몸은 성전도(性顚倒)라고 이름 한다.

　너대로 자세히 관찰해 보라. 너의 몸을 부처님의 몸에 대해서 뒤집혔다(顚倒)고 칭하는 것은 무엇에 명자(名字)를 붙여서 전도가 된다고 하느냐?"

　그때 아난이 여러 대중과 함께 눈을 부릅뜨고 부처님을 보면서 눈망울이 깜짝이지 않으면서도 몸과 마음의 전도가 있는 데를 알지 못하거늘, 부처님께서 자비를 일으키시어 아난과 및 여러 대중들을 불쌍히 여기셔서 해조음(海潮音)을 내어 모인 대중에게 두루 말씀하시기를, "선남자(善男子)여! 내가 항상 말하기를 **'색(色)과 심(心)의 모든 인연과 및 심소사(心所使)와 온갖 소연법(所緣法)이 오직 마음에서 나타난 바라'**[14]고 하였나니, 너의 몸과 너의 마음이 다 이 '묘하고 밝고 참되고 정미로운 묘한 마음'의 가운데에서 나타난 바 물건이거늘, 어찌하여 너희들이 본래 묘하게 원만하고 묘하게 밝은 마음, 보배롭고 밝고 묘한 성품을 유실하고, 깨달은 가운데의 미(迷)만을 인식하느냐?

　어두워 매(昧)하여 허공이 되고, 허공과 어두운 가운데서 어둠이 맺혀서 색(色. 물질)이 되었으며, 그 색이 허망한 생각과 섞여서 그 생각함과 허망한 모양을 몸으로 여기며, 연(緣)을 쌓아 내적으로 흔들리고 밖으로 나아가 분주하게 설치는 그 어둡고 흔들리는 모양을 가지고 자기 심성(心性)으로 여기나니, 한번 미(迷)하여 그를 마음으로

---

14) 색은 11가지 색법(色法)이고. 마음은 4온(蘊)과 8식(識)이며, 온갖 반연은 진(塵)과 근(根)이고, 심소사(心所使)는 51가지 심소(心所)이며, 온갖 반연된 법은 근(根) 신(身) 기(器) 계(界)의 일체 만법이니, 오직 마음이 나타난 것일 뿐이다.

여겨서는 결정적으로 그것이 색신(色身)의 안에 있는 것이라고 미혹하고, 색신과 그 밖의 산하(山河)와 허공과 대지가 모두 이 묘명(妙明)한 진심(眞心) 안의 물건인 줄을 알지 못하나니, 비유컨대 맑고 맑은 큰 바다를 버리고 오직 하나의 작은 물거품 자체만을 인식하여 온전한 큰 바다로 여기고는 이를 바다 전체라고 함과 같나니, 너희들은 곧 미(迷)한 중에서 배(倍)나 미(迷)한 사람이다.

내가 손을 드리우는 것과 같아서 평등하여 차별이 없으니 여래께서 그를 불쌍한 자라고 말한다."

5) 견성(見性)은 돌려보내거나 거래가 없다

아난이 부처님께서 자비로 구원하여 깊이 가르치심을 받잡고 눈물을 흘리고 손을 합장하여 부처님께 고하여 말하기를, "제가 비록 부처님의 그와 같이 묘한 음성을 듣고 묘명한 마음이 원래 원만하여 상주하는 심지임을 깨달았으나,

제가 부처님께서 현재 설법하시는 소리를 깨닫는 것도 현재 연심으로써 한 것이며 진실로 보고 우러름도 한갓 이 마음을 얻어서 한 것이라 감히 그를 본원(本元)의 심지(心地)라고 인정하지 못하오니,

원컨대 부처님께서는 불쌍히 여기셔서 원음(圓音)을 베풀어 주시어 저의 의심뿌리를 뽑아서 무상도(無上道)에 들어가게 하옵소서."15)

부처님이 아난에게 말씀하시기를, "너희들이 오히려 연심(緣心)으로 법을 들으니 이 법(法)도 또한 연(緣)이라서 법성(法性)을 얻을 수 없다.

마치 어떤 사람이 손으로 달을 가리켜서 사람에게 보이거든 저 사람이 손가락을 인하여 응당 달을 보아야 할 것이거늘 만일 다시 손가락을 보아서 달이라고 한다면 이 사람이 어찌 달만 잃어버린 것뿐이겠느냐?

또한 그 손가락도 모르는 것이니 무슨 까닭이냐 하면 가리키는 손가락으로써 밝은 달로 여겼기 때문이다.

어찌 손가락만 모를 뿐이겠느냐? 또한 밝고 어두운 것도 다시 모르는 것이다. 무슨 까닭이냐 하면 곧 손가락 자체로써 달의 밝은 성능으로 여겨서 밝음과 어두움의 두 가지 성능을 아는 바가 없기 때문이다. 너도 그와 같다.

만약 내가 설법하는 소리를 분별하는 그것으로써 너의 마음이라고 여긴다면, 이 마음이 응당 분별하는 소리를 떠나서도 분별하는 성능이 있어야 할 것이다.

비유컨대 어떤 나그네가 여관에서 하룻밤 투숙하매 잠깐 머물렀다가 문득 떠나가서 마침내 항상 머물지 아니하나, 그 여관을 맡은 사람은 도무지 떠나가는 바가 없나니 그를 여관의 주인이라고 말한다.

---

15) 아난의 깨달음은 다만 소리의 분별을 인(因)한 것으로서 육진을 반연한 마음인 '생멸심'이기 때문에 의근(意根)에 속한다. 반연을 인정하다가 참[眞]을 잃어버린 것이다. 고인은 스스로의 마음을 철저히 믿어서 곧바로 의심하지 못하는 곳에 도달하고서야 비로소 실다운 증득으로 여겼다.

이것도 또한 그와 같아서 만일 참으로 너의 마음이라면 가는 바가 없어야 된다. 그런데 어찌하여 소리를 떠나서는 분별하는 성능이 없느냐?

이것이 어찌 소리를 분별하는 마음 뿐이리요? 나의 얼굴을 분별하는 것도 색상(色相)을 떠나서는 분별하는 성능이 없다. 그와 같이 분별이 모두 다 없어서 색(色)도 아니고 공(空)도 아니기에 구사리(拘舍離, 외도) 등이 매(昧)하여 명제(冥諦)라고 하거니와 모든 법의 인연을 떠나서는 분별하는 성능이 없느니라.

곧 너의 마음 성품이 각각 돌아갈 바가 있을 것이니 어떤 것이 주(主)가 되겠느냐?"16)

아난이 말하기를, "저의 심성(心性)이 각각 돌려보낼 곳이 있다면 부처님께서 말씀하신 묘명원심(妙明元心)은 어찌하여 돌려보낼 곳이 없습니까? 오직 애민을 드리우시어 저를 위하여 자세하게 설명해 주소서."

부처님이 아난에게 이르시기를, "또한 네가 나를 보는 견정명원(見精明元)인 이 견(見)이 비록 묘명원심(妙明元心)은 아니나 제이월(第二月)과 같고 이 월영(月影, 걸 허망한 연심)은 아니다."

너는 응당 자세히 들어보라. 지금 곧 너에게 돌려보낼 바 없는 것을 보여주겠다.

---

16) 만약 외부의 티끌을 여의어서 반연함이 없으면 곧 안으로 8식을 반연해서 '자기 내부의 나'[自內我]로 삼기 때문에 외도는 이를 계교하여 신아(神我)로 삼았다.

아난아! 이 대강당이 동쪽으로 통하여 열리었음에 태양이 뜨게 되면 밝게 비추는 것이 있고 한밤중에 달이 안 보이고 구름과 안개가 끼면 곧 다시 어둡고, 문틈에는 다시 통함을 보게 되고, 담벼락의 사이에는 다시 막힘을 보며 분별하는 곳에서는 곧 다시 연(緣)을 보고, 완허(頑虛)의 가운데는 두루 이 허공성(虛空性)이고, 울발의 모양은 곧 혼진(昏塵)에 얽혔고, 맑게 개어서 운예(雲霓)가 걷히면 또 청정함을 본다.

아난아! 너는 이 모든 변화상을 보아라. 내가 지금에 본래 원인(本因)한 바의 곳에 각각 돌려보내겠다.

어떤 것이 본인(本因)이냐? 아난아! 이 여러 가지 변화가 밝은 것은 해에 돌려보내니 무슨 까닭이냐? 해가 없으면 밝지 못하다. 밝은 원인은 해에 속하니 그러므로 해에 돌려보내고, 어두운 것은 흑월에 돌려보내고, 통한 것은 문에 돌려보내고, 막힌 것은 담에 돌려보내고, 반연(攀緣)은 분별에 돌려보내고, 완허는 허공에 돌려보내고, 또 울발은 티끌에 돌려보내고, 청명한 것은 갠 것에 돌려보낼 수 있으니 곧 모든 세간에 있는 일체의 것이 이런 종류에서 벗어나지 않거니와,

네가 여덟 가지를 보는 견(見)의 정명(鼎銘)한 성(性)은 마땅히 어디에 돌려보내려 하느냐? 무슨 까닭이냐 하면 만약 밝은 데에 돌려보낸다면 곧 밝지 않을 때는 다시 어두운 것을 보지 못할 것이다. **비록 밝고 어두운 따위가 가지가지로 차별이 있기는 하나 그 보는 것은 차별이 없**

느니라. 돌려보낼 수 있는 것은 저절로 네가 아니거니와 네가 돌려보내지 못하는 것은 네가 아니고 무엇이겠느냐?

그러므로 곧 알아라. 너의 마음이 본래 묘(妙)하고 밝고 청정하거늘, 네가 스스로 미(迷)하고 답답해서 근본을 상실하고 윤회를 받아 생사의 가운데 항상 표류하기에, 그러므로 여래께서 너를 불쌍하다고 이르느니라."

6) 견성(見性)은 외물(外物)이 아닌 자신의 진성(眞性)이다

아난이 말하기를, "제가 비록 이 견성(見性)은 돌려보낼 수 없는 것임을 알았으나, 이것이 저의 진성임을 어찌 알 수가 있겠습니까?"

부처님이 아난에게 이르시기를, "내가 지금 너에게 묻겠다. 지금 너는 무루(無漏)의 청정(清淨)을 얻지 못했으나 부처님의 신력을 받들어서 초선천을 보되 걸림이 없으며 아나율(阿那律)은 염부제(閻浮提)를 보되 손바닥 가운데 암마라 과일을 보는 것 같으며, 여러 보살들은 백천 세계를 보며, 시방의 부처님은 미진수와 같은 청정한 모든 불국토를 보지 못하는 바가 없으시거늘, 중생의 통찰은 분촌(分寸)을 넘어서지 못한다.

아난아! 또 내가 너와 더불어 사천왕이 머무르는 궁전을 볼 적에 중간에 물과 육지와 허공에 있는 것들을 두루 보나니 비록 어둡고 밝은 가지가지 형상이 있으나 전진(前塵)의 분별인 장애물이 아닌 것이 없다.

네가 여기서 자(自)와 타(他)를 분별하여라. 이제 내가 너를 위해서 보는 견성(見性) 가운데 어느 것이 이 아체(我體)이며 어느 것이 이 물상(物象)인지 가려 보겠다.

아난아! 네가 보는 시력을 다하여 해와 달을 본다고 해도 이것은 물건이지 너는 아니며 칠금산(七金山)에 이르러서 두루 관찰함에 비록 갖가지 빛이 보이지만 또한 물건이고 너는 아니니 차츰차츰 다시 보아라. 구름이 일고 새가 날아가며 바람이 움직이고 먼지가 일어나며 나무와 산천과 풀과 지푸라기와 사람과 축생을 본다고 해도 모두 물건이고 너는 아니다.

아난아! 이 가깝고 먼 데 있는 여러 가지 물성이 비록 여러 가지로 다르나 모두가 너의 청정한 견정(見精)이 보는 바이니, 곧 모든 물상의 종류가 스스로 차별이 있을지언정 그 견성(見性)은 차별이 없으니 이 정미롭고 묘하고 밝은 것이 진실로 너의 견성(見性)이다.[17]

만약 보는 것이 물질이라면 곧 네가 또한 나의 보는 것을 볼 수 있어야 할 것이다. 만약 함께 보는 것으로써 나를 보는 것이 된다고 이른다면 내가 보지 아니할 때는 어찌 나의 보지 아니한 것을 보지 못하느냐?

만약 보지 못하는 그것을 본다면 자연히 저 보지 못하는 것(相)이 아닐 것이다.

---

17) 천지와 허공과 만물이 섞여서 진열되어 있더라도 한 번 보아서 환히 비추면 사물은 달라도 봄[見]은 다르지 않다. 이 다르지 않는 봄[見]이 사물과 섞이지 않음을 '이 정밀하고 묘하고 밝음이 진실로 너의 보는 성품[見性]'이라 한 것이다.

만약 내가 보지 못하는 그 자리를 네가 보지 못한다면 그는 저절로 물질이 아니거니 어찌 네가 아니겠느냐?

또 곧 네가 지금 물건을 볼 때에 네가 이미 물건을 보고 물건이 또한 너를 본다면 체성이 분란하고 혼잡하여 곧 너와 나와 및 모든 세간들이 안립함을 이룰 수 없을 것이다.

아난아! 만일 네가 볼 때에 그것은 너(의 見)이고 나는 아닐진대 그 견성이 두루 하거니 네가 아니고 누구이겠느냐?
너의 진성(眞性)이 너에게 본성이 되는데 그것을 너의 진성이 아니라고 어찌 스스로 의심하고서 나에게 그 진성(眞性)의 사실을 찾아보려고 하느냐?"

7) 견성(見性)은 서축(舒縮)이 아닌 무애(無礙)이다

아난이 부처님께 고하여 말하기를, "세존이시여! 만일 이 견성(見性)이 (본래 두루하여) 반드시 저의 것이고 그 밖의 것이 아니라면 제가 부처님과 함께 사천왕의 승장보전을 보느라고 일월궁전에 있을 때는 이 견이 원만하고 두루하여 사파국에 두루하다가 물러나서 정사에 돌아옴에 다만 가람만 보이고, 마음을 방안에서 맑힐 적에는 다만 이 처마만 보입니다.

세존이시여! 이 견(見)이 그와 같아서 그 자체가 본래 일계(一界)에 두루 하다가 지금 방안에 있어서는 오직 하나의 방에만 보이는 것이 꽉 차 있으니, 이 견(見)이 큰 것이 축소되어 작아진 것입니까? 장벽이 좁게 차단해서 끊긴 것입니까? 저는 지금 그 뜻의 소재(이 이치의 어찌된 까닭)를 알지 못하오니 원컨대 크나큰 자비를 드리우셔서 저를 위하여 잘 밝혀 주소서."

부처님께서 아난에게 이르시기를, "일체 세간의 큰 것이나 작은 것이나 내적인 것이나 외적인 것의 온갖 사실이 다 전진(前塵)에 속했나니, 견이 늘거나 줄어짐이 있다고 응당 말하지 아니할 것이니라.

비유컨대 모난 그릇 가운데 모난 허공을 보는 것 같다.

내가 다시 너에게 묻겠다. 이 모난 그릇 가운데 보인 모난 허공이 모난 것으로 정해진 것이냐? 모난 것으로 정해진 것이 아니냐?

만약 허공이 모난 것으로 정해졌다면 따로 둥근 그릇에 두더라도 허공이 응당 둥글게 보이지 않아야 될 것이고, 만약 허공이 모난 것으로 정해진 것이 아니라면 모난 그릇 안에서도 응당 모난 허공이 보이는 것 없어야 할 것이니, 네가 그 뜻의 소재를 알지 못하겠다고 하는 의미의 성질이 그와 같으니 어찌 있음(정해짐)이 되겠느냐?

아난아! 만일 다시 방(方)과 원(圓)이 없는 데에 들어가고자 하면 다만 그릇의 모난 것을 제거할 지언정, 허공의 자체는 모난 것이 없나니 응당 허공의 모난 모양이 있는 것을 다시 제거해야만 된다고 말할 것이 아니다.

만약 너의 묻는 바와 같이 방안에 들어올 때에 보는 것을 축소하여 작게 만들었다고 한다면, 우러러 해를 볼 때 네가 어찌 견성(見性)을 늘어 빼어서 태양의 표면에까지 가지런하게 했겠느냐? 만약 담을 쌓아서 견을 좁게 하여 끊어버렸다면 작은 구멍을 뚫어서 만듦에 견(見)이 이어지는 자취가 어찌 없느냐? 그러한 도리는 옳지 못하다.

일체 중생이 비롯이 없는 때로부터 옴으로 자기를 미(迷)하여 물질로 여겨서 본심(本心)을 상실하고 물질에 유전(流轉)함이 되었으므로 그 가운데에 대(大)를 보고 소(小)를 보거니와, 만약 물건을 능히 굴리면 곧 여래와 같아서 몸과 마음이 원명하여 도량에서 움직이지 아니하고 하나의 털끝에서 시방의 무궁무진한 넓은 국토를 두루 능히 포함하여 받아들일 것이다."18)

8) 견성(見性)은 시견(是見)과 비견(非見)이 아니다

아난이 부처님께 고하여 말하기를, "세존이시여! 만일 이 견정(見精)이 반드시 저의 묘(妙)한 성품일진대 지금 이 묘한 성품이 저의 앞에 나타나 있습니다. 견이 반드시 저의 진성(眞性)일진대 저의 지금 몸과 마음은 다시 어떠한 물건입니까?

---

18) 만약 안으로 몸과 마음을 능히 벗어나고 밖으로 세계를 버릴 수 있다면 '원만하고 밝고 묘한 체'[圓明妙體]가 당장 현전하게 된다. 이 때문에 기(器)의 모남[方]만 제거해도 공의 체는 원래 모남과 둥글다는 것이 없다. 허공의 모난 모습을 없애지 않는 것은 고덕(古德)이 소위 "참[眞]을 구하려 애쓰지 말고 오로지 봄[見]을 쉬어야 한다"고 말한 것이다.

지금 몸과 마음은 분별함에 실체가 있거니와 저 견(見)은 분별이 없어서 저의 몸과는 다릅니다. 만약 견(見)이 참으로 저의 마음이어서 저로 하여금 지금 볼 수 있게 한 것이라면 견성(見性)은 참으로 '나'이고 몸은 제가 아니오니, 여래께서 먼저 힐난하여 말씀하신 물건이 능히 저를 본다고 하신 것과 어찌 다르겠습니까? 바라옵건대 큰 자비를 드리우셔서 깨닫지 못한 것을 개발(開發)해 주십시오."

부처님이 아난에게 이르시기를, "지금 네가 말한 바 견성(見性)이 너의 앞에 있다는 것은 그 뜻이 옳지 못하다. 만일 참으로 너의 앞에 있어서 네가 참으로 견성을 본다고 한다면, 곧 이 견정이 이미 방소(方所)가 있어서 지시(指示)함이 없지 아니할 것이다.

또 지금 너와 함께 기타림에 앉아서 숲과 도랑과 및 전당을 두루 보며, 위로는 해와 달에 이르고 앞으로는 항하를 대했으니, 네가 지금에 나의 사자좌 앞에서 손을 들어서 가리켜 보라. 이 가지가지 물상에서 그늘진 것은 바로 숲이고 밝은 것은 바로 태양이고 막힌 것은 장벽이고 통(通)한 것은 허공이며 이와 같이 풀과 나무와 지푸라기까지도 크고 작은 것은 비록 다르나 다만 형체가 있는 것은 가리키지 못할 것이 없나니, 만약 반드시 그 견(見)이 너의 앞에 나타나 있다면 너는 응당 손으로써 확실히 가리켜 보라. 어떤 것이 이 견(見)이냐?

아난아! 마땅히 알아라. 만약 허공이 이 견이라면 (허공이) 이미 견을 이루었거니, 어느 것이 이 허공이며, 만약 물건이 이 견이라면 (물건이) 이미 이 견이거니 어떤 것이 이 물건인가? 네가 미세하게 만상(萬象)을 해부하여 정미롭고 밝고 청정하고 미묘한 견원(見元)을 분석해내어 나에게 가리켜 보이기를 저 모든 물상과 같이 가리켜서 분명히 의심이 없게 하여라."

아난이 말하기를, "제가 지금 이 겹집으로 된 강당에서 멀리는 항하까지 보고, 위로는 해와 달을 보며 손을 들어서 가리키는 바와 눈을 따라서 보는 바가 모두 다 물건이고, 이 견(見)은 없습니다.

세존이시여! 부처님께서 말씀하신 바와 같아서, 하물며 저는 마음이 새나가는 초학(初學)의 성문이지만, 설령 보살이라 할지라도 또한 능히 만물상(萬物象) 앞에서 정견을 분석해서 끄집어내되 모든 물건을 떠나서 견(見)의 자성이 따로 있게 할 수는 없습니다."19)

부처님이 말씀하시기를, "그와 같고 그와 같다."

부처님이 다시 아난에게 말씀하시기를, "네가 말한 바와 같아서 견정이 일체의 물상을 떠나고 따로 자성이 있는 것이 없을진대, 곧 네가 가리키는 바 이 물건 가운데는 이 견(見)이 없겠구나.

---

19) 아난이 일체 사물이 봄[見] 아님이 없다고 하자, 부처님께서 "그렇고 그렇다"며 인가하신 까닭은 무엇인가. 부처님의 뜻은 단적으로 일진(一眞)을 곧바로 가리켜서 옳고 그름의 모습이 없음을 요달하는데 있다. 아난과 대중은 이를 깨닫지 못하고 옳고 그름의 테두리 속으로 떨어져 망연히 알지 못하였다.

지금 다시 너에게 말하노니 네가 여래와 함께 기타의 숲에 앉아서 동산과 내지 해와 달을 다시 보라. 가지가지 모양은 다르나, 반드시 네가 가리킬 견정이 없다면 너는 또 밝혀보라. 이 여러 물상 가운데 어느 것이 견이 아니냐?"

아난이 말하기를, "제가 실로 이 기타의 숲을 두루 보고 있사오니 이 가운데 어느 것이 견이 아닌지를 알 수가 없습니다.

무슨 까닭이냐 하면 만약 나무가 보는 견이 아니라면 어떻게 나무를 볼 수 있으며 만약 나무가 곧 보는 견(見)이라면 다시 어떤 것이 나무이겠습니까? 이와 같이 내지 만약 허공이 보는 것이 아니라면 어떻게 허공을 볼 수가 있으며 만약 허공이 곧 보는 견이라면 다시 어떤 것이 허공이겠습니까? 제가 또 생각해 보니 이 만상 가운데서 미세하게 발명해 보건대 견 아닌 것이 없습니다."

부처님이 말씀하시기를, "그와 같고 그와 같다."

이에 무학(無學) 아닌 대중들은 부처님의 이 말씀을 듣고 아득해서 그 뜻의 종말과 처음을 알지 못하여 일시에 어쩔 줄 몰라서 그 고수했던 바를 잃었다.

여래께서는 그들의 심혼(心魂)과 생각이 변하여 놀람을 아시고 마음에 불쌍함을 내셔서 아난과 여러 대중들을 안위하시기를, "모든 선남자여! 무상법왕(無上法王)은 이 진실한 말이고 그 존재와 말에 다름이 없으며 속이는 말도 아니고 거짓말도 아니다.

저 말가리가 주장하는 네 가지 불사(不死)가 있다는 교
란한 논의와는 같지 않으니, 너는 자세히 생각하여 나에
대한 애모(哀慕)를 욕되게 하지 말라."

이때에 문수사리 법왕자가 사부대중을 불쌍히 여기시어
대중 가운데 계시다가 곧 자리에서 일어나 부처님의 발에
정체하고 합장하고 공경하여 부처님께 고하여 말하기를,
"세존이시여! 이 여러 대중들이 여래께서 밝히신 두 가지
정견(精見)과 색공(色空)의 시(是·是見), 비시(非是·非是
見)의 의미를 깨닫지 못했습니다."

"세존이시여! 이와 같은 눈 앞의 연진(緣塵)인 색공(色空)
등 형상이 만일 이 견일진대 응당 가리킬 수 있어야 될
것이며, 만약 견이 아니라면 응당 보는 바가 없어야 할
것이니, 지금에 그 뜻의 귀취를 알지 못하여 그러므로 놀
라서 두려워함일지언정 이 옛날에 선근(善根)이 가볍거나
적은 탓은 아니오니,

바라옵노니 여래께서는 큰 자비로써 밝혀 주시옵소서.
이 모든 물상과 및 이 견정이 원래 어떤 물건 이길래 그
중간에 시와 비시가 없습니까?"20)

부처님께서 문수와 및 여러 대중에게 이르시기를, "시방
의 여러 부처님과 및 위대한 보살들이 그 스스로 머무는

20) 지혜를 미혹하여 식(識)이 되었기에, 망견에는 근(根) 신(身) 기(器) 계(界) 일체
만물의 갖가지 차별이 있게 되는데, 이는 오직 식(識)이 변해서 나타난 것일 뿐이
다. 만약 식을 굴려서 지혜를 이룬다면[轉識成智] 일체 만물이 당장 소멸해 없어
진다. 경전에서도 "모습[相]을 얻음은 식이고, 모습을 얻지 못함은 지혜이다"라고
했으니, 오직 전변(轉變)의 사이에 존재할 뿐이다.

삼마지(三摩地) 가운데에, 견(見)과 및 견연(見緣)과 아울러 생각과 몸 모양이 허공의 꽃과 같아서 본래 있는 바가 아니다. 이 견(見)과 및 견연(見緣)이 원래 보리의 묘하고 청정하고 밝은 자체이거니 어찌 그 가운데 시(是)와 비시(非是)가 있겠느냐?

문수여! 내가 지금 그대에게 묻노니 그대가 문수인데 다시 문수에게 옳은(是) 문수와 그른(非) 문수가 있는가?" "그와 같습니다. 세존이시여! 제가 참으로 문수이고 옳은(是) 문수는 없으니 무슨 까닭이냐 하면 만약 옳은(是) 문수가 있다면 곧 두 문수이기 때문입니다. 그러나 제가 오늘날 문수가 없는 것은 아니오나 그 가운데에 실로 시(是)와 비(非)의 두 가지 모양은 없습니다."

부처님이 말씀하시기를, "이 견(見)의 묘하고 밝은 것과 및 모든 공진(空塵)도 또한 다시 그와 같아서 본래 이 묘하고 밝고 위없는 보리의 청정하고 둥근 참마음인데, 망령되이 색공(色空)과 및 문견(聞見)이 되어서, 제이월(第二月)과 같으니 어느 것이 시월(是月)이며 또 어느 것이 비월(非月)인가? 문수여! 다만 달 하나만이 진짜이고 중간에 시월 비월이 없다.

그러므로 그대가 지금 견(見)과 육진(六塵)을 보아서 가지가지로 발명하나니 그것은 망상(妄想)이라고 말한다. 거기에서는 시와 비시를 능히 벗어나지 못하거니와 이는 참되고 정미롭고 묘한 각명성(覺明性)이기에 그러므로 그대로 하여금 '가리킨다'(指)와 '가리키지 않는다'(非指)를 능히 벗어나게 한다."21)

9) 견성(見性)은 자연(自然), 인연(因緣), 시(是), 비시(非是) 가 아님

아난이 부처님께 고하여 말하기를, "세존이시여! 진실로 법왕께서 말씀하신 바와 같아서 각(覺)과 연(緣)이 시방세 계에 두루하여 담연하고 상주(常住)하여 그 자성(自性)이 생멸이 아니라면, 선범지(先梵志) 사비가라가 얘기했던 명 제(冥諦), 그리고 투회와 같은 외도(外道)들이 주장한 '진 아(眞我)가 시방에 두루해 있다'고 한 것과 어떤 차별이 있습니까?

또한 세존께서 능가산(楞伽山)에서 대혜(大慧) 등 보살들 을 위하시어 그 뜻을 설명하실 때, '저 외도들이 항상 자 연을 말하거니와 내(부처님)가 말한 인연은 저들이 말하는 경계(境界)가 아니라'고 하셨나이다.

제가 지금 이것을 보건대 각성(覺性)이 자연(自然)하여 생도 아니고 멸도 아니며 일체 허망전도를 멀리 떠났기에 인연과 저 자연이 아닌 것 같사오니 어떻게 개시하여야만 여러 가지 삿된 견해에 빠지지 않고 진실한 마음, 묘각명 (妙覺明)의 성품을 얻겠나이까?"

---

21) 망상으로 관찰하면 옳고 그름의 밖으로 벗어나질 못하겠지만, 묘각명성(妙覺明性)으로 관찰하기 때문에 너희들로 하여금 '가리킨다'와 '가리키지 않는다'를 벗어 날 수 있게 하였다. 이렇게 되면 일진(一眞)의 성품이 여기서 드러난다.

부처님께서 아난에게 이르시기를, "내가 지금 이와 같이 방편(方便)을 열어 보여서 진실하게 너에게 말해 주었거늘 네가 오히려 깨닫지 못하여 자연(自然)이라고 의혹하는구나.

아난아! 만일 반드시 자연이라고 한다면 저절로 응당 모름지기 밝고 밝아서 자연의 체(體)가 있어야 할 것이다.

네가 우선 이것을 보아라. 이 묘명견(妙明見) 가운데 어떤 것으로 자(自)를 삼겠느냐? 이 견(見)이 다시 밝은 것으로써 자기 자체(自體)라고 하겠느냐? 어두운 것으로써 자기 자체라고 하겠느냐? 허공으로써 자기 자체라고 하겠느냐? 막힌 것으로써 자기 자체라고 하겠느냐?

아난아! 만약 밝은 것이 묘명견(妙明見)의 자체라고 한다면 응당 어두운 것은 보지 못해야 할 것이고, 만약 다시 허공으로써 자체라고 한다면 응당 막힌 것을 보지 못해야 할 것이며, 이와 같이 내지 모든 어두운 따위의 모양으로써 자기 자체라고 한다면 곧 밝을 때에는 견성이 없어질 것이니, 어떻게 밝은 것을 보겠느냐?"

아난이 말하기를, "반드시 이 묘한 견성이 자연이 아니라면 제가 지금에 '이 인연(因緣)으로 생긴다'고 밝히려 하오나 마음이 오히려 분명하지 못하여 여래께 여쭈오니 이 이치가 어찌하여야 인연성(因緣性)에 합(合)하오리까?"

부처님이 말씀하시기를, "네가 인연(因緣)이라고 말하니 내가 다시 너에게 묻겠다. 네가 지금 보는 것을 인하여 견성(見性)이 앞에 나타나니, 이 견(見)이 다시 밝은 것을 인해서 보는 것이 있느냐, 어두운 것을 인해서 보는 것이 있느냐? 허공을 인해서 보는 것이 있느냐, 막힌 것을 인해서 보는 것이 있느냐?

아난아! 만약 견성이 밝은 것을 인해서 있다면 응당 어두운 것을 보지 못할 것이고, 만약 어두운 것을 인해서 견성이 있게 된 것이라면 응당 밝은 것을 보지 못할 것이며, 이와 같이 내지 허공을 인하거나 막힌 것을 인한 것도 밝은 것을 인한 것이나 어두운 것을 인한 것과 똑같다.

다시 아난아! 이 보는 견성이 또다시 밝은 것을 연(緣)해서 견이 있느냐, 어두운 것을 연해서 보는 것이 있느냐? 허공을 연해서 보는 것이 있느냐, 막힌 것을 연하여 보는 것이 있느냐?

아난아! 만약 그 견성이 허공을 연해서 있다면 응당 막힌 것을 보지 못해야 할 것이고, 만약 막힌 것을 연하여 있다면 응당 허공을 보지 못할 것이며, 이와 같이 내지 밝은 것을 따르는 것이나 어두운 것을 따르는 것도 허공과 막힌 것을 따르는 것과 똑같다.

마땅히 알아라. 이와 같은 정미로운 각(覺)인 묘명(妙明)은 인(因)도 아니고 연(緣)도 아니며, 또한 자연(自然)도 아니며 자연 아닌 것도 아니며, 아닌 것과 아닌 것이 아닌 것도 없고, 시(是)와 비시(非是)가 없으며, 모든 상(相)을 떠났고 모든 법(法)에 즉(卽)하였다.

네가 지금에 어찌 그 가운데 정각묘명(精覺妙明)에 마음

(偏計)을 두어서 온갖 세간의 희론(戲論)과 명상(名相)으로 써 분별하려고 하느냐? 마치 손바닥으로써 허공을 문지름에 손바닥만 수고로울지언정 허공이 어찌 너를 따라 너의 손아귀에서 잡혀 갈리겠느냐?"

10) 견성(見性)은 망견(妄見)을 떠나 견정(見精)의 자상(自相)도 아니다

아난이 부처님께 고하여 말하기를, "세존이시여! 반드시 묘한 각(覺)의 성품(性品)이 인(因)도 아니고 연(緣)도 아니라면, 세존께서 어찌하여 항상 비구들에게 말씀하시기를 '견성이 네 가지 인연을 갖추어야 하니, 이른바 허공을 인하고 밝은 것을 인하고 마음을 인하고 눈을 인한다'고 하셨습니까? 그 뜻은 어떠한 것입니까?"

부처님이 말씀하시기를, "아난아! 그때는 내가 세간의 모든 인연상(因緣相)을 설한 것이지, 제일의(第一義)의 도리는 아니다.

아난아! 내가 다시 너에게 묻겠다. 모든 세간의 사람들이 '내가 능히 본다'고 말하나니 어떤 것을 본다고 말하며 어떤 것을 못 본다고 하느냐?"

아난이 말하기를, "세상 사람이 해와 달과 등불의 광명을 인(因)하여 가지가지 물상을 보는 것을 '본다'고 말하고, 만약 이 세 가지 광명이 없으면 곧 능히 보지 못한다고 하나이다."

"아난아! 만약 밝은 것이 없을 때에 '보지 못한다'고 말한다면, 응당 어두운 것을 보지 못해야 할 것이며, 만약 반드시 어두운 것을 본다면 그것은 다만 밝음이 없을 뿐이지 어찌 보는 것이 없다고 하겠느냐?

아난아! 만약 어두움에 있을 때에 밝은 것을 보지 못하기 때문에 '보는 것이 아니라'고 말한다면, 지금 밝음이 있을 때에 어두운 모양을 보지 못하는 것도 또 '보지 못하는 것이라'고 말해야 할 것이니, 그와 같은 어두움과 밝음의 두 가지 모양을 다 보지 못한 것이라고 말해야 되겠구나.

이것은 다만 두 가지 상(相, 밝음과 어두움)이 서로 스스로 능탈(凌脫)하는 것일지언정 너의 견성(見性)이 그 가운데에 잠시도 없는 것은 아니니, 그와 같은 즉 두 가지를 다 함께 보는 것임을 곧 알 수 있다. 어찌 보지 못한다고 하겠느냐?

그러므로 아난아! 너는 지금 마땅히 알아라. 밝은 것을 볼 때에 견은 밝은 것이 아니며 어두운 것을 볼 때에 견은 어두운 것이 아니며, 빈 허공을 볼 때에 견은 이 허공이 아니며 막힌 것을 볼 때도 이 견은 이 막힌 것이 아니다.

네 가지 이치가 성취되었으니 너는 다시 응당 알아라. 견(妄見)을 견(眞見)할 때에 그 견(本體眞見)은 이 견(妄見)이 아니다. 견(진견)은 오히려 견(망견)을 떠나서 견(망견)이 능히 미치지 못하거니 어찌하여 또다시 인연, 자연 내지는 화합상(和合相)을 말하느냐?

너희들 성문들이 마음이 좁고 저열하고 아는 것이 없어서 청정한 실상을 능히 통달하지 못하기 때문에 내가 지금 너에게 가르쳐 주노니, 마땅히 잘 생각해서 묘한 보리의 길에서 피곤하거나 게을리 하지 말라.”

8. 두 가지 전도망견(顚倒妄見)을 밝히다(3)

1) 별업망견(別業妄見)

아난이 부처님께 고하여 말하기를, “세존이시여! 부처님 세존께서 저희 무리를 위하셔서 인연과 및 자연과 모든 화합상과 내지 화합 아닌 것까지를 말씀하셨으나 마음이 오히려 열리지 못하고 있사온데, 지금 ‘견(見)을 보는 것은 견이 아니라’는 말씀을 다시 듣고 거듭 어지럽고 답답하옵니다. 엎드려 발원하오니 크신 자비로 큰 지혜의 눈을 베풀어주셔서 저희들의 본각(本覺)의 마음이 밝고 깨끗하게 열어 보여 주옵소서.”22)

그 말을 마치고 슬피 눈물을 흘리면서 이마를 땅에 대

---

22) 이승(二乘)의 아집(我執)이 비록 공하더라도, 법집(法執)은 아직 잊지 못해서 여전히 망견으로 몸과 마음의 세계를 두기 때문에, 각심(覺心)이 청정하지 않은 것이다.

고 예배하여 부처님의 거룩한 가르침을 듣고자 했었다.

그때 세존께서 아난과 모든 대중들을 불쌍히 여기셔서 장차 대다라니(大陀羅尼)와 모든 삼마제(三摩提)와 묘(妙)한 수행의 길을 부연(敷演)하고자 하셨다.

아난에게 일러 말씀하시기를, "네가 비록 기억을 잘 하지만 다만 다문(多聞)만을 좋아하고 사마타(奢摩他)의 미밀(微密)한 관조(觀照)에 대해서는 마음이 오히려 분명히 알지를 못하니, 너는 지금 자세히 들으라. 내가 마땅히 너를 위하여 분별하여 개시하며, 또한 장래에 마음이 경계에 새어 나가는 사람들로 하여금 보리의 과(果)를 얻게 하겠다.

아난아! 일체 중생이 세간에 윤회하는 것은 두 가지 전도(顚倒)된 분별견망(分別見妄)으로 말미암아 당처(當處)에서 발생하며 당업(當業)에서 윤전(輪轉)한다.

어떤 것이 두 가지 견(見)이냐?

첫째는 중생(衆生)의 별업망견(別業妄見)이고

둘째는 중생(衆生)의 동분망견(同分妄見)이다.

어떤 것을 별업망견이라 하느냐?

아난아! 세간의 사람이 눈에 붉은 눈병이 있으면 밤에 등불 빛을 볼 때 별달리 오색(五色)이 영롱한 원영(圓影, 둥근 그림자)이 있나니 어떻게 생각하느냐? 이 밤의 밝은 등불에서 나타난 원영의 빛은 등불의 빛이냐, 견(見)의 빛이냐?

아난아! 이것(둥근 그림자)이 만일 등불의 빛깔일진대 곧 눈병이 없는 사람들은 어찌하여 이 원영을 함께 보지 않고 오직 눈병이 있는 사람만 보느냐?

만일 이것이 견의 색(色)이라면 견이 벌써 색(色)을 이루었는지라, 곧 저 눈병 있는 사람이 원영을 보는 것은 무엇이라고 이름해야 되겠느냐?

다시 다음 아난아! 만일 이 원영이 등불을 떠나 따로 있다면 곧 응당 겹으로 병풍, 휘장, 궤, 자리를 봄에 원영이 나오는 것이 있어야 할 것이고, 보는 것을 떠나서 등불에 원영이 또 따로 존재한다면 응당 눈으로 본 것이 아닐 것이다. 어찌하여 눈병이 있는 사람만 눈으로 원영을 보느냐?

그러므로 마땅히 알아라. 색은 실로 등불에 있으나, 견병(見病)이 원영이 된 것이다.

원영과 그를 보는 견(見)이 모두 다 눈병이나 눈병을 보는 것은 눈병이 아니다. '이것이 등(燈)이다, 이것이 견(見)이다, 이 가운데 등도 아니고 견도 아님이 있다'고 마침내 말하지 않을 것이니.

마치 제이월(第二月)이 견체(見體)도 아니고 원영도 아닌 것과 같다. 무슨 까닭이냐? 제이월로 보인 것은 눈을 눌러서 이루어진 것이니, 지혜(智慧)가 있는 이는 이 누른 근본을 두고 '이것이 월형(月形)이다, 월형(月形)이 아니다,

견(見)을 떠났다, 비견(非見)을 떠났다'는 말을 응당 하지 않는다.

이것도 또한 그와 같아서 눈병으로 된 것인데 지금에 무엇을 이름하여 '이것은 등불이다, 이것은 견병(見病)이 다'라고 말하겠느냐? 어찌 하물며 '등불이 아니다, 보는 것이 아니다'라고 분별하겠느냐?"

2) 동분망견(同分妄見)

"어떤 것을 동분망견이라고 말하느냐?

아난아! 이 염부제에 큰 바닷물을 제외하고 중간의 평탄한 육지에 삼천주(三千洲)가 있으니, 한가운데에서 큰 주를 동쪽과 서쪽으로 총괄해서 헤아려 보면 큰 나라가 무릇 이천삼백이 있고 그 밖의 작은 주가 여러 바다 가운데 있으되 그 중간에 혹은 삼백이나 이백의 나라가 있기도 하며 혹은 한 나라 혹은 두 나라 내지 삼십 나라, 사십 나라, 오십 나라가 있다.

아난아! 만일 다시 이 가운데 하나의 작은 섬에 다만 두 나라가 있거든, 오직 한 나라 사람은 함께 악업(惡業) 의 인연을 감득하여, 곧 저 작은 섬나라 중생들이 온갖 상서롭지 못한 경계를 보되, 월식, 일식, 해, 달의 귀걸이 , 혜성, 발성, 나는 별, 흐르는 별, 등무지개, 홍, 예의 가지가지 고약한 모양을 다만 이 나라만 보고 저 나라의 중생은 또한 보지 못하고 또한 듣지도 못한다."[23]

3) 두 망견(妄見)을 진퇴(進退)하여 합명(合明)하다

(1) 전진하여 합명함

"아난아! 내가 지금 너를 위하여 이 두 가지 사실로써 나아가고 물러가서 합(合)하여 밝히겠다.

아난아! 저 중생의 별업망견(別業妄見)으로 등불빛깔에 나타나는 원영을 보는 것이 비록 나타나 경계인 것 같으나, 마침내 저 보는 자의 눈병으로 이루어진 것이니 눈병은 곧 견의 피로함이고 색으로 된 것은 아니다. 그러나 눈병임을 보는 것은 마침내 견의 허물이 없다.

네가 오늘날에 눈으로써 산하와 국토와 모든 중생을 보는 것에 비례하건대, 모두 다 비롯이 없는 견의 병으로 이루어진 것이다.

견과 견의 연(緣)이 전경(前境)에 나타난 것 같으나 원래 나의 각명(覺明)이 연할 바 전경을 보는 눈병이니, 각명으로 보는 것은 눈병이나 본각의 밝은 마음이 소연(所緣)을 깨닫는 것은 눈병이 아니다.

---

23) 무엇이 두 가지 망견인가? 첫째는 별업망견이고, 둘째는 동분망견이다. 별업(別業)은 바로 중생의 정보(正報)로서 각각 오온의 몸과 마음이다. 이는 각자의 개별적인 업이 감응한 것이다. 동분(同分)은 바로 중생의 의보(依報)의 세계이다. 이는 대중의 똑같은 업이 감응한 것이다. 이 두 허망함은 본래 있지 않으니, 진실로 참되고 청정하고 묘하고 밝은 마음[眞淨妙明心] 속의 일념이 허망하게 움직여서 무명이 있으므로 마침내 진심을 변화시켜 아뢰야식이 되기 때문에 견분(見分)과 상분(相分)이 있는 것이다.

소각(所覺)을 각(覺: 보고 아는 짓)함은 눈병이나 본각(本覺)은 눈병 속의 것이 아니라, 그것은 실로 견을 견함이니 어찌 다시 각문지견(覺聞知見)이라고 말하겠느냐?

그러므로 네가 지금에 나와 너와 아울러 모든 세간의 십류중생(十類衆生)을 보는 것은 모두 견의 생(眚: 눈에 끼는 백태)이고 생(眚)을 견한 것은 아니다. 저 견의 진정(眞精)은 그 성(性)이 눈병이 아니니, 그러므로 견(見)이라고 이름하지 않는다."

(2) 후퇴(後退)하여 합명(合明)함

"아난아! 저 중생의 동분망견(同分妄見)을 저 허망하게 보는 별업(別業)의 한 사람에 비례하건대 하나의 눈병난 사람은 저 한 나라와 같으며, 저 원영을 보는 것이 눈병(妄)에서 생긴 바와 이 중동분(衆同分)에서 보는 상서롭지 못한 것들이 동견업(同見業)의 장악(瘴惡)으로 일어나는 바가 모두 함께 이 무시견망(無始見妄)으로 생기는 것이다."

(3) 또 전진하여 합명함

"염부제에서 삼천 나라와 겸하여 동서남북 넷의 큰 바다와 사바세계와 및 시방의 모든 유루국(有漏國)과 중생들을 비례하건대, 함께 이 각명의 무루(無漏)인 묘심(妙心)이 보고 듣고 느끼고 아는 허망한 병이 든 인연으로 화합하여 허망하게 생기고 허망하게 죽는 것이다."

9. 본각(本覺)은 인연(因緣), 자연(自然),

화합(和合), 비화합(非和合)이 아니다

"만약 모든 화합(和合)과 및 불화합(不和合)까지를 능히 멀리 떠나면 곧 모든 생사의 원인을 다 없애고 보리의 불생멸성(不生滅性)을 원만히 하여 본심이 청정하여 본각(本覺)이 상주(常住)하게 된다.

아난아! 네가 비록 본각묘명(本覺妙明)의 성품이 인연도 아니고 자연성(自然性)도 아님을 깨달았으나, 오히려 이와 같은 각원(覺元)이 화합으로 생기는 것도 아니고 화합 아닌 것으로 생긴 것도 아님을 밝히지 못했구나.

아난아! 내가 지금 다시 전진(前塵)으로써 너에게 묻겠다. 네가 지금도 오히려 일체 세간의 망상(妄想)으로 화합된 모든 인연성(因緣性)으로써 스스로 의혹하기를 '보리의 마음을 증득(證得)하는 것도 화합으로 생긴다'고 하니, 네가 지금에 묘정견정(妙淨見精)이 밝은 것과 화(和)하였느냐, 어두운 것과 화(和)하였느냐? 통(通)한 것과 화(和)하였느냐, 막힌(塞) 것과 화(和)하였느냐?

만약 밝은 것과 어울렸다고 한다면 또한 네가 밝은 것을 볼 적에 마땅히 밝은 것이 앞에 나타나게 되었을 것이다. 그 어느 곳에 견(見)이 섞였느냐? 견의 모양은 분변할 수 있으니 섞인 것은 어떤 형상이냐?

만약 밝은 것이 견이 아니라면 어떻게 밝은 것을 볼 수 있으며, 만약 밝은 것이 곧 견이라면 어떻게 견을 견하겠느냐? 반드시 견이 원만할진대 어느 곳에 밝은 것이 섞이겠느냐? 만약 밝은 것이 원만하다면 합당히 견과 섞이지 아니하였으리라."

"견(見)은 반드시 밝은 것과 다르니 섞였으면 저 성(性)이 밝다는 이름을 잃게 될 것이고, 섞이어서 밝은 성(性)을 잃었으면 밝은 것에 섞였다고 하는 것은 옳지 못하다. 저 어두움(暗)과 및 통함(通)과 막힘(塞)에 섞였다는 것도 역시 이와 같다.

또 아난아! 너의 지금 묘하고 청정한(妙淨) 견정(見精)이 밝은 것과 합하였느냐, 어두운 것과 합하였느냐? 통한 것과 합하였느냐, 막힌 것과 합하였느냐?

만약 묘정한 견정이 밝은 것과 합했다면 어두울 적에는 밝은 모양이 이미 없어졌고, 이 견이 곧 어두운 것과 합하지 아니했거니 어떻게 어두운 것을 보겠느냐? 만약 어두운 것을 볼 적에 어두운 것과 합하지 않았다면 밝은 것과 합한 것도 응당 밝은 것을 보지 못할 것이다. 이미 밝은 것을 보지 못한다면 어찌 밝은 것과 합하였다고 하며 밝은 것은 어두운 것이 아님을 알겠느냐? 저 암(暗)과 및 통(通)과 색(塞)도 또한 이와 같다."

아난이 부처님께 고하여 말하기를, "세존이시여! 저의 생각과 같아서는 이 묘(妙)한 각원(覺元)이 모든 연진(緣塵)과 마음의 생각과 더불어 화합(和合)이 아니라고 하나이다."

부처님이 말씀하시기를 "너는 지금에 또 '각(覺)은 연진

(緣塵)과 생각과 더불어 화합(和合)이 아니라'고 말하니 내가 다시 너에게 묻겠다.

이 묘한 견정이 화합이 아니라면 밝은 것과 더불어 섞인 것이 아니냐, 어두운 것과 더불어 섞인 것이 아니냐?

통한 것과 더불어 섞인 것이 아니냐, 막힌 것과 더불어 섞인 것이 아니냐?

만약 묘한 견정이 밝은 것과 어울린 것이 아니라면 곧 견(見)과 밝은 것이 반드시 한계가 있어야 할 것이다. 네가 또 자세히 보라.

어디까지가 밝은 것이며 어디까지가 견이냐?

견에 있거나 밝은 것에 있어서 어디로 한계가 되었느냐?

아난아! 만약 밝은 한계 안에 반드시 견(見)이 없다면 곧 서로 미칠 수가 없어서 그 밝은 모양의 소재를 알지 못할 것이니 그 한계가 어떻게 성립되겠느냐?

저 어두운 것과 통한 것과 막힌 것도 또한 그와 같다.

또 묘(妙)한 견정(見精)이 화합이 아니라고 한다면 밝은 것과 더불어 합하지 않았느냐, 어두운 것과 합하지 않았느냐? 통한 것과 합하지 않았느냐, 막힌 것과 합하지 않았느냐?"

"만약 견이 밝은 것과 합한 것이 아니라면 곧 견(見)과 명(明)이 서로 어긋남이 마치 귀가 밝은 것과 관계가 없는 것 같아서 견(見)이 또한 밝은 모양의 소재를 알지 못할 것이니, 어떻게 합과 비합의 이치를 밝힐 수 있겠느냐? 저 어둠과 통함과 막힌 것도 또한 그와 같다."[24]

둘째, 사과(四科)와 칠대(七大)가
모두 여래장(如來藏)임을 밝히다(5)

"아난아! 네가 오히려 일체의 부진(浮塵)인 모든 환화상(幻化相)이 당처(當處)에서 출생하며 또 곳에 따라서 멸진(滅盡)하는 것을 밝히지 못했구나.

환망(幻妄)은 상(相)이라고 칭하거니와 그 성(性)은 참으로 묘(妙)한 각명(覺明)의 본체가 된다. 이와 같이 내지 오음(五陰), 육입(六入)과 십이처(十二處)로부터 십팔계(十八界)까지 인연이 화합하여 허망하게 생기며, 인연이 떠남에 허망하게 사라진다.

생멸과 거래(去來)가 본래 여래장(如來藏)의 상주(常住)하

---

24) 견정(見精)도 오히려 옳고 그름 밖으로 벗어났거늘 하물며 묘각의 진심이 어찌 옳고 그름의 화합으로 계교할 수 있겠는가? 진실로 생멸과 불생멸이 화합해서 팔식을 이루기 때문에 지금 화합식(和合識)을 타파하면 온갖 허망함이 이미 다해서 시각(始覺)과 본각(本覺)이 합해진다. 그러면 관(觀)과 지혜가 모두 소멸하고 옳고 그름의 정(情)이 잊혀지면서 진여(眞如)의 절대가 드러난다. 이렇게 되면 적멸의 일심이 바로 여기서 보인다.

고 묘명(妙明)하며 또 부동하고 두루 원만한 묘진여성(妙眞如性)임을 능히 알지 못하구나. 본성(本性)이 진상(眞常)한 그 자리에는 거래와 미오(迷悟), 생사를 구하여도 마침내 얻을 수가 없다."[25]

1. 오음(五陰)이 본래 여래장(如來藏) 묘진여성(5)

1) 색음(色陰)이 본래 여래장(如來藏)

"아난아! 어찌하여 오음이 본래 여래장 묘진여성이더냐?[26]

아난아! 비유컨대 어떤 사람이 청정한 눈으로써 맑고 밝은 허공을 볼 적에 다만 하나의 맑은 허공 뿐이고 멀리 툭 터져서 아무것도 없다가, 그 사람이 공연히 눈동자를 움직이지 않고 직시하여 피로가 발생하면 허공에서 별달리 광화(狂花)를 보기도 하며 다시 온갖 미쳐 어지러운 그

---

25) 여기서는 일심의 참 근원인 불생불멸의 여래장성(如來藏性)이 만법을 원융 회통함을 곧바로 가리키고 있다. 이 일심을 미혹하기 때문에 불생불멸과 생멸이 화합해서 아뢰야식을 이루고, 아뢰야식은 견분(見分)과 상분(相分)을 전변해 일으켜서 색과 마음 두 가지 법이 된다. 그리하여 안으로는 오온의 중생을 이루고 밖으로는 허공의 세계까지 미쳐서 온갖 반연된 법이 다 그 속에 나타난다. 진실로 중생의 불각(不覺)을 말미암아 반연을 인정하다가 참[眞]을 잃기 때문에 윤회전생을 받는 것이다.

26) 오음이 본래 하나의 허망일 뿐 실체가 전혀 없음을 드러냈다. 만약 오온이 원래 없다는 걸 안다면 진공(眞空)의 여래장 성품이 드러난다.

룻된 모양이 있나니, 색음(色陰)도 그와 같은 줄 마땅히 알아라.

아난아! 이 모든 미친 꽃이 허공으로부터 온 것도 아니고 눈으로부터 나온 것도 아니다.

이와 같다. 아난아! 만약 허공에서 왔다면 그 꽃이 허공으로부터 왔기 때문에 도로 허공으로 들어갈 것이다. 만약 그 꽃이 출입(出入)이 있을진대 곧 허공이 아닐 것이다.

허공(虛空)이 만일 허공이 아니라면 스스로 그 꽃 모양이 생겼다 사라졌다 하는 것을 용납하지 않는 것이 아난의 몸에서 아난을 용납하지 않는 것과 같을 것이다.

만약 허공꽃이 눈에서 나왔다면 이미 눈으로부터 나왔기에 도로 눈으로부터 들어가야 할 것이며, 곧 이 꽃의 자성(自性)이 눈으로 붙어 나왔기 때문에 마땅히 보는 것이 있어야 한다.

만약 허공 꽃이 보는 것이 있다면 나갔을 때는 이미 허공에 꽃이 되었기에 돌아올 때는 합당히 눈을 보아야 할 것이다. 만약 눈을 보는 것이 없다면 나갔을 때에 이미 허공을 가리웠으니 돌아올 때는 마땅히 눈을 가리워야 할 것이다.

또 광화(狂花)를 볼 때 눈이 응당 가리움이 없을 것인데, 어찌하여 맑은 허공 볼 적을 청명한 눈이라고 말하느냐?

그러므로 마땅히 알아라. 색음(色陰)이 허망하여 본래 인연도 아니며 자연성(自然性)도 아니다."

2) 수음(受陰)이 본래 여래장(如來藏)

"아난아! 비유컨대 어떤 사람이 손과 발이 편안하고 온갖 뼈가 순조로움에 홀연히 생을 잊은 듯하여 심성에 어기고 순함이 없다가, 그 사람이 공연히 두 손바닥을 허공에서 서로 문지르면 두 손에서 괜히 거칠고(澀), 미끄럽고(滑), 차고(冷), 뜨거운(熱) 갖가지 상(相)이 일어나나니 수음(受陰)도 그와 같은 줄 마땅히 알아라.

아난아! 이 모든 환촉(幻觸)이 허공으로부터 온 것도 아니고 손바닥으로부터 나온 것도 아니다. 이와 같다. 아난아! 만약 그 환촉이 허공에서 왔다면 이미 손바닥을 부딪쳤는데 몸에는 어찌 부딪히지 않느냐? 응당 허공이 손바닥만을 선택하여 와서 부딪히지 않을 것이다.

만약 환촉이 손바닥으로부터 나왔다면 응당 손바닥이 합하는 것을 기다리지 않을 것이다. 또 손바닥에서 나왔으므로 손바닥이 합할 적에 손바닥이 안다면, 두 손바닥이 떨어질 때는 그 촉(觸)이 들어가서 팔과 팔목과 골수가 그 들어가는 종적을 또한 응당 알아야 할 것이다. 반드시 느끼는 마음이 있어 나오는 것도 알고 들어가는 것도 안다면, 스스로 하나의 물건이 있어서 몸 속에 왕래할 것이니 어찌 합하는 것을 기다려서 아는 그것을 촉각이라고 말하느냐?

그러므로 마땅히 알아라. 수음(受陰)이 허망해서 본래 인연도 아니고 자연성도 아니다."

3) 상음(想陰)이 본래 여래장(如來藏)

"아난아! 비유컨대 어떤 사람이 식초와 매실을 말할 적에 입에서 물이 나오고 벼랑을 밟음을 생각할 때는 발바닥이 시큰하나니, 상음도 그와 같은 줄 마땅히 알아라.

아난아! 이와 같이 신맛 것을 말한 것이 매실로부터 나온 것도 아니며, 입으로부터 들어간 것도 아니니, 이와 같다.

아난아! 만약 매실에서 신맛 것이 나왔다면 매실이 응당 제가 말할 것이니 어찌 사람이 말하기를 기다릴 것이냐? 만약 입으로부터 들어간다면 저절로 응당 입이 들어야 할 것인데 어째서 귀가 듣느냐? 만약 귀로만 듣는다고 하면 어째서 신물이 귀에서 나오지 않느냐? 절벽을 밟는 것을 생각하는 것도 매실을 말하는 것과 같다.

그러므로 마땅히 알아라. 상음(想陰)이 허망하여 본래 인연도 아니고 자연성도 아니다."

4) 행음(行陰)이 본래 여래장

"아난아! 비유컨대 폭류에 파도가 계속하여 앞과 뒤가 서로 넘어 건너뛰지 아니함과 같나니, 행음(行陰)도 그와 같은 줄 알아라.

아난아! 이와 같이 흐르는 성(性)이 허공으로부터 생긴
것이 아니며 물로 인해서 있는 것도 아니며 또한 물의 성
질도 아니며 허공과 물을 떠난 것도 아니다.

이와 같다. 아난아! 만약 그 흘러가는 물이 허공으로 인
해서 생겼다면 곧 시방의 끝없는 허공이 다 끝없는 흐름
을 이루어서 세계가 저절로 함께 잠겨야 할 것이다.

만약 또 폭류(瀑流)가 물로 인해서 있다면 이 폭류는 성
(性)이 응당 물이 아닐 것이니, 유(有)와 소유상(所有相)이
지금 응당 현재 있어야 할 것이며, 만약 곧 물의 성질이
라면 물이 맑을 때는 응당 물의 자체가 아닐 것이다.

만약 허공과 물을 떠났다면 허공은 밖이 있는 것이 아
니고 물 밖에는 흐름이 없다.

그러므로 마땅히 알라. 행음(行陰)이 허망해서 본래 인연
도 아니고 자연성도 아니다.”

5) 식음(識陰)이 본래 여래장(如來藏)

“아난아! 비유컨대 어떤 사람이 빈가병(頻伽餠: 장구통처럼
생긴 병)의 두 구멍을 다 막고 그 가운데 허공(虛空)을 가득
담아서 천리 밖의 먼 타국에 가서 그것을 풀어 먹이나니,
식음(識陰)도 그와 같은 줄 마땅히 알라.

아난아! 이와 같은 허공이 저 지방에서 온 것도 아니고

이 지방에서 들어간 것도 아니다.

그와 같다. 아난아! 만약 저 지방에서 허공이 왔다면 본래의 병 안에다 허공을 싸가지고 갔기 때문에 본래 병이 있던 곳에는 응당 허공이 적어져야 할 것이다.

만약 허공이 이 지방에서 들어갔다면 구멍을 열고 병을 기울임에 허공이 나오는 것이 응당 보여야 할 것이다.

그러므로 마땅히 알라. **식음(識陰)이 허망하여 본래 인연도 아니고 자연성도 아니다.**"

대불정수능엄경 제3권

2. 육입(六入)이 본래 여래장(如來藏) 묘진여성(6)

"다시 또 아난아! 어찌하여 육입(六入)이 본래 여래장(如來藏) 묘진여성(妙眞如性)이더냐?[27]

1) 안입(眼入)이 본래 여래장(如來藏)

"아난아! 저 눈이 직시하여 피로가 생긴 눈과 피로가 함께 이 보리에서 직시하여 피로가 생긴 것이다.

밝음과 어두움인 두 가지 허망한 티끌을 인하여 보는

---

27) 여래장 성품은 오직 하나뿐인 '견고하고 비밀스런 몸'[堅密身]으로서 능(能; 주관)과 소(所; 객관)가 전혀 없어서 근본적으로 들어갈[入] 수가 없다. 진실로 한 생각의 허망한 움직임으로 말미암아 마침내 무명을 일으켜서 이 진심을 미혹하여 팔식이 되는데, 이른바 식정원명(識精元明)이다. 이 식에는 자증분(自證分), 견분(見分), 상분(相分)의 삼분(三分)이 갖춰졌는데, 봄(見分)과 모습(相分)이 서로 상대하게 되면 티끌의 모습을 흡수하여 익히는 가운데 장식(藏識)으로 들어간다. 흡수하기 때문에 이름하여 들어감[入]이라 하고, 견문각지(見聞覺知)를 발하여 일으키므로 여섯 가지 작용의 근원인 담연(淡淵)의 체가 된다.

것을 발하여 그 가운데(승의勝義와 부진浮塵) 있어서 진상(塵象)을 흡입하는 것을 견(見)의 성(性)이 된다고 이름 하나, 이 견이 저 밝은 것과 어두운 두 가지 티끌을 떠나면 필경에 체(體)가 없다.

이와 같다. 아난아! 마땅히 알라. 이 견은 밝은 것과 어두운 것에서 온 것도 아니며, 근(根)에서 나온 것도 아니며, 허공에서 나온 것도 아니다.

무슨 까닭이냐 하면 만약 보는 것이 밝음으로부터 왔다면 어두울 때는 곧 따라 없어져서 응당 어두운 것을 보지 못하게 될 것이고, 만약 보는 것이 어두운 것으로부터 왔다면 밝을 때는 곧 따라 없어져서 응당 밝은 것을 볼 수 없게 될 것이다.

만약 근으로부터 생겼다면 반드시 밝음과 어두운 것이 없으리니 이와 같은 견정(見精)이 본래 자성(自性)이 없을 것이다.

만약 보는 것이 허공에서 나왔다면 앞의 진상(塵象)을 보았으니 돌아옴에 눈을 마땅히 보아야 할 것이고, 또 허공이 제가 본 것이니 너의 안입(眼入)과 무슨 관계가 되겠느냐?

그러므로 마땅히 알라. 안입(眼入)이 허망하여 본래 인연도 아니고 자연성도 아니다."

2) 이입(耳入)이 본래 여래장(如來藏)

"아난아! 비유컨대 어떤 사람이 두 손가락으로 갑자기 귀를 막으면 이근(耳根)이 피로하기 때문에 머릿속에 소리가 나나니 귀와 피로가 모두 이 보리의 징발노상(瞪發勞相: 비정상적인 상, 곧 망상)이다.

동(動)하고 정(靜)한 두 가지 허망한 성진(聲塵)을 인하여 듣는 것을 발(發)하여 그 가운데 있어서, 이 진상(塵象)을 받아들이는 것을 듣는 성(性)이라고 말하나, 이 듣는 것이 저 요동과 고요함 두 가지를 떠나면 필경에 듣는 자체가 없다.

이와 같다. 아난아! 마땅히 알라. 이 듣는 것은 동정(動靜)에서 온 것도 아니며, 이근(耳根)에서 나온 것도 아니며, 허공에서 나온 것도 아니다.

무슨 까닭이냐? 만약 듣는 성품(聞性)이 고요함에서 왔다면 요동할 때는 곧 따라 없어져서 응당 요동함을 듣지 못하게 될 것이고, 만약 요동한데서 듣는 것이 왔다면 고요할 때는 곧 따라 없어져서 응당 고요함을 느끼지 못할 것이다.

만약 듣는 것이 근(耳根)에서 나왔다면 반드시 동과 정이 없으리니, 그렇다면 듣는 자체가 본래 자성(自性)이 없을 것이다.

만약 듣는 것이 허공에서 나왔다면 들음이 있음에 문성(聞性)을 이루니 곧 허공이 아닐 것이며 또 허공이 제가 스스로 듣거니 너의 이입(耳入)과 무슨 관계가 있겠느냐?

그러므로 마땅히 알라. 이입(耳入)이 허망하여 본래 인연도 아니고 자연성도 아니다."

3) 비입(鼻入)이 본래 여래장(如來藏)

"아난아! 비유컨대 어떤 사람이 급히 그 코를 눌러서 누른 것이 오래 되어서 피로하면, 곧 코에서 냉촉(冷觸)이 있기도 하고 촉각(觸覺)으로 인하여 통색(通塞)과 허실(虛實)과 그와 같이 내지 모든 좋은 냄새와 나쁜 냄새의 기운을 분별(分別)하나니, 코와 피로가 함께 이 보리의 직시하여 피로가 생긴 것이다(징발로상).

통(通)과 색(塞)인 두 가지 망진(妄塵)을 인하여 맡는 것을 발하여 그 코의 가운데 있어서 이 진상을 들이키는 것을 맡는 성(性)이라고 이름하나, 이 맡는 것이 저 통(通)과 색(塞) 두 가지 티끌을 떠나서는 필경에 자체가 없다.

마땅히 알라. 이 맡는 것은 통색(通塞)에서 온 것도 아니고 근(根)에서 나온 것도 아니며 허공에서 나온 것도 아니다.

왜냐 하면 맡는 것이 통(通)함에서 왔다면 막힐 때는 곧 듣는 것이 없어질 것이니 어떻게 막힌 것을 알 수가 있으며, 만약 막힌 것으로 인하여 후각이 있다면 소통할 때는 후각이 없을 것인데 어떻게 좋은 냄새와 나쁜 냄새의 촉감을 알아낼 수 있겠느냐?

만약 후각이 근에서 생겼다면 반드시 소통과 막힘이 없으리니 그렇다면 맡는 자체가 본래 자성(自性)이 없게 될 것이다.

만약 후각이 허공으로부터 생겼다면 이 후각이 저절로 너의 코를 도로 맡을 것이고, 허공이 제가 스스로 맡는 것이니 너의 비입(鼻入)과 무슨 관계가 있겠느냐?"

"그러므로 마땅히 알라. 비입(鼻入)이 허망하여 본래 인연도 아니며 자연성도 아니다."

4) 설입(舌入)이 본래 여래장(如來藏)

"아난아! 비유컨대 어떤 사람이 혀로써 입술을 핥아 오랫동안 핥아서 혀가 피로하게 되면 그 사람이 만약 병(病)이 난 사람이면 곧 쓴맛이 있고, 병이 없는 사람은 곧 달콤한 촉감이 있을 것이다. 달콤함과 쓴 것으로 말미암아 이 혀가 움직이지 않을 때 담담한 성(性)이 항상 존재함을 밝히나니, 혀와 피로가 함께 이 보리의 직시하여 피로가 생긴 것이다(징발로상).

달고 쓰고 또 싱거운 두 가지 망진(妄塵)으로 인하여 아는 것을 발하여 그 혀(설근)의 가운데에 있어서 이 진상을 받아들이는 것을 맛을 아는 성능이라고 말하나 이 맛을 아는 성능이 저 감고와 담담한 두 가지 티끌을 떠나서는 필경에 자체가 없다.

이와 같다. 아난아! 마땅히 알라. 이와 같이 쓰거나 담담한 것을 맛보아서 아는 것이 단 것과 쓴 것에서 온 것도 아니며 담담함을 인하여 있는 것도 아니며 또 설근(舌根)에서 나온 것도 아니며 허공에서 나온 것도 아니다.

무슨 까닭이냐 하면 만약 미각이 달고 쓴 데서 왔다면 담담할 때는 그 아는 미각이 없어질 것이니 어떻게 담담한 것을 알 수 있겠느냐? 만약 또 담담한 데서 미각이 나왔다고 한다면 달 때는 곧 그 미각의 아는 것이 없어질 것이니, 어찌 달고 쓴 두 가지 모양을 알 수 있겠느냐?

만약 또 혀에서 나왔다면 반드시 달고 싱거운 것과 및 쓴 미진이 없으리니 이 맛을 아는 설근(舌根)이 본래 자성이 없을 것이며, 만약 허공에서 미각이 나왔다면 허공이 스스로 맛볼 것이니 너의 입으로 아는 것이 아니고 또 허공이 제가 스스로 아는 것이니 너의 설입(舌入)과 무슨 관계가 있겠느냐?

그러므로 마땅히 알라. 설입(舌入)이 허망하여 본래 인연도 아니고 자연성도 아니다."

5) 신입(身入)이 본래 여래장(如來藏)

"아난아! 비유컨대 마치 어떤 사람이 하나의 차가운 손으로써 뜨거운 손에 부딪침에 곧 차가운 세력이 많으면 뜨거운 것이 차가운 쪽으로 오게 되고 만약 뜨거운 힘이 수승하면 차가운 것이 뜨겁게 된다.

이와 같이 이 합(合)하여 느끼는 촉감(觸感)으로써 떠나서 앎을 나타내거니와, 건너가는 세력이 이루어지는 것은 피로한 촉으로 인한 것이니 몸과 피로한 촉(觸)이 모두 보리의 직시하여 피로가 생긴 것이다(징발로상).

떠나고(離) 합하는(合) 두 가지 허망한 티끌을 인하여 촉각(觸覺)을 발하여 그 몸에서 이 진상을 빨아 당기는 것을 지각하는 성(性)이라고 이름하나, 이 지각하는 자체가 저 이(離)와 합(合)의 위(違)와 순(順) 두 가지 티끌을 떠나게 되면 신입(身入)의 지각체(知覺體)는 필경에 자체가 없다.

이와 같다. 아난아! 마땅히 알라. 이 촉각(觸覺)은 이(離)와 합(合)에서 온 것도 아니며 위(違)와 순(順)에서 있는 것도 아니며 신근(身根)에서 나온 것도 아니며 또 허공에서 나온 것도 아니다.

무슨 까닭이냐? 만약 그 촉각이 합할 때에 온다면 떠날 적에는 그 아는 것이 없어지거니 어떻게 떠난 줄을 알 수 있겠느냐? 위(違)와 순(順)의 두 가지 모양도 또한 그와 같다.

만약 또 신근(身根)에서 나왔다면 반드시 이(離)와 합(合)과 위(違)와 순(順)의 네 가지 모양이 없으리니 곧 너의 몸으로 아는 지각이 원래 그 자성(自性)이 없게 될 것이다.

만약 또 허공에서 나왔다는 허공이 스스로 지각할 것이니 너의 신입(身入)과 무슨 관계가 되겠느냐?

그러므로 마땅히 알라. 신입(身入)이 허망하여 본래 인연도 아니고 자연도 아니다."

6) 의입(意入)이 본래 여래장(如來藏)

"아난아! 비유컨대 어떤 사람이 수고로워서 나른한 즉 잠을 자고 잠을 푹 자게 되면 문득 깨어서 진(塵)을 봄에 이에 기억하고 기억(記憶)을 상실하면 잊어버리나니 이것이 그 전도(顚倒)하는 생(生), 주(住), 이(異), 멸(滅)이다. 받아들이고 익혀서 의근(意根)의 가운데 돌아가 서로가 넘거나 건너뛰지를 아니하는 것을 의지근(意知根)이라고 말하니 의(意)와 피로(疲勞)가 함께 보리의 직시(直視)하여 피로(疲勞)가 생긴 것이다(징발로상).

생(生)과 멸(滅) 두 가지 망진(妄塵)을 인하여 아는 것을 모아 의근(意根) 가운데 있어서 내진(內塵)을 빨아 당겨 보고 듣거나 생각의 흐름이 못 미치는(不及地) 것까지 흘러가는 것을 각지(覺知)하는 성(性) 멸진(滅塵)이라고 이름한다. 이 각지하는 성이 잠을 자거나 잠을 깨거나 또는 생각이 떠오르거나 생각이 사라지거나 하는 두 가지 티끌을 떠나게 되면 필경에 그 자체가 없다.

이와 같다. 아난아! 마땅히 알라. 이와 같은 각지근(覺知根)이 잠자고 잠깨는 데서 오는 것도 아니고 생과 멸에서 있는 것도 아니며 의근(意根)에서 나온 것도 아니고 또한 허공에서 나온 것도 아니다.

무슨 까닭이냐? 의입(意入)이 만약 잠깨는 데서 나왔다면 잠잘 때는 곧 따라서 없어지게 될 것이니, 무엇을 가지고 잠을 잤다고 하겠느냐? 반드시 생각이 날 때에 있다면 생각이 사라질 때는 곧 없는 것과 같을 것이니 사라진 것임을 어느 것이 느껴 알게 하느냐? 만약 사라짐에서 있다면 생각이 생길 때에는 곧 없어질 것이니 무엇이 들어서 그 생김을 알겠느냐?

만약 의입(意入)이 이근(耳根)으로부터 나왔다고 한다면 잠을 깨고 잠을 자는 두 가지 모양이 몸을 따라 개합을 하나니, 이 두 가지 자체를 떠나면 각지(覺知)하는 것이 허공꽃과 같아서 필경(畢竟)에 그 자성(自性)이 없을 것이다. 의입(意入)이 만약 허공에서 나왔다면 그것은 허공이 아는 것이니 너의 의입(意入)과 무슨 관계가 있겠느냐?

그러므로 마땅히 알라. 의입(意入)이 허망하여 본래 인연도 아니고 자연성도 아니다."28)

3. 십이처(十二處)가 본래 여래장 묘진여성(妙眞如性)(6)

"다시 또 아난아! 어찌하여 십이처(十二處)가 본래 여래장(如來藏) 묘진여성(妙眞如性)이더냐?"29)

---

28) 팔식의 본체는 보고 들음으로 미칠 바가 아니기 때문에 '흐름이 미치지 못하는 땅을 이름하여 지각의 성품이다'라고 한 것이다. 육근을 통합해 거두기 때문에 단지 견문각지(見聞覺知)라고 말했을 뿐, 하나하나 허망함을 변론하면 체가 없어서 모두가 본래의 여래장이다.

29) 여기서는 십이처를 총체적으로 따지고 있다. 처음에는 색진(色塵), 즉 빛깔의 티

1) 안색처(眼色處)가 본래 여래장(如來藏)

"아난아! 네가 이 기타의 나무숲과 샘과 못을 보나니 어떻게 생각하느냐? 그러한 것들은 이 물질이 눈의 보는 것을 낸다고 하겠느냐, 눈이 색상(色相)을 낸다고 하겠느냐?

아난아! 만일 다시 '안근(眼根)이 색상(色相)을 냈다'고 한다면 공(空)을 봄에 색(色)이 아니니 색의 성질이 응당 소멸할 것이다. 소멸한다면 일체를 현발(顯發)하는 것이 모두 없게 될 것이다.

색상(色相)이 이미 없을 경우에는 어느 것이 허공이란 바탕을 밝히겠느냐? 허공도 또한 그와 같다.

만일 다시 색진(色塵)이 안견(眼見)을 냈다고 한다면 허공을 봄에 색(色)이 아니다. 견(見)이 곧 소망(銷亡)할 것이니 소망한다면 모두 다 없거니, 어느 것이 공(空)과 색(色)을 밝힐 수 있느냐?

그러므로 마땅히 알라. 견과 색과 공이 함께 처소(處所)가 없어서 색과 견 두 가지 처소가 다 허망하여 본래 인연도 아니고 자연성도 아니다."

끌을 잡아 안근(眼根)을 상대함으로써 근[六根]과 진[六塵] 십이처의 허망함을 드러냈다. 경문에서는 빛깔과 봄[見]에 즉한 두 처소가 허망함을 분명히 말하고 있으니, 어찌 한쪽의 처소에만 있겠는가? 이제 모두 체가 없으면 본래의 여래장이다.

2) 이성처(耳聲處)가 본래 여래장(如來藏)

"아난아! 네가 다시 이 기타의 동산 가운데 먹는 것이 마련되면 북을 치고 대중이 모이면 종을 쳐서 종소리와 북소리가 서로 앞뒤가 계속하는 것을 듣나니, 어떻게 생각하느냐? 이것들은 소리가 귓가에 오는 것이냐, 귀가 소리의 곳에 가는 것이냐?

아난아! 만약 이 소리가 귓가로 온 것이라고 한다면, 이것은 마치 내가 실라벌성(사위성)에서 걸식할 때에는 (성 밖의) 기타림에는 곧 내가 없는 것과 마찬가지로, 이 소리가 반드시 아난의 귀에 왔으면 목건련과 가섭은 응당 함께 듣지 못해야 할 것이다. 그런데 어찌 그 가운데 1,250인의 사문이 종소리를 같이 듣고 먹는 곳에 함께 오느냐?

다시 만일 너의 귀가 저 소리가 있는 곳으로 간 것이라면, 내가 기타의 숲 가운데 돌아가 머무를 적에는 실라벌성에서는 곧 내가 없는 것과 같아서, 네가 북소리를 들을 때 그 귀가 이미 북치는 곳에 갔다고 한다면 종소리가 가지런히 날 때에 응당 함께 듣지 못해야 할 것인데 어찌 하물며 그 가운데 코끼리 소리, 말 소리, 소 소리, 염소 소리까지 여러 가지 소리를 다 들음이랴?

만약 오고 가는 것이 없다면 또한 다시 들음도 없을 것이다.

그러므로 마땅히 알라. 듣는 것과 음성(音聲)이 함께 다 처소(處所)가 없어서 곧 듣는 것과 소리, 두 가지 곳(二處)이 모두 허망하여 본래 인연도 아니고 자연성도 아니다."

3) 비향처(鼻香處)가 본래 여래장

"아난아! 네가 또 향로 가운데 전단향내를 맡아보아라. 만약 이 향을 한 수 태우면 실라벌성 40리 안이 다 그 향내를 맡나니, 어떻게 생각하느냐? 이 전단향이 전단나무에서 나느냐, 너의 코에서 나느냐, 허공에서 나느냐?

아난아! 만일 이 향이 너의 코에서 난다면 코에서 나왔다고 말하므로, 마땅히 코에서 나와야 할 것이니 코는 전단향이 아닌데 어떻게 코에서 전단의 향내가 있겠느냐? '네가 향내를 맡는다'고 한다면 곧 코로 들어갈 것이니, 코에서 향내가 나는 것을 맡는다고 말함은 옳지 못하다.

만약 전단향내가 허공에서 나왔다면 허공의 성질은 항상하니, 향내가 응당 항상 있어야 할 것인데 어찌 향로 가운데 이 마른 전단을 태움을 필요로 하느냐?"

"향내가 만약 나무에서 난다면 이 향질(香質)을 태움으로 연기가 되었으니 코가 그 냄새를 맡게 된다면 합당히 코가 그 연기를 무릅써야 될 것인데 그 연기가 허공으로 날아가서 멀리 뻗치지 못하거늘 어찌하여 40리 안이 그 냄새를 맡느냐?

그러므로 마땅히 알라. 향과 코와 맡는 그것이 함께 처소가 없어서 곧 냄새를 맡는 것과 그 향인 두 곳이 허망하여 본래 인연도 아니며 자연성도 아니다."

4) 설미처(舌味處)가 본래 여래장(如來藏)

"아난아! 네가 항상 두 때로 대중 가운데서 발우(鉢盂)를 가지고 다니나니, 도중에 혹 소락제호의 우유를 얻는다면 최상의 맛을 보게 될 것이다. 어떻게 생각하느냐? 이 맛들이 허공에서 나오느냐, 너의 혓바닥에서 나오느냐, 음식 가운데서 나오느냐?

아난아! 만일 그 맛이 너의 혓바닥에서 나온다고 하면, 너의 입안에 너의 혀가 하나뿐이니, 그 혀가 그때에 소락의 맛이 되었으면 흑석밀을 먹어도 응당 달라지지 않아야 할 것이다.

만약 달라지지 않으면 맛을 안다고 할 수가 없고 만약 달라진다면 혀는 여러 혀가 아닌데, 어떻게 여러 가지 맛을 하나의 혀로 아느냐? 만약 맛이 음식에서 난다면 음식은 아는 것이 없는데 어떻게 스스로 알겠느냐? 또 음식이 스스로 맛을 안다면 곧 다른 사람이 음식을 먹는 것과 같으리니 너에게 무슨 관계가 있길래 맛을 안다고 말할 수 있겠느냐?

만약 맛이 허공에서 난다고 한다면 너는 허공을 씹어 보아라. 어떤 맛이 되느냐? 그 허공맛이 만일 짠맛이 되었다고 한다면 이미 너의 혓바닥을 짜게 하였으므로 또한 너의 얼굴도 짜게 할 것이니 이 세계 사람들이 바다 고기와 같아서 항상 짠맛을 받았기 때문에 마침내 싱거운 것을 모를 것이다.

만약 싱거운 것을 모른다면 또한 짠 것도 느끼지를 못

하여 반드시 아는 바가 없을 것이니 어떻게 맛을 본다고 하겠느냐?

그러므로 마땅히 알라. 맛과 혀와 맛보는 것이 함께 처소가 없어서 맛보는 것과 맛 두 가지가 허망하여 본래 인연도 아니고 자연성도 아니다."

5) 신촉처(身觸處)가 본래 여래장(如來藏)

"아난아! 네가 항상 이른 새벽에 손으로 머리를 만지나니, 어떻게 생각하느냐? 이 만져서 아는 것은 어느 것이 능촉(能觸)이 되느냐? 손이 능촉이냐, 머리가 능촉이냐?

만약 능촉이 손에 있다면 머리는 곧 아는 것이 없을 것인데 어떻게 촉이 되며 만약 능촉이 머리에 있다면 손은 아무 쓸모가 없을 것이니 어떻게 촉이라고 말할 수 있겠느냐?

만약 각각 있다면 너 아난은 응당 두 몸이 있게 될 것이다.

만약 머리와 손이 하나의 촉으로 되는 것이라면 손과 머리가 응당 하나의 몸이 되어야 할 것이고, 만약 하나의 몸이라면 촉이 성립될 수 없다.

만약 손과 머리가 두 몸이라고 한다면 촉(觸)은 어디에 있는 것이 되느냐? 능촉(能觸)에 있으면 소촉(所觸)이 아닐 것이고 소촉에 있으면 또 능촉이 아니다. 응당 허공이 너와 더불어 촉각을 이루지는 않을 것이다.

그러므로 마땅히 알라. 느끼는 촉(觸)과 몸이 함께 처소가 없어서 곧 몸과 촉 두 가지가 다 허망하여 본래 인연도 아니고 자연성도 아니다."

6) 의법처(意法處)가 본래 여래장(如來藏)

"아난아! 네가 항상 의중(意中)에 반연한 바 선(善), 악(惡), 무기(無記) 삼성(三性)이 법칙을 이루나니, 이 법진(法塵)이 마음에 즉(卽)하여 생긴 것이냐? 마음을 떠나서 방소(方所)가 따로 있느냐?

아난아! 만약 법진(法塵)이 마음에 즉(卽)하였다면 그 법은 진이 아니어서 마음의 소연(所緣)이 아니거니 어찌 처를 이루겠느냐?

만약 법진이 마음을 떠나서 방소(方所)가 따로 있다면 법의 자성(自性)이 아는 것이 있느냐, 아는 것이 없느냐? 아는 것이 있다면 마음이라고 말할 수 있으나 너와는 다르고, 진(塵)이 아니기에 다른 사람의 마음과 같을 것이다.

곧 너이고 곧 마음이라면 어찌 너의 마음이 다시 너에게 둘이 되겠느냐?

만약 법진이 (마음을 떠나고) 아는 것이 없다면 이 법진은 색(色), 성(聲), 향(香), 미(味)와 이(離), 합(合)과 냉(冷),

난(暖)과 및 허공상(相)이 아닐 것이니, 어디에 있는 것이냐? 지금 색과 공에 도무지 표시할 수 없으며 인간이 다시 허공 밖에 있지도 않다. 그가 마음이라면 소연(所緣)이 아니니 처(處)가 어떻게 성립되겠느냐?

그러므로 마땅히 알라. 법칙과 마음이 함께 처소가 없어서 곧 의(意)와 법(法) 두 가지가 다 함께 허망하여 본래 인연도 아니고 자연성도 아니다."

4. 18계(界)가 본래 여래장(如來藏) 묘진여성(妙眞如性)(6)

"또 아난아! 어찌하여 십팔계(十八界)가 본래 여래장(如來藏) 묘진여성(妙眞如性)이더냐?"[30)

1) 안색식계(眼色識界)가 본래 여래장(如來藏)

"아난아! 네가 밝힌 바와 같아서 '안(眼)과 색(色)이 인연(因緣)이 되어서 안식(眼識)을 낸다'고 하니, 이 안식은 '눈

---

30) 여기서는 십팔계를 따져서 회통하였다. 육근과 육진이 화합하고 육식이 그 가운데서 생겨나기 때문에 육근과 육진에 나아가서 육식의 체가 없음을 변론하여 무생(無生)의 이치를 드러냈다. 육근으로부터 생겨나면 자기로부터 생겨나는 것이고, 빛깔(육진의 하나)로부터 생겨나면 타자로부터 생겨나는 것이며, 육근과 육진이 합하여 생겨나면 함께 원인이 되어서 생겨나는 것이고, 허공으로부터 생겨나면 원인 없이 생겨나는 것이다. 이 네 가지 생겨나는 법이 앞뒤 사이에서 나오지만 총체적으로는 무생의 이치를 드러내고 있으니, 이른바 생겨나거나 소멸하지 않는 성품이 바로 여래장인 것이다.

으로 인하여 생긴 것이라' 하여 눈으로 계(界)라 하겠느
냐? 또 '색으로 인하여 안식이 생겼다'고 하여 색으로 계
라 하겠느냐?

아난아! 안식이 눈을 인하여 생겼다면 이미 색과 공이
없으면 분별할 것이 없으리니, 비록 너의 식(識)이 있은들
무엇을 가지고 쓸 수가 있느냐? 너의 견(見)이 또 청, 황,
적, 백이 아니라면 표시할 바가 없으리니 무엇으로써 그
계(界)를 세울 수 있겠느냐?

만약 색을 인하여 안식이 나왔다고 하면 공허하여 물질
이 없을 때 너의 식이 응당 없어질 것이니 어떻게 이 허
공성(性)임을 식별할 수 있느냐?

만약 색이 변할 때에 네가 그 색상(色相)이 변천하는 것
을 안다면 너의 식은 변천하지 않는 것이니, 그 계가 무
엇에 의해서 성립되겠느냐? 변함을 따라 변한다고 한다면
계의 형상은 저절로 없게 되며, 변하지 않는다면 곧 항상
한 것이다. 이미 물질로부터 생겼으면 허공의 소재도 응
당 몰라야 할 것이다.

만약 두 가지(안근과 색진)를 겸하여 안(眼)과 색(色)이
함께 (안식을) 냈다면, 합한 즉은 가운데가 떠나고 떠나면
둘 다 합해서 체성(體性)이 잡난할 것이니 어떻게 계가 성
립되겠는가?

그러므로 마땅히 알라. 안(眼)과 색(色)이 인연이 되어
안(眼), 식(識), 계(界) 세 가지 곳을 냈다고 하는 것이 모
두 없어서 곧 안과 색과 색식계인 셋이 본래 인연도 아니

며 자연성도 아니다."

2) 이성식계(耳聲識界)가 본래 여래장(如來藏)

"아난아! 또 네가 밝힌 바와 같이 '귀와 소리가 인연이 되어 이식(耳識)을 낸다'고 하니 이 식(識)은 '귀로 인하여 생긴 것'이라고 하여 귀를 계(界)라 하겠느냐, **'소리로 인하여 생긴 것'**이라 하여 소리를 계(한계)라 하겠느냐?

만일 귀로 듣는 것을 취한다면 동정(動靜)이 없기 때문에 듣는 것이 성립되는 바가 없을 것이니, 어찌 귀의 형체가 색진(色塵), 촉진(觸塵)과 섞인 것을 식계(識界)가 된다고 하겠느냐? 곧 이식계(耳識界)가 다시 무엇으로 좇아 성립되겠느냐?

만약 '이식(耳識)이 소리에서 나왔다'고 한다면 이식이 소리로 인하여 있으므로 곧 너의 듣는 것과 관계가 없으리라. 듣는 것이 없으면 소리 모양의 소재도 없을 것이다.

식(識)이 소리로부터 생기고 소리는 듣는 것을 인하여 소리의 모양이 있는 것이라'고 인정한다면 듣는 것은 응당 식(識)을 듣게 될 것이다. 듣지 못한다면 계(界)가 아니며, 듣는다면 소리와 같아서, 식(識)이 이미 들음을 받았거니 무엇이 '식(識)을 듣는' 줄을 알겠느냐?

만약 아는 것이 없다면 초목(草木)과 같으리라. 응당 소리와 듣는 것이 섞여서 중간의 한계(界)를 이루지는 못할 것이니 한계라는 중간 위치가 없다면 곧 내외(內外)의 상

(相)이 다시 어떻게 성립되겠느냐?

그러므로 마땅히 알라. 귀와 소리가 인연이 되어서 이식계(耳識界)를 낸다고 하는 세 가지 곳이 모두 없어서 귀와 소리와 성계(聲界) 셋이 본래 인연도 아니며 자연성도 아니다.”

3) 비향식계(鼻香識界)가 본래 여래장(如來藏)

“아난아! 또 네가 밝힌 바와 같이 ‘코와 냄새가 인연이 되어서 비식(鼻識)을 낸다’고 하니 이 식은 ‘코로 인하여 생긴 바라’ 하여 코를 계(界)라 하겠느냐, ‘냄새로 인하여 생긴 것이라’ 하여 냄새를 계라 하겠느냐?

아난아! 비식(鼻識)이 만약 코로 인하여 생겼다면 곧 너의 마음에는 무엇을 코라고 하느냐? 살로 된 두 손톱의 모양을 취하느냐, 맡아 아는 성을 취하느냐?

만약 ‘살로 된 모양’을 취한다면 살로 된 것은 몸이고 몸으로 아는 것은 곧 촉각(觸覺)이니, 몸이라고 말한다면 코가 아니고 촉각이라고 말한다면 곧 진(塵)이라. 코라는 명칭이 없게 되는데 어떻게 계(界)를 성립하겠느냐?

만약 ‘맡아서 아는 것’을 취한다면 또 너의 마음에는 어느 것을 아는 것이라고 하느냐? ‘살이 아는 것’이라고 한다면 살이 아는 것은 원래가 촉각(觸覺)이고 코가 아니다. 허공으로써 아는 것이라고 한다면 허공이 제가 스스로 아는 것이기에 살은 응당 아는 것이 아닐 것이니 그렇다면 응당 허공이 곧 너이고 너의 몸은 아는 것이 아닐 것이니, 오늘날에 아난이 응당 존재가 없을 것이다. 또 냄새나는 것으로써 아는 것이라고 한다면 아는 것이 냄새에 속하였거니 너와는 무슨 관계가 있겠느냐?

만일 향기(香氣)와 취기의 기운이 반드시 너의 코에서 난다고 한다면 곧 그 향(香)과 비(鼻)의 두 종류 흘러나온 기운이 이란과 전단나무에서 난 것이 아닐 것이다.

두 물건이 있지 아니함에 네게 너의 코를 맡아 보라. 좋은 향내가 나느냐, 악취가 나느냐? 악취가 난다면 그것은 향내가 아니고 향내가 난다면 악취가 아닐 것이다. 만약 향내와 악취 두 가지를 함께 맡는다면 곧 너 한 사람이 응당 두 코가 있는 셈이 된다. 나를 대하여 도를 물을 때 두 아난이 있을 것이니 어느 것이 너의 몸이냐?

만약 코가 하나라면 향기(香氣)와 취기(臭氣) 두 가지가 없어서 악취가 향이 되고 향취가 악취가 되어서 두 가지 성질이 존재하지 않는다면 계가 무엇에 의지하여 성립되겠느냐?

만약 비식(鼻識)이 향기를 인하여 생긴다면 비식이 향기를 인하여 있기에 눈이 보는 것이 있으나 눈을 능히 보지 못하는 것과 같아서 비식(鼻識)이 향기를 인해 있기 때문에 응당 향기를 알지 못할 것이다. 안다면 곧 향기(香氣)에서 생기는 것이 아니고, 알지 못한다면 식이라고 말할 수 없다.

향기가 아는 것에서 있는 것이 아니라면 향계가 성립할

수 없고 또 비식(鼻識)이 향기(香氣)를 알지 못한다면 향을 인하여 식계(識界)를 세우는 것(인계因界)이 향으로부터 건립되는 것이 아닐 것이다. 이미 중간이 없다면 내외도 이루지 못할 것이니 저 맡는 후각이 필경 허망할 것이다.

그러므로 마땅히 알라. 코와 냄새가 인연이 되어서 비식계(鼻識界)를 내는 세 가지 곳이 모두 다 없어서, 곧 코와 냄새와 및 한계 그 세 가지가 본래 인연도 아니며 자연성도 아니다."

4) 설미식계(舌味識界)가 본래 여래장(如來藏)

"아난아! 또 네가 밝힌 바 '혀와 맛이 인연이 되어서 설식(舌識)을 낸다'고 하니, 이 식은 '혀로 인해서 생긴 것이라' 하여 혀로 계(界)라 하느냐, '맛으로 인하여 생긴 바'라 하여 맛으로 계(界)라 하느냐?

아난아! 설식(舌識)이 혀로 인하여 생겼다면 세간에 있는 감자(甘蔗), 오매(烏梅), 황연(黃蓮), 석염(石鹽), 세신(細辛), 생강(生薑)과 계피(桂皮)가 모두 다 맛이 없을 것이다. 네가 스스로 혀를 맛보라. 혀가 단 것이 되느냐? 쓴 것이 되느냐?

만약 혀의 성질이 쓰다면 누가 들어서 혀를 맛보느냐? 혀가 스스로 맛보지 못하리니 어느 것이 지각하겠느냐? 혀의 성(性)이 쓴 것이 아니라면 맛이 스스로 나지를 아니할 것이니 어찌 설식계(舌識界)가 성립되겠느냐?

또 온갖 맛이 하나의 물건에서 생긴 것이 아니니, 맛이 여러 가지에서 많이 생겼다면 식(識)도 응당 그 자체가 많을 것이다. 식(識)의 자체가 만약 하나이고 그 식(識) 자체가 반드시 맛에서 생겼다면 짜고 싱겁고 달고 매운 것과 화합(和合)과 구생(具生)과 여러 가지 변(變)이한 것이 함께 하나의 맛이 되어서 응당 구별이 없을 것이다.

구별이 없다면 곧 식(識)이라 이름 하지 못할 것이니 어찌 설미식계(舌味識界)라고 이름할 수 있겠느냐? 응당 허공이 너의 심식(心識)을 낸 것은 아니다.

혀와 맛이 화합(和合)하여 식(識)이 생기면 곧 그 가운데는 원래 자성(自性)이 없거니 어찌 설식계(舌識界)가 생기겠느냐?

그러므로 마땅히 알라. 혀와 맛이 인연이 되어서 설식계(舌識界)를 낸다 하는 세 곳이 모두 없어서 혀와 맛과 설식계 셋이 본래 인연도 아니고 자연성도 아니다."

5) 신촉식계(身觸識界)가 본래 여래장(如來藏)

"아난아! 또 네가 밝힌 바 '몸과 촉이 인연이 되어서 신식(身識)을 낸다'고 하니 이 식(識)은 '몸을 인하여 난 것이라' 하여 몸을 계(界)라고 하겠느냐, '촉(觸)으로 인하여 생긴 것이라' 하여 촉(觸)으로써 계라고 하겠느냐?"

아난아! 만약 신식(身識)이 몸을 인해서 생겼다면 반드시 합(合)과 이(離), 두 가지를 느껴 아는 연(緣)이 없으리니 몸이 무엇을 어떻게 알겠느냐?

만약 신식(身識)이 촉진(觸塵)을 인하여 생겼다면 반드시 너의 몸이 없을 것이니, 어느 몸 아닌 것이 합하고 떠나는 것을 아는 것이 있겠느냐?

아난아! 물체는 부딪쳐도 모르고 몸으로 아는 것이라야 촉이 있나니, 몸을 아는 것은 곧 촉진(觸塵)이고 촉진(觸塵)을 아는 것은 곧 몸이니, 곧 촉이면 몸이 아니고 곧 몸이면 촉이 아니다.

몸과 촉 두 가지 모양이 원래 처소가 없다. 몸에 합(合)하면 곧 몸의 자체성이 되고 몸을 떠나면 곧 허공과 같은 모양이다. 안팎이 성립되지 못하면 중간인들 어찌 성립되겠느냐? 중간이 성립되지 못하면 내외의 성질도 공허한 것이니, 너의 식(識)이 생긴들 무엇을 가지고 계(界)를 세우겠느냐?

그러므로 마땅히 알라. 신(身)과 촉(觸)이 인연이 되어서 신식계(身識界)를 낸다고 하는 세 가지 곳이 모두 없어서 몸과 촉(觸)과 신계(身界) 세 가지가 본래 인연(因緣)도 아니며 자연성(自然性)도 아니다."

6) 의법식계(意法識界)가 본래 여래장(如來藏)

"아난아! 네가 밝힌 바, '의(意根)와 법(法塵)이 인연이 되어서 의식(意識, 제6식)을 낸다'고 하니 이 의식은 '의(意)로 인하여 생긴 것이라' 하여 의(意)로서 계(界)라 하겠느냐, '법(法)으로 생긴 것이라' 하여 법(法)으로써 계(界)라 하겠느냐?

아난아! 의식(意識)이 만약 의근(意根)으로 인하여 생겼다면 너의 의근 가운데 반드시 생각하는 바가 있어야만 너의 의를 발명할 것이니, 만약 전법이 없으면 의(意)가 생기는 바가 없으며 연(緣)을 떠나면 형체가 없거니, 의식이 무엇을 가지고 작용할 수 있겠느냐?

또 너의 식심(識心, 의식)이 사량(思量, 곧 意根)과 요별성(了別性, 의근 또는 제8식)과 더불어 같은 것이냐, 다른 것이냐? 의근과 같다고 하면 곧 의근인데 어떻게 나는 바가 되며, 의(意)와 다르다면 같지 않기 때문에 응당 아는 바가 없을 것이다. 만약 아는 바가 없다면 어떻게 의근에서 생겼다고 하며, 만약 아는 바가 있다면 어찌 의식을 내는 의근이라고 하겠느냐? 같다고 하거나 다르다고 하는 이성(二性)이 이루지 못하면 계(界)가 어떻게 성립되겠느냐?

만약 법진(法塵)으로 인하여 생겼다고 한다면 세간의 여러 가지 법이 오진(五塵)을 떠나지 않으니 너는 색법(色法)과 및 성법과 향법과 미법과 촉법을 보아라. 그 모양새가 분명하여 오근(五根)을 상대하고 의근(意根)에 해당되는 바는 아니다.

너의 식(識)이 결정적으로 법(法)에 의해서 생겼다고 한다면 너는 지금 자세히 보라. 법진(法塵)이라는 법이 무슨 모양이냐?

만약 색(色)과 공(空), 동(動)과 정(靜), 통(通)과 색(塞),

합(合)과 이(離), 생(生)과 멸(滅)을 여의어서 이 모든 상(相)을 떠나서는 얻을 것이 없다. 생긴 것은 색공(色空) 등 모든 법(法)이 생기고, 멸(滅)한 것은 색공 등 모든 법 따위가 없어진다. 인(因)할 바(법진)가 없다면 인해서 났다는 식(識)이 있다는 그것은 무슨 모양이냐? 그 모양새가 없다면 계가 어떻게 생길 수가 있겠느냐?

그러므로 마땅히 알라. 의(意)와 법(法)이 인연이 되어서 의식계(意識界)를 낸다고 하는 세 가지 곳이 모두가 다 없어서 의(意)와 법(法)과 계(界) 세 가지가 본래 인연도 아니며 자연성도 아니다."31)

5. 칠대(七大)가 본래 여래장 묘진여성(7)

아난이 부처님께 고하기를, "세존이시여! 여래께서 화합하는 인연을 항상 말씀하실 적에 '일체 세간의 가지가지 변화하는 것이 다 사대(四大)의 화합(和合)으로 인하여 발명된다'고 하시더니, 어찌하여 여래께서 인연과 자연을 둘

---

31) 1권에서 아난이 묘한 사마타를 여쭌 이래로 여기에 이르렀다. 처음에 마음을 따져 봄[見]을 변론함으로써 신견(身見)을 타파한 것은 아함(阿含)의 교의이고, 견분(見分)의 식정(識精)을 타파한 것은 방등(方等)의 교의이다. 오온의 삼과(三科)가 여래장 성품으로 회통해 들어가고 근, 진, 식, 계가 하나하나 본래 공함은 반야(般若)의 교의이며, 본래의 여래장인 묘진여(妙眞如)의 성품인 즉, 법마다 온전히 참이라서 통틀어 실상에 돌아가는 것은 법화(法華) 종교(終敎)의 뜻이다.

다 배척하십니까?

제가 지금에 그 뜻의 소이를 알지 못하겠사오니 바라옵
건대 불쌍히 보셔서 중생에게 중도(中道)인 요의(了義)이고
희론(戱論)이 아닌 법(法)을 개시(開示)하여 주옵소서."

그때 세존께서 아난에게 일러 말씀하시기를 "네가 먼저
성문, 연각의 소승법을 싫어하고 위없는 보리를 부지런히
구하려고 발심하였기에, 그러므로 내가 지금에 너를 위하
여 제1의제를 알려주었는데 어째서 다시 세간의 희론과
망상(妄想)의 인연을 가지고서 스스로 얽매이느냐?

네가 비록 다문을 했으나, 약(藥)을 말하는 사람이 진짜
약이 앞에 나타났는데 능히 분별하지 못하는 것과 같나
니, 여래께서 너를 참으로 불쌍하다고 말한다. 너는 지금
자세히 들으라. 내가 의당 너를 위하여 알려주며 또한 당
래(當來)에 대승을 닦는 사람으로 하여금 실상을 통달하게
하리라.

**아난이 침묵하고 이어서 부처님의 거룩한 가르침을 받
았다.**

"아난아! 네가 말한 바와 같아서 '사대(四大)로 화합하여
세간의 가지가지 변화를 발명한다' 하니, 아난아! 만일 저
대(大)의 성(性)이 그 자체가 화합이 아니라면 곧 모든 대
(大)와 더불어 섞여서 어울리지 못하는 것이 마치 허공이
모든 빛깔과 어울리지 않는 것과 같으리라. 만약 화합으
로 되었다고 하면 변화하는 것과 같아서 처음과 종말(終
末)이 서로 이루며, 생(生)과 멸(滅)이 상속(相續)하여 나고

죽고 또 죽고 나며 나고 나고 죽고 죽어서 선화륜(旋火輪)과 같아서 휴식이 없을 것이다.

아난아! 비유컨대 물이 얼음이 되었다가 얼음이 다시 물이 되는 것과 같다."[32]

1) 지대(地大)가 본래 여래장(如來藏)

"네가 지대(地大)의 성질을 보아라. 거친 것은 대지(大地)이고 미세한 것은 미진(微塵)이다. 인허진(鄰虛塵)에 이르러서는 저 극미(極微)인 색변제(色邊際)의 상(相)을 칠분(七分)으로 쪼개어 된 것이니, 인허진(鄰虛塵)을 다시 쪼개면 참으로 공성(空性)이다.

아난아! 만일 인허진(鄰虛塵)을 분석하여 허공과 같이 되었다고 한다면 응당 허공이 색상(色相)을 낸 것임을 알아야 할 것이다.

네가 지금 묻기를 '화합을 말미암아 세간의 모든 변화상(相)이 출생(出生)했다'고 하였으니, 네가 또 보아라. 하나의 인허진은 얼마의 허공을 화합하여 되었느냐? 응당 인허진이 화합하여 인허진이 되지는 않았으리라.

또 인허진이 쪼개져서 허공이 되었다면 얼마의 색상을 쪼개 모아서 허공이 되었느냐?

---

32) 만약 참과 허망함이 동일한 바탕[眞妄一體]임을 요달해서 물이 얼음이 되고 얼음이 다시 물이 된다면, 일체의 허망한 계교가 당장 탈락하면서 정(情)을 잊으리라.

만약 색상(色相)에 화합할 때에는 색상과 화합하였기에 허공이 아닐 것이고, 만약 그 허공에 화합할 때에는 허공에 화합하였기에 색상(色相)이 아닐 것이다. 색상(色相)인 물질은 오히려 분석할 수가 있으나 허공이야 어찌 화합하겠느냐?

네가 원래 알지 못하는구나! 여래장 가운데 성(性)이 색(色)인 진공(眞空)과 성(性)이 공(空)인 진색(眞色)이 청정하고 본연하여 법계에 두루하여 중생의 마음을 따르고 소지(所知)의 양(量)에 응하여 업에 따라서 나타나는데 세간 사람들은 아는 것이 없어서 인연과 자연성이라고 의혹하나니, 모두가 다 식심(識心)의 분별(分別)과 계탁(計度)이다. 다만 말만 있을 뿐이고 전혀 진실한 도리는 없다."

2) 화대(火大)가 본래 여래장

"아난아! 불의 성질은 '나(我)'라 함이 없어서 모든 인연에 의탁했나니, 너는 성(城) 안에 밥을 먹지 못한 집을 보아라. 밥을 지을 적에 손에 부싯돌을 잡고 해 앞에서 불을 구한다.

아난아! 화합이라고 말한다면 나와 너와 1,250 비구들이 지금 하나의 대중이 되었으니, 대중은 비록 하나가 되었으나 그 근본을 따지고 보면 각각 몸이 있으며 모두가 다 소생(所生)한 바 씨족(氏族)과 명자(名字)가 있으니, 마치 사리불 같은 이는 바라문(婆羅門) 족속(族屬)이고 우루빈나는 가섭파(迦葉波)의 종족(種族)이고 내지 아난은 구담

(瞿曇) 종성(種姓)이다.

아난아! 만일 이 불의 성질이 화합으로 생긴 것이라면 저 사람이 손에 이 화경을 들고 태양에서 불을 구하나니, 이 불은 화경(火鏡)에서 나온 것이냐, 쑥에서 나온 것이냐, 태양에서 왔느냐?

아난아! 불이 만약 태양에서 왔다면 스스로 능히 너의 손에 있는 쑥을 저절로 능히 태워야 할 것이며, 온 곳의 숲과 나무가 모두 응당 불타야 할 것이다.

만일 불이 화경(火鏡)에서 나왔다면 저절로 화경에서 나와서 쑥을 태우거늘 화경은 어찌 녹지 않느냐?

너의 손이 화경을 잡고 있을 때 오히려 뜨거운 기운도 없거니, 어찌 녹을 리가 있겠느냐?

불이 만약 쑥에서 나왔다면 어찌 태양과 화경의 광명이 서로가 닿은 뒤에야 불이 나느냐?

너는 또 자세히 관찰하라. 화경(火鏡)은 손에 쥐었고 태양은 하늘에서 왔고 쑥은 본래 땅에서 생겼으니 불이 어느 곳에서부터 여기까지 거쳐왔느냐?

태양과 화경은 서로 거리가 멀어서 화합이 아니며, 응당 화광이 어디에 붙은 데도 없이 저절로 있는 것은 아니다.

네가 오히려 알지 못하는구나. 여래장 가운데 성화(性火)인 진공(眞空)과 성공(性空)인 진화(眞火)가 청정하고 본연해서 법계에 두루하여 중생의 마음을 따르고 소지의 양

(量)에 응(應)하나니, 아난아! 마땅히 알라. 세상 사람이 한 곳에서 화경을 들면 한 곳에서 불이 생기고 온 법계(法界)에서 화경을 들면 온 세간에 불이 생겨서 세간에 두루 일어나리니 어찌 방소(方所)가 있겠느냐?

업(業)에 따라서 나타나거늘, 세상 사람들은 아는 것이 없어서 인연과 자연성(自然性)이라고 의혹하나니, 모두가 이 의심의 분별과 계탁(計度)이다. 다만 말만 있을 뿐이고 전혀 진실한 도리가 없다."

3) 수대(水大)가 본래 여래장

"아난아! 물의 성질은 부정하여 흐르고 쉬는 것이 일정함이 없으니 실라벌성에 가비라선(迦毘羅仙)과 작가라선(斫迦羅仙)과 발두마(鉢頭摩), 아가살모다라(阿迦薩謨多羅) 등 모든 환사(幻師)들이 태음정(太陰精)을 구하여 환약(丸藥)에 사용하려고 여러 환사들이 백월(白月)의 밤중에 방제(方諸)를 가지고 달 가운데 물을 받나니 이 물은 구슬 가운데서 나온 것이냐, 허공에서 저절로 있느냐, 달에서 나왔느냐?

아난아! 물이 만약 달에서 나왔다면, 능히 먼 곳에서 구슬로 하여금 물이 나오게 했으니 경과하는 곳에 있는 임목(林木)마다 모두 응당 물이 흘러야 할 것이다.

만약 물이 흐른다면 어찌 방제(方諸)에서만 나오느냐? 물이 임목(林木)에 흐르는 것이 아니라면 물은 달에서 내려온 것이 아니다.

만약 물이 구슬에서 나왔다면 이 구슬 가운데 응당 물이 항상 흐를 것이니, 어찌 밤중에 한밤중의 그 물을 받아야 하느냐?

만약 물이 허공에서 생겼다면 허공의 성질은 끝이 없기에 물도 마땅히 끝이 없어서 인간(人間)에서 천상(天上)까지 모두 물속에 빠져들게 될 것이니, 어찌 수(水), 육(陸), 공행(空行)이 다시 있겠느냐?

너는 다시 자세히 보라. 달은 하늘에 떴고, 구슬은 사람 손에 들었고, 구슬의 물을 받는 소반은 본래 사람이 놓은 것이니, 물이 어느 곳으로부터 여기에까지 흘러왔느냐?

달과 구슬이 서로가 멀어서 화합이 아니며, 응당 수(水)의 정(精)이 오는 곳 없이 저절로 있는 것은 아닐 것이다.

네가 오히려 알지 못하는구나. 여래장 가운데 성(性)이 수(水)인 진공(眞空)과 성(性)이 공(空)인 진수(眞水)가 청정하고 본연하여 법계에 두루하여 중생의 마음을 따르고 소지(所知)의 양(量)을 따르나니, 한 곳에서 구슬을 잡으면 한 곳에 물이 나오고 온 법계에서 구슬을 잡으며 온 법계에 물이 나온다. 온 세간에 가득히 나오나니 어찌 방소(方所)가 따로 있겠느냐?

업(業)에 따라 나타나거늘 세간 사람들은 아는 것이 없어서 인연(因緣)과 자연성(自然性)이라고 의혹하니 모두가 이 식심(識心)의 분별(分別)과 계탁(計度)이다. 다만 말만 있을 뿐이고 전혀 진실한 도리는 없다."

4) 풍대(風大)가 본래 여래장

"아난아! 바람의 성질이 형체가 없어서 움직이고 고요함이 일정하지 아니하다. 네가 가사를 펄럭하여 대중에게 들어갈 적에 대가사의 옷자락이 펄럭거리어 옆 사람에게 미치면 곧 미풍이 저 사람의 얼굴을 스친다.

이 바람은 가사자락에서 나왔느냐, 허공에서 나왔느냐, 저 사람의 얼굴에서 나왔느냐?

아난아! 이 바람이 만일 가사자락에서 나왔다면 네가 바람을 입었으므로 그 옷이 날려서 응당 너의 몸을 떠나야 할 것이다. 내가 지금 설법(說法)하려고 회중(會衆)에서 가사를 드리우고 있나니 너는 나의 옷을 보라. 바람이 어디에 있느냐? 응당 옷 속에 바람을 감춘 자리가 있지 않을 것이다.

만약 바람이 허공에서 나왔다면 너의 옷을 움직이지 아니할 때는 무슨 까닭으로 바람이 나지 않느냐? 허공의 성질은 항상 그대로 있으므로 바람도 응당 항상 나와야 하며, 만약 바람이 없을 적에는 허공도 응당 없어져야 한다. 바람이 없어지는 것은 볼 수 있지만, 허공이 없어진 것은 어떤 모양이냐? 만약 허공이 생하고 멸함이 있으면 허공이라 할 수 없고 허공이라 한다면 어떻게 바람이 나겠느냐?

만일 바람이 저 사람의 얼굴에서 저절로 나왔다면, 저 사람의 얼굴에서 나왔으므로 응당 너한테 바람이 불어와야 할 것인데 네가 옷을 정돈함에 바람이 어째서 거꾸로

부느냐?

너는 더 자세히 관찰해 보라. 옷을 정돈하는 것은 너한테 있고 얼굴은 저 사람에게 속하고 허공은 고요하여 유동하지 않나니, 바람이 어느 곳으로부터 불어서 여기에 왔느냐?

바람과 허공의 성질이 서로 달라서 화합이 아니며, 응당 바람의 성질이 까닭 없이 저절로 있는 것이 아니다.

네가 완연히 알지 못하는구나. 여래장 가운데 성(性)이 풍(風)인 진공(眞空)과 성(性)이 공(空)인 진풍(眞風)이 청정하고 본연(本然)하여 법계에 두루하여 중생의 마음을 따르고 소지(所知)의 양(量)에 응한다.

아난아! 마치 너 한 사람이 가사를 약간 펄럭거리면 작은 바람이 생기고 온 법계에서 펄럭거리면 온 국토에 바람이 생겨서 세간에 두루하리니 어찌 방소(方所)가 있겠느냐?

업(業)에 따라 발현하거늘 세간은 아는 것이 없어서 인연(因緣)과 자연성(自然性)이 된다고 의혹하나니 모두가 이 식심(識心)의 분별(分別)과 계탁(計度)이다. 다만 말만 있을 뿐이고 전혀 진실한 도리는 없다."

5) 공대(空大)가 본래 여래장

"아난아! 허공의 성질이 형체가 없어서 색(色)을 인하여 현발한다. 이 실라벌성에서 강이 먼 곳에 있는 모든 찰제리의 족속과 바라문과 비사(毗舍)와 수타(首陀)와 또 파라타(頗羅墮)와 전타라(栴陀羅)들이 안거(安居)를 새로 세우려고 우물을 파서 물를 구할 적에 흙을 한 길 파면 그 가운데 곧 한 길의 허공이 생기게 되어 허공의 깊고 옅음이 흑이 나오는 것의 많고 적음을 따르나니, 이 허공은 흙으로 인하여 나온 것이냐, 흙 파는 것으로 인하여 있느냐, 까닭이 없이 저절로 있는 것이냐?

아난아! 만일 이 허공이 까닭 없이 저절로 생겼다고 한다면 흙을 파기 전에는 어찌 걸림이 없지를 아니하여 오직 대지(大地)가 멀리 막히는 것만 보이느냐?

만약 흙으로 인하여 허공이 생겼다면 흙이 나올 때 허공이 들어감을 응당 보여야 한다. 만약 흙이 먼저 나오고 허공에 들어간 것이 없다면 어찌 허공이 흙으로 인하여 나왔겠느냐?

만약 나가고 들어가는 것이 없다면, 응당 허공과 흙이 원래 다른 인이 없어야 할 것이다. 다름이 없으면 같을 것이니 흙이 나올 때 허공은 어찌하여 나오지 않느냐?

만약 팜을 인하여 허공이 나왔다면 곧 팔 적에 허공만 나오고 응당 흙은 나오지 않아야 할 것이며 파는 것을 인하여 허공이 나온 것이 아니라면 파서 흙이 나오는데 어찌하여 허공을 보게 되느냐?

네가 자세히 살펴서 자세히 살피고 자세히 관찰하라. 파는 괭이는 사람 손을 따라 이리저리 운전을 하고 흑은 팜을 인하여 옮기나니, 이와 같은 허공은 무엇을 인하여 나왔느냐?

파는 일과 허공은 참되거나 허한 것이 서로 작용되지를 아니하여 화합이 아니며, 응당 허공이 까닭 없이 저절로 나온 것도 아니다.

이와 같은 허공이 성(性)이 원만하고 두루하여 본래 동요(動搖)가 아니라면 마땅히 알라. 현재의 지(地), 수(水), 화(火), 풍(風)까지를 모두 5대라고 말하니, 성이 참되고 원융해서 모두 다 여래장이라 본래 생멸(生滅)이 없다.

아난아! 너의 마음이 혼미하여 사대(四大)가 원래 여래장임을 알지 못하는구나. 허공을 보라. 나오는 것이냐, 들어오는 것이냐, 출입하지 않느냐?"

네가 온전히 알지 못하는구나. 여래장 가운데 성(性)이 각(覺)인 진공(眞空)과 성(性)이 공(空)인 진각(眞覺)이 청정(淸淨)하고 본연(本然)하여 법계에 두루하여 중생의 마음을 따르고 소지(所知)의 양에 응한다.

아난아! 하나의 우물이 텅 비게 되면 허공이 하나의 우물에서 생기듯이 시방 허공도 또한 그와 같다. 시방에 원만(圓滿)하거니 어찌 방소(方所)가 있겠느냐?

업(業)에 따라서 발현하거늘 세간 사람들은 아는 것이 없어서 인연(因緣)과 자연성(自然性)이라고 의혹하나니, 모두 이 식심(識心)의 분별(分別)과 계탁(計度)이다. 다만 말만 있을 뿐이고 전혀 진실한 도리는 없다.

6) 견대(見大)가 본래 여래장

"아난아! 견각(見覺)이 아는 것이 없어서 물질과 허공을 인하여 있다. 네가 지금 기타의 숲에 있을 적에 아침은 밝고 저녁은 어두우며 설령 밤중이라도 백월에는 빛나고 흑월에는 어두운데, 그 밝고 어두운 따위를 견(見)을 인하여 분석한다.

이 견(見)은 명(明)과 암(暗)의 상(相)과 태허공(太虛空)과 더불어 일체냐, 일체가 아니냐? 혹 같기도 하고 같지 않기도 하며, 혹 다르기도 하고 다르지 않기도 하느냐?

아난아! 이 견(見)이 만일 밝은 것과 어두운 것과 허공과 더불어 원래 일체라면, 곧 명(明)과 암(暗) 두 가지 자체가 서로 없어져서 어두울 때는 밝음이 없고 밝을 때는 어두움이 없을 것이다.

만약 견(見)이 어두운 것과 더불어 일체라면 밝을 적에는 견(見)이 없어져야 할 것이고, 견(見)이 반드시 밝은 것과 일체라면 어두울 때는 견(見)이 응당 사라질 것이니, 사라진다면 어떻게 밝은 것을 보고 어두운 것을 보느냐? 만약 밝은 것과 어두운 것은 다르나 견(見)만은 생멸(生滅)이 없다고 한다면 일체라는 말이 어떻게 성립되겠느냐?

만일 이 견정(見精)이 어두운 것과 밝은 것과 더불어 일체가 아니라면, 네가 명(明), 암(暗)과 및 허공을 떠나서 견원(見元)을 분석해 보라.

어떠한 모양이 되느냐? 밝은 것을 떠나고 어두운 것을

떠나고 허공을 떠나면 이 견(見)이 원래 거북털과 토끼뿔과 같다. 명(明)과 암(暗)과 허공 세 가지 사실과 함께 다르다면 무엇에 의하여 견(見)을 성립하겠느냐?

밝은 것과 어두운 것이 서로 배치하는데 어떻게 혹 같다 하겠느냐? 셋을 떠나면 원래 없는데 어떻게 혹 다르다 하겠느냐?

허공을 나누거나 견대(見大)를 나눔에 본래 한계(限界)가 없는데 어떻게 같지 않다 하겠느냐? 어두운 것을 보고 밝은 것을 보아도 그 성(性)이 천개(遷改)하지 않는데, 어떻게 다르지 않다 하겠느냐?

너는 다시 자세히 살펴서 미세하게 자세히 살펴서 자세하게 살피고 자세하게 관찰하라. 밝은 것은 태양에서 왔고 어두운 것은 그믐달을 따르고 통(通)하는 것은 허공에 속하고 막힌 것은 대지(大地)에 속했나니, 이와 같은 견정은 어디에서 나온 것이냐?

견(見)은 느끼고 허공은 완악하여 화합이 아니며, 응당 견정이 까닭 없이 저절로 나온 것도 아니다.

이러한 견문각지(見聞覺知)가 성(性)이 원만하고 주변(周徧)하여 본래 동요(動搖)가 없을진대, 마땅히 알라. 끝없고 부동한 허공과 그리고 그 동요하는 지(地), 수(水), 화(火), 풍(風)을 모두 6대라고 말한다. 성(性)이 참되고 원용하여 모두 다 여래장이라, 본래 생멸(生滅)이 없다.

아난아! 너의 심성(心性)이 침륜(沈淪)하여 너의 견문각지(見聞覺知)가 본래 여래장인 것을 깨닫지 못하는구나. 너는 마땅히 이 견문각지를 관찰해 보라. 생(生)함이냐, 멸(滅)함이냐? 같음이 되냐, 다름이냐? 생멸이 아닌 것이냐? 동(同)과 이(異)가 아닌 것이냐?

너는 일찍 알지 못하는구나. 여래장 가운데 성견(性見)인 각명(覺明)과 각정(覺精)인 명견(明見)이 청정하고 본연하여 법계에 두루하여, 중생의 마음을 따르고 소지(所知)의 양(量)에 응(應)하나니,

하나의 견근(見根)인 견(見)이 법계에 두루한 것처럼 청각(聽覺), 후각(嗅覺), 미각(味覺), 촉각(觸覺)과 각촉(覺觸)과 각지(覺知)의 묘한 덕(德)이 밝아서 법계에 두루하여, 십허(十虛)에 원만하나니 어찌 방소(方所)가 따로 있겠느냐?

업(業)에 따라 발현하거늘 세간 사람들은 아는 것이 없어서 인연과 자연성이라고 의혹하나니 모두가 이 식심(識心)의 분별과 계탁(計度)이다. 다만 말만 있을 뿐이고 전혀 진실한 도리는 없다."

7) 식대(識大)가 본래 여래장

"아난아! 식성(識性)이 근원이 없어서 여섯 가지 근진(根塵)을 인하여 허망하게 나온다.

네가 지금에 이 회중의 성중(聖衆)을 두루 볼 적에 눈으로써 차근차근 둘러보나니, 그 눈은 둘러보되 다만 거울

과 같아서 따로 분석함이 없거든,

너의 식(識)이 이 가운데서 차제(次第)로 지목하기를 이 것은 문수보살, 이것은 부루나존자, 이것은 목건련, 이것 은 사리불이라고 하나니, 이 식의 요지(了知)가 견(見)에서 나왔느냐? 상(相)에서 나왔느냐? 허공에서 나왔느냐? 아무 까닭 없이 돌연히 나왔느냐?

아난아! 만일 너의 식성(識性)이 견(見)에서만 나왔다고 하면 명(明), 암(暗)과 색(色), 공(空)이 없는 것인데, 만약 이 네 가지가 반드시 없다면 원래 너의 견 또한 없을 것 이다. 견의 성(性)이 오히려 없는데 무엇으로부터 식(識)을 발하겠느냐?

만약 식성(識性)이 물상(物相: 즉 색, 공)에서 나오고 견(見) 으로부터 나온 것이 아니라면, 이미 밝은 것도 보지 못하 고 또 어두운 것도 보지 못하여 밝은 것과 어두운 것을 보지 못하면 곧 색과 공이 없을 것이니, 저 물상이 오히 려 없거니 식이 어디로부터 발할 수 있겠느냐?

만약 식(識)이 허공에서 나왔다면 물상도 아니고 견(見) 도 아니다. 견이 아니라면 분별할 수 없어서 스스로 명 (明), 암(暗), 색(色), 공(空) 네 가지를 능히 알 수 없을 것 이며, 물상이 아니라면 반연하는 연(緣)이 없어서 견(見), 문(聞), 각(覺), 지(知)가 안립할 곳이 없을 것이다.

그 두 가지가 아닌 데에 있다면(非相, 非見), 공(空)이라 고 하면 없는 것과 같고, 있다고 해도 물상과는 같지 않 으니, 비록 너의 식(識)을 발한들 어떻게 분별을 작용하겠느냐?

만약 식(識)이 까닭이 없이 돌연히 나온다면 어찌하여 한낮에는 명월(明月)을 따로 인식하지 않느냐?

너는 다시 자세히 살펴보고 미세하게 자세히 살펴라. 보는 것은 너의 눈에 속하고 물상(物相)은 앞의 경계에 속하니, 형상인 가상(可狀)은 있는 것이 되고 형상이 아닌 것은 없는 것이 된다. 그와 같은 식(識)의 연(緣)은 무엇으로 인하여 나왔느냐?

식(識)은 움직이고 견(見)은 맑아서 화(和)도 아니고 합(合)도 아니며, 문청(聞聽)과 각지(覺知)도 또한 다시 그와 같나니, 응당 식이라는 인연이 까닭 없이 저절로 나온 것은 아니다.

만일 이 식심(識心)이 본래 별다른 소종래가 없을 진대 마땅히 알라. 요별(了別)하는 견문각지(見聞覺知)가 원만하고 심연하여 성(性)이 소종래(所從來)가 없다. 겸하여 저 허공과 지(地), 수(水), 화(火), 풍(風)을 모두 다 7대라고 하나니, 성(性)이 참되고 원융하여 모두 다 여래장이라 본래 생멸이 없다.

아난아! 너의 마음이 추부(麤浮)하여 견문(見聞)과 발명(發明)과 요지(了知)가 본래 여래장임을 깨닫지 못했다. 너는 응당 이 여섯 곳의 식심(識心)을 보라. 같으냐, 다르냐? 공(空)이냐, 유(有)이냐? 동이(同異)가 아닌 것이냐, 공유(空有)가 아닌 것이냐?

너는 원래가 알지 못하는구나. 여래장 가운데 성식(性識)인 명지(明知)와 각명(覺明)인 진식(眞識)이 묘각(妙覺)이며 담연하여 법계에 두루하여 십허(十虛)를 머금고 뱉으니 어찌 방소(方所)가 따로 있겠느냐?

업(業)에 따라 발현(發現)하거늘 세간 사람들은 아는 것이 없어서 인연과 자연성(自然性)이라고 의혹하나니 모두가 다 식심(識心)의 분별과 계탁(計度)이다. 다만 말만 있을 뿐이고 전혀 진실한 도리는 없다."[33]

셋째. 아난과 대중이 깨닫고 발심(發心)하다(3)

1. 마음이 주변무애(周偏無礙)함을 깨닫다

그때에 아난과 여러 대중들이 부처님 여래께서 미묘(微妙)하게 개시(開示)함을 받잡고, 몸과 마음이 넓고 두루하여 걸림이 없어지고, 이 모든 대중들이 각각 마음이 시방에 두루함을 스스로 알아서, 시방 허공을 보되 손안에 가진 엽물(葉物)을 보듯하며, 일체 세간에 있는 모든 것들이

---

33) 만약 식심(識心)이 본래 좇아온 바가 없다면 명료하게 분별하는 견문각지가 모두 본래 좇아온 바가 없음을 알 것이다. 아울러 저 하늘과 땅, 물, 불, 바람과 함께 균등하게 칠대(七大)라 칭하네, 성품이 참되고 원융해서 모두 여래장이라 본래 생멸이 없다.

모두 다 보리의 묘명(妙明)한 원래 마음인 줄 알았다.

2. 몸(법신)이 주변무애함을 깨닫다

마음 정(精)이 두루하고 원만하여 시방세계를 싸며, 부모가 낳아준 몸을 돌이켜 보기를 저 시방 허공 가운데 하나의 작은 미진(微塵)을 불어 날리매 있는 듯 없는 듯하면, 맑은 대해(大海)에 하나의 뜬 거품이 떠 있음에 그 거품이 생겼다 사라졌다 하는 것이 붙은 데가 없는 것 같아서, 분명하게 스스로 알아서 본래 묘(妙)한 마음이 항상 있어 없어지지 아니함을 터득하고,34)

3. 모두들 예사(禮謝)하고 게송(偈頌)을 말하다

부처님께 예불하고 합장하여 과거에 일찍이 없었던 것을 얻고 여래 앞에서 게송을 말하며 부처님을 찬양하기를,

묘담(妙湛)하고 총지(總持)하고 부동(不動)하신 세존!
수능엄왕께서는 세상에 참으로 희유(稀有)하십니다.

---

34) 여기서는 근기가 적합한 자들이 깨닫고 있다. 아난과 대중은 처음엔 작은 몸만을 인정해서 마음이 몸 안에 있다고 여겼지만, 이제 여래의 미묘한 열어 보이심[開示]을 받자 저마다 마음이 시방에 두루한 걸 스스로 알았다. 지금은 묘한 마음[妙心]이 광대함을 깨달았기 때문에 시방 허공을 마치 손 안에 든 나뭇잎처럼 볼 뿐이다.

저희들의 억겁동안 전도한 생각을 녹여 주셔서,
아승지를 거치지 않고 법신을 얻게 하였나이다.

원컨대 지금 과위(果位)를 얻어 보왕 이루고,
이와 같은 항사 중생 제도하겠나이다.
이 깊은 마음으로 미진세계 받드는 것이
부처님 은혜를 갚는다고 하겠나이다.

엎드려 청하옵노니 세존께서는 증명을 하소서.
오탁악세(五濁惡世)에 맹세코 먼저 들어가서
하나의 중생이라도 성불 못하는 이가 있으면
여기에서 열반을 취하지 않겠나이다.

대웅(大雄), 대력(大力), 대자비(大慈悲)하신 세존이시여!
다시 미세한 의혹 잘 제거해 주시기를 바라오니,
저희들을 무상각(無上覺)에 곧 오르게 하여
시방세계에서 도량에 앉게 하소서.35)

순야다[허공]의 성은 없어질 수 있거니와
삭가라(爍迦羅: 견고)의 마음이야 동전(動轉)할 리 있으
리까?

---

35) 아난이 비록 법신을 깨달았지만 단지 처음으로 도를 보았을 뿐이다. 아직 남아
있는 무명의 미세한 결혹(結惑)은 깊고 은밀해 끊기가 어렵다. 자기 지혜로 알 수
있는 것이 아니라 반드시 용맹과 자비의 힘에 의지해야만 비로소 타파해 없앨 수
있기 때문에 부처님께서 상세히 살펴서 하나하나 타파해주길 청한 것이다.

대불정수능엄경 제4권

[제2주 무생무애주]

제2. 세혹(細惑)을 제거해 이여래장(二如來藏)을 말하다(3)

첫째. 부루나(富樓那)의 두 가지 의혹을 풀어주다(5)

그때에 부루나미타라니자가 대중 가운데 있다가 곧 자리에서 일어나 오른 어깨를 벗어 메고, 오른 무릎을 땅에 대고 합장하고 공경하여 부처님께 고하여 말하기를,

"대위덕이신 세존께서 중생들을 위하여 여래의 제일의제(第一義諦)를 잘 부연하시나이다.

세존께서 항상 추장하시기를 '설법하는 사람 중에 부루나가 제일(第一)이라'고 하셨으나, 지금 여래의 미묘한 법음을 듣사오니 마치 귀먹은 사람이 백 보 밖에서 모기 소리를 듣는 것 같사와 본래 보지도 못하옵는데 어찌 들을 수 있겠나이까?

부처님께서 비록 잘 밝히셔서 저의 의혹을 제거하게 하였으나, 지금에도 오히려 그 뜻의 구경(究竟)인 의혹이 없는 경지를 자세히 모르겠나이다.

세존이시여! 아난 같은 이는 비록 깨달았다고 하나 습루(習漏)가 제거되지 못했거니와, 저희들은 회중(會中)에서 무루(無漏)에 오른 사람들로서 비록 모든 루(漏)를 다했으나 지금 여래께서 말씀하신 법음(法音)을 듣고 오히려 의회(疑悔)에 얽히었나이다.

세존이시여! · 만일 세간의 온갖, 6근(根), 6진(塵), 5음(陰)과 12처(處), 18계(界) 등이 다 이 여래장이어서 청정하고 본연하다면, 어찌하여 산하대지와 모든 유위상(有爲上)을 홀생(忽生)하며, 차제로 천류(遷流)하여 마쳤다가 다시 시작합니까?

또 여래께서 말씀하시기를 '땅과 물과 불과 바람이 본성이 원융하여, 법계에 두루하여 담연하고 상주한다'고 하셨으니, 세존이시여! 만일 땅의 성질이 두루 하다면 어떻게 물을 용납하며, 물의 성질이 두루 하다면 불이 곧 생기지 못할 것이니, 다시 어떻게 '물과 불 두 가지 성질이 함께 허공에 두루 하여 서로 능멸하지 아니한다'고 밝히셨습니까? 세존이시여! 땅의 성질은 막혀 장애되고 허공의 성질은 텅 비어 통(通)하는데 어떻게 둘이 함께 법계에 두루합니까?

제가 이 뜻의 귀취(歸趣)를 알지 못하오니 원컨대 여래께서는 큰 자비를 베푸시어 저의 미(迷)한 구름을 열어주소서."

여러 대중과 한께 이렇게 말하고는 오체(五體)를 땅에 던지고 여래의 위없는 자비한 가르침을 흠앙(欽仰)하고 있었다.

그때 세존께서 부루나와 회중에 루(漏)가 다한 무학(無學)인 아라한들에게 말씀하셨다.

"여래께서 오늘날에 널리 이 모인 사람들을 위하여 승의(勝義) 가운데 참승의(眞勝義)의 성품을 선설하여, 이 회중(會中)에 정성성문(定性聲聞)과 및 이공(二空)을 얻지 못한 이들과 상승(上乘)으로 회향하는 아라한들로 하여금 일승(一乘) 적멸량지인 참 아련야의 정수행처(正修行處)를 모두 얻게 하리니,

너희들은 지금 자세히 들으라. 너희들을 위하여 말해 주겠다."

1. 불공장(不空藏)을 말해 만법(萬法)의 홀생(忽生)과 상속 (相續)을 밝힘(4)

1) 세계, 중생, 업과(業果)가 홀생하는 이유

부처님이 말씀하시기를, "부루나야! 네가 말한 대로 '청

정하고 본연하다면 어찌하여 산하대지가 갑자기 생겼습니까?'라고 하니, 너희들이 부처님께서 '성각(性覺)이 묘명(妙明)하고 본각(本覺)이 명묘(明妙)하다'[36]고 말씀하신 것을 항상 못 들었느냐?

부루나가 말하기를, "네! 그렇습니다. 세존이시여! 저희들이 부처님께서 그러한 도리를 말씀하신 것을 들었나이다."

부처님께서 말씀하시기를, "네가 각(覺)이라 명(明)이라고 칭한 것은 '성품이 본래 밝은 자리'를 칭하여 각(覺)이라고 말하느냐? '각(覺)이 본래 밝지 아니한 것'을 밝힐 각(覺)이 된다고 말하느냐?"

부루나가 말하기를, "만일 이 밝히지 않은 것을 각(覺)이라고 한다면 곧 밝은 바가 없겠나이다."

부처님께서 말씀하시기를, **"만일 밝히는 바가 없으면 곧 밝은 각(覺)이 없을 것이나 밝히는 바가 있으면 각(覺)은 아니고 밝은 바가 없으면 밝은 것(明覺)이 아니며, 밝은 것이 없으면 또 각(覺)의 맑고 밝은 성(性)이 아니다.**

성각은 반드시 밝은데 허망하게 밝힐 각(覺)이 되었다.

---

36) 불성에는 세 가지가 있으니, 소위 정인(正因)과 연인(緣因)과 요인(了因)이다. 천연의 묘한 성품이 본래 스스로 원만히 이루어져서 공용을 빌리지 않기 때문에 이름하여 '정인'이라 한다. 주로 지식을 빌리고 연을 스승으로 삼아 개발해서 소위 부처의 종자가 연으로부터 일어나기 때문에 이름하여 '연인'이라 한다. 그리고 수행 이후에 깨닫기 때문에 '요인'이라 한다. '성각의 묘명'은 정인의 불성이고, '본각의 명묘'는 요인의 불성이다. 이 두 가지 불성은 총체적으로 한마음[一心]을 회통하기에 쌍으로 들어서 종지를 세운 것이다.

각(覺)은 밝힐 바가 아니거늘 능명(能明)으로 인하여 소명(所明)을 세웠나니 소명이 이미 허망하게 세워지면 너의 허망한 능력이 생기게 되어,

같고 다른 것이 없는 가운데 처연히 다른 것을 이루며, 저 다른 바를 달리해서 다름을 인하여 같음을 세우고, 같음과 다름으로 발명해서 이로 인하여 다시 같은 것도 없고 다름도 없는 것을 형성한다.

이와 같이 요란하여 상대하여 피로가 생기고 그 피로가 오래되어서 진(塵)을 발하여 자상(自相)이 혼탁하나니 이로 말미암아 진로(塵勞)와 번뇌(煩惱)를 이끌어 일으킨다.

일어나서 세계가 되고 고요해서 허공이 되었나니, 허공은 동일(同一)한 것이고 세계는 다 다르다. 그 동이(同異) 없는 것이 참 유위법(有爲法)이다."37)

---

37) 이상 하나의 미망(迷妄)을 말미암아 마침내 삼세와 육추가 있으면서 세계와 중생이란 업과의 상을 이루게 됨을 총체적으로 밝혔다. 다음 경문에서는 윤회가 끊이지 않는 이치를 제시하기 때문에 따로 세 가지 상속의 소인(所因)과 사대가 서로 생성하는 까닭을 설하였다.

2) 세계, 중생, 업과(業果)가 상속(相續)하는 인연(3)

(1) 세계가 상속(相續)하는 인연

"각(覺)의 밝음과 허공의 어두운 것이 서로 상대해서 요동함이 생기나니 그러므로 풍륜(風輪)이 있어서 세계를 집지(執持)한다.

공(空)을 인하여 요동함이 생기고 굳고 밝은 것이 장애(障礙)를 형성하니, 저 금보(金寶)는 명각(明覺)이 견고함을 형성한 것이다. 그러므로 금륜(金輪)이 있어서 국토를 잘 유지하며,

굳은 각(覺)에서 금보가 이루어지고 요동하는 명(明)에서 바람이 나와서 바람과 금이 서로 마찰하나니 그러므로 불빛이 있어 변화하는 성(性)이 되며,

보명(寶明)이 윤택함을 내고 불빛이 위로 증발하나니, 그러므로 수륜(水輪)이 있어서 시방세계(十方世界)를 함윤(含潤)한다.

불은 올라가고 물은 내려가서 서로 발생하여 굳은 것을 형성해서 젖은 것은 큰 바다가 되고 마른 것은 섬이 되었나니, 그러한 이치로 저 큰 바다 가운데에는 불빛이 항상 일어나고, 저 섬 가운데에는 강(江)과 하천(河川)이 항상 흐르고 있다.

물의 세력이 불보다 약하여 맺혀서 높은 산(山)이 되었

나니, 그러므로 산의 돌이 치면 불꽃이 나고 녹으면 물이
되며,

흙의 세력이 물보다 저열하여 땅속에서 빼어 나와서 풀
과 나무가 되었나니, 그러므로 숲이 불을 만나면 흙이 되
고 쥐어짜면 물이 되나니,

망(妄)이 서로 얽혀서 발생하여 번갈아 서로 종자가 되
나니, 그러한 인연으로 세계가 상속(相續)한다."[38]

(2) 중생이 상속(相續)하는 인연

"다시 다음 부루나야! 명(明)의 망(妄)은 다른 것이 아니
라 각명(覺明)이 허물이 된 것이니, 소망(所妄)이 이미 성
립됨에 밝은 이치가 그를 벗어나지 못하나니, 그러한 인
연 때문에 듣는 것이 소리를 벗어나지 못하며 보는 것이
빛깔을 초월하지 못하여,

색(色), 성(聲), 향(香), 미(味), 촉(觸), 법(法) 여섯 가지
각(覺)의 허망이 성취하나니 그로 말미암아 견문각지(見,
聞, 覺, 知)를 분개하여 같은 업들은 서로 얽히고 합(合)과
이(離)는 성형(成形)하고 변화를 하느니라.

밝은 것을 보아 색(色)이 발하고 밝게 보고는 생각을 이

---

38) 세계는 바로 유식(唯識)이 변한 상분(相分)이니, 처음으로 미망을 인해 허공이
   있고 허공에 의지해 세계가 성립하기 때문에, 각명(覺明)의 무명을 추궁하여 완고
   한 허공을 대(對)하므로 세계가 생기는 근본이 된다. 허공의 어둠 속에서 어둠
   이 응결하여 색(色)이 되는데, 이것이 바로 색이 응결하는 시초이다.

루나니, 견(見)이 다르면 미워지고 생각이 같으면 사랑하며 사랑을 흘러 넣어서 씨가 되며 상(想)을 받아들여 태(胎)가 된다.

교구(交遘)하여 생명을 유발하여 동업을 빨아 당기나니.

그러한 인연으로 갈라남(태중의 첫 번째 단계)과 알포담(태중의 두 번째 단계) 등이 생겨서,

태(胎), 난(卵), 습(濕), 화(化)가 제각기 응하는 바를 따라서, 난생은 생각으로 태어나고 태생은 정(情)을 인(因)하여 있게 되고 습생은 합(合)하여 감응하고 화생은 떠남으로써 응한다.

정(情), 상(想), 합(合), 이(離)가 번갈아 서로 변역하여, 그 업을 받는 것이 그 날거나 잠기는 것을 따르나니, 그러한 인연으로 중생이 계속된다."39)

(3) 업과(業果)가 상속(相續)하는 인연

"부루나야! 생각과 애욕(愛慾)이 함께 맺혀서 애욕을 능히 떠나지 못하면 모든 세간에 부모와 자손들이 서로 생겨서 끊어지지 않나니, 이런 것들은 곧 욕탐(欲貪)이 근본이 된 것이다.

---

39) 청정계(淸淨界) 속에는 본래 중생이 없다. 다만 비롯 없는 일념(一念)이 허망하게 움직이기 때문에 무명이 있어서 마침내 중생의 근본이 되니, 명망(明妄)은 다름 아니라 각명(覺明)이 허물이 된 것'이라 말한 것이다.

탐애(貪愛)가 자양함과 함께하여 탐(貪)을 능히 그치지 못하면 곧 모든 세간의 난생(卵生), 화생(化生), 습생(濕生), 태생(胎生)이 힘의 강약을 따라 번갈아 서로 잡아먹나니, 이러한 무리들은 곧 살탐(殺貪)이 근본이 된 것이다.

사람이 염소를 잡아먹으면 염소는 죽어 사람이 되고 사람은 죽어 염소가 되어서 이와 같이 내지 10생(生)의 무리가 죽고 죽고, 나고 나면서, 서로 와서 잡아먹되 악업 (惡業)으로 함께 나서 미래제(未來際)가 다하나니, 이러한 무리들은 곧 도적질하는 탐심(貪心)으로 근본이 된 것이다.

'너는 나의 생명을 빚졌고 나는 너에게 빚을 갚아 주어야 되겠다'고 하여 그러한 인연 때문에 백천 겁을 지나도록 항상 죽고 사는 데 있으며,

너는 내 마음을 사랑하고 나는 너의 얼굴을 사랑한다는 그러한 인연으로 백천 겁을 지나도록 항상 얽혀 있나니,

오직 살(殺), 도(盜), 음(淫) 세 가지가 근본(根本)이 된다. 그러한 인연으로 업과(業果)가 상속(相續)하느니라."

3) 셋 전도(顚倒)상속이 망견(妄見)으로 생겨 지속함

"부루나야! 이와 같은 세 가지 전도(顚倒)인 상속은 모두 이 각명의 분명하게 아는 성(性)이 요발상(了發相)으로 인하여 망견(妄見)으로부터 생겼나니, 산하대지와 온갖 유위상(有爲相)이 차례로 천류(遷流)하되 이 허망으로 인하여

끝났다가 다시 시작하느니라."

4) 여래는 셋 전도(顚倒)가 다시 생기지 않음(4)

부루나가 말하기를, "만일 이 묘각(妙覺)의 본래 묘한 각명이 여래의 마음과 똑같아서 더한 것도 없고 줄어진 것도 없는데 무단히 산하대지와 온갖 유위상(有爲相)이 문득 생겼다면, 여래께서는 지금 묘공명각(妙空明覺)을 얻으셨으니 산하대지와 유위(有爲)와 습루(習漏)가 언제 다시 생깁니까?"

(1) 방위를 알면 헷갈리지 않음 같다

부처님께서 부루나에게 이르시기를, "비유컨대 미(迷)한 사람이 어떤 취락(聚落)에서 남쪽을 미혹(迷惑)하여 북쪽으로 여기는 것과 같나니 그 미혹함은 미혹으로 인하여 있는 것이 되느냐, 깨달음으로 인하여 생긴 것이냐?"

부루나가 말하기를, "이 미한 사람은 미(迷)를 인하지도 않았고 또 깨달음도 인하지 않았나니, 무슨 까닭이냐 하오면 미(迷)가 본래 뿌리가 없나니 어찌 미를 인했다 하며, 깨달음의 자체는 미혹함을 내지 않나니 어찌 깨달음을 인했다 하겠습니까?"

부처님이 말씀하시기를, "그 미(迷)했던 사람이 미했을 적에 깨달은 사람이 있어서 지시하여 깨닫게 한다면, 부루나야! 뜻에 어떻게 생각하느냐? 이 사람이 비록 미했으나 이 취락(聚落)에 대해서 다시 미혹함을 내겠느냐?"

"아니옵니다. 세존이시여!"

"부루나야! 시방의 여래도 또한 그러하니라. 이 미(迷)는 근본이 없어서 그 성(性)이 끝내 공(空)했다. 옛적에 본래 미한 것 없던 것이 각을 미(迷)한 것 있는 듯하나, 미(迷)를 깨달아 미(迷)가 없어지면 그 각(覺)에서는 미(迷)를 내지 않는다."

(2) 눈병이 없어지면 공화(空花)가 없어짐 같다

"또한 눈병 난 사람이 허공의 꽃을 보다가 눈병이 만약 제거되면 꽃은 허공에서 없어진다. 어떤 어리석은 사람이 있어서 저 허공꽃이 없어진 곳에서 허공꽃이 다시 나기를 기다린다면 너는 보기에 이 사람을 어리석다고 하겠느냐, 지혜롭다고 하겠느냐?"

부루나가 말하기를, "허공에는 원래 꽃이 없는 것을 꽃이 생기고 사라짐을 허망하게 보았나니 꽃이 허공에서 사라짐을 보는 것도 이미 전도(顚倒)함이온데 다시 날 것이라고 한다면 이것은 참으로 미친 바보이오니 어찌 이런 미친 사람을 어리석다, 지혜롭다고 말하겠나이까?"

부처님이 말씀하시기를, "너의 아는 바가 그렇다면 어찌하여 부처님 여래의 묘각명공(妙覺明空)에서 언제 다시 산하와 대지가 생기느냐고 묻느냐?"

(3) 순금(純金)은 다시 광석(鑛石)이 되지 않음 같다

"또 금광에 정금이 섞였으나 그 금이 한번 순금이 되면 다시는 광석에 섞이지 않고,"

(4) 불탄 나무는 나무가 되지 않음 같다

"나무가 재가 되면 다시 나무가 되지 않는 것 같아서 부처님 여래의 보리와 열반(涅槃)도 또한 그와 같다."40)

2. 공불공장(空不空藏)을 말해 오대가 원융(둘째 의혹)한 이유를 밝힘(7)

1) 칠대(七大)의 상(相)은 본래 허망함(相妄)

"부루나야! 또 네가 묻기를 '지(地), 수(水), 화(火), 풍(風)의 본성이 원융하여 법계에 주변한다면 물과 불이 서로 능멸하지 않는가?'라고 의심하며, 또 '허공과 및 대지

---

40) 여기서는 미혹과 깨달음이 동일한 근원으로 본래 생멸이 없음을 드러낸 것이다. 여래께서는 연속되는 네 가지 비유로 답하고 있다. 방향을 미혹한 하나의 비유는, 예로부터 미혹하지 않아서 지금도 깨달음이 없음을 알게 한 것이다. 허공 꽃이란 비유는 진원(眞元)은 허망함이 없고 깨달음은 미혹을 낳지 않음을 알게 한 것이다. 금의 비유는 각성(覺性)이 변하지 않는 것이고, 재의 비유는 과보의 공덕이 생겨남이 없는 것이다.

가 다 법계에 두루 하다면 응당 서로 용납하지 못하리라'
하거니와, 부루나야! 비유컨대 허공 자체가 여러 가지 모
양은 아니나 여러 가지 모양이 허공에서 발휘하는 것을
막지 아니한 것과 같다.

왜냐하면 부루나야! 저 태허공(太虛空)이 해가 비치면 밝
고 구름이 끼면 어둡고 바람이 불면 움직이고 개이면 맑
고 기운이 엉기면 흐리고 먼지가 쌓이면 흙비가 되고 물
이 맑으면 비춤을 이룬다. 어떻게 생각하느냐? 이 여러
면의 모든 유위상(有爲相)이 저것들로 인하여 생긴 것이
냐, 허공으로 인하여 생긴 것이냐?

만약 저것들로 인하여 생겼다면, 부루나야! 해가 비칠
적에 이미 해가 밝음이니 시방의 세계가 함께 햇빛이 되
어야 하는데 어찌하여 허공 안에 다시 둥근 해가 보이느
냐? 만약 그것이 허공의 밝음이라면 허공이 스스로 밝아
야 하는데 어찌하여 밤중이나 구름이 낄 때는 밝은 빛을
내지 못하느냐?

마땅히 알라. 이 밝은 것은 태양도 아니고 허공도 아니
며 허공과 태양과 다른 것도 아니다.

형상으로 보면 원래 허망하여 확언할 수 없나니 마치
허공꽃에 허공열매가 맺히기를 기다리는 것과 같다. 어떻
게 서로 능멸하지 않은 의미를 따지겠느냐?"

2) 칠대(七大)의 성(性)은 본래 진여(眞如)임[성진性眞]

"본성(本姓)으로 보면 원래가 진(眞)이어서 오직 묘각명(妙覺明) 뿐이다. 묘각명인 마음은 본래 물과 불이 아니니 어찌 서로 용납하지 못하리라고 묻느냐?

참된 묘각명(妙覺明)도 또한 그와 같나니 네가 허공으로 발명하면 곧 허공이 나타나고 지(地), 수(水), 화(火), 풍(風)으로 각각 발명하면 각각 나타나고 한꺼번에 발명한다면 곧 함께 나타나느니라.

어떤 것이 함께 나타남이냐? 부루나야! 하나의 물 가운데 해의 그림자가 나타나거든, 두 사람이 물속의 해를 함께 보고 동서(東西)로 제각기 가면 물속의 해가 두 사람을 따라가서 하나는 동쪽으로 가고 하나는 서쪽으로 가서 애초부터 적실한 표준이 없다.

응당 말하기를 '이 해가 하나인데 어찌하여 각각 가느냐, 각각 가는 해가 둘인데 어찌하여 하나로 나타났더냐?' 하고 따질 것이 아니니, 완연히 허망해서 근거로 삼을(憑據) 수가 없다."41)

3) 배각합진(背覺合塵)함에 진로(塵勞)가 있음

"부루나야! 네가 색(色)과 공(空)으로써 여래장에서 상경상탈(相傾相奪: 상에 기울어지고 상에 마음을 빼앗김)을 하므로 여래

---

41) 참된 묘각의 마음은 광대한 업용(業用)을 갖추고 있다. 그래서 업을 따라 발현해서 땅, 물, 불, 바람이 각각 발명하면 땅, 물, 불, 바람이 각기 나타나고, 만약 함께 발명하면 일시에 함께 나타난다.

장이 따라서 색(色)과 공(空)이 되어서 법계에 두루한다.

그러므로 그 가운데 바람은 움직이고 허공은 맑고 태양은 밝고 구름은 어둡나니, 중생이 미민(迷悶)하여 각(覺)을 등지고 진(塵)에 합(合)하기 때문에 그러므로 진로(塵勞)를 발하여 세간상(相)이 있느니라."

4) 배진합각(背塵合覺)하면 무애자재(無礙自在)함

"나는 묘명(妙明)인 불멸불생으로써 여래장에 합하므로 여래장이 오직 묘각명 뿐이어서 법계를 원만하게 비추나니,

그러므로 그 가운데서 하나가 무량(無量)이 되고 무량(無量)이 하나가 되면, 작은 가운데 큰 것을 나타내고 큰 것 가운데서 작은 것을 나타내며, 도량에서 움직이지 않고 시방계에 두루하며 몸이 시방계의 다함이 없는 허공을 포함하며, 하나의 털끝에서 보왕찰해(寶王刹海)를 나타내며 조그마한 먼지 속에 앉아서 대법륜을 굴리나니,

진(塵)을 없애고 각(覺)에 합(合)하므로 진여(眞如)의 묘각명성(妙覺明性)을 개발하느니라."

5) 본래 마음에 의해서 여래장을 원창(圓彰)함(3)

(1) 공(空)여래장을 원창(圓彰)하다

"여래장의 본래 묘하고 둥근 마음은 마음도 아니고 허공도 아니며 땅도 아니고 물도 아니며 바람도 아니고 불도 아니며, 눈도 아니고 귀, 코, 혀, 몸, 뜻도 아니며 빛깔도 아니고 소리, 냄새, 맛, 접촉, 법도 아니며, 안식계(眼識界)도 아니고 내지 의식계(意識界)도 아니다.

명(明)도 무명(無明)도 아니고 명(明)과 무명(無明)이 다함도 아니며 그와 같이 내지 늙음도 아니고 죽음도 아니고 늙어 죽음이 다함도 아니며 고(苦)도 아니고 집(集)도 아니며 멸(滅)도 아니고 도(道)도 아니며 지(智)도 아니고 득(得)도 아니다.

단나(檀那: 보시)도 아니고 시라(尸羅: 지계)도 아니며 비리야(毗梨耶: 정진)도 아니고 찬제(羼提: 인욕)도 아니며 반자야(般刺若: 지혜)도 아니고 바라밀다(波羅密多)도 아니며,

이와 같이 내지 달달아갈(여래)도 아니며 아라하삼야삼보(응공 정변지)도 아니며 대열반도 아니며, 상(常)도 아니고 락(樂)도 아니며 아(我)도 아니고 정(淨)도 아니다."

(2) 불공(不空)여래장은 원구(圓具)하다

"이 세간과 출세간(出世間)이 모두 아니므로 곧 여래장

의 원래 밝은 마음 묘한 자리는 곧 마음이고 곧 허공이고 곧 지(地), 수(水), 화(火), 풍(風)이고 곧 눈, 귀, 혀, 몸, 뜻이며 곧 색(色), 성(聲), 향(香), 미(味), 촉(觸), 법(法)이며 곧 안식계(眼識界)이며 그와 같이 내지 의식계(意識界)이며,

곧 명(明)과 무명(無明)이고 명(明)과 무명(無明)이 다한 것이며 이와 같이 내지 곧 늙음이며 곧 죽음이며 곧 늙고 죽음이 다한 것이며, 곧 고(苦)이며 곧 집(集)이며 곧 멸(滅)이며 곧 도(道)이며, 곧 지(智)이며 곧 득(得)이며 곧 단나(檀那)이며 곧 시라(尸羅)이며 곧 비리야(毗梨耶)며 곧 찬제(羼提)이며 곧 선나이며 곧 반자야(般刺若)며 곧 바라밀다(波羅密多)며 이와 같이 곧 달달아갈(여래)이며 곧 아라하 삼야삼보리이며 곧 대열반(大涅槃)이며 곧 상(常)이며 곧 락(樂)이며 곧 아(我)이며 곧 정(淨)이다."

(3) 공장(空藏)과 불공장(不空藏)이 원융(圓融)하다

"이렇게 모두가 곧 세간법(世間法)과 출세간법(出世間法)이므로 곧 여래장의 묘하고 밝은 마음의 근원은 즉(卽)을 떠나고 비(非)를 떠났으며, 이 즉(卽)이고 비즉(非卽)이다."

6) 보리를 소지심(所知心)으로써 사의(思議)할 수 없음

"어떻게 세간의 삼계(三界) 중생과 출세간(出世間)의 성문, 연각이 아는 바 마음으로써 부처님의 위없는 보리를

측량하고 헤아려서 세상의 말로써 불지견(佛知見)에 들어가겠느냐?

비유컨대 금슬과 공후와 비파가 비록 묘한 소리가 있으나 만일 묘한 손가락이 없으면 마침내 발할 수 없는 것과 같나니."

7) 여래는 묘지(妙智)에서 해인(海印)이 발광(發光)함

"너와 중생들도 그와 같아서 보각(寶覺)인 진심(眞心)이 각각 원만(圓滿)하건마는 내가 손가락을 누르면 해인(海印)의 발광을 하는데 너는 잠깐만 마음을 일으켜도 진로(塵勞)가 먼저 일어나나니, 위없는 깨달음의 도(道)를 부지런히 구하지 않고 소승법(小乘法)만을 사랑하고 생각하여 작은 소승과(小乘果)를 얻어서 만족으로 여기기 때문이다."42)

3. 부루나가 "중생은 무슨 원인에서 망상(妄想)이 있는가"를 묻다

부루나가 말하기를, "제가 여래와 더불어 보각(寶覺)이

---

42) 여래장은 일체법에 즉(卽)하면서 세간과 출세간의 한 법도 버리지 않으니, 이것이 쌍으로 비춤[照]을 잡아서 원만함을 드러낸 것이다. 반드시 즉을 여의고 비를 여의어야[離卽離非] 즉이면서 즉이 아니니[是卽非卽], 차단[遮]과 비춤이 동시이고 마음과 말의 길이 끊어져야 바야흐로 일심의 묘함을 드러낸다.

둥글고 밝아서 참되고 묘하고 청정한 마음이 둘이 없어서 원만(圓滿)하건만, 저는 옛날에 시작 없는 망상(妄想)을 만나 오랫동안 윤회에 있었기에 지금 성승(聖乘)을 얻었으나 오히려 완전하지 못했거니와, 세존께서는 모든 망상이 모두 원만히 없어져서 홀로 묘하고 참되고 항상하셨나이다.

감히 여래께 여쭈옵노니 일체 중생은 무슨 까닭으로 허망이 있어서 스스로 묘하고 밝은 자리를 가리우고 이러한 윤익(淪溺)을 받습니까?"

4. 여래께서 '망상(妄想)은 원인 없음'을 밝히시다

부처님께서 부루나에게 이르시기를 "네가 비록 의심을 제거했으나 남은 의혹이 다하지를 못했으니, 내가 세간에 지금 있는 사실로써 지금 다시 너에게 묻겠다.

너도 들었으리라. 실라벌성에 연야달다(演若達多)가 새벽에 문득 거울로 자기 얼굴을 비추어 보다가 문득 거울 속에 있는 머리는 미목(眉目)을 볼 수 있는데 정작 자기 머리에는 면목(面目)이 보이지 아니함(스스로 볼 수 없음)을 두고 성내고 꾸짖어서 '이매(魑魅: 도깨비)가 되었다'고 하여 아무 까닭 없이 미쳐서 도망쳤나니, 어떻게 생각하느냐? 이 사람이 무슨 까닭으로 까닭 없이 미쳐서 도망치느냐?"

부루나가 말하기를, "이 사람은 마음이 미친 것이고 다른 이유는 없습니다."

부처님이 말씀하시기를, "묘각명원은 본래 둥글고 밝고 묘한 것이다. 이미 허망이라고 칭하는데 어찌 까닭이 있겠느냐? 만약 원인된 바가 있다면 어찌 허망이라고 말하겠느냐?

스스로의 모든 망상이 전전(展轉)히 서로 인하여 미(迷)로부터 미(迷)를 쌓아 진겁(塵劫)을 경과하므로 비록 부처님이 발명하여도 오히려 돌이키지 못하느니라.

이와 같은 미(迷)의 원인은 미(迷)를 인하여 스스로 있으니 미(迷)가 원인이 없는 줄 알면 이 허망은 의지할 바가 없을 것이다.

오히려 생기는 것도 없는데 어찌 멸함이 있겠느냐? 보리를 얻는 이는 잠을 깬 사람이 꿈속의 일을 말한 것과 같나니 마음은 비록 분명하나 어떠한 인연으로써 꿈속의 물건을 취할 수 있겠느냐?

하물며 다시 원인이 없어서 본래 있는 바가 없는 것이겠느냐? 저 성중(城中)에 연야달다가 무슨 인연이 머리를 두려워하여 도망치는 것이 있겠느냐? 광증(狂症)이 홀연히 없어지면 머리를 다른 데서 얻는 것 아니며 설령 광증(狂症)이 쉬지 아니한들 또 어찌 머리를 유실했겠느냐?"

5. "세 가지 상속(相續)을 따르지 않으면 돈증(頓證)한다"고 말하다

"부루나야! 허망의 성질도 그와 같나니 원인이 어디에 있겠느냐? 네가 다만 세간, 업과(業果), 중생의 세 가지 상속(相續)을 분별함을 따르지 아니하면, 삼연(三緣: 살생, 투도, 음행)이 끊어지므로 삼인(三因: 업상, 전상, 현상)이 생기지 아니하여, 곧 너의 마음속에 연야달다의 미친 성품(性品)이 저절로 쉬게 될 것이다.

쉬기만 하면 곧 보리의 수승하고 청정하고 밝은 마음이 본래 법계에 두루하는 지라 어떤 사람으로부터 얻는 것이 아니다. 어찌 그렇게 애써서 닦아 증득(證得)하겠느냐?"

"마치 어떤 사람이 자기의 옷 속에 여의주(如意珠)를 간직하고 있으면서 스스로 알지 못하고 타지방에서 빈궁하고 헐벗어서 걸식하여 돌아다니는 것과 같아서, 비록 참으로 빈궁하지마는 여의주 구슬은 일찍 잃어버린 것은 아니니, 문득 지혜 있는 사람이 그 구슬을 가리켜주면 원하는 바를 이루어서 큰 부자가 될 것이며 그때에야 신기한 여의주를 딴 데서 얻은 것이 아님을 비로소 깨닫게 될 것이다."43)

---

43) 살생, 도둑질, 음행의 세 가지 연(緣)이 본래 공함을 요달해서 근본무명이 즉각 생기지 않으면, 묘각의 밝은 마음이 본래 미혹하지 않아서 하루아침에 단박에 증득한다. 마치 가난한 자식의 옷에 매인 여의주가 원래 잃어버린 적도 없고 다른 데서 얻은 것도 아닌 것과 같으니, 돈오(頓悟)의 종지가 여기서 보인다.

둘째, 아난의 2차 인연, 자연의 의혹을 풀어주다(5)

그때 아난이 대중 가운데 있다가 부처님 발에 정례하고 일어서서 부처님께 말하기를, "세존께서 현재 말씀하시기를 '살(殺), 도(盜), 음(淫) 등 삼연(三緣)이 끊어지므로 삼인이 생기지 아니하여 곧 너의 마음속에 연야달다의 미친 성품(性品)이 저절로 쉬게 될 것이다. 쉬기만 하면 곧 보리라. **사람으로부터 얻는 것이 아니다**' 하셨으니, 이것은 인연인 것이 분명하옵거늘 어찌하여 여래께서 인연을 단번에 버리셨습니까?

저도 인연으로 말미암아 마음을 깨닫게 되었습니다. 세존이시여! 이 이치는 어찌 홀로 저희들 나이 어린 유학(有學)의 성문 뿐이겠습니까? 지금 회중에 있는 대목건련, 사리불, 수보리 등도 본시 노범지로부터 부처님의 인연을 듣고 발심하여 깨달아 무루를 얻어 이루게 되었나이다.

지금 말씀이 **'보리는 인연으로 얻는 것이 아니라'**고 하시니 곧 왕사성의 구사리(자연설을 말한 외도) 등이 말한 자연이 가장 첫째 가는 진리(第一義)라는 말이 되겠나이다.

바라건대 대자대비를 드리우시어 저의 미민(迷悶)을 개발하여 주소서."

부처님이 아난에게 말씀하시기를, "저 성 안에 있는 연야달다의 광성(狂性)인 인연이 없어지게 되면 곧 미치지 아니한 마음이 저절로 나오게 될 것이니, 인연과 자연(自然)의 이치가 여기에서 다한다."

1. 비유(譬喩)로써 자연(自然) 아님을 밝히다

"아난아! 연야달다의 머리가 본래 자연(自然)이라면 본래 스스로 그런 것이어서 무엇이든 자연이 아닌 것이 없을 것인데 무슨 까닭으로 머리가 무섭다고 미쳐서 도망갔느냐?"

2. 비유로서 인연 아님을 밝히다

"만약 자연인 머리가 인연 때문에 미쳤다면 어찌하여 자연인 머리가 인연 때문에 잃어버리지는 않았느냐? 연야 달다의 본래의 머리는 잃어버리지 아니했고 마치 공포가 허망하게 나왔다면 조금도 변이함이 없거늘 어찌 인연을 말미암았다 하겠느냐?"

3. 광유(狂喩)로써 자연과 인연을 쌍불(雙拂)하다

"본래 미친 것이 자연(自然)이라면 본래부터 미친 공포가 있었어야 할 것이니, 미치지 아니할 적에는 그 미친 병이 어디에 잠재해 있었느냐?

미치지 않은 것이 자연이라면 (그 미친 것이 인연이라면) 머리는 본래 잘못된 허망이 없거늘 어찌하여 미쳐서 도망쳤느냐?"

4. 인연, 자연은 희론(戲論)이며 생멸심(心)이다

"만일 본래의 머리를 깨달아 미쳐서 도망간 줄 알면 인연이다 자연이다 하는 말이 다 실없는 말이 되나니, 그러므로 나는 말하기를 '삼연(三緣)이 끊어지므로 곧 보리심이라'고 하느니라.

보리의 마음이 생기고 생멸의 마음이 사라진다면 이것은 다만 생멸일 뿐이다. 멸(滅)과 생(生)이 함께 없어진 공용이 없는 도(道)에 만약 자연(自然)이 있다고 하면 그것은 자연의 마음이 생기고 생멸의 마음이 사라짐이니 이것도 또한 생멸이다.

생멸이 없는 것을 자연이라고 말한다면 마치 세간에서 모든 것이 섞여서 일체가 된 것을 화합성(和合性)이라 말하고 화합이 아닌 것을 본연성(本然性)이라고 말함과 같나니 본연이라, 본연이 아니라, 화합이라, 화합이 아니라 하는 화합과 본연을 함께 떠나며, 떠나고 합하는 것까지도 함께 다 아니어야(떠나야) 이것을 비로소 희론(戲論)이 없는 법이라고 말한다.

보리와 열반(涅槃)이 오히려 요원해서 네가 오랜 겁 동안 애써서 닦아 증득할 수 있는 바가 아니니 비록 다시 시방 여래의 12부 경인 청정한 묘리를 기억하여 가지기를 항하 모래수와 같이 많이 하더라도 다만 희론(戲論)만 더할 뿐이다.

네가 비록 인연과 자연을 결정하여 분명하게 알아서 사람들이 너를 다문제일(多聞第一)이라고 칭하나, 이 여러

겁 동안 다문하는 것으로써 훈습(薰習)하여도 마등가의 교
란을 능히 막아 벗어나지 못하고, 어찌 나의 불정신주(佛
頂神呪)를 의지하여서야 마등가의 마음속 음화(淫火)가 단
번에 꺼지고 아나함과(阿那含果)를 얻어서, 나의 법(法) 가
운데 정진(精進)의 숲을 이루었으며, 애정(愛情)의 강물이
고갈하여 너로 하여금 해탈케 했느냐?"

5. 무루업(無漏業)을 닦아야 세간고(苦)를 떠난다

"그러므로 아난아! 네가 비록 오랜 겁 동안 여래의 비
밀, 묘엄(妙嚴)을 아무리 기억하고 가져도, 하루 동안이라
도 무루업(無漏業)을 닦아서 세간의 미워하고 사랑하는 두
가지 고통을 멀리 떠난 것만 같지 못하다."

"저 마등가는 옛날에 음녀이지마는 신주(神呪)의 힘으로
애욕(愛慾)이 소멸되고 나의 법에서 성 비구니(性比丘尼)라
이름하여, 라후라의 어머니 야수다라(耶輸多羅)와 함께 숙
인(宿因)을 깨달아 여러 세상을 거치는 인연이 탐애(貪愛)
가 고통이 된 것을 알고 일념(一念)에 무루의 착한 도를
훈습하여 닦았기 때문에 혹은 속박(束縛)에서 벗어나고 혹
은 수기(受記)를 받았거늘 너는 어찌 스스로 속아서 여태
껏 보고 듣는 데 머물러 있느냐?"44)

---

44) 아난의 인연과 자연의 설명은 모두 허망한 계교(計較)로서 명언(名言)의
   습기(習氣)이다. 아직 본래의 머리를 한 번에 깨닫지 못했을 뿐이다. 만
   약 본래의 머리를 깨달아서 미쳐 도망친 걸 알아챘다면 인연과 자연 둘
   다 희론이 된다. 단지 허망한 연(緣)이 끊어지면 각(覺)의 성품이 생기는
   것이다.

셋째. 대중이 깨닫고 의혹이 제거되다

아난과 대중들이 부처님의 가르치심을 듣고 의혹이 소멸되고 마음이 실상을 깨달아 몸과 뜻이 가볍고 편안해서 미증유(未曾有)함을 얻고 다시 슬피 눈물을 흘리며 부처님 발에 정례하고 무릎 꿇고 합장하여 부처님께 사뢰었다.

"위없는 대비이신 청정보왕(淸淨寶王)께서 저의 마음을 잘 열어주시어 이러한 가지가지 인연과 방편(方便)으로 이끌어 주시고 캄캄한 데에 빠진 이를 인도하여 고해(苦海)에서 나오게 하셨나이다."

제2장. 삼마제를 말하여 묘심(妙心)의 문성(聞性)에 심입(深入)하게 하다(2)

[제삼주(第三周) 교수정조주(巧修正助周)]

"세존이시여! 제가 이제 이런 법음(法音)을 듣고 여래장 묘각명의 마음이 시방세계에 두루하여 여래의 시방 국토를 청정한 보배로 장엄한 묘각왕찰(妙覺王刹)을 다 포함하고 있는 줄 알았으나, 여래께서 다시 꾸짖으시기를 '다문(多聞)이 공이 없어 닦아 익히는 것만 못하다' 하셨으니, 저는 지금에 마치 떠도는 사람이 문득 천왕(天王)이 주시는 화옥(華屋)을 받은 것 같나이다.

비록 대택(大宅)을 얻었으나 문(門)을 찾아 들어가야만 되겠사오니 원컨대 여래께서는 대자대비(大慈大悲)를 버리지 마시고 저와 이 모임에 있는 여러 어리석은 이들을 개시하여, 소승을 버리고 여래의 무위열반(無爲涅槃)인 본래 발심의 길을 모두 다 얻게 하여 주옵소서.

배움에 있는 이들이 어떻게 해야 옛날의 반연을 잘 항복받고 다라니를 얻어서 불지견(佛知見)에 들어가겠나이까?"

이렇게 말하고 오체를 땅에 대고 회중(會中)의 여러 사

람들이 일심(一心)으로 부처님의 자비한 가르침을 기다리
고 있었다.45)

제1. 근(根)을 선택하여 도(道)에 들게 함(8)
첫째. 깨달음의 집에 이결정의(二決定義)가 필요함(3)

1. 여래께서 이결정의(二決定義)를 말씀하시다(2)

그때에 세존께서 회중에 있는 연각과 성문들로서 보리
심에 자재하지 못한 이들을 불쌍히 여기시며, 또 이 다음
부처님이 멸도(滅度)하신 후, 말법(末法) 중생들로서 보살
심을 발하려는 이를 위하여, 최상승의 묘하게 수행하는
길을 열어주시려고 아난과 대중들에게 말씀하셨다.

"너희들이 결정코 보리심을 내어 부처님 여래의 묘한
삼마제(三摩提)에 피권(疲倦: 피로하고 권태로움)을 내지 아니하
려거든, 깨닫는 초심(初心)의 두 가지 결정(決定)한 뜻을
먼저 밝혀야 된다. **어떤 것이 초심의 두 가지 뜻의 결정
이냐?**"

---

45) 삼관(三觀)이라야 비로소 법계의 문에 들어가는데, 지금은 이 경전의 지취(旨趣)
를 확고히 잡았기 때문에 관상(觀相)을 제시한 것이다.

1) 인심(因心)이 과각(果覺)과 같고 다름을 살필 것(2)

"아난아! 제일의(第一義)는 너희들이 만약 성문을 버리고 보살승(菩薩乘)을 닦아서 불지견(佛知見)에 들어가고자 하면, 마땅히 인지의 발심이 과거의 각(覺)과 같은가, 다른가를 잘 살펴보아야 한다.

아난아! 만약 인지에서 생멸의 마음으로써 본래 닦는 원인을 삼아서 불승(佛乘)의 불생불멸(不生不滅)을 구하려고 하면 그것은 옳지 못하다.

그러한 까닭으로 너는 마땅히 모든 기세간(器世間)을 밝혀 보라. 만들어진 법(法)은 다 변멸(變滅)한다.

아난아! 너는 세간의 만들어진 법(法)을 관찰하라. 어떤 것이 무너지지 않느냐?

그러나 마침내 허공이 무너진다는 말은 듣지 못했으니 왜냐 하면 허공은 만들어진 것이 아니어서 그 때문에 시종(始終) 괴멸(壞滅)이 없느니라."

(1) 사전(四纏)과 견문각지(見聞覺知)로 오탁(五濁)이 형성됨

"너의 몸 가운데 단단한 모양은 땅이고 축축한 것은 물이며 따뜻한 것은 불이며 동요함은 바람이다.

이 네 가지가 얽힘으로 말미암아 너의 담원한 묘각명심을 분리시켜서 보는 것도 되고 듣는 것도 되면 느끼는 것도 되고 살피는 것도 되어서 처음부터 나중까지 다섯 겹으로 쌓이고 쌓여서 혼탁(混濁)하느니라.

어떤 것을 탁(濁)이라 하느냐? 아난아! 비유컨대 맑은 물은 본래 청결하고 저 먼지, 흙과 재, 모래 따위는 본질이 유애(留礙)한 것이어서, 두 가지 성질이 서로 같지 아니하다. 어떤 세간의 사람이 저 진토(塵土)를 가져다가 깨끗한 물에 넣으면 흙은 유애함을 잃어버리고 물은 청결함이 없어져서 그 모양이 흐려지니 그것을 탁(濁)이 된다고 말한 것처럼 너의 오탁(五濁)이 쌓인 것도 또한 그와 같느니라.46)

아난아! 네가 허공이 시방세계에 두루함을 봄에 허공과 견(見)이 구분되지 아니하여 허공은 형체가 없고 견(見)은 각(覺)이 없어서 서로 조직하여 허망이 이루어졌으니 이것이 제일중(第一重)인 겁탁(劫濁)이 된다고 말한다.

너의 몸은 현재 4대를 뭉쳐서 그 자체가 되었는데 견문각지(見聞覺知)가 막혀서 유애케 하고 수(水), 화(火), 풍(風), 토(土)가 돌아서 각지(覺知)하게 하여 서로 조직하여 허망이 이루어졌으니, 그것이 제이중(第二重)인 견탁(見濁)이 된다고 말한다.

또 너의 심중(心中)에 기억(記憶)하고 인식(認識)하고 외우고 익혀서 성(性)은 지견(知見)을 발하고, 모양은 육진

---

46) 세간의 온갖 생멸법이 다 무너지는 모습[壞相]임을 비추어 밝게 하였다. 다만 허공이 무너지지 않는 것은 작용[作]이 없기 때문이니, 그렇다면 작용 없는 묘한 행[無作妙行]이 근본이 됨을 정확히 가리킨 것이다. 또 생멸하지 않는 것은 바로 원만하고 고요하며, 묘하고 밝으며, 맑고 깨끗한 참마음[眞心]이다.

(六塵)을 나타내나니, 육진(六塵)을 떠나서는 상(相)이 없고, 각(覺)을 떠나서는 육진(六塵)의 자성(自性)이 없어서 서로 조직하여 허망이 이루어졌으니, 이것은 제삼중(第三重)인 번뇌탁(煩惱濁)이라고 말한다.

또 네가 아침 저녁으로 생멸함이 멈추지 아니하여 지견(知見)은 항상 세간이 머물고자 하며 업운(業運)은 매양 국토에 항상 옮겨가려 하여 서로 조직해서 허망이 이루어졌으니 이것이 제사중(第四重)인 중생탁(衆生濁)이라고 말한다.

너희들의 보고 듣는 것이 원래 다른 성질이 없거늘 여러 가지 진(塵)이 막혀서 무단히 다른 것이 생겼나니, 육근(六根)의 성(性) 가운데에는 서로 알되 작용 가운데에는 무단히 다른 것이 생겼나니, 육근(六根)의 성(性) 가운데에는 서로 알되 작용 가운데에는 서로가 등져서 동(同)과 이(離)가 표준을 잃어서 서로 조직하여 허망이 이루어졌나니 이것이 제오중(第五重)인 명탁(命濁)이라고 말한다."[47]

(2) 생사(生死)의 근본을 알아 원담성(圓湛性)에 의할 것

"아난아! 네가 지금에 견문각지(見聞覺知)로 하여금 여래의 상락아정(常樂我淨)에 아주 계합하려 하거든, 마땅히

---

47) 원래 이 오탁(五濁)은 묘하고 원만한 마음[圓妙心] 속에서 본래 있는 바가 없다. 다만 오온의 생멸을 말미암아 참마음을 혼탁케 하기 때문에 '탁(濁)'이라 한 것이다. 이는 모두 미망의 근원이니, 그래서 이 아래에서는 허망함을 돌이켜 참으로 돌아감[返妄歸眞]을 잡아서 관행(觀行)을 제시하였다.

생사(生死)의 근본을 먼저 알아내고 생멸 아닌 원담성(圓湛性)을 의지해서 이루어야 하나니, 맑은 것으로써 그 허망한 생멸심을 돌이키고 굴복하여 원각(圓覺)으로 되돌아가고, 원래 명각(明覺)인 생멸이 없는 본성(本性)을 얻어서 인지심(因地心)을 삼아야 할 것이니, 그러한 후에 과지(果地)의 수증(修證)을 원만히 이룰 것이다.

탁한 물을 맑히려면 고요한 그릇에 가만히 놓아두어서 오래도록 고요하여 움직이지 않게 하면 모래와 흙은 저절로 가라앉아서 맑은 물이 나타나나니,

그와 같은 것은 처음에 객진번뇌(客塵煩惱)를 굴복한 것이라 말하고, 진흙의 앙금까지 다 버리고 순수한 물이 된 것은 근본무명(根本無明)을 영원히 끊은 것이라고 말할 수 있다. 밝은 모양이 정미롭고 순일하여 일체(一切)를 변현(變現)해도 번뇌가 되지를 아니하여 모두 열반의 청정한 묘덕(妙德)에 합(合)할 것이다."

2) 번뇌(煩惱) 근본의 발업윤생(發業潤生)을 살필 것(2)

(1) 육근(六根)이 속박되어 기세간(器世間)을 초월 못함

"제이의(第二義)는 너희들이 반드시 보리심을 발하여 보살승(菩薩乘)에 큰 용맹을 내어서 결정적으로 모든 유위상(有爲相)을 다 버리려면, 마땅히 번뇌의 근본을 잘 살펴야 할 것이니 이것이 비롯 없음으로부터 옴으로 업(業)을 발

하며 윤생(潤生)을 하되 어느 것이 짓고 어느 것이 받는가를 잘 살펴보라.

아난아! 네가 보리를 닦으나 만약 번뇌(煩惱)의 근본을 살펴보지 못하면 허망한 육근(六根)과 육진(六塵)이 어디가 전도(顚倒)한 곳임을 알지 못할 것이니 그곳도 알지 못하고서 어떻게 번뇌를 항복해서 여래의 지위를 취할 수 있겠느냐?

아난아! 너는 세간에서 매듭을 푸는 사람을 보라. 맺힌 데를 보지 못하고서야 어떻게 풀 줄 알겠는가? 허공을 네가 깨뜨려서 찢겼다는 것은 듣지 못했으니 무슨 까닭이냐? 허공은 형상이 없어서 맺히고 푸는 것이 없기 때문이다.

곧 너의 현전에 눈, 귀, 코, 혀, 몸과 마음인 여섯이 도적이 되고 중매가 되어 집안의 보물을 겁취하나니, 이로 말미암아 비롯이 없는 중생세계가 전박(纏縛)이 생기므로 기세간(器世間)에서 능히 초월하지 못한다."[48]

(2) 육근(六根)에 천이백, 팔백의 공덕이 있음

"아난아! 어떤 것을 중생세계라 하느냐? 세(世)는 천류(遷流)함이고, 계(界)는 방위(方位)를 말함이니, 네가 지금

---

48) 근(根)과 진(塵)이 서로 교류하면서 맺힌 곳이 곧 뒤바뀐 곳으로서, 바로 생사가 맺힌 근(根)이 존재하는 곳이다. 만약 맺힘을 풀고자 한다면 반드시 생사가 맺힌 근(根)에 나아가 풀어야 하기 때문에 육근(六根)의 우열을 살펴야 하니, 그 뜻인 즉 원만한 근[圓根]을 취하여 비움으로써 쉽게 풀리는 것이다.

마땅히 알라. 동(東), 서(西), 남(南), 북(北)과 동남(東南), 서남(西南), 동북(東北), 서북(西北)과 상(上), 하(下)는 계(界)가 되고 과거와 미래와 현재는 세(世)가 되나니 방위는 열이 있고 유수(流數)는 셋이 있다.

일체 중생이 허망을 조직하여 서로 이루어서 몸 가운데 무천(貿遷)하여 세계가 상섭(相涉)하느니라.

이 계(界)의 성(性)이 비록 시방이지만 결정된 방향(方向)을 밝힐 수 있는 것은 세간에서 다만 동, 서, 남, 북만 지목한다. 위와 아래는 위치가 없고 중간(中間)은 정해진 방위(方位)가 없다.

사방(四方)의 숫자가 반드시 분명하여 삼세(三世)와 더불어 서로 교섭(交涉)하되 3, 4와 4, 3이 완전히 12가 되고 흘러 변해 세 번 쌓아서 일십, 백, 천이다. 시(始)와 종(終)을 총괄하면 6근의 안에 각각 공덕(功德)이 1,200이 있다.

아난아! 네가 다시 그 가운데 우열(優劣)을 꼭 정한다면 눈으로 보는 것은 뒤는 어둡고 앞은 밝아서, 앞은 온전히 다 밝고 뒤는 온전히 어두우며, 좌(左)와 우(右)는 옆으로 조금 보니 2/3이다. 그를 통틀어 논한다면 작용하는 공덕(功德)이 온전하지 못하여 3분으로 공덕을 말하매 일분은 공덕이 없으니 눈은 다만 800공덕임을 알 수 있다.

귀는 두루 들어서 시방에 유실함이 없다. 움직임에 멀고 가까움이 있는 것 같지만 고요할 적에는 한계(限界)가 없나니 마땅히 알라. 이근(耳根)은 1200공덕이 원만했음을

알 수 있다.

코는 냄새를 맡아서 들을 때 들숨, 날숨을 통(通)하여 나가는 것 들어가는 것이 있고 중교(中交)가 궐(闕, ~에 들어가다)했다. 비근(鼻根)을 살펴보건대 1/3이 궐(闕)했으니 코도 역시 800공덕(功德)임을 알 수 있다.

혀로 선양(宣揚)함은 세간과 출세간(出世間)의 지혜(智慧)를 다하나니, 말은 방분이 있으나 이치는 다함이 없나니 설근도 1200공덕이 원만했음을 알 수 있다.

몸은 촉각을 느끼되 불쾌감과 쾌감을 알아서 몸에 합(合)할 때에 능히 느끼고 떠날 적에는 알지 못하여, 떠날 때 하나이고 합(合)할 때는 둘이다. 신근(身根)을 살펴 보건데 3분에 하나가 빠졌으니 신근도 다만 800공덕임을 알 수 있다.

의근(意根)은 시방 삼세의 일체 세간법(世間法)과 출세간법(出世間法)을 묵묵히 포용하여 성인(聖人)의 법(法)과 범부(凡夫)의 법을 포용하지 못함이 없어서 그 한계를 다하나니 의근은 1200공덕이 원만(圓滿)했음을 알 수 있다."

2. 육근(六根)의 이합(離合), 심천(深淺), 원변(圓偏)을 알 아야 함(5)

1) 원통(圓通)근(根)을 택하면 빨리 깨달음

"아난아! 네가 지금에 생사(生死) 애욕(愛慾)의 흐름을 거슬러서, 흐르는 뿌리를 돌이켜 궁구(窮究)하여 불생멸(不 生滅)에 이르려 한다면, 이러한 여섯 가지 수용근(受用根) 이 어느 것은 합이고 어느 것은 떠나고 어느 것은 깊고 어느 것은 옅으며 어느 것은 원통(圓通)이 되고 어느 것은 원통(圓通)이 되지 아니하는 것을 살펴 알아야 할 것이니, 만약 여기에서 원통한 근(根)을 깨달아서 저 비롯이 없는 허망으로 조직된 업의 흐름을 거슬러 원통함을 따르면 원 만(圓滿)하지 못하는 근(根)보다 일겁이 갑절이나 더 빨리 될 수 있다.

내가 지금 여섯 가지가 맑고 원만(圓滿)하고 밝은 성(性) 의 본래 갖춘 공덕(功德)의 수량이 그와 같은 것을 갖추 밝혔으니 네가 마음대로 들어갈 수 있는 것을 자세히 선 택하라.

내가 마땅히 발명하여 너로 하여금 증진(增進)케 하리 라."

2) 하열(下劣)한 이는 일문(一門)으로 심입(深入)할 것

"시방의 여래께서 십팔계(十八界)에 대해서 낱낱이 수행 하시어 모두 위없는 보리를 원만함을 얻으셨으니, 그 중간(中間)에 우(優)와 열(劣)이 없지마는 너는 하열(下劣)하여 그 가운데서 자재(自在)한 지혜(智慧)를 원만하게 얻지 못하나니 그러므로 내가 선양하여 너로 하여금 다만 일문(一門)으로 깊이 들어가게 한 것이니 하나의 문으로 들어가서 허망이 없어지면 저 여섯 가지 아는 육근(六根)이 일시에 청정(淸淨)하리라."49)

3) 육근(六根)은 원래 비일비육(非一非六)이다

아난이 부처님께 고하여 말하기를 "세존이시여! 어떻게 역류하여 하나의 문(門)에 깊이 들어가서 능히 육근(六根)으로 하여금 일시에 청정하게 됩니까?"

부처님께서 아난에게 말씀하시기를 "네가 지금에 이미 수다원(須陀洹)의 과위를 얻어서 삼계의 중생 세간들이 견도위(見道位)에서 끊을 혹(惑)을 이미 없앴으나 오히려 육근 가운데의 종자(種子)와 현행인 비롯이 없는 허망한 훈습을 알지 못하였으니 저 허망한 훈습은 수도위(修道位)에 이르러서야 끊을 바인데 하물며 이 가운데 생(生), 주(住), 이(異), 멸(滅)하는 분제(分劑)와 두수(頭數)이겠느냐?"

---

49) 생사의 흐름을 거슬러 허망함을 돌이켜 참[眞]으로 돌아간다면, 단지 이 육근의 문두(門頭)에 나아가 흐름의 근(根)을 돌이켜 궁구해서 불생멸의 땅에 이르는 것일 뿐이지, 이를 버리고 따로 구할 필요는 없다. 이 육근은 본래 묘하게 밝은 참마음[妙明眞心] 속에 나타난 사물이기에 육근은 육근대로, 육진(六塵)은 육진대로 다 근원에 돌아갈 수 있다. 지금은 단지 원만한 근(根)에 나아가 그 쉽게 들어감을 취하면 공용(功用)이 쉽게 이루어지기 때문에 모름지기 선택을 해서 하나의 문(門)에 깊이 들어가게 한 것이니, 과연 능히 '하나'에 들어가서 허망이 없으면 저 여섯 가지 아는 근(根)이 일시에 청정하다.

지금 너는 또한 보라. 현전에 6근이 하나인가, 여섯인가를 관찰해 보라.

아난아! 만일 하나라면 귀는 왜 보지 못하고 눈은 왜 듣지 못하고 머리는 왜 밟지 못하며 발은 왜 말이 없느냐?

만약 6근이 결정코 여섯이라면 내가 지금 이 모임에서 너와 더불어 미묘한 법문을 말하는데 너의 6근에서 어느 것이 나의 말을 받아듣느냐?"

아난이 말하기를, "제가 귀를 가지고 듣습니다."

부처님이 말씀하시기를, "너의 귀가 스스로 듣는다면 너의 몸과 입이 무슨 상관이 있기에 어찌 입으로는 나에게 의미를 묻고 몸은 또 일어서서 공경하느냐?

그러므로 응당 알아라. 하나가 아니라 마침내 여섯이고 또 여섯도 아니라 마침내 또 하나이니 결국 너의 근(根)은 원래가 하나도 아니고 원래가 여섯도 아니니라."

4) 전도(顚倒) 윤회함에서 일육의(一六義)가 생겼음

"아난아! 마땅히 알아라. 이 근(根)은 일(一)도 아니고 육(六)도 아니거늘 비롯이 없는 때로부터 전도하고 윤회함으로 원담(圓湛)에서 일이라 육이라 하는 것이 생겼다. 너 수다원(須陀洹)이 육(六)은 녹아졌으나 오히려 일(一)을 버리지 못했다.

마치 태허공(太虛空)을 여러 그릇에 놓아두면 그릇 모양
이 다름을 따라서 다른 허공이라고 말할 수 있고 그릇을
제거하고 허공을 보면 허공이 하나라고 말을 하거니와 저
태허공이야 어찌 너에게 같기도 하고 같지 않기도 하겠느
냐? 어찌 하물며 하나다, 하나가 아니다라고 말을 하겠느
냐?

곧 너의 요지하는 여섯 가지 수용근(受用根)도 또한 그
와 같다."

5) 12상(相)과 육근(六根)에서 승(勝), 부근(浮根)이 생김

"명(明)과 암(暗) 등 두 가지가 서로 나타남을 말미암아
묘원(妙圓) 가운데에서 담(湛)에 붙어 견(見)을 발하여 견
정(見精)이 색(色)을 비추며 색진(色塵)을 결성해서 안근(眼
根)이 되었나니, 안근의 근원은 청정사대(淸淨四大)라 하고
인하여 안체(眼體)라 말하며 포도송이와 같은 부근사진(浮
根四塵)이며 유일(流逸)하여 색진(色塵)에 달아나느니라.

동(動)과 정(靜) 등 두 가지가 서로 치는 것을 말미암아
묘원한 중에서 원담에 붙어 듣는 것을 발하여 청정(聽精)
이 소리에 반영하며 소리를 말아서 근(根)이 되었으니 이
근의 근원은 청정사대라 하고 인하여 귀의 자체라고 말하
며 새로 말아진 나뭇잎과 같은 부근사진이며 유일(流逸)하
여 소리에 달아나느니라.

통(通)과 색(色) 등 두 가지가 서로 발(發)함을 말미암아

묘원(妙圓) 가운데에서 원담에 붙어 듣는 후각을 발하여 후각의 힘이 냄새를 반영하며 냄새를 받아들여서 비근(鼻根)을 이루었으니, 비근의 근원은 청정사대라 말하고 인하여 비체(鼻體)라고 말하며 두 손톱을 드리운 것 같은 부근사진이며 유일(流逸)하여 냄새에 달아가느니라.

념(恬: 고요다·생각하다)과 변(變) 등 두 가지가 서로 엇갈림을 말미암아 묘원 가운데에서 원담에 붙어 맛보는 것을 발하여 미각(味覺)이 맛을 반영하며 맛을 짜서 설근(舌根)을 이루었으니 설근의 근원은 청정사대라 말하고 인하여 설체(舌體)라고 이름하여 초생달과 같은 부근사진이며 유일(流逸)하여 맛에 달아가느니라.

이(離)와 합(合) 등 두 가지가 서로 교제함을 말미암아 묘원 가운데에서 원담에 붙어 촉각(觸覺)을 발하여 촉각의 힘이 촉진(觸塵)에 반영하며 촉진을 잡아 취(取)해서 신근(身根)을 이루었으니 신근의 근원은 청정사대라 이름하고 인하여 신체(身體)라고 말을 하며 장구통과 같은 부근사진이며 유일(流逸)하여 촉진(觸塵)에 달아가느니라.

생(生)과 멸(滅) 등 두 가지가 서로 계속함으로 말미암아, 묘원(妙圓) 가운데에서 원담에 붙어 지각 작용을 발하여 지각(知覺)의 힘이 법진(法塵)에 반영하며 법진을 잡아서 의근(意根)을 이루었으니, 의근의 근원은 청정사대라 말하고 인하여 뜻으로 생각한다고 말하며, 캄캄한 방안에서 보는 것과 같은 부근사진이며 유일(流逸)하여 법진(法塵)에 달아가느니라."

3. 일근(一根)의 점결(粘結)을 벗어나 오점(五粘)을 원탈(圓脫)함(2)

"아난아! 이와 같은 육근(六根)은 저 각명(覺明)이 밝히려고 하는 명각(明覺)이 있음으로 말미암아 저 정요(精了)를 잃고 망(妄)에 붙어서 광(光)을 발한 것이니,

그러므로 네가 지금에 어두운 것을 떠나고 밝은 것을 떠나면 견(見)의 자체가 없을 것이고, 동(動)과 정(靜)을 떠나면 원래 듣는 성질(性質)이 없을 것이고 통(通)함이 없고 막힘이 없으면 맡는 성질이 나지를 아니할 것이고 변(變)도 아니고 염(恬)도 아니면 맛보는 것이 생기지 못할 것이고, 떠나거나 합(合)함이 아니면 각촉(覺觸)이 본래 없을 것이고, 멸(滅)이 없고 생(生)이 없으면 지각(知覺)함이 어떻게 있겠느냐?"

1) 정계(情界)의 속박 벗어나 호용(互用)의 묘(妙)를 이룸

"네가 다만 동정(動靜)과 합이(合離)와 염변(恬變)과 통색(通塞)과 생멸(生滅)과 명암(明暗)인 12가지 온갖 유위상(有爲相)을 따르지 아니하면 하나의 근(根)을 뽑음을 따라 붙은 것을 벗어나 안으로 번뇌(煩惱)를 항복받고 원진(元眞)으로 되돌아가서 본래의 밝은 빛을 발하게 될 것이니, 밝은 성품이 발명이 되면 그 밖의 5가지 붙은 것도 하나의 근(根)을 뽑음을 따라 원만하게 다 해탈할 것이다.

전진(前塵)이 일으킨 지견(知見)을 말미암지 아니하여,

밝음이 근(根)을 따르지 않고 근에 붙어서 밝음이 나게 된다. 그로 말미암아 육근이 서로 효용을 한다.

아난아! 너도 알지 않느냐? 지금 이 모임에 있는 아나율타(阿那律陀)는 눈이 없어도 보며, 발란타 용(龍)은 귀가 없어도 들으며, 긍가(殑伽) 신녀(神女)는 코가 없어도 냄새를 맡으며, 교범발제(憍梵鉢提)는 혀가 다른데도 맛을 알며, 순야다신(舜若多神)은 몸이 없어도 촉각(觸覺)을 느끼나니, 여래의 광명(光明)에 비추어 몸이 잠깐 나타나지마는 그 체질이 바람이므로 몸이 원래 없고, 멸진정(滅盡定)에 들어 고요해진 성문으로서, 이 모임의 마하가섭 같은 이는 오랫동안 의근(意根)을 없앴지만 마음, 생각을 인하지 않고도 원명(圓明)하게 잘 알고 있다."

2) 기계(器界)를 초월하여 순각의 묘(妙)를 이룸

"아난아! 지금 네가 모든 근(根)을 만일 원만하게 뽑아버리면 안으로 밝아 빛을 발하여 이러한 부진(浮塵)과 기세간(器世間)의 모든 변화상(相)이 끓는 물에 얼음이 녹듯이 마음에 따라 곧 변화하여 무상지각(無上知覺)을 이루게 될 것이다."

아난아! 마치 세상 사람들이 보는 것을 눈에 모았다가 만일 갑자기 눈을 감으면 어두운 모양이 앞에 나타나 육근(六根)이 캄캄해서 머리와 발이 한결 같거니와, 저 그 사람이 손으로 몸을 따라 두루 만져보면 그는 비록 보지는 못하나 머리와 발을 낱낱이 구분하여 아는 것이 밝을

적과 같으리라.

연진(緣塵: 색성향미촉법의 육진)의 보는 것은 밝음을 인하므로 어두우면 볼 수 없거니와 밝지 아니한 것을 스스로 개발하게 되면 모든 어두운 모양들이 영원히 어둡게 할 수 없을 것이니, 육근(六根)과 육진(六塵)이 다 녹아지면 각명(覺明)이 어찌 원묘(圓妙)를 이루지 못하겠느냐?"50)

둘째. 문성(聞性) 등이 십이상(十二相)을 떠나도 단멸(斷滅)은 아님(2)

1. 칠상주과(七常住果)를 얻지 못할 단멸(斷滅)이라고 의심함

아난이 부처님께 고하여 말하기를, "세존이시여! 부처님께서 말씀하시기를 '인지(因地)의 각(覺)의 마음으로 상주(常住)를 구하고자 하면, 반드시 과위(果位)의 명목(名目)과

---

50) 여기서는 허망이 다하여 근원으로 돌아가는[妄盡還源] 걸 대략 제시하고 있다. 아난이 하나에 들어가 허망함이 없어지면 육근이 일시에 청정해진다는 설명을 듣고도 깨닫지 못하기에, 본래 하나도 여섯도 없음을 깨우치는 법문으로 이 질문을 일으켰다. 그리하여 여섯 가지 허망의 본원(本源)을 제시함으로써 귀의할 경지를 밝혔다. 결국 묘명(妙明)을 가려 은폐하는 것은 근진(根塵)의 허물이다. 만약 근과 진이 이미 소멸했다면 어찌 각명(覺明)의 무명(無明)이 원명(圓明)의 묘각(妙覺)을 이루지 못하겠는가? 참과 허망이 근원으로 돌아가는 것이 총체적으로 육근 밖을 벗어나지 않는 것이다.

서로 부합해야 한다'고 하셨나이다.

세존이시여! 이 과위 가운데 보리와 열반과 진여(眞如)와 불성(佛性)과 암마라식(菴摩羅識)과 공여래장(空如來藏)과 대원경지(大圓鏡智) 이 일곱 가지 명칭이 말은 비록 다르나 청정하고 원만하여 체성(體性)이 굳고 부동(不動)함이 금강왕과 같아서 상주(常住)하여 무너지지 않나이다.

만일 보고 듣는 것이 명(明), 암(暗), 동(動), 정(靜), 통(通), 색(塞)을 떠나게 되면, 필경에 그 자체가 없는 것이 마치 생각하는 마음이 전진(前塵)을 떠나면 본래 없는 것과 같사오니 이 필경에 단멸(斷滅)함을 가지고서 어떻게 닦는 원인을 삼아서 여래의 일곱 가지 상주과(常住果)를 얻겠나이까?

세존이시여! 만약 밝은 것과 어두운 것을 떠나게 되면 보는 견(見)이 필경에 공허(空虛)함이 마치 전진(前塵)이 없으면 생각의 자성(自性)이 없음과 같겠나이다.

이리저리 순환(循環)하여 추구해 봐도 본래 저의 마음과 저의 마음 심소(心所)가 없사오니 무엇을 가지고 인(因)을 삼아서 무상각(無上覺)을 구할 수 있겠나이까?

여래께서 먼저 말씀하신 '담정원상(湛精圓常)하다' 하신 것이 진실한 말이 아니어서 마침내 희론이 될 것이오니 여래를 어떻게 진실한 말씀을 하는 이라고 하오리까? 바라옵건대 대자대비로써 저의 어리석음을 깨우쳐 주소서."

2. 종을 쳐서 문성(聞性)이 부단(不斷)함을 밝힘

부처님이 아난에게 말씀하시기를, "너는 다문만 배웠고 모든 루(漏)를 다하지 못하여 마음에 한갓 전도(顚倒)의 원인만 알고 진짜 전도가 앞에 있는 것은 참으로 알지 못하는구나. 네가 아직도 진심으로 믿지 않는 듯하니, 내가 지금 진속(塵俗)의 사실을 가지고 너의 의심을 제거해 주겠다."

이때 여래께서 라후라에게 명령하시어 종(鐘)을 한번 치게 하시고, 아난에게 물어 말씀하시기를, "네가 지금 듣느냐?"

아난과 대중들이 함께 말하기를, "예! 저희들이 듣습니다."

종(鐘)소리가 사라져서 소리가 없거늘 부처님이 또 물어 말씀하시기를, "네가 지금 듣느냐?"

아난과 대중이 함께 말하기를, "듣지 못합니다."

그때 라후라가 또 종을 한번 쳤다. 부처님께서 또 물으시기를, "네가 지금 듣느냐?"

아난과 대중이 또 말하기를, "함께 듣습니다."

부처님이 아난에게 물으시기를, "너는 어떤 것을 듣는다 하고 어떤 것을 듣지 못한다 하느냐?"

아난과 대중이 함께 부처님께 고하여 말하기를, "종을 쳐서 소리가 나면 곧 저희들이 듣게 되고, 종을 친 지가 오래 되어 종소리가 사라지고 메아리까지 없어지면 곧 들음이 없다고 하나이다.”

　여래께서 또 라후라를 명령하시어 종을 치게 하시고 아난에게 물어 말씀하시기를, “지금에 소리가 있느냐?”

　아난과 대중이 함께 말하기를, “예! 소리가 있습니다.”

　조금 있다가 소리가 사라지거늘 부처님께서 또 물어 말씀하시기를, “너희들, 지금 소리가 나느냐?”

　아난과 대중들이 대답하기를, “소리가 없습니다.”

　조금 있다가 라후라가 다시 와서 종을 치거늘 부처님께서 또 물어 말씀하시기를, “너희들, 지금 소리가 나느냐?”

　아난과 대중들이 다 함께 말하기를, “예! 소리가 있습니다.”

　부처님이 아난에게 물으시기를, “너는 어떤 것을 소리가 난다 하고 어떤 것을 소리가 없다 하느냐?”

　아난과 대중이 함께 부처님께 고하여 말하기를, “종(鐘)을 쳐서 소리가 나면 소리 난다 하고, 친 지가 오래 되어 소리가 사라지고, 메아리까지 없어지면 곧 소리가 없다 하나이다.”

　부처님이 아난과 여러 대중에게 말씀하시기를, “너희들이 지금에 어찌하여 말이 교란하느냐?”

　대중과 아난이 함께 부처님께 묻기를, “저희들을 어찌하여 교란한다 하시나이까?"

부처님이 말씀하시기를, "내가 '너희들 듣느냐?'고 물으면 너는 곧 듣는다 말하고, 또 내가 '소리 나느냐?'고 물으면 너는 곧 소리 난다 말하여 듣는다, 소리 난다 하는 대답이 일정하지 않으니, 그것이 교란하는 것 아니냐?

아난아! 소리가 사라지고 메아리까지 없을 때 너는 들음이 없다고 말하니, 만약 참으로 소리를 듣는 것이 없다면, 듣는 성(性)이 아주 없어져서 고목(枯木)과 같을 것인데, 종(鐘)을 다시 치는 것을 네가 어떻게 아느냐? 소리 있는 것을 알고 소리 없는 것을 아는 것은, 소리가 스스로 있었다 없었다 함이언정, 저 문성(聞性)이 어찌 너에게 있었다 없었다 하겠느냐? 들음이 참으로 없다면 무엇이 없는 줄 아느냐?

그러니까 아난아! 문성 중에서 소리가 스스로 났다 없어졌다 함이언정 너의 문성(聞性)이 소리가 생긴다 해서 있거나 소리가 사라진다 해서 없는 것은 아니다.

네가 전도(顚倒)하여 소리를 미혹하여 듣는 것으로 여기니, 혼미(昏迷)하여 항상한 것을 단멸(斷滅)이라고 본 것이 어찌 괴이하다 하겠느냐? 동(動), 정(靜), 폐(閉), 색(塞), 개(開), 통(通)을 떠나서는 듣는 자성(自性)이 없다고 말하지 말라.

마치 깊이 잠든 사람이 침상에서 한창 잘 적에 그 가인들이 다듬이질을 하거나 방아를 찧으면, 그 사람이 꿈결에 방망이 소리와 절구 소리를 듣고는 다른 소리로 생각

하여, '북을 치거나 종을 친다'고 여기면서, 꿈꿀 때 '종
소리가 어째서 나무와 돌을 치는 소리 같으냐'고 괴이하
게 여기다가 문득 깨어나서 절구와 방망이 소리인 줄을
알고 가인에게 말하기를 '내가 방금 꿈꿀 때 이 절구소리
를 북소리로 들었노라'고 한다.

아난아! 이 사람이 꿈속에서 어찌 정요(靜搖), 개폐(開
閉), 통색(通塞)을 기억하랴마는, 그 몸은 비록 잠을 자나
문성(聞性)은 혼매(昏昧)하지 않나니.

**설령 너의 몸이 죽어 소멸하고 목숨이 사라진들 이 성
품이야 어찌 소멸하겠느냐?**

모든 중생이 비롯이 없는 데로부터 옴으로 모든 빛깔과
소리에 따라가서 생각에 따라 유전하고 일찍이 성정묘상
(性情妙常)을 깨닫지 못하여, 항상한 그 자리를 따르지 않
고 모든 생멸만 따르기에 그로 말미암아 세세생생(世世生
生)에 오염(汚染)되고 유전(流轉)하나니,

**만일 생멸을 버리고 진상(眞常)을 지키면, 본래의 밝은
마음자리가 앞에 나타나서 육근(六根), 육진(六塵), 육식(六
識)의 마음이 즉시 소멸(消滅)해서 없어지게 될 것이다.**

생각하는 모양이 망진(妄塵)이고 식정(識精)은 구염(垢染)
이니, 둘 다 멀리 떠나면 곧 너의 법안(法眼)이 즉시에 맑
고 밝을 것이니 어찌 무상지각(無上知覺)을 이루지 못하겠
느냐?"51)

---

51) 소리가 있고 없음을 아는 것은 성진(聲塵)이 스스로 있거나 없거나 할 뿐이다.

대불정수능엄경 제5권

셋째. 생사와 보리가 다 육근(六根)이고 딴 것 없다(5)

1. 아난이 신심(身心)의 결해(結解)를 묻다

아난이 부처님께 고하여 말하기를, "세존이시여! 여래께서 비록 제이의문(第二義門)을 말씀하셨으나, 세간에서 맺힌 것 푸는 사람을 보건대, 그 맺힌 근원을 알지 못하면 이 사람은 마침내 풀 수 없다고 믿나이다.

세존이시여! 저와 회중의 유학(有學)인 성문들도 역시 그러하여, 끝없는 옛적부터 무명(無明)과 더불어 함께 사라지고 함께 생겼사오니, 비록 이렇게 다문한 선근(善根)을 인하여 출가를 했다고 하나, 하루거리 학질과 같습니다. 원하옵나니 큰 자비로 고통에 빠져 있는 저희들을 불쌍히

어찌 저 듣는 성품[聞性]이 너에게 있고 없고 하겠는가. 만약 실제로 들음이 없다면 누가 없음을 아는 자인가? 이로써 들음[聞]이 항상 진상(眞常)임을 충분히 증명했다. '만일 생멸을 버리고 진상을 지켜 단번에 영원한 광명[常光]이 현전하면, 육근과 육진과 육식의 마음이 때에 응해 녹아 없어진다.' 라고 하였다.

보살펴 주옵소서. 금일의 이 몸과 마음이 어찌하여 맺혔
사오며 어찌하면 풀리겠나이까? 또한 미래에 고난을 받는
중생으로 하여금 윤회를 면하여 삼유(三有)에 떨어지지 않
게 하여 주옵소서."

이렇게 말하고 대중들과 함께 오체를 땅에 던지고 눈물
을 흘리며 정성을 다해 부처님 여래의 위없는 가르침을
기다리고 있었다.

2. 아난에게 마정(摩頂)하시자 제불이 방광(放光)하시다

그때 세존께서 아난과 회중의 유학(有學)들을 불쌍히 여
기시며, 또한 미래의 일체 중생을 위하여 출세(出世)의 인
(因)을 만들어주며 장래의 눈이 되게 하시려고 염부단 금
빛과 같은 자금색의 빛나는 손으로 아난의 정수리를 만지
시니, 즉시에 시방의 보불세계가 여섯 가지로 진동을 하
며52), 그 세계에 계신 미진수와 같은 많은 부처님께서 각
각 그 정수리에서 보배광명이 나오며, 그 광명이 동시에
그 세계에서 기타의 숲으로 와서 석가여래의 정수리에 대
이시니53), 이 여러 대중들이 미증유(未曾有)를 얻었다.

---

52) '시방세계가 여섯 가지로 진동'한 것은 근본무명을 타파하면 육근도 뒤집혀 타파
되기 때문에 진동한다고 표현한 것이다. 세계는 본래 유일한 참[眞]이기 때문에
보불(普佛)이라 말한다.
53) 석가세존께서 설한 정상의 법[頂法]과 모든 부처님의 도가 동일함을 보배 광명의
비춤으로 표현한 것이다.

3. "생사와 보리가 다 육근(六根)이라"고 제불(諸佛)이 말 씀하심

이때 아난과 모든 대중들이 시방의 미진수와 같은 여래 께서 이구동음(異口同音)으로 아난에게 말씀하시는 것을 함께 들었다.

"착하다. 아난아! 네가 구생무명(俱生無明)이 너로 하여 금 생사에 윤전(輪轉)을 하게 하는 그 결근(結根)을 알고자 하면, 오직 너의 육근(六根)이고 다른 것이 없으며, 또 무 상보리(無上菩提)가 너로 하여금 안락(安樂), 해탈(解脫), 적정(寂靜), 묘상(妙常)을 속히 얻게 함을 알고자 하면, 역 시 너의 육근이고 다른 물건이 아니다."

아난이 비록 그러한 법음(法音)을 들었으나 마음이 분명 하지 못하여, 머리를 조아리고 부처님께 고(告)하여 말하 기를, **"어찌하여 저로 하여금 생사에 윤회케 하는 것과 안락 묘상케 하는 것이 다같이 6근이고 다른 물건이 아니 라고 하시나이까?"**

부처님이 아난에게 이르시기를, "육근(六根)과 육진(六塵) 이 근원이 같고 속박과 해탈이 둘이 아니며, 식(識)의 성 (性)이 허망하여 허공꽃과 같다.

아난아! 진(塵)으로 말미암아 아는 것을 발하고 근(根)을 인하여 상(相)이 있나니, 상(相)과 견(見)이 성(性)이 없어 서 허망해서 묶어 놓은 갈대와 같다.

그러므로 너희가 지견(知見)에서 지견을 세우면 곧 무명

(無明)의 근본이요, 지견에서 지견이 없으면 곧 열반(涅槃)의 샘이 없는 진실하고 청정한 자리이니, 어찌 이 가운데 다시 다른 물건을 용납하겠느냐?"54)

4. 육해일망(六解一亡)과 원근 택(擇)함을 게언(偈言)하시다

그때 세존께서 그 이치를 거듭 밝히시려고 게송으로 말씀하셨다.

진성(眞性)에는 유위(有爲)가 공(空)했거늘
인연으로 생기기에 환(幻)과 같다.
함도 없고 생김과 사라짐도 없어서
진실치 못함이(생김 아님이) 허공꽃 같느니라.

허망을 말해서 진실을 밝힌다면
허망과 진실이 둘 다 허망이다.
진(眞)도 아니고 비진(非眞)도 아니거니
어찌 견(見)과 소견(所見)이겠느냐?

---

54) 무명과 육근, 육진이 하나하나 본래 공하고, 공하면 하나의 법도 있지 않아서 오직 하나의 참[一眞]만이 홀로 존재할 뿐이다. 그러나 너의 아는 바[所知]와 보는 바[所見]의 성품이 스스로 천연(天然)이라서 다시 지견을 세울 필요는 없다. 지금 허망을 돌이켜 참에 돌아가는[返妄歸眞] 것은 따로 수행을 요하지 않는다. 다만 지견에서 망견(妄見)을 일으키지 않는 것이 바로 열반의 샘이 없는[無漏] 진정(眞淨)이다. 이는 진제(眞諦)를 결론지어 가리킨 것이라서 수행의 요체가 이보다 절실한 것이 없다.

중간에 진실성(眞實性)이 없나니
그러므로 교로(交蘆)와 같느니라.
맺히고 푸는 그 근본(根本)이 같으며
성인(聖人)과 범부(凡夫)가 두 길이 없다.
너는 교중(交中)의 성(性)을 살펴보라.
공(空)과 유(有)가 모두 아니다.
미회(迷晦)하면 곧 무명(無明)이고
발명(發明)하면 곧 해탈(解脫)이니라.

매듭을 푸는 데는 차례를 인하여
여섯이 풀리면 하나까지도 없어지나니
근(根)에서 원통(圓通)을 선택하면
류(流)에 들어가 정각(正覺)을 이루리라.

아타나(阿陀那: 아뢰야)의 미세(微細)한 식(識)은
습기(習氣)가 흐름을 이루나니
진(眞)과 비진(非眞)에 미(迷)할까 염려하여
내 항상 개연(開演)을 하지 않았노라.

자기 마음에서 자기 마음을 취(取)하면
환(幻) 아닌 것이 환법(幻法)을 이루거니와,
취(取)하지 않으면 환 아닌 것(非幻)도 없다.
비환(非幻)도 아예 생기지 않는데
환(幻)의 법(法)이 어떻게 성립되겠느냐?55)

이것을 이름하여 묘연화(妙蓮華)라 하고
금강왕보각(金剛王寶覺)이라고도 하며
환(幻)과 같은 삼마제(三摩提)라 하나니
탄지경(彈指頃)에 무학(無學)을 초월하리라.56)

이 비교할 수 없는 법(法)은
시방의 바가범(부처님)께서
한 길로 열반에 이르는 문(門)이다.

5. 마음눈이 열리어 서결(叙結)의 차례를 묻다

이에 아난과 대중들이 부처님 여래의 위없는 자비로운 가르침인 기야(祇夜)와 가타(伽陀)가 혼합되어 정미롭고 맑아서 묘한 이치가 맑게 사무치는 법을 듣고 마음눈이 열리고 밝아서 미증유(未曾有)함을 찬탄했다.

---

55) 허망을 돌이켜 참으로 돌아가는 데는 다시 별다른 법이 없다. 다만 집착해서 취하지[執取] 않으면 육근과 육진이 단박에 소멸해서 참[眞]도 성립하지 못하거늘 환법(幻法)이 무엇으로부터 성립하겠는가? 이 참을 궁구하고 미혹을 다하는 데는 단지 이 업을 발하는 무명이 본래 공해서 중생을 윤택케 하는 애착과 취함이 당장 소멸함을 요달하는데 있을 뿐이다. 이것이 무생(無生)을 단박에 증득하는 까닭이니, 참에 돌아가는[歸眞] 요체로 이보다 절실한 것이 없다.

56) 여기서는 관(觀)의 명칭을 총체적으로 결론짓고 있다. 먼저 대정(大定)을 묘련화라 칭한 것은 본래 물듦이 없기 때문에 연꽃이라 한 것이다. 또 견고함이 꺽이지 않기 때문에 금강왕의 보각(寶覺)이라 칭하고, 유(有)에 즉함으로써 공(空)을 관하기 때문에 여환(如幻) 삼마제라고 한다. '손가락 한 번 튕기는 순간에 무학을 초월'하는 것은 법의 날카로움이 능히 빠른 효과를 거둠을 드러낸다.

아난이 합장하여 정례하고 부처님께 말하기를 "제가 지금에 부처님의 무차대비(無遮大悲)로 성(性)이 청정하고 미묘하고 항상한 진실법구(眞實法句)를 들었으나, 아직도 여섯이 풀리면 하나까지도 없어진다는 매듭 푸는 순서를 모르고 있사오니, 바라옵건대 큰 자비로써 이 법회에 모인 사람과 및 장래의 중생들을 불쌍히 여기시어 법음(法音)을 베풀어 미세한 마음의 때를 깨끗이 세척해 주옵소서."

넷째. 수건을 맺어서 그 차례를 알리시다(3)

그때 여래께서 사자(獅子)의 자리에서 열반승(涅槃僧)을 정돈하시고 승가리(僧伽梨)를 여미시며 칠보의 궤를 잡으시고, 그 궤에 손을 뻗쳐서 겁바라천이 받드신 첩화건(疊華巾)57)을 드시고, 대중 앞에서 한 매듭을 맺으시고, 아난에게 보여 말씀하시기를, "이것을 무엇이라고 하느냐?"

아난과 대중이 함께 부처님께 고(告)하여 말하기를 "그

---

57) 이 첩화건은 원래 한 줄기인데 차례대로 맺어지면서 여섯 매듭이 되었으니, 이는 본래 하나의 정명(精明)에 의거해 여섯 화합으로 나누어 이루어짐을 표현한 것이다.

것은 매듭이옵니다."

여래께서 또 첩화건을 맺으셔서 한 매듭을 만드시고 거듭 아난에게 물으시기를, **"이것은 무엇이냐?"**

아난과 대중이 또 부처님께 고하여 말하기를, **"그것도 또한 매듭이옵니다."**

그와 같이 차례로 첩화건을 맺으시어 모두 여섯 매듭을 만드시고 낱낱이 맺을 적마다 손으로 맺은 매듭을 들고 아난에게 물으시기를, **"이것을 무엇이라고 하느냐?"**

아난과 대중이 또 그와 같이 차례로 대답하기를 **"그것은 매듭이라고 하옵니다."**

부처님이 아난에게 이르시기를, **"내가 처음 수건 맺을 때 너는 그것을 매듭이라고 말했다.** 이 첩화건은 원래 하나의 천인데, 두 번째 맺을 때나 세 번째 맺을 때나 너희들이 어찌하여 모두 매듭이라고 말하느냐?"

아난이 부처님께 고(告)하여 말하기를, "세존이시여! 이 보배로운 첩화를 짜서 만든 수건이 본래는 일체이오나 제가 생각건대 여래께서 한 번 매듭을 맺으시면 하나의 매듭이란 명칭을 얻게 되고, 만약 백 번 맺으시면 마침내 백 매듭이라고 말할 수 있사온데, 이 수건이 다만 여섯 매듭 뿐이어서 일곱까지는 이르지 못하고 다섯은 넘어섰거늘, 여래께서는 어찌하여 첫 매듭만 허락하시고, 두 번째, 세 번째는 매듭이라고 인증을 하지 않으시렵니까?"

부처님이 아난에게 이르시기를, "이 보배로운 첩화건이

원래는 한 가닥인데 내가 여섯 번 맺었으므로 여섯 매듭이란 이름이 있게 되었다. 너는 자세히 관찰하라.

수건의 자체는 같건마는 맺음으로 인하여 다르게 된 것이다. 어떻게 생각하느냐?

첫 번 맺은 것은 첫 매듭이라 하고, 이러하여 여섯째 매듭이 생겼으니, 내가 지금에 이 여섯 번째 매듭의 명칭을 가지고 첫 매듭이라고 할 수가 있느냐?"

"할 수 없나이다. 세존이시여! 여섯 매듭을 그냥 두고는 여섯 번째 매듭이 첫 매듭이 될 수 없나이다. 제가 여러 생을 두고 아무리 변명하온들 어떻게 여섯 매듭의 이름을 혼란하게 바꿀 수 있겠나이까?"

부처님이 말씀하시기를, "그와 같다. 여섯 매듭이 같지를 아니하나 본래의 원인을 따져보면 하나의 수건으로 되었지마는, 그 매듭을 혼란하게 뒤섞을 수는 없다. 너의 육근(六根)도 그와 같아서 필경 같은 데서 필경 다른 것이 되었느니라."

1. 다 풀면 1과 6이 없듯이 육해일망(六解一亡)도 그러함

부처님이 아난에게 이르시기를, "네가 이것을 혐오하여 여섯 매듭이 성립되지 아니하고, 하나가 되기를 원한다면 다시 어떻게 해야 되겠느냐?"

아난이 말하기를, "이 매듭들이 그냥 있으면 시비가 칼날 같이 어지럽게 생겨서, 그 가운데 이 매듭은 저 매듭 이 아니고 저 매듭은 이 매듭이 아닌 것이 저절로 생길 수 있거니와, 여래께서 지금 만일 모두 다 풀어서 매듭이 생기지 않게 하오면 곧 이것 저것이 없어져서 하나라 할 것도 없거늘 여섯이 어떻게 성립되겠습니까?"

부처님이 말씀하시기를, "육근(六根)의 결박이 풀리면 하나까지 없어진다[58]는 것도 그와 같으니라.

너희가 비롯이 없는 옛적부터 마음 성품이 광란함을 인하여 지견(知見)이 허망하게 발동하고 망(妄)을 발해서 쉬지를 아니하여 견(見)을 피로케 해서 진(塵)을 발했나니 마치 눈동자를 피로케 함에 미친 꽃이 있는 것과 같아서, 맑고 순수하고 밝은 데에서 까닭 없이 아법(我法: 주관과 객관)이 어지럽게 일어났다. 일체 세간의 산하대지와 생사(生死), 열반(涅槃)이 다 미치고 피로한 것의 뒤바뀐 꽃모양이니라."

아난이 말하기를, "이 미치고 피로한 광로가 매듭과 같사오면 어떻게 풀어서 제거하오리까?"

여래께서 매듭 맺은 수건을 손에 드시고 왼쪽을 당기면서 아난에게 물으시기를, "이렇게 하면 풀 수 있겠느냐?"

"못하나이다. 세존이시여!"

---

58) '하나'는 무명을 비유하고 '여섯'은 육근을 비유한다. '진정계(眞淨界) 속에서 생사와 열반이 다 광란과 피로에 즉해 뒤바뀐 꽃의 모습이다.' 소위 허망과 참이 둘다 허망이란 것이다. 허망이 소멸하자 참도 역시 존재하지 않으니, '여섯을 풀면 하나도 없어진다'는 이치가 드러난다.

다시 오른쪽으로 당기면서 또 아난에게 물으시기를, "이렇게 하면 풀 수가 있겠느냐?"

"못하나이다. 세존이시여!"

부처님이 아난에게 이르시기를, "내가 지금 좌우로 각각 당겨 봐도 마침내 풀 수가 없으니, 너는 방편을 써보라. 어떻게 해야 풀겠느냐?"

아난이 부처님께 고하여 말하기를, "세존이시여! 마땅히 매듭의 중심에서 풀면 풀리게 될 것입니다."

부처님이 아난에게 이르시기를, "그러하니라, 맺힌 것을 풀려면 매듭의 중심에서 풀어야 된다.59)

아난아! 내가 '불법(佛法)이 인연으로부터 난다'고 말한 것은, 세간의 화합된 거친 모양을 가리킨 것이 아니다.

여래는 세간법(世間法)과 출세간법(出世間法)을 밝게 통달해서 그 본인(本人)이 인연한 바를 따라서 나오는 것을 알며,

이와 같이 내지 항하(恒河) 모래수와 같은 세계 밖의 한 방울의 비까지도 또한 그 수효를 다 알며, 현전에 가지가지 소나무는 곧고 가시나무는 굽으며 따오기는 희고 까마귀는 검은 그 까닭을 모두 다 아신다.

그러므로 아난아! 너의 마음대로 육근(六根)에서 선택해

---

59) 매듭의 중심에서 풀어야 한다고 인허(印許)한 것은 그 뜻이 중도를 직관하게 하는데 있다.

라. 근(根)의 매듭이 만약 풀리면 진상(塵相)이 저절로 없어질 것이니, 모든 허망이 소멸하면 어찌 참되지 않겠느냐?"

2. 육결(六結)을 풀매 삼공(三空)을 차례로 얻음

"아난아! 내가 지금 너에게 묻노라. 이 겁파라(劫波羅) 수건에 여섯 매듭이 나타나 있으니 동시에 맺힌 것을 풀 수 있겠느냐?"

"못하나이다. 세존이시여! 이 매듭이 본래 차례로 맺혀 생겼으니 지금에도 모름지기 차례로 풀어야 합니다. 여섯 매듭이 그 자체는 같지만 맺히던 때가 동시는 아니오니, 풀 적엔들 어떻게 한꺼번에 풀겠나이까?"

부처님께서 말씀하시기를, "여섯 근결을 풀어 제거함도 역시 그와 같나니 이 근(根)을 처음 풀게 되면 먼저 인공(人空)을 얻고, 공(空)의 성(性)이 원만하게 밝아지면 법해탈(法解脫)을 이루나니 법을 해탈한 다음에 함께 공하여 나지 아니하면, 이를 일러서 '보살이 삼마지(三摩地)로부터 무생법인(無生法忍)을 얻었다' 하느니라."[60]

---

60) 아난은 최초로 시방 여래에게 청해서 보리의 묘한 사마타와 삼마지와 선나의 최초 방편을 이루게 되었다. 대체로 삼관(三觀)은 부처 부처마다 도를 이룬 근본이니, 소위 외길로 생사를 벗어났다는 것이다. 아래에서는 여래께서 25성(聖)이 원통(圓通)을 이룬 것을 거듭 빌려서 저마다 최초로 도를 깨달은 방편을 올바로 제시하도록 하셨다.

3. 일육망의(一六亡義)를 알고 원통(圓通)의 근본을 묻다

아난과 대중들이 부처님의 개시(開示)함을 듣고 혜각(慧覺)이 원만히 통해서 의혹이 없어지고는, 일시에 합장하여 부처님의 두 발 밑에 정례하고 부처님께 고하여 말하기를, "저희들이 오늘 몸과 마음이 밝아서 걸림이 없는 것을 시원스럽게 얻었습니다. 비록 1과 6이 없어지는 이치를 알았사오나 아직도 원통(圓通)의 근본을 알지 못했나이다.

세존이시여! 저희들이 표류하고 영락하여 여러 겁 동안 고아 같은 신세가 되었사오니, 무슨 마음, 무슨 생각으로 부처님의 천륜(天倫)에 참여하겠나이까? 마치 젖을 잃은 아이가 문득 자모(慈母)를 만난 것 같나이다. 이 기회를 인하여 도를 이루게 되면 얻어 들은 바 비밀한 말씀이 본래 깨달음과 같으련마는 곧 듣지 못한 것과 차별이 없었사오니, 바라옵건대 크신 자비로 저에게 비엄(祕嚴)한 법음을 일러주시어 여래의 최후 개시를 성취하여 주옵소서."

이렇게 말하고 오체를 투지하고, 밀기(密機)를 간직하고 부처님이 명수(冥授)하시기를 바라고 있었다.

다섯째. 여러 성인들에게 원통(圓通)을 말하게 하시다(5)

그때 세존께서 대중 안의 모든 위대한 보살과 루(漏)가 다한 대아라한들에게 말씀하시기를, "너희들 보살과 및 아라한들이 나의 법(法)에 나서 무학(無學)을 이루었으니, 내가 지금 너희들에게 묻겠다. 최초에 발심하여 18계를 깨달았으니, 어느 것이 원통(圓通)이었으며 어떤 방법으로 삼마지(三摩地)에 들어갔느냐?"61)

1. 육진(六塵)원통(圓通)(6)

1) 교진나 오비구(五比丘)의 성진(聲塵)원통

교진나 등 다섯 비구가 곧 자리에서 일어나 부처님 발에 정례(頂禮)하고 부처님께 고하여 말하였다.

"제가 녹야원과 계원(鷄園)에서 여래의 최초에 도 이루시는 것을 관찰해 보고 부처님의 음성(音聲)에서 사제(四諦)를 깨달았사오며, 부처님께서 비구에게 물으실 적에 제가 먼저 알았사오매 여래께서 저를 인가하시기를 아야다(阿若多)라고 하시니, 묘한 소리가 치밀하고 원만하여 저

---

61) 먼저 실상(實相)을 깨달았어도 다만 화려한 집에서 아직 문에 들어가지 못한 것이어서 마치 가르침을 듣지 못한 것과 같다. 세존께서 스스로 열어 보이지 않고 모임에 있는 보살과 성문에게 물은 것은 그 뜻이 각 사람이 들어가는 초심(初心)의 방편을 빌려서 문마다 다 증득해 들어갈 수 있음을 드러낸 것이다.

는 음성에서 아라한을 얻었나이다. 부처님께서 원통을 물으시니, 제가 증득한 바로는 음성이 으뜸이 되겠나이다."

2) 우파니사타의 색진(色塵)원통

우파니사타(優波尼沙陀)가 곧 자리에서 일어나 부처님 발에 정례하고 부처님께 고하여 말하기를, "저도 또한 부처님이 최초에 도(道)를 이루심을 뵈오니 '더러운 모양을 관찰하라'고 하시기에 크게 싫어하고 떠나려는 마음을 내어 모든 색성(色聲)을 깨달았사오니 더러운 것에서부터 백골(白骨)과 미진(微塵)이 공(空)에 돌아가서 공(空)과 색(色)이 둘 다 없어져서 무학(無學)의 도를 이루었더니,

여래께서 저를 인가하사 니사타(尼沙陀)라고 이름하셨으니, 진색(塵色)이 이미 다 없어지고 묘색(妙色)이 치밀하고 원만하여 제가 색상(色相)으로부터 아라한을 얻었나이다. 부처님께서 원통을 물으시니 저의 증득한 바로는 색(色)의 원인이 가장 으뜸이 되겠나이다."

3) 향엄동자(香嚴童子)의 향진(香塵)원통

향엄동자가 곧 자리에서 일어나 부처님 발에 정례하고 부처님께 고하여 말하기를, "저는 여래께서 저를 가르치시기를 '모든 유위상을 자세히 관찰하라' 하심을 듣고 제가 그때 부처님을 하직하고 깨끗한 서재에서 편안히 앉아 명상(冥想)을 하다가 어떤 비구가 침수향(沈水香)을 태움을

보니, 향기(香氣)가 고요하여 저의 코에 들어오더이다. 제가 '이 향기가 나무도 아니고 허공도 아니며 연기도 아니고 불도 아니며 가도 붙은 바가 없고 와도 온 바가 없는 것'을 관찰하여 그로 말미암아 의식분별이 소멸하여 무루(無漏)의 도(道)를 발명하였나이다.

여래께서 저를 인가하시기를 '향엄(香嚴)의 이름을 얻었다'고 하시니 진기가 없어지고 묘한 향이 치밀하고 원만하여 제가 향엄으로부터 아라한을 얻었나이다. 부처님께서 원통을 물으시니 제가 증득(證得)한 바로는 향엄(香嚴)이 으뜸이 되겠나이다."

4) 약왕(藥王), 약상(藥上), 오백범천(梵天)의 미진(味塵)원통

약왕(藥王)과 약상(藥上) 두 법왕자(法王子)와 모임에 있던 5백 범천이 곧 자리에서 일어나 부처님의 발에 정례하고 부처님께 고하여 말하기를, "저희들은 비롯이 없는 겁(劫)동안 세상의 어진 의원이 되어서 입으로 이 사바세계의 초(草), 목(木), 금(金), 석(石)을 맛본 것이 그 수가 십만팔천(十萬八千)이온데, 그와 같은 것을 모든 다 알며 쓴 것, 신 것, 짠 것, 싱거운 것, 단 것, 매운 것 등의 맛과 화합된 것, 구생(俱生) 변이(變異), 차가운 것, 뜨거운 것, 독이 있는 것, 독이 없는 것들을 모두 두루 알았더니, 여래를 받들어 섬기면 맛의 성품(性品)이 빈 것도 아니고 있는 것도 아니며 몸과 마음에 즉한 것도 아니고 몸과 마음을 떠난 것도 아님을 알고 맛의 원인을 분별하여 깨달았나이다.

부처님 여래께서 저희 형제를 인가하시기를 '약왕, 약상 두 보살'이라 이름하심을 받자와 지금 회중에서 법왕자가 되었사오며, 맛을 인하여 깨닫고 밝아져서 보살의 지위에 올랐나이다.

부처님께서 원통을 물으시니 제가 증득(證得)한 바로는 맛의 원인이 가장 으뜸이 되겠나이다."

5) 발타바라(跋陀婆羅) 등 16인(人)의 촉진(觸塵)원통

발타바라(跋陀婆羅)와 그 동반(同伴) 16개사(開士)가 곧 자리에서 일어나 부처님 발에 정례하고 부처님께 고하여 말하기를, "저희들이 처음 위음왕(威音王) 부처님께 법(法)을 듣고 출가하였사오며 스님들이 목욕할 때에 차례를 따라 욕실에 들어갔다가, 문득 물의 원인이 먼지를 씻는 것도 아니고 또한 몸을 씻는 것도 아니며 중간도 편안하여 있는 바가 없는 것을 깨달았으나, 숙습(宿習)을 잊어버리지 못했다가, 지금에 이르러서야 부처님을 따라 출가하여 무학(無學)을 얻게 되었습니다.

저 부처님이 저에게 발타바라(跋陀婆羅)라고 이름을 하시니, 묘한 촉감(觸感)이 선명하여 불자(佛子)의 머무름을 이루었나이다. 부처님께서 원통을 물으시니 제가 증득한 바로는 촉인(觸因)이 최상이 되겠나이다."

6) 마하가섭(摩訶迦葉), 자금광(紫金光)의 법진(法塵)원통

마하가섭(摩訶迦葉)과 자금광 비구들이 곧 자리에서 일어나 부처님 발에 정례(頂禮)하고 부처님께 고하여 말하기를, "제가 옛날 겁(劫)에 이 사바세계에 부처님이 출세(出世)하시니, 그 이름이 일월등(日月燈)이라 제가 친근히 모시어 법(法)을 듣고 닦아 배웠으며, 부처님이 멸도(滅道)하신 후에는 사리(舍利)에 공양을 올리며 등불을 켜서 밝게 하였으며 자광금으로 부처님 형상에 도금하였더니, 그 후로부터는 세세생생(世世生生)에 몸이 항상 자금광취가 원만했습니다. 이 자금광 비구니들은 저의 권속으로서 동시에 발심(發心)했나이다.

저는 세간의 육진(六塵)이 변괴(變壞)함을 관찰하고 오직 공적(空寂)으로써 멸진정(滅盡定)을 닦아서 몸과 마음이 백천 겁을 지내어도 마치 손가락을 한 번 튕기는 순간과 같사와 저는 공법(空法)으로써 아라한을 이루었사오니, 세존께서 저를 두타행(頭陀行)이 제일이라고 말씀하셨나이다.

묘한 법이 열리고 밝아서 온갖 루(漏)를 다 소멸했습니다. 부처님께서 원통(圓通)을 물으시니 제가 증득한 바로는 법인(法因)이 으뜸이 되겠나이다."

2. 오근(五根)원통(5)

1) 아나율타(阿那律陀)의 안근(眼根)원통

아나율타가 곧 자리에서 일어나 부처님의 발에 정례(頂禮)하고 부처님께 고하여 말하기를, "저는 처음 출가하여 항상 잠자기를 좋아했더니 여래께서 꾸짖으시기를 축생(畜生)의 류(類)가 된다고 하시매 제가 부처님의 꾸짖음을 듣고, 울면서 자책하여 7일 동안 잠을 자지 않다가 두 눈이 멀었나이다.

세존이 저에게 낙견조명금강삼매(樂見照明金剛三昧)로써 교시(敎示)하셔서, 저는 눈을 인하지 않고 시방세계를 보되 정진(精眞)이 막힘 없이 툭 터져서 손바닥에 있는 과일을 보듯 하니, 여래께서 저를 인가하시기를 아라한을 이루었다고 하셨나이다.

부처님께서 원통(圓通)을 물으시니 제가 증득(證得)한 바로는 보는 것을 돌이켜 원(元)을 따르는 것이 가장 으뜸이 되겠나이다."

2) 주리반특가(周利槃特迦)의 비근(鼻根)원통

주리반특가(周利槃特迦)가 곧 자리에서일어나 부처님 발에 정례(頂禮)하고 부처님께 고하여 말하기를, "제가 외우는 총기가 없어서 다문(多聞)하는 성품(性品)이 없었습니다. 처음 부처님을 만나 설법을 듣고 출가하여 부처님이 가르쳐 주신 한 구절의 게송을 기억하되 백일 동안을 앞의 것을 외우면 뒤의 것을 잊어버리고 뒤의 것을 외우면 앞의 것을 잊어버렸습니다.

부처님께서 저의 어리석음을 불쌍히 여기시어 저로 하여금 안거하여 날숨과 들숨을 잘 조복하라고 하시므로, 그때에 숨쉬는 것을 관찰하여 생(生), 주(住), 이(離), 멸(滅)인 모든 행이 찰나임을 미세하게 다 살펴서, 마음이 환히 열리어 크게 걸림이 없는 것을 얻었고, 내지 루(漏)가 다하여 아라한을 이루고 부처님의 좌하에 머물렀더니 무학(無學)을 이루었다고 인가하셨습니다.

부처님께서 원통을 물으시니 제가 증득한 바로는 숨쉬는 것을 돌이켜 공을 따름이 제일이 되겠나이다.”

3) 교범발제(憍梵鉢提)의 설근(舌根)원통

교범발제(憍梵鉢提)가 자리에서 일어나 부처님 발에 정례하고 부처님께 고하여 말하기를, “저는 구업(口業)이 있사와 과거 겁에 사문을 가벼이 농락한 이후 세세생생(世世生生)에 우시병(牛嘶病)이 있었나이다.

여래께서 저에게 일미청정심지법문(一味淸淨心地法門)을 가르쳐주시니, 제가 망심(妄心)이 없어지고 삼마지에 들어가서 맛의 아는 것이 근(根)의 체(體)도 아니고 물의 맛도 아닌 것을 관찰하여, 곧 세간의 모든 루(漏)를 초월하게 되어서 안으로는 몸과 마음을 벗어버리고 밖으로는 세계까지 벗어나서 삼유(三有)를 멀리 떠난 것이, 새가 조롱에서 벗어난 것 같아서, 때를 떠나고 육진(六塵)의 경계(境界)가 다 녹아져서 법안(法眼)이 청정(淸淨)하여 아라한을 이루니, 여래께서 친히 인가하여 무학의 도(道)에 올랐다고 하셨나이다.

부처님께서 원통(圓通)을 물으시니 제가 증득(證得)한 바로는 맛과 아는 것을 돌이킨 것이 제일(第一)이 되겠나이다."

4) 필능가바차의 신근(身根)원통

필능가바차가 곧 자리에서 일어나 부처님 발에 정례하고 부처님께 고하여 말하기를, "제가 처음 발심(發心)하여 부처님을 따라 도(道)에 들어가 여래께서 세간의 즐겁지 아니한 일을 말씀하신 것을 자주 듣고, 성(城) 안에서 걸식할 때에 그 법문을 생각하다가 길에서 독한 가시에 발을 찔리고 온몸이 매우 아팠나이다.

제가 생각하기를 '아는 것이 있기 때문에 이 되게 아픔을 알며, 비록 아픈 통증을 느끼는 것을 알고 있으나 각(覺)의 청정한 마음에는 아픈 것도 아픈 것을 느끼는 것도 없을 것이라'고 하였사오며, 제가 또 생각해 보니 '이와 같이 하나의 몸에 어찌 두 가지 앎이 있겠느냐?'고 하여, 생각을 거두기를 오래지 아니하여 몸과 마음이 문득 텅 비어지고 3·7일 동안에 모든 루(漏)가 다하여 아라한을 이루고, 친히 인가하고 수기(受記)하심을 받아서 무학(無學)의 도(道)를 발명(發明)했나이다.

부처님께서 원통(圓通)을 물으시니 제가 증득(證得)한 바로는 순일한 각(覺)으로 몸을 잊어버린 것이 제일(第一)이 되겠나이다."

5) 수보리(須菩提)의 의근(意根)원통

수보리(須菩提)가 곧 자리에서 일어나 부처님 발에 정례하고 부처님께 고하여 말하기를, "저는 많은 겁 전부터 마음에 걸림이 없어서 세상에 태어남이 항하 모래수와 같음을 기억하나이다.

처음 어머니 태중에 있을 적부터 곧 공적(空寂)함을 알았고, 이와 같이 내지 시방세계까지도 공(空)하여졌으며 또한 중생들까지도 공성(空性)을 증득케 하옵더니, 여래께서 성각(性覺) 진공(眞空)을 발명(發明)해 주심을 입사와 공(空)의 성(性)이 둥글고 밝아서 아라한을 이루고, 여래의 보명공해(寶明空海)에 단번에 들어가 불(佛)의 지견(知見)과 같사오며, '무학을 이루었다'고 인가를 하시니 해탈인 성공(性空)이 제가 최상이 되옵니다.

부처님께서 원통(圓通)을 물으시니 제가 증득한 바로는 모든 상(相)이 상(相)이 아닌데 들어가고 비(非)와 소비(所非)가 다 없어져서 법(法)을 돌이켜서 없는 것에 돌아가는 것이 제일이 되옵나이다."

3. 육식(六識)원통(6)

1) 사리불(舍利弗)의 안식(眼識)원통

사리불(舍利弗)이 곧 자리에서 일어나 부처님 발에 정례하고 부처님께 고하여 말하기를, "저는 오랜 겁 전부터 마음으로 보는 것이 청정(淸淨)하여 이렇게 태어난 것이 항하 모래수와 같사오며, 세간과 출세간(出世間)의 가지가지로 변화하는 것을 한번 보면 곧 통달하여 장애가 없었나이다. 저는 길에서 가섭파(迦葉波) 3형제가 함께 다니며 인연을 말함을 만나, 마음이 끝이 없음을 깨닫고." "부처님을 따라 출가하여 견각(見覺)이 밝고 뚜렷하여 크게 두려움이 없는 것을 얻어서 아라한이 되었사오며 부처님의 장자(長子)가 되었사오니, 부처님의 입으로부터 제가 탄생되었으며 법(法)의 교화로부터 화생하였나이다.

부처님께서 원통(圓通)을 물으시니 제가 증득한 바로는 마음으로 보는 것이 광명을 발하고 광명이 지극한 지견(知見)이 제일이 되겠나이다."

2) 보현보살(普賢菩薩)의 이식(耳識)원통

보현보살(普賢菩薩)이 곧 자리에서 일어나 부처님 발에 정례하고 부처님께 고하여 말하기를 "저는 이미 항하 모래수와 같은 여래의 법왕자(法王子)가 되었사오니, 시방 여래께서 그 보살의 근기가 되는 제자들을 가르치시기를

'보현행(普賢行)을 닦으라'고 하심은 저의 이름을 따른 것입니다.

세존이시여! 저는 마음으로 듣는 것으로써 중생의 지견(知見)을 분별하옵는데, 만약 다른 세계인 항사계(恒沙界) 밖에 한 중생이라도 마음으로 보현행(普賢行)을 발명하는 이가 있으면 저는 그때 여섯 어금니 코끼리를 타고 몸을 백천으로 분신하여 모두 다 그것에 이르오니, 비록 그 중생들이 업장(業障)이 두터워서 저를 보지 못하더라도 저는 암중(暗中)에서도 그 사람의 이마를 쓰다듬어 주어서 그분을 옹호하고 잘 위안을 시켜서 그로 하여금 보현행을 성취하게 하나이다.

부처님께서 원통(圓通)을 물으시니, 저는 본인을 말하옵니다만, 마음으로 듣는 것이 발명하여 분별함이 자재한 것이 가장 첫째가 되겠나이다."

3)손타라난타(孫陀羅難陀)의 비식(鼻識)원통(圓通)

손타라난타(孫陀羅難陀)가 곧 자리에서 일어나 부처님 발에 정례(頂禮)하고 부처님께 고하여 말하기를, "제가 처음 출가하여 부처님을 따라 도(道)에 들어가서 비록 계율(戒律)을 갖추었으나, 삼마지(三摩地)에는 마음이 항상 산동(散動)하여 무루를 얻지 못했더니, 세존께서 저와 구치라(拘絺羅)를 가르치사 코끝이 흰 것을 관(觀)하라고 하시기에, 제가 처음부터 자세히 관찰하여 3·7일을 지나서 코 안에 출입하는 기운이 연기와 같음을 보고, 몸과 마음이 안으로 밝아서 세계를 원동(圓洞)하여 두루 텅 비고 청정함이 마치 유리와 같아지고, 연기모양이 점점 없어지고 코의 숨이 희어지면서 마음이 열리고 루(漏)가 다하여 모든 출입식(出入息)이 광명으로 화하여 시방세계를 비추고 아라한을 이루니 세존께서 '제가 보리를 얻을 것이라'고 수기(受記)하셨나이다.

부처님께서 원통(圓通)을 물으시니 저는 숨이 녹아지고 숨이 오래되어서 광명을 발하고 광명이 원만하여 루(漏)를 소멸한 것이 제일이 되겠나이다."

4) 부루나의 설식(舌識)원통

부루나 미다라니자가 곧 자리에서 일어나 부처님의 발에 정례(頂禮)하고 부처님께 고하여 말하기를, "저는 오랜 겁 전부터 변재(辯才)가 걸림이 없어서 고공(苦空)을 선설(宣說)하되 실상(實相)을 깊이 통달하여, 이와 같이 내지 항하 모래수와 같은 부처님의 비밀법문을 제가 대중 가운데에서 미묘하게 개시(開示)하기를 두려움 없이 하였나이다.

세존께서 저에게 대변재가 있음을 아시고, 음성(音聲)의 륜(輪)으로써 저를 가르쳐 발양(發揚)케 하셨사오며, 제가 부처님 앞에서 부처님을 도와 법륜(法輪)을 굴리며 사자후(師子吼)를 인하여 아라한을 이루었사오니, 세존께서 저를 인가하사 설법함이 최상이라고 하셨나이다.

부처님께서 원통(圓通)을 물으시니 저는 법음(法音)으로 써 마원(魔怨)을 항복 받아서 모든 루(漏)를 소멸하는 것이 제일이 되겠나이다."

5)우파리(優波離)의 신식(身識)원통

우파리(優波離)가 곧 자리에서 일어나 부처님 발에 정례(頂禮)하고 부처님께 고하여 말하기를, "제가 친히 부처님을 따라 성(城)을 넘고 출가하여 여래께서 6년 고행하시는 것을 친히 보았사오며, 여래께서 여러 마군(魔軍)을 항복 받고 모든 외도를 제어하시며 세간의 탐욕과 온갖 루(漏)를 해탈하심을 친히 보고, 부처님의 교계(敎戒)를 받자와 그와 같이 내지 삼천위의(三千威儀)와 8만 가지 미세한 성업(性業)과 차업(遮業)이 모두 다 청정하고 몸과 마음이 적멸(寂滅)하여 아라한이 되었사오니,

저는 여래의 대중 가운데 강기(綱紀)가 되었으매 친히 저의 마음을 인가하셨고 계(戒)를 가지고 몸을 닦음에는 대중들이 저를 으뜸이라고 하였나이다.

부처님께서 원통(圓通)을 물으시니 저는 몸을 잘 단속하여 몸이 자재(自在)함을 얻고, 차례로 마음을 단속하여 마음이 통달을 얻은 후에 몸과 마음이 모두가 통리(通利)한 것이 제일이 되겠나이다."

6) 대목건련(大目犍連)의 의식(意識)원통

대목건련(大目犍連)이 곧 자리에서 일어나 부처님 발에 정례(頂禮)하고 부처님께 고하여 말하기를, "저는 처음에 길에서 걸식을 하다가 우루빈나, 가야, 나제 3가섭이 여래의 인연법[62]의 깊은 도리 말함을 듣고, 제가 단번에 발심해서 대통달(大通達)을 얻었사오며, 여래께서 저에게 주신 가사가 몸에 입혀지고 수염과 털이 저절로 떨어지게 하셨나이다.

저는 시방세계에 다녀도 때 걸리는 것이 없사오며, 신통(神通)이 발명하여 으뜸이 되어 아라한을 이루었사오니, 어찌 세존뿐이겠습니까? 시방 부처님께서도 저의 신력(神力)이 원명하고 청정하고 자재하여 두려움이 없다고 찬탄을 하셨나이다.

부처님께서 원통(圓通)을 물으시니 저는 담연함에 돌아가서 마음 광명이 발선하되, 탁한 물을 맑힘에 오래 되면 맑은 물이 되는 것과 같은 것이 제일이 되겠나이다."

---

62) 인연의 깊은 이치는 무생법(無生法)이다. 의식은 생멸하지만 지금은 무생(無生)을 깨달았기 때문에 마음이 통달하게 된 것이다.

4. 칠대(七大)원통

1) 오추슬마(烏芻瑟摩)의 화대(火大)원통

오추슬마(烏芻瑟摩)가 여래 앞에서 합장하여 부처님의 두 발에 정례(頂禮)하고 부처님께 고하여 말하기를, "저는 항상 먼 옛날을 기억해 보니 오랜 겁 전에 성(性)이 탐욕(貪慾)이 많았나이다.

부처님께서 이 세상에 출현하시니 이름이 공왕(空王)이시라, 말씀하시기를 '음욕이 많은 사람은 맹화취(猛火聚)를 이룬다'고 하시면서 저에게 '백해(百骸)와 사지(四肢)의 차고 더운 기운을 두루 관찰하라'고 가르쳐 주셨나이다.

심신(心神)의 빛이 안으로 엉겨서 많은 음심(淫心)을 변화시켜 지혜(智慧)의 불을 만들었사오니, 그때부터 여러 부처님이 저를 부르시기를 '화두(火頭)'라고 하셨나이다. 저는 화광삼매(火光三昧)의 힘으로 아라한을 이루고, 마음에 대원을 발하기를 '모든 부처님이 도(道)를 이루실 적마다 제가 역사(力士)가 되어서 마군(魔軍)과 모든 원결을 친히 항복받겠다'고 했나이다.

부처님께서 원통(圓通)을 물으시니 저는 몸과 마음의 난촉이 걸림없이 유통한 것을 자세히 관(觀)해서, 모든 루(漏)가 다 소멸하고 큰 보염(寶焰: 보배 불꽃)을 내어 위없는 깨달음에 오름이 제일이 되겠나이다."

2) 지지(持地)보살의 지대(地大)원통

지지(持地)보살이 곧 자리에서 일어나 부처님 발에 정례 (頂禮)하고 부처님께 고하여 말하기를, "제가 기억을 해보 니 옛날에 보광여래(普光如來)께서 세상에 출현하셨는데, 제가 비구가 되어서 항상 중요한 길목과 나루에 땅이 험 하고 좁아서 좋지 못하여 수레와 말이 다니는데 방해가 되거든, 제가 모두 다 평탄하게 매우되 혹은 교량을 만들 며 혹은 모래와 흙을 지기도 하여 길을 고르며, 이와 같 이 한량없는 부처님이 세상에 출현할 때가지 근고(勤苦)하 였나이다.

어떤 중생이 시장터에서 삯꾼을 얻어 짐을 지우려 하면, 제가 먼저 짐을 지고 그가 가는 곳까지 가서 그 물건을 제자리에 놓고 곧 돌아오고 그 삯을 받지 않았으며, 비사 부(毘舍浮) 부처님이 세상에 계실 때는 세상에 흉년이 들 었는데, 제가 짐꾼이 되어서 멀고 가까움을 묻지 않고 오 직 일전만 받았으며, 혹은 수레와 소가 진흙구덩이에 빠 지거든 저의 신력(神力)으로 그를 위하여 바퀴를 밀어서 그 고뇌(苦惱)를 벗어나게 했나이다.

그때 국왕이 부처님을 영접하여 재(齋)를 베풀거늘 제가 그때에 땅을 고르고 부처님을 기다렸나이다.

비사부 부처님께서 저의 정수리를 만지면서 이르시기를 '심지(心地)를 평탄히 하면 온 세계의 땅이 모두 평탄해진 다'고 하시거늘, 제가 곧 마음이 열려서 몸의 미진이 세계 를 만든 온갖 미진과 평등하여 차별이 없음을 보았으며,

미진(微塵)의 자성(自性)이 서로가 저촉되지 아니하며, 더 나아가서는 칼날까지도 또한 저촉함이 없었으며, 제가 법(法)의 성품(性品)에 생멸이 없는 무생법인(無生法忍)을 깨달아서 아라한이 되었나이다.

마음을 돌려서 지금 보살의 지위에 들어갔사오며 부처님께서 묘연화(妙蓮華) 불지견(佛知見)을 말씀하신 것을 듣고 제가 먼저 증명하여 상수(上首)가 되었나이다.

부처님께서 원통(圓通)을 물으시니 저는 몸과 세계의 두 미진(微塵)이 평등하여 차별이 없어 본래가 여래장인데, 허망하게 진(塵)을 발생한 것임을 자세히 관찰함으로써, 진이 녹아지고 지혜(智慧)가 원만해져서 위 없는 도(道)를 이루는 것이 제일이 되겠나이다."

3) 월광동자(月光童子)의 수대(水大)원통

월광동자(月光童子)가 곧 자리에서 일어나 부처님 발에 정례(頂禮)하고 부처님께 고하여 말하기를, "제가 기억하니 옛날 항하 모래수와 같은 겁 전에 부처님이 세상에 나오셨으니 그 이름이 수천(水天)이시라, 보살들을 가르치시어 수관(水觀)을 닦아 익혀서 삼마지(三摩地)에 들어가게 하되, '몸 가운데 물의 성질이 하나도 박탈당함이 없어서 처음 콧물과 침으로부터 이와 같이 진액(津液), 정혈(精血)과 대소(大小)의 편리(便利)에까지 다하여, 몸 가운데 신진 대사하고 혈액 순환하는 물의 성질이 동일한 것임을 관(觀)하며, 몸 가운데의 물이 세계 밖의 부당왕찰(浮幢王刹)

인 모든 향수해와 더불어 평등하여 차별이 없는 것을 보라'고 하시거늘,

제가 그때 처음에 이 관(觀)을 성취하여 다만 그 물이 보일 뿐이고 몸이 없음을 얻지 못했으며, 비구로 있을 때에 방안에서 참선(參禪)을 하였더니 저의 제자가 창문을 엿보아 방안을 보니 맑은 물이 방 안에 두루 있는 것만 보이고 다른 것은 보이지 아니하매, 어린 것이 소견(所見)이 없어 기와와 자갈을 물속에 던져 물을 출렁이게 하여 소리를 내고는 힐끔 돌아보고 가버렸는데, 제가 정에서 나오니 가슴이 아픈 것이 마치 사리불(舍利弗)이 위해귀(違害鬼)를 만난 것 같으므로 제가 스스로 생각하되 '나는 이미 아라한 도(道)를 얻어서 오랫동안 병(病)의 인연을 떠났는데, 오늘 어째서 가슴이 아픈가? 장차 퇴실(退室)하려는 것이 아닌가?' 하였나이다.

그때 동자가 곧 제 앞에 와서 위와 같은 사실을 말하기에, 제가 곧 동자에게 일러 말하기를 '네가 다시 물을 보면 곧 문을 열고 물속에 들어가서 기왓장을 주워내어라.' 동자가 그 가르침을 받들어서 그 다음에 정(定)에 들 때에 또 물이 보이는데 기왓장이 완연하거늘 문(門)을 열고 제거해 버리니, 제가 그 후 정(定)에서 나옴에 몸이 그 전과 같더이다.

그로부터 한량없는 부처님을 만났으며, 산해자재통왕여래(山海自在通王如來) 때에 이르러서 비로소 몸이 없음을 얻어 시방세계의 모든 향수해와 더불어 성(性)이 진공(眞

空)에 합(合)하여, 둘도 없고 차별도 없었으며, 지금 여래에게서 동진(童眞)이란 이름을 얻어 보살의 모임에 참여하였나이다.

부처님이 원통(圓通)을 물으시니 저는 물의 성질이 한 맛으로 유통(流通)함으로써 무생인(無生忍)을 얻어 보리를 원만(圓滿)함이 제일이 되겠나이다."

4)유리광 법왕자(瑠璃光法王子)의 풍대(風大)원통

유리광법왕자가 곧 자리에서 일어나 부처님 발에 정례(頂禮)하고 부처님께 고하여 말하기를, "제가 기억을 해보니 옛적 항하모래 겁 전에 부처님께서 세상에 나오시니 이름이 무량성(無量聲)이시라,

보살에게 본각(本覺)이 묘명(妙明)함을 개시(開示)하시기를, '이 세계와 중생의 몸이 모두 허망한 인연의 풍력(風力)으로 동전(動轉)한 것임을 관찰하라'고 하셨나이다."

"제가 그때에 계(界)가 성립된 것을 관찰하며 세(世)의 움직이는 때를 관찰하며 몸의 동지(動止)를 관찰하며 마음의 생각을 움직이는 것을 관찰하니 모든 동(動)이 둘이 없고 평등하여 차별이 없더이다.

제가 그때에 이 여러 동(動)하는 성(性)이 와도 붙어온 데가 없고 가도 이를 데가 없어, 시방의 미진수(微塵數)와 같은 전도(顚倒)한 중생들이 다 허망하여, 이와 같이 내지는 삼천대천(三千大千)의 한 세계 안에 있는 중생들이 마

치 하나의 그릇 속에 백 마리 모기를 담았으매, 앵앵 어지럽게 울면서 분촌(分寸) 중(中)에서 야단스럽게 지껄임과 같음을 깨달았나이다.

부처님을 만나 미구에 무생법인(無生法忍)을 얻어서, 그 때에 마음이 열리어 이에 동방(東方)의 부동(不動) 부처님의 나라를 보고 법왕자(法王子)가 되어서 시방의 부처님을 섬기었으며, 몸과 마음이 광명을 발하여 걸림 없이 통철(洞徹)하였나이다.

부처님이 원통(圓通)을 물으시니 저는 풍력(風力)이 의지한 데 없음을 관찰하여 보리심을 깨닫고 삼마지에 들어가 시방의 부처님과 합하여 묘심(妙心)을 전함이 제일이 되겠나이다."

5) 허공장보살(虛空藏菩薩)의 공대(空大)원통

허공장보살(虛空藏菩薩)이 곧 자리에서 일어나 부처님 발에 정례(頂禮)하고 부처님께 고하여 말하기를, "제가 여래와 더불어 정광(定光) 부처님 처소에서 끝없는 몸을 얻어서, 그때에 손으로 사대보주(四大寶珠)를 들고 시방의 미진수와 같은 부처님 세계를 비추어 허공을 화성(化成)하였으며, 또 자심(自心)에 대원경(大圓鏡)을 나타내고, 안으로 열 가지 미묘한 보배광명을 놓아 그 광명이 시방의 온 허공에까지 비추니, 모든 당왕찰(幢王刹)이 거울 안으로 들어와서 저의 몸에 건너 들어가고 몸은 허공과 같아서 서로 걸리지를 않으며 몸이 능히 미진수와 같은 국토에

잘 들어가서 불사(佛事)를 널리 행하여 대수순(大隨順)을 얻었사오니,

이 대신력(大神力)은 제가 '사대(四大)는 의지함이 없으며 허망한 생각이 공연히 생기고 사라지며 허공이 둘도 없고 부처님 나라가 본래 같은 것'임을 자세히 관찰함을 말미암아, 동일한 데서 발명(發明)하여 무생인(無生忍)을 얻었나이다.

부처님께서 원통(圓通)을 물으시니 저는 허공이 끝없는 것을 관찰함으로써, 삼마지(三摩地)에 들어 묘한 힘이 원명함이 제일이 되겠나이다."

6) 미륵보살(彌勒菩薩)의 식대(識大)원통

미륵보살(彌勒菩薩)이 곧 자리에서 일어나 부처님 발에 정례(頂禮)하고 부처님께 고하여 말하기를, "제가 기억하오니 옛날 옛적 미진겁(微塵劫) 이전에 부처님이 세상에 나오셨으니 부처님 이름이 일월등명(日月燈明)이십니다. 제가 저 부처님을 따라 출가를 하였으나, 마음이 세상의 명예를 좋아하여 명망 있는 집안에 드나들기를 좋아했더니, 그때에 세존께서 저에게 '유심식정(唯心識定)을 수습(修習)하여 삼마지에 들라'고 가르치시기에, 많은 겁 동안 그 삼매(三昧)로써 항하 모래수와 같은 여러 부처님을 섬겼더니, 세상의 명예를 구하는 마음이 쉬어 소멸했나이다.

연등불(燃燈佛)이 세상에 출현(出現)함에 이르러서야 제

가 최상의 묘하고 둥근 식심삼매(識心三昧)를 이루니 내지
온 허공계(虛空界)의 여래국토의 청정함, 더러움, 있고 없
는 것이 다 제 마음의 변화에서 나타난 것이 없나이다.

세존이시여! 제가 그와 같은 유심(唯心)이 식(識)임을 통
달하였기에 유식(唯識)의 성(性)에서 한량없는 여래를 유출
하였으며, 지금에는 수기(受記)를 얻어서 다음 세대의 부
처 자리에 있게 되었나이다.

부처님께서 원통(圓通)을 물으시니 저는 시방이 모두 유
식(唯識)임을 자세히 관찰함으로써 식심(識心)이 둥글고 밝
아서 원성실(圓成實)에 들어가고 의타기성(依他起性)과 변
계소집성(偏計所執性)을 멀리 떠나서 무생인(無生忍)을 얻
은 그것이 제일이 되겠나이다."

7) 대세지보살의 근대(根大)원통[63]

63) 대세지보살의 근대원통(根大圓通)은 25법의 순서에 따르면 마땅히 23위에 와야
할 것이나, 능엄경에서 24위에 배치한 것은 대세지보살의 염불원통이 심심미묘하
고, 이미 말한 관세음보살의 이근원통과 더불어 막상막하이므로 23위를 뛰어 넘
어 제24위에 배치한 것이다. 그러나 지금 중생들의 근기에 맞추자면, 대세지보살
의 염불원통이 가장 적합하다. 왜냐하면 지금 말세중생은 근성이 둔하고 열악하여
자성을 원만히 깨달아 미혹을 끊고 진성을 증득하거나 생사를 벗어나 범부를 뛰
어 넘어 성인의 경지에 들어갈 수 없다. 그런고로 세존께서는 〈대집경(大集經)〉에
서 3천년 전에 일찍이, "말세에는 무수 억의 사람이 자력에만 치우쳐 수행한다
하더라도 한 사람도 도를 이룰 수 없으며, 오직 염불법문에 의지함으로써만이 생
사고를 벗어날 수 있다."고 설파하셨다. 여기 대세지보살의 염불원통은 순전한 염
불법문이니, 정말로 우리들의 때와 근기[時機]에 부합한다. 염불법문은 여래의 과
각(果覺)을 빌려 자성의 원통을 드러내는 것이다. 이근원통으로 깨달음에 들어가
는 것은 근기가 예리한 사람이라야 비로소 닦을 수 있고, 둔한 근기의 사람은 그
것에 의해서는 이익을 얻을 수 없다. 오직 염불하여 서방정토에 왕생하기를 구하
는 정토법문만이 위로는 상상근(上上根)의 사람도 그 영역을 벗어날 수 없으며,
아래로는 하하근(下下根)의 사람도 그 영역으로 들어올 수 있는 법문이다. 이체
(理體)에 입각하여 말하자면, 구계의 중생 모두가 아미타불의 과각(果覺)의 마음
가운데 있다. 사상(事相)에 입각하여 논하더라도, 사토(四土)의 9품 중생들의 지위
는 각기 다르지만 끝내는 함께 정토로 회귀함은 모두 동일하다. 이런 까닭에 위
로는 문수보살, 보현보살, 마명보살, 용수보살, 혜원법사, 천태지자대사, 영명연수
대사, 연지대사 등 모든 대보살들과 모든 대조사께서 모두 염불하여 서방극락에
왕생하기를 발원하셨다. 아래로는 평범한 남녀의 사람들로부터 오역십악의 중죄를
저지른 사람과 원숭이, 성성이(원숭이과의 동물), 앵무새와 구관조 등 동물에 이르
기까지 그들이 만약에 발심하여 염불하고 서방극락에 왕생하기를 구하면 역시 업
장을 짊어진 채로 왕생하였다. 그들의 임종 시 상서로움이 뚜렷이 나타난 사실은
〈정토성현록〉 등 여러 서책에 무수히 실려 있어 일일이 다 설명할 수 없다. 아미
타경에서, "극락에 왕생한 중생들은 모두 아비발치의 지위에 있다." 라고 말씀하
셨다. 범어 '아비발치(阿鞞跋致, avaivartika)'는 영원히 퇴전하지 않는다는 뜻이
다. 염불하는 모든 중생이 서방정토에 왕생하면 바로 영원히 퇴전하지 않는 지위
에 오르며 한생에 곧바로 불과를 원만히 성취하게 된다. 그러므로 대세지보살의
염불원통의 성취속도가 원돈직첩(圓頓直捷: 원만하고 단박에 곧바로 질러감)함은
관세음보살의 이근원통과 같아 조금도 다르지 않다. 그러나 중생의 근기를 거두어
들임에 있어서는 염불원통이 이근원통을 능가한다. 왜냐하면 이근원통은 오로지
근기가 예리한 사람만을 거두어들이지만, 염불원통은 상·중·하 모든 근기의 중

　대세지(大勢至)[64] 법왕자가 그 동윤(同倫) 52보살과 함께 곧 자리에서 일어나 부처님 발에 정례(頂禮)하고 부처님께 고하여 말하기를, "제가 기억을 해보니 옛날 항하 모래수와 같은 겁에 부처님이 세상에 나오셨으니 그 부처님 명칭이 무량광(無量光)이시며,[65] 12여래가 일겁(一劫)

생을 널리 거두어 둔한 중생과 예리한 중생을 모두 거두어들이기 때문이다. _정권(靜權)법사의 〈능엄경대세지보살염불원통장 강의〉(박병규 譯) 중에서

64) 대세지보살께서 중생에게 깊은 이익을 주시기 위하여 오로지 염불법문만을 주창하시기를, 마치 집 떠난 아들이 어머니를 기억하고 생각하듯 중생이 부처님을 기억하고 생각한다면, 곧바로 부처님 은혜를 입어 원인의 염불하는 마음과 결과의 깨달음이 서로 합치되고, 즉시 근본으로 되돌아가고 마음의 본원으로 돌아간다고 말씀하셨다. 대세지보살께서 말씀하신 바, 육근을 모두 다잡아(추슬러) 깨끗한 염불심을 계속 이어가는 수행법의 미묘함은 가히 말로 다할 수 없다. 대세지보살님께서 갖추신 공덕은 한계가 없으며, 아미타불을 보필하여 자비의 배를 운행하시며, 중생의 고통을 구제하심은 관세음보살님과 꼭 같고, 중생을 극락으로 인도하심도 보현보살님과 다르지 아니하다. 중생으로 하여금 원인을 닦음에 널리 6근·6진·6식을 사용토록 하여, 과를 증득함에 모두 원통진상(圓通眞常)을 얻도록 하신다. 염불하는 중생을 모두 거두어 서방정토로 돌아가게 하시니, 이 막중한 은혜는 영겁에 잊을 수 없도다. 나무 서방극락세계 무변광치신(無邊光熾身: 가없이 치열하게 빛나는 몸) 대세지보살. _인광대사의 대세지보살송(大勢至菩薩頌: 박병규 譯)

65) 모든 부처님과 보살들은 숙명통을 갖추셨기 때문에 과거 무량천만억겁의 일을 기억하심이 마치 눈앞의 것을 보는 것과 같다. 그러므로 〈법화경〉에서, "구원겁 전의 일이 마치 오늘의 일 같구나." 라고 하셨다. 무량광(無量光)불은 〈무량수경〉에 의하면, 아미타불이라고 칭하셨고, 또한 무량광불·무변광불·무애광불·무대광불·염왕광불·청정광불·환희광불·지혜광불·부단광불·난사광불·무칭광불·초일월광불이라고도 하셨다. 광명의 이름을 12가지로 나누어 부르셨다. 아미타불 한 가지 이름이 12가지 광명을 갖추신지라, 12가지 광명이 모두 아미타불 한 가지 이름에 포함되어 한 가지도 빠뜨림이 없다. 왜 그런가? 범어 아미타는 무량각(無量覺)이다. 부처님께서 증득하신 과각(果覺)은 원만 광대하여 한 법도 포함하지 않음이 없고 모든 법을 포함하여 한 법도 빠뜨림이 없다. 이것을 읽어 보면, 대세지보살이 과거 무량겁 전에 뵈온 적이 있던 12여래는 바로 지금의 아미타불임을 알 수 있다. 아미타불은 광명이 무량하여 시방세계를 걸림 없이 비추시니 그러므

동안 계속하여 나셨는데 그 최후 부처님의 이름이 초일월
광(超日月光)66)이시더이다.

저 부처님이 저에게 염불삼매(念佛三昧)를 가르치시
되,67) '비유컨대 어떤 한 사람은 전적으로 생각을 하고

로 무량광불(無量光佛)이라고 부른다. 우리 사바세계에서는 해와 달의 빛이 가장
광대하여 능히 4대부주(동승신주, 남섬부주, 서우화주, 북구로주)를 비추나, 아미
타불의 광명은 해와 달의 빛보다도 백 천 만억 배나 더 밝다. 그런고로 초일월광
불(超日月光佛: 해와 달의 빛을 초월하는 광명을 가진 부처님)이라고 한 것이다.
_정권법사, 上同

66) 대세지보살께서 과거 겁 중에 뵈온 12여래는 1겁씩 서로 이어가며 성불하셨는
데, 그 최후의 부처님의 이름이 초일월광불이며, 그 부처님께서는 바로 이 염불법
문을 보살에게 열어 보이셨다. 그 열어 보이신 염불법문은 치우치지 아니하고 원
만하며, 단박에 깨달으며, 곧바로 질러가는 법문이며, 매우 깊으며 절실히 중요한
법문이다. 보살께서는 염불법문을 들으신 후 근엄하게 가르침을 받자옵고 정진하
여 닦아 지녀 염불하여 삼매를 증득하셨다. 본 장의 경문은 바로 보살께서 대자
비로 석가모니 부처님께 자신의 과거 겁 중에 발심 수행한 인연과 염불삼매를 얻
은 내력을 고백하는 부분이다. 오직 이 염불법문만이 원만하고 단박에 깨치며 곧
바로 질러가는 길이며, 간편하여 닦기가 쉽고 일체의 법문보다 뛰어난 법문이다.
보살께서 이미 이와 같이 자비로 사바세계에 강림하심은 중생을 우려하며 타일러
애절하게 인도하여 중생으로 하여금 염불법문에 깊이 들어가게 하기 위함이다. 우
리가 지금 염불법문을 만난 것은 가히 우리들이 과거세에 뿌린 종자의 청정한 직
접원인 및 참다운 간접원인의 결과임을 알 수 있다. 여러분은 마땅히 공경하는
마음으로 보살께서 자비로 내려주시는 법문을 받아 지녀, 부지런히 닦고 익혀야
한다. _정권법사, 上同

67) 여기서는 염불원통(念佛圓通)이 처음 공부단계에서는 낮은 데서부터 깊은 데로
나아가게 하고, 나중 공부의 종점 단계에서는 닦아 익힘[熏修]이 지극하여 능히
원인과 결과가 서로 합치하게 하여, 중생과 부처가 하나요, 일념이 전체며, 전체
가 일념이 되니, 이는 곧바로 관세음보살의 이근원통(耳根圓通)과 같아 서로 다르
지 아니한 것을 바로 나타낸다. 또 염불에는 4가지 종류가 있으니 첫째는, 지명
염불(持名念佛: 부처님의 명호를 발성하거나 묵념으로 지니는 염불법), 둘째는,
관상염불(觀像念佛: 〈반주삼매경〉에서와 같이 부처님의 32상 80종호를 관하는 염
불법), 셋째는, 관상염불(觀想念佛: 〈16관경〉에서와 같이 서방정토의 부처님, 보살
님의 상호는 물론 그곳의 맑은 연못, 황금땅 등 수승한 환경을 관하는 염불법),

한 사람은 전적으로 잊어버리면, 이와 같은 두 사람은 만
나도 만나지 못하고 보아도 보지 못하나, 두 사람이 서로
생각하여 두 생각하는 마음이 간절하면 내지 이 생(生)에
서 저 생(生)으로 이르도록 형상에 그림자가 따르듯이 서
로 어긋나지 아니하리라.'68)

───────────────

넷째는, 실상염불(實相念佛: 자신의 마음이 바로 부처임을 관하는 염불법)이다. 이
4가지 염불을 모두 염불삼매(念佛三昧)라고 한다. 왜냐하면 수행방법은 다르지만
결과는 꼭 같기 때문에 모두 염불삼매라고 한다. 또 염불삼매는 모든 삼매 중의
왕이며, 모든 삼매를 능히 통솔하여 거두어들인다. 염불하여 염이 일심불란(一心
不亂)의 경지에 이르면 바로 염불삼매를 이룬다. 일심불란은 바로 정정(正定)이요,
정수(正受)이기 때문이다. 그러나 우리들의 염불공부는 망상이 복잡하게 날리기
때문에 일심불란을 이루지 못한다. 만약에 우리가 대세지보살께서 열어 인도하시
는 염불법문에 의지한다면 곧바로 깊은 염불원통에 들어가 정심(定心: 잡념과 혼
란없이 집중되고 평정된 마음)으로 닦아 지녀 가장 쉽게 일심불란의 염불삼매를
성취하게 된다. _정권법사, 上同
68) 부처님께서 말씀하시되, "일체중생은 모두 불성을 갖고 있으며, 터럭만큼의 모자
람도 없다."고 하셨다. 만약에 중생이 진실로 염불하여 서방정토에 왕생하기를 구
한다면, 그러한 중생은 미래세에 모두 다 성불할 수 있다. 다만 중생이 미혹하고
전도되어, 일체중생의 아버지이신 부처님을 멀리하고 달아나 사바세계 오탁악세의
고해에 빠져서 세세생생토록 무량한 고뇌를 받으며 지금에 이르러서도 쉴 날이
없다. 부처님께서는 이러한 중생들을 가엾게 보시어 언제라도 잊거나 버리지 아니
하신다. 또한 서방극락세계의 아미타불과 이 사바세계의 중생 간에는 특별한 인연
이 있는 관계로 아미타불께서는 사바중생을 가여워 하심이 더욱 깊으시며, 염념
(念念)이 우리 중생들을 교화하여 고해를 건네주기 위하여 우리 중생들을 접인
하여 고해를 멀리 떠나 서방극락에 왕생케 하여 미래세가 다하도록 아미타불과
같은 묘락(妙樂)을 누리게 하시며, 극락에서 수행으로 나아가서 함께 불과를 이루
도록 하신다. 그런데 애석하게도 우리 중생들은 전혀 부처님을 향한 마음이 없으
며 부처님의 은혜를 저버리고 있으니 이 얼마나 부끄러운 일인가! 그런데 우리들
이 과연 정말로 마음 마음마다 부처님을 향함은 집 떠난 지 오래된 객(客)이 일
심(一心)으로 고향에 돌아가기를 생각함과 같은 것이니, 이런 사람은 결정코 서방
정토에 왕생함에 아무런 어려움도 없다. 이것은 두 사람이 서로 생각하여 제대로
합치된 경우이며, 또한 두 사람이 서로 깊이 생각하는 경우이다. 이런 사람은 금
생에만 부처님과 서로 가까이 있게 될 뿐만 아니라, 세세생생에 결정코 서로 어

　　'시방의 여래가 중생을 불쌍히 생각하는 것이 어머니가 아들 생각하듯 하건마는, 만일 아들이 도망가면 비록 생각한들 어찌 되겠느냐? 아들이 만약 어머니 생각하기를 어머니가 아들 생각하듯이 한다면, 어머니와 아들이 여러 생을 지내도록 서로 어긋나지 않을 것이다.[69]

　　긋나지 않는다. 우리들은 모름지기 서로 어긋나지 않는 것의 효력은 전적으로 오로지 (부처님만을) 생각함에 달려 있으며, 그에 의하여 막대한 이익(왕생극락, 생사해탈, 구경성불)을 얻는다는 것을 알아야 한다. 이렇게 우리들이, 우리들에게 오로지 집중하여 아미타불만을 생각해야 하는 중요한 비결(祕訣)을 지시하여 주신 대세지보살님의 자비를 입었을진대, 우리들은 마땅히 보살의 가르침을 마음에 확고하게 새겨 잠시도 잊어서는 아니된다. _정권법사, 上同

69) 마땅히 아미타불의 48대원을 세밀하게 읽어 보면, 각 원(願)마다 시방세계의 중생을 접인하시어 함께 서방정토에 돌아와 함께 묘락(妙樂)을 향유하기를 희망하신다는 내용이다. 우리들이 곧바로 일념의 지극한 정성으로 아미타불께 돌아갈 수 있다면 곧바로 아미타불의 거두어주심[攝受]를 받을 수 있다. 우리가 염념이 아미타불께 지극한 마음으로 되돌아 갈수만 있다면, 우리는 염념이 아미타불의 거두어주심을 받게 된다. 다시 마땅히 항상 그리고 끊임없이 진실로 사바의 고통을 떠나 서방정토의 묘락(妙樂) 얻기를 발원하라. 이것은 자신의 원을 부처님의 원력의 바다에 투입하는 것이다. 이와 같이 자신의 원을 부처님의 원력의 바다에 투입하기를 시시때때 언제라도 잊지 않으면 결정코 우리들의 감(感: 노력)과 부처님의 응(應: 응답)의 길이 서로 연결되어[感應道交] 부처님의 이끌어 주심[接引]을 받아 서방극락세계에 왕생하게 된다. 이와 같이 신속한 효과를 얻게 되는 이유는 아미타불과 중생 간에 다음과 같은 두 가지 밀접한 관계가 있기 때문이다. 첫째는, 소위 중생과 부처님의 본래의 성덕(性德)은 서로 통(通)하여 본래부터 한 몸이다. 비록 중생과 아미타불은 서로 10만억 국토의 멀리에 떨어져 있지만, 원래부터 중생은 아미타불의 대각(大覺)의 성품 가운데[性品中] 있는 지라 (미혹했다고 해서) 여기서 나가지도 않았고 (깨달았다고 해서) 여기로 들어오는 것도 아니다. 이런 까닭에 한 생각이 아미타불께 되돌아가면 한 생각이 아미타불의 거두어주심[攝受]을 받게 되고, 생각 생각이 아미타불께 되돌아가면 생각 생각이 아미타불의 거두어주심[攝受]을 받게 된다. 둘째는, 소위 아미타불과 중생의 원력(願力)이 서로 통하여 있기 때문이다. 즉 우리들이 만약에 때때로 극락에 되돌아가기를 발원하고, 다시 아미타불의 중생구제의 기운(氣運)과 서로 합치되면 중생의 (구원을 바라는) 원과 아미타불의 (구제하려는) 원력이 서로 합치된다. 마치 자석이 철 조각을 잡아당겨

　만약 중생의 마음에 부처님을 기억(記憶)하고 부처님을
생각하면 현전(現前)에나 당래(當來)에 반드시 결정코 부처
님을 보아서, 부처님과 멀지 않다.70) 방편을 빌리지 않고

끝내 분리되지 않는 것과 같다. 이와 같이 성덕(性德: 우리의 참성품이 본래 갖춘
덕)과 수덕(修德: 참성품에 맞게 닦아 얻은 덕)이 서로 밀접하게 관계를 맺고 있
고, 중생과 부처가 본래부터 한 몸이므로, 이런 까닭에 시방세계의 모든 부처님들
께서는 중생에게 오직 아미타불을 칭념하라고 가르치시고 다른 부처님을 칭념하
라고 가르치지 않으신다. _정권법사, 上同

70) 중생이 부처님을 뵈옵는 데는 부처님의 몸이 법신도 있고 색신도 있어 한 가지
가 아니다. 그럼 어떤 것을 법신이라 하는가? 모름지기 중생이 염념이 지극한 정
성을 다해 아미타불을 기억하고 생각하면 이는 곧 염념이 아미타불의 청정한 법
신(法身)의 깨달음 바다에 들어감이니, 이는 마치 물에 물이 섞이듯이 자연스럽게
합치됨을 알아야 한다. 이러한 합치가 지극해지면 전체가 두루 원만하여 자신의
힘과 부처님의 힘 사이에 털끝만큼의 간격도 없으며 단박에 자신의 몸이 아미타
불의 청정한 법신의 깨달음 바다의 한 가운데 머물러 있어, 그곳으로 들어감도
아니고 그곳으로부터 나오는 것도 아니며, 자기 자신이 있는 것도 아니며, 그렇
고 없는 것도 아니며, 부처님의 거두어 살려 키우심[含養]에 의지하니, 이 얼마나
편안한가 하고 깨닫게 된다. 만약에 이와 같이 본 사람은 바로 부처님의 법신을
뵈온 것이다. 부처님의 안목으로 본다면 구계의 중생이 모두 여래의 법신 깨달음
의 바다에 있으며, 부처님과 일체중생이 모두 한 몸으로 원융하며 모두 같아 아
무 차별이 없다. 다만 중생이 미혹하고 전도되어 그러한 이치를 깨닫지 못하고
알지 못하여 그 법신을 가까이 하지 못할 뿐이다. 이는 마치 고기가 물에 살면서
도 물을 알지 못하는 것과 같고, 새가 허공을 날면서도 허공을 보지 못하는 것과
흡사하다. 그럼 어떤 것이 부처님의 색신(色身)인가? 우리들이 지금 아미타불의
미묘한 색신을 친견하고자 하면 다만 생각 생각이 지극한 정성으로 아미타불의
명호를 지니기만 할 것이니, 즉 입으로는 염불소리 내는 것을 맑고 뚜렷하게 하
고, 귀로는 염불소리 듣는 것을 맑고 뚜렷하게 하며, 마음은 깨어 맑고 뚜렷하게
염불하여야 한다. 만약에 입으로는 염불소리를 내나 마음속으로 멋대로 갖가지 쓸
데없는 생각을 한다면, 이는 부처님의 기억하고 생각함이 아니다. 염불은 반드시
지금 이 마음의 100%를 집중해서 해야 한다. 이것이 곧 올바른 염불[正念]이다.
한 구절 한 구절의 부처님 명호(나무아미타불 6자나 아미타불 4자)는 모두 정념
(正念)의 마음 가운데서 흘러 나와야 한다. 마음이 염불에 전적으로 집중할 수 있
다면 망념은 스스로 쉬게 되고, 이러한 상태에서는 만약에 망념이 일어나더라도
망념이 일어난 것을 알아챔과 동시에 망념은 사라진다. 그래서 고덕(古德)께서는,

도 저절로 마음이 열리게 됨이71) 마치 향(香)에 물든 사

"망념이 일어나는 것을 두려워하지 말고, 망념이 일어난 것을 늦게 알아차리는 것을 두려워하라."고 하셨다. 가사 우리가 올바른 염불을 하지 못하고 있더라도 역시 마땅히 시시때때로 아미타불의 명호를 기억하여 잡드리고, 생각하여 잡드리어 잊지 않도록 해야 한다. 설사 아미타불의 명호를 잊었다고 하더라도 다시 염불하려는 생각을 일으켜야 한다. 만약에 우리가 능히 하루 12시(오늘날 24시간) 중에 항상 '나무아미타불' 6자 큰 이름을 마음에 기억하여 그렇게 오래 염불하면 반드시 익숙하게 되어 염념이 아미타불의 명호를 잊지 않게 된다. 이는 우리들이 세상의 중요한 일을 마치지 못하면 그 일이 마음속 깊이 새겨져 아주 늦은 밤 꿈속에서도 잊지 못하는 것과 같다. 우리가 염불을 함에 있어서도 이와 같이 해야 한다. 하물며 염불이 오로지 생사(生死)를 벗어나는 제일대사(第一大事)를 위한 것임에랴. 여러분이 과연 이와 같이 염불을 중시하여 언제나 부처님을 기억하고 생각한다면 우리들은 결정코 부처님을 뵈올 수 있으니, 혹은 바로 지금 혹은 미래에 부처님을 뵈올 수 있다. 소위 현재 부처님을 뵙는다는 것은 혹은 꿈속이나 혹은 정중(定中)에 혹은 진불(眞佛)을 뵈옵거나 혹은 부처님 초상(肖像)을 뵈옵는 것을 말한다. _정권법사, 上同

71) 다만 모름지기 이 염불법문을 쫓아 염념이 지극한 정성으로 아미타불의 명호를 빈틈없이 꽉 잡아 지녀 마치 물에 물을 넣듯 그윽이 통달하여, 이로 말미암아 자신도 모르게 아미타불의 원만한 깨달음의 바다에 깊이 들어가 여래의 실상(實相) 정정(正定)에 편히 머물러 부처님의 거두어 양육해주심에 의지하니, 이에 의하여 능히 무량겁의 진로업식(塵勞業識)이 점점 녹아 소멸되고, 그 녹아 소멸됨이 지극함에 이르면 본각(本覺)의 심지(心地)가 스스로 활연히 열린다. 그렇게 되면 단박에 내외가 사무쳐서 하나가 되며 깨달음의 바다가 전체적으로 나타나고 진실로 원융(圓融)하여 법계(法界)에 충만하게 된다. 그러므로 "방편을 빌리지 않고 마음이 스스로 열린다[不假方便 自得心開]."고 하신 것이다. 이것은 현재 마음이 열리는 경우이다. 정토종 6조 영명대사(永明大師, 904~975)께서 말씀하시되, "선(禪)은 닦지 않더라도 정토업(淨土業)을 잘 닦으면, 만 사람이 닦아 만 사람이 모두 정토에 가나니, 다만 정토에서 아미타불을 친견하기만 한다면 어찌 깨닫지 못할까 걱정하리오." 라고 하셨다. 이것은 서방정토에 왕생한 모든 중생이 왕생 후 연꽃이 열려 부처님을 친견하고, 부처님의 설법을 듣고 모두 곧바로 무생(無生)의 이치를 깨달아 실상(實相)의 심지(心地)가 단박 활연히 열리면서 시방세계의 모든 부처님들과 중생들의 신체[正報]와 머무는 세계[依報] 및 오음(五陰; 色ㆍ受ㆍ想ㆍ行ㆍ識)의 색(色)과 공(空), 염(染)과 정(淨)은 모두 지금 눈앞에 작용하는 한 생각 보리 진실심(菩提眞實心) 가운데 놓여 있으니 그 모든 것들이 한몸처럼 원융(圓融)하여 모자람도 남음도 없게 된다는 것을 말한다. 이것은 바로 미래에 마음이

람이 몸에 향기(香氣)가 있는 것 같으리니72) 이것을 향광
장엄(香光莊嚴)73)이라 이름한다'고 하더이다.

열리는 경우를 말한다. 이것을 보면, 염불법문은 착수하기가 극히 쉽고, 성공률은
가장 높고, 사람마다 닦을 수 있어 모두들 능히 습득할 수 있으며, 상·중·하
모든 근기의 중생을 거두어들이며, 근기가 예리한 중생이든 둔탁한 중생이든 모두
거두어들일 수 있는 법문임을 알 수 있다. 정토법문이야 말로 정말 생사의 고통
을 끊고 범부를 뛰어 넘어 성인의 지위로 들어가는 방편 중 제일방편이요, 첩경
중 제일 첩경이니 염불보다 뛰어난 다른 법은 없다. 나는 다시 염불법문이야말로
정말 위없고 깊고 미묘한 선(禪)임을 확신한다. 왜냐하면 서방정토에 왕생한 후에
어찌 깨달음만을 얻을 뿐이랴. 부처를 또한 이루게 된다. 부처를 이루게 되니 다
시 어떤 수승한 법이 그 성불보다 더 나은 것이 있겠는가? _정권법사, 上同
72) 훈습(薰習)으로 변하는 힘을 말미암은 것이다. 대세지법왕자가 이 견대에 의거하
여 염불하는 사람을 섭수하기 때문에 모두 정토에 귀의한다.
73) 이 비유는 사람으로 하여금 낮은 데서부터 시작하여 깊은 데로 나아가서 궁극적
으로는 구경의 지위에 도달하게 함을 말한다. 왜냐하면 가령 우리가 만약 마음을
거두어 염불하지 아니하면 필히 중생을 염하게 되고, 정토를 염하지 않으면 결정
코 사바를 생각하게 된다. 그렇게 사바와 중생을 생각생각 버리지 않고 생각생각
잊지 않으면, 마치 아교나 옷칠과 같이 꼭 달라붙어 여기서 벗어나기가 대단히
어렵다. 이렇게 되면 죽을 때까지 사바세계와 중생들을 언제라도 잊거나 버리지
못하여 항상 사바세계의 오욕(五慾)과 번뇌에 뒤덮여 지내게 된다. 이는 마치 더
러움에 오염되고 깜깜한 암흑 가운데 있는 것과 같아 여기서는 바르게 깨닫지도
알지도 못하는 데, 여기서 어떻게 향기로운 광명이 나겠는가? 지금 생각생각 지
극한 정성으로 부처님을 기억하고 생각하면, 이것이야 말로 자기의 원인마음을 가
지고 부처님의 결과의 깨달음[果覺]에 들어가는 것이니, 염불공부가 오래 습관이
되도록 몸에 배여 점점 부처님의 과각(果覺)에 들어가서 깊어진다. 이는 마치 향
기나는 밝은 방에 들어가면 점점 밝게 보이고, 점점 청정해지는 것과 같다. 만약
염불공부를 하여 아직 진로혹업(塵勞惑業)을 끊어 여래의 실상과각을 직접 증득하
지 못했다 하더라도 항상 여래의 실상과각에 의하여 전신(全身)이 거두어 살려지
니, 그 사람의 공덕과 지혜 및 장엄이 향기 나듯 그윽하고 널리 비추어 역시 진
로혹업이 점점 감소하고 점점 옅어지며 지혜광명이 점점 통달하고 점점 원만히
드러난다. 그런고로 "향기묻은 사람[染香人]의 몸에서 향기가 나는 것과 같다. 이
것을 일러 '향광장엄'이라고 한다."고 하셨다. 향(香)은 성품의 덕을 비유하고, 빛
[光]은 지혜의 덕을 비유하며, 물든다[染]함은 닦아서 얻은 덕[修德]을 말한다. 수
덕(修德)으로 말미암아 성품의 덕[性德]이 비로소 드러난다. 이렇게 자기의 성덕

저는 본시 인지(因地)에서 염불(念佛)하는 마음으로 무생법인(無生法忍)에 들어갔사오며 지금도 이 세계에서 염불(念佛)하는 사람을 포섭하여 정토(淨土)에 돌아가게 하나이다.74) 부처님께서 원통(圓通)을 물으시니 저는 어느 것도

(性德)이 드러남으로 말미암아 비로소 자신의 성덕과 부처님의 성덕이 본래부터 한 몸체이고 서로간에 털끝만큼의 간격도 없음을 알게 된다. 혹시 간격이 있다면 이는 오로지 중생의 무명업식 때문일 뿐이다. 지금 누겁에 걸쳐 쌓아온 진로업식(塵勞業識)을 소멸시켜 자성의 지혜광명을 원만히 드러내고자 한다면 반드시 생각 생각에 지극한 정성을 다하여 부처님의 명호를 지녀야 한다. 이러한 염불수행은 자기의 원인마음으로 부처님의 과각에 들어감이니 이는 마치 물에 물을 넣고 물과 물을 합치는 것과 같으니, 이렇게 오래도록 습관이 되도록 닦아 나아가면 자연히 점점 마음의 광명이 통달하고 성품의 본체가 원만히 드러남을 깨닫게 된다. 여래의 과각(果覺)은 바로 자신의 본각(本覺)이요, 자신의 본각(本覺)은 여래의 과각(果覺)이다. 만약에 여래의 과각에 들어가고자 한다면 다만 자신의 본각에 들어가기만 하면 된다. 자신의 본각을 떠나서 별도로 여래의 과각이 존재하지 않는다. 역시 여래의 과각을 떠나서 자신의 본각이 존재하는 것도 아니다. 이것이 정말 이른 바 "원인은 과각(果覺)의 바다를 포함하고, 결과는 원인의 밑바닥을 꿰뚫고 있다."는 것이다. 원인이 과각의 바다를 포함한다는 것을 알았다면 '나무아미타불' 한 구절 한 구절(염불심)마다 자성(自性)의 염불원통(念佛圓通)이 드러남을 알게 되고, 과각의 바다가 원인의 밑바닥까지 꿰뚫고 있다는 것을 알았다면 이는 염불하는 염념이 여래장엄(如來莊嚴)의 과각(果覺)에 머물게 됨도 알게 된다. 이것이 바로 부처님의 장엄을 자신의 장엄으로 삼는다는 것이며, 부처님의 머무심을 자신의 머묾으로 삼는다는 것이다. 이것이 역시 이른 바 "부처님의 힘에 깊이 의지하면 할수록 의지함이 지극해진다."는 것이다. 다만 염불법문을 수긍하고 받아들여 애써 닦아서 각자가 그 공부를 헛되게 하지 아니하면, 가까이 현생에는 단박에 깨닫게 되고, 멀리 장래에는 서방정토에서 필히 깨닫게 된다. 비록 품위의 고하의 차이와 부처님의 뵈옴에 빠르고 늦는 차이는 있지만 끝내는 성불하는 지위에 도달함은 모두 차이가 없고 함께 무상보리를 증득하게 된다. _정권법사, 上同

74) 염불법문은 "횡으로 삼계를 초월하고 업을 가지고 왕생하는[橫超三界 帶業往生]" 법문이다. 무엇이 횡초삼계인가? 비유하자면, 하나의 대나무가 있는데, 대나무 통 속에 벌레가 있어 이 벌레가 만약 한 마디 한 마디씩 갉아 구멍을 내어 벗어나려면 많은 시간이 소요될 것이다. 그런데 이 염불은 마치 이 벌레가 대나무의 한 마디에서 옆으로 구멍을 낸다면 매우 쉽게 나올 수 있을 것이다. 이것이 바로

선택함이 없고 육근(六根)을 모두 포섭하여75) 청정(淸淨)
한 생각이 항상 계속하여76) 삼마지(三摩地)를 얻는 것이

"횡으로 삼계를 벗어난다"는 것이다. 대업왕생이란 무엇인가? 대업이란 숙세의 업[宿業]은 지니지만 현세의 업[現業]은 지니지 않으며, 오랜 업[舊業]은 지니나 새로운 업은 지니지 않는다는 뜻이다. 이것은 당신이 염불을 하기 전에 지은 업은 가지고 왕생할 수 있지만, 당신이 염불을 알고 난 이후 또다시 업을 지으면 가지고 왕생할 수 없다는 것이다. 당신이 염불을 알고부터는 과거의 허물을 뉘우치고 자신을 새롭게 만들어야 한다. 다시 새롭게 업을 지으면 업 위에 다시 업을 더하는 것이며, 죄 위에 다시 죄를 더하는 것이다. 그러면 가지고 갈 수 없다. 따라서 숙업 즉 전생에 지은 죄업은 가지고 갈 수 있지만, 금생에 염불을 시작한 이후로는 마땅히 다시는 죄업을 지으면 안 된다. 당신이 만약 다시 죄업을 지으면 가지고 갈 수 없을 뿐만 아니라, 당신은 알면서 범한 것이기 때문에 죄가 더욱 가중된다. 왜 염불을 해야 하는가? 바로 우리와 아미타불과는 큰 인연이 있기 때문이다. 아미타불께서는 10겁 이전에 성불하였는데, 성불하기 전에 법장이라는 비구로 있을 때 48개의 대원[大願]을 발하였다. 그 가운데 하나의 원은 대략 다음과 같다. "시방의 중생이 저의 이름을 불러 만약 성불하지 못한다면, 저는 정각을 성취하지 않겠습니다." 아미타불의 이러한 원력이 있기 때문에 따라서 모든 염불하는 사람은 극락세계에 갈 수 있다. (선화상인은 1975년 1월, 대만 불자들의 요청으로 대만에서 〈대세지보살염불원통장〉 이 부분을 다시 강설하셨으며, 단행본으로 나오기도 하였다.) _선화상인(宣化上人), 〈능엄경 강설〉(정원규 편역) 중에서

75) 육근을 도섭(都攝: 모두 추스리는)하는 염불법은 이근(耳根)도 그 속에 포함될 뿐만 아니라 염불을 생멸심(生滅心)으로 하지 않고 반문(返聞) 공부와 같이 불생멸심으로 하면 아무런 손색이 없다. 기타의 경과 논에서 부처님과 보살께서 염불법을 가장 주창하셨고, 또한 시방삼세의 모든 부처님께서 광장설(廣長舌)로 말씀하신 것을 보면 저절로 수긍이 되고도 남는다. 발심수도(發心修道)는 성불함이 목적이고 십법계(十法界)에서도 불법계(佛法界)가 가장 으뜸이니 염불하여 부처님을 친견하고[見佛] 성불하는 것이 곧 대원통(大圓通)을 얻는 것이다. 그러므로 대세지보살의 염불원통법이 이근원통보다 못하다는 분별심을 내지 말고, 관세음보살과 대세지보살이 함께 극락정토의 아미타불을 보좌하시는 좌우보처이시며 그 법이 둘이 아님을 알아서 수행하면 된다. 경에서 "말세에는 억억(億億: 수많은)의 사람이 도를 닦아서 얻지 못해도 오직 염불에 의하여 도를 얻고 제도 받는다."는 부처님의 말씀을 깊이 믿어야 한다. 염불법은 중생의 혹업(惑業)이 있고 없고를 막론하고 혹업이 남아있는 그대로 정토에 나서 가장 빨리 성불하는 최상승법이다. _각성스님, '대세지보살염불원통장 서문' 중에서

제일이 되겠나이다."77)

---

76) 망견의 육근과 육진이 생각 생각마다 집착해 취하고 생각 생각마다 오염되어서 갖가지 업을 짓기 때문에 임종할 때 지옥의 나쁜 모습을 보고 생사에 떨어지는 것이다. 그러나 이제 염불하는 사람은 육근의 문두(門頭)에서 일체의 견문각지(見 聞覺知)가 순수하고 한결같은 청정한 마음[純一淨心]이라 오직 부처님만이 생각 생각마다 청정을 이루기 때문에 임종할 때 부처를 친견하는 것이다. 그래서 '유근 을 모두 섭수하여 청정한 생각이 서로 이어진다' 말한 것이니, 이는 바로 불가사 의한 훈습 변화(薰變)의 힘이다. 정토가 오직 마음 뿐이란 것이 여기에서 보인다. 그러나 봄[見]은 바로 생사의 근본이다. 참선이라면 '참[眞]을 구하려 애쓰지 말고 오직 봄을 쉬어야 한다'고 말하지만, 염불은 오염된 봄[染見]을 굴려서 청정한 봄 [淨見]을 이루니, 오직 하나 뿐인 견분(見分)이 쓰이기도 하고 쓰이지 않기도 하 는 것이다. 여기에서 선종과 정토종이 나뉘는 것이다.

77) '대세지보살 염불원통장'은 견대(見大)을 말미암아 들어간다. 오직 이 견대만이 바로 팔식의 견분(見分)이다. 대원경지를 미혹, 무명이 되어 아뢰야식을 이루는데, 망견(妄見)을 발하여 일으키기 때문에 견분이 된다. 근신기계(根身器界)를 허망하 게 보는 일체 중생이 오염을 집착해 취하기 때문에 예토(穢土)를 이루고, 지금은 허망을 돌이켜 참에 돌아가려 하기 때문에 염불로 섭수하여 정토에 돌아가면 망 견이 단박에 타파되면서 온갖 더러움이 단박에 제거된다. 이 때문에 염불을 망견 을 타파하는 중요한 방편으로 여기는 것이다. 이 망견이 본래 지혜광명이기 때문 에 대세지법왕자가 스승으로 삼은 부처님이 무량광이 된 것이다. 이 봄[見]은 지 혜를 미혹해서 변하여 일어남을 말미암기 때문에 마치 자식에 대한 어머니와 같 은 것이다. 망견의 허망한 흐름은 정(情)을 따라 업을 짓기 때문에 마치 자식이 도망치는 것과 같다. 모든 부처님 지혜의 염원은 중생을 거두어 교화하는 것이기 에 마치 어머니가 자식을 생각하는 것과 같다. 만약 허망을 돌이켜 참에 돌아가 는[返妄歸眞] 뜻이 있다면 마치 자식이 어머니를 생각하는[情] 것과 같다. 자식과 어머니가 서로 생각하니 어찌 얼굴을 볼 때가 오지 않겠는가? 만약 중생이 생각 생각마다 회광반조(廻光返照)한다면 자기 마음의 부처를 보지 못함이 없을 것이 다.

대불정수능엄경 제6권

5. 관세음보살(觀世音菩薩)의 이근원통(耳根圓通)[78](2)

1) 육결(六結)을 푸는 원통의 인행(因行)(6)

그때에 관세음보살이 곧 자리에서 일어나 부처님 발에 정례(頂禮)하고 부처님께 고하여 말하기를, "세존이시여! 기억해보니 제가 옛날 무수한 항하 모래수와 같은 많은

---

[78] 관세음보살의 이근원통을 특별히 25원통법의 최후에 둔 것은 세 가지 이유가 있다. 첫째, 아난은 다문제일로서 부처님의 법문을 어느 누구보다 가장 잘 문지(聞持)한 이유이다. 둘째, 사바세계가 음성교체이므로 귀로 듣는 것을 전제로 하여 이근원통을 최상으로 선택한 것이다. 셋째, 처음부터 불생멸심으로 수행함에는 반문공부(返聞工夫)인 이근원통이 좋기 때문이다. 그에 관한 깊은 뜻을 살펴보면 모두 사바세계에 있는 아난에게 한하여 이근원통을 제일의 원통으로 선정하신 것이니, 아난과 상근기에는 이근원통법이 가장 적절한 법이 된다. 그러나 상·중·하근기에 두루 통하는 법은 오직 염불법인 근대원통이다. 그래서 대세지보살의 근대원통을 오근·육진·육식·칠대의 뒤에다 두신 것이다. 관세음보살의 이근원통도 근(根)에 해당하는 법이며, 현재 아미타불을 보좌하시는 좌보처보살이시다. 능엄회상에서는 단 하나의 법만을 선택하셨기에 관세음보살의 이근원통만 합격이 되고 그 외의 법은 제외된 것이다.(법의 억양抑揚일 뿐이다) _각성스님, '대세지보살염불원통장 서문' 중에서

겁의 그때에 부처님이 세상에 출현하시니 그 부처님 이름도 관세음(觀世音)이시라, 제가 저 부처님께 보리심을 발했사오니, 그 부처님께서 저를 가르치시기를 '문(聞), 사(思), 수(修)로부터[79) 삼마지(三摩地)에 들어가라'고 하셨나이다."80)

(1) 동진(動塵)의 결(結)을 벗어남

"처음 (자기 자성을 들으면) 듣는 가운데 류(流, 곧 法流 또는 聞性)에 들어가 소(所, 소리)를 잊어버리고,"81)

(2)동(動)과 정(靜)의 결(結)을 벗어남

"소(所, 소리)와 들어감이 이미 고요해짐에 동(動)과 정(靜) 두 가지 모양이 분명히 나지를 아니하며,"

---

79) 문(聞)이란 일종의 듣는 지혜이며, 사(思)란 생각하는 지혜, 사념(思念)하는 지혜이다. 이 생각한다는 것은 결코 제6의식으로 생각하는 것이 아니라 '고요히 사고하는[靜慮]' 것을 뜻한다. 바로 좌선 공부로 도를 닦는 것이다. _ 선화상신, 上同

80) 육근이 흐름에 순응하여 경계로 달려가기 때문에 정(情)을 따라 업을 짓는데, 이제 이근(耳根)에서 사유[思]하고 수행[修]하면 외부경계를 반연하지 않는다. '흐름에 들어감'은 흐름을 돌이키는 것이다. 저 업의 흐름을 거슬러 들음의 성품[聞性]을 돌이켜 관하면, 현전의 티끌[塵]이 일으킨 지견을 말미암지 않고도 들음의 성품이 현전하고, 티끌의 경계가 마침내 공하기 때문에 소(所)를 없앤다고 말한다.

81) 이 문(聞)은 듣는 지혜이다. 무엇으로부터 듣는가? 귀로부터 듣는 것이다. 이근(耳根)의 이러한 지혜는 어떻게 들어야 하는가? 안으로 향하여 들어야 하며, 밖으로 향하여 들으면 안 되며, 소리를 따라 도망가면 안 된다. 곧 '따르지 않는[不隨]' 것이다. 이는 돌이켜 자성을 듣는 것이다. 바로 몸과 마음을 섭수하여 몸과 마음을 거두어들이며, 밖으로 구하지 않아야 한다. 돌이켜 자기 자성을 들으면 처음에는 이 듣는 가운데서 입류(入流)하게 된다. 바로 안으로 향하여 돌아와 자기 자성을 들으면, 성인의 법성(法性)의 흐름에 들어가게 된다. 그러면 모든 바깥의 육근, 육진의 경계를 잊어버린다. 이것이 망소(亡所)이다. _ 선화상신, 上同

(3) 문근(聞根)의 결을 벗어남(我空)

"이와 같이 점점 증진하여 문(聞)과 소문(所聞)이 다하여 지고,"

(4) 각(覺)의 결(結)을 벗어남

"문(聞)이 다함에도 머물러 있지 아니하여 각(覺)과 소각 (所覺)이 공(空)하였으며,"82)

(5) 공(空)의 결(結)을 벗어남(法空)

"공(空)한 각(覺)이 지극히 원만하여 공(空)과 소공(所空) 이 없어지며,"

(6) 멸(滅)의 결(結)을 벗어남(俱空)

"생(生)과 멸(滅)이 이미 없어짐에 적멸(寂滅)이 앞에 나 타나더이다."

---

82) 육근과 육진의 근원이 이미 없어지고 끊어져서 자기 자성의 흐름으로 들어가며, 자성의 흐름으로 들어가면, 자성은 적정하다. 적정하고 청정한 경계가 점차 증가 하여 나날이 원만해지면, 자성을 듣는 이러한 능력이 다하고 들리는 대상도 없어 진다. 여기서 들을 수 있는 것은 이근(耳根)이며, 들리는 대상은[所聞]은 자성(自 性)인데, 이 두 가지가 모두 사라진다는 것이다. 이때 듣는 성질이 이미 다하여 또한 집착하여 머물지 않는다. 머물 곳이 없는 것이다. 이때가 바로 "마땅히 머무 는 바가 없이 그 마음을 낸다[應無所住而生其心]"는 경지이다. 어떤 곳에서도 집 착하고 머무는 것이 없다. 느끼는 바가 있는 이 깨달음의 마음도 모두 공하고, 이 공과 깨달음의 성품이 극에 이르러 가장 원만한 경계에 이르면, 이 공할 수 있는 마음과 공해지는 경계도 모두 사라진다. 하나의 공함조차도 없다. 당신은 공한 존 재가 있어야 여전히 공을 집착할 것이나 지금 공함도 없다는 것이다. 생하고 멸 하는 이러한 마음이 사라지면, 이때 진정한 적멸의 즐거움이 나타난다. _ 선화상 신, 上同

2) 세(世)·출세간(出世間)을 초월하는 원통의 과용(果用)(4)

(1) 이수승(二殊勝)

"홀연히 세간과 출세간(出世間)을 초월하여 시방이 둥글고 밝아져서 두 가지 수승함을 얻었으니,

첫째는 위로 시방 부처님의 본묘각심(本妙覺心)에 합(合)하여 부처님 여래와 더불어 자력(慈力)이 동일하고,

두 번째는 아래로 시방의 일체 육도(六道) 중생에 합(合)하여 모든 중생과 더불어 비앙(悲仰)이 동일하옵니다."

(2) 삼십이응신(三十二應身)

"세존이시여! 제가 관음(觀音)여래께 공양 올리옵고, 그 여래께서 저에게 환(幻)과 같은 문훈문수금강삼매(聞熏聞修金剛三昧)를 일러주심을 입사와, 부처님 여래와 더불어 자력(慈力)이 동일하기 때문에 저의 몸이 32응신(應身)을 이루어서 모든 국토에 들어가게 하였나이다."

1〉 **부처(보살)의 몸** "세존이시여! 만약 보살들이 삼마지에 들어 무루의 도를 닦아서 수승한 견해가 나타나 원만하면, 제가 곧 부처님 몸을 나타내어 그들을 위해 설법하여 해탈하게 하며,"

2〉 **독각(獨覺)의 몸** "만약 모든 유학들이 고요하고 묘하

고 밝아서 수승하고 묘한 것이 나타나 원만하면, 제가 그 사람 앞에 독각의 몸을 나타내어 설법하여 그를 해탈하게 하며,"

3〉 연각의 몸 "만일 모든 유학들이 12인연을 끊어서 인연을 끊은 수승한 마음이 수승하고 묘하게 나타나 원만해지면, 제가 그 사람 앞에 연각의 몸을 나타내서 그들을 위해 설법하여 그들을 해탈하게 하며,"

4〉 성문의 몸 "만약 유학들이 사제의 공함을 얻어서 도를 닦아 멸(적멸)에 들어가서 수승한 성품이 나타나 원만해지면, 제가 저들 앞에 성문의 몸을 나타내어 그들을 위해 설법하여 해탈하게 하나이다."

5〉 범천왕(梵天王)의 몸 "만일 중생들이 마음을 밝게 깨닫고자 하여 욕진을 범하지 아니하고 몸이 청정하고자 하면, 제가 그 앞에 범왕의 몸을 나타내서 그를 위해 설법하여 해탈하게 하며,"

6〉 제석(帝釋)의 몸 "만일 중생들이 천주가 되어서 모든 하늘을 통령하고자 하면, 제가 그 사람 앞에 제석의 몸을 나타내어서 그를 위해 설법하여 그를 성취하게 하며,"

7〉 자재천의 몸 "만약 중생들이 몸이 자재하여 시방에 노닐고 다니고자 하면, 제가 그 사람 앞에 자재천의 몸을 나타내어 그를 위해 설법하여 성취하게 하며,"

8〉 대자재천의 몸 "만약 중생들이 몸이 자재하여 허공에 날아다니고자 하면, 제가 그 앞에 대자재천신을 나타내어

그를 위해 설법하여 성취하게 하며,"

9〉 하늘 대장군의 몸 "만약 중생들이 귀신을 통솔하여 여러 국토를 구호하기를 좋아하면, 제가 그 사람 앞에 하늘의 대장군 몸을 나타내어 그를 위해 설법하여 성취하게 하며,"

10〉 사천왕의 몸 "만약 중생들이 이 세계를 통솔하여 중생을 보호하기를 좋아하면, 제가 저 사람 앞에 사천왕 몸을 나타내어 그를 위해 설법하여 성취하게 하며,"

11〉 사천왕 태자의 몸 "만약 중생들이 천궁에 나서 귀신을 구사하기를 좋아하면, 제가 그 앞에 사천왕 나라의 태자의 몸을 나타내어 그를 위해 설법하여 성취하게 하나이다."

12〉 인왕의 몸 "만약 어떤 중생이 인왕이 되기를 좋아하며, 제가 그 앞에 인왕의 몸을 나타내어 그를 위해 설법하여 성취하게 하며,"

13〉 장자의 몸 "만약 중생들이 족성의 주가 되어서 세간이 추대하고 양보하기를 좋아하면, 제가 그 사람 앞에 장자의 몸을 나타내어 그를 위해 설법하여 성취하게 하며,"

14〉 거사의 몸 "만일 중생들이 명언을 말하여 청정하게 살기를 좋아하면, 제가 그의 앞에 거사의 몸을 나타내어 그를 위해 설법하여 성취하게 하며,"

15〉 재관의 몸 "만일 중생들이 국토를 다스려서 나라와 고을을 부단하기를 좋아하면, 제가 그들 앞에 재관의 몸

을 나타내어 그를 위해 설법하여 성취하게 하며,"

16〉 바라문의 몸 "만약 중생들이 수술을 좋아하여 술수로 잘 껴잡아 보호하여 위생적으로 살려 하면, 제가 그 앞에 바라문의 몸을 나타내어 그를 위해 설법하여 성취하게 하나이다."

17〉 비구의 몸 "만약 어떤 남자가 배우기를 좋아하여 출가하여 모든 계율을 가지려 하면, 제가 저 앞에 비구의 몸을 나타내어 그를 위해 설법하여 성취하게 하며,"

18〉 비구니의 몸 "만일 어떤 여인이 배우기를 좋아하고 출가하여 모든 금계를 가지려 하면, 제가 저 앞에 비구니의 몸을 나타내어 그를 위해 설법하여 성취하게 하며,"

19〉 우바새의 몸 "만약 어떤 남자가 오계를 지키기를 좋아하면, 제가 그 남자 앞에 우바새의 몸을 나타내어 그를 위해 설법하여 성취하게 하며,"

20〉 우바이의 몸 "만약 어떤 여자가 오계를 지키며 살려 하면, 제가 그 앞에 우바이의 몸을 나타내어 그를 위해 설법하여 성취하게 하나이다."

21〉 세속 부인의 몸 "만약 어떤 여인이 내정으로 입친하여 집과 나라를 다스리려고 하면, 제가 저 앞에 여주의 몸과 국부인과 명부, 대가의 몸을 나타내어 그를 위해 설법하여 성취하게 하며,"

22〉 동남의 몸 "만일 어떤 중생이 남근을 무너뜨리지 아니하려 하면, 제가 그의 앞에 동남의 몸을 나타내어 그를

위해 설법하여 성취하게 하며,"

23〉 동녀의 몸 "만일 어떤 처녀가 처신하기를 좋아하여서 침폭을 당하지 않으려 하면, 제가 저 앞에 동녀의 몸을 나타내어 그를 위해 설법하여 성취하게 하나이다."

24〉 하늘의 몸 "만약 천인들이 하늘의 무리에서 벗어나기를 좋아하면, 제가 하늘의 몸을 나타내어 그를 위해 설법하여 성취하게 하면,"

25〉 용의 몸 "만약 모든 용들이 그 용의 무리에서 벗어나려 하면, 제가 용의 몸을 나타내어 그를 위해 설법하여 성취하게 하며,"

26〉 야차의 몸 "만약 야차들이 그 무리에서 벗어나려 하면, 제가 저 앞에 야차의 몸을 나타내어 그를 위해 설법하여 성취하게 하며,"

27〉 건달바의 몸 "만약 건달바가 그 무리에서 벗어나려 하면, 제가 저의 앞에 건달바의 몸을 나타내어 그를 위해 설법하여 성취하게 하며,"

28〉 아수라의 몸 "만약 아수라가 그 무리에서 벗어나려 하면, 제가 그 앞에 아수라의 몸을 나타내어 그를 위해 설법하여 성취하게 하며,"

29〉 긴나라의 몸 "만약 긴나라가 그 무리에서 벗어나려 하면, 제가 저 앞에 긴나라의 몸을 나타내어 그를 위해 설법하여 성취하게 하며,"

30〉 마호라가의 몸 "만약 마호라가가 그 무리에서 벗어나려 하면, 제가 저 앞에 마호라가의 몸을 나타내어 그를 위해 설법하여 성취하게 하며,"

31〉 사람의 몸 "만약 중생들이 사람을 좋아하여서 사람을 닦으려고 하면, 제가 사람의 몸을 나타내어 그를 위해 설법하여 성취하게 하며,"

32〉 비인의 몸 "만약 사람이 아닌 형상이 있는 중생, 형상이 없는 중생, 생각이 있는 중생, 생각이 없는 중생들이 그 무리에서 벗어나려 하면, 제가 그의 앞에 다 그 몸을 나타내어 그를 위해 설법하여 성취하게 하나이다."

"이것을 '미묘하고 청정한 32가지 응신으로 국토에 들어가는 몸이라' 하나니, 모든 문훈 문수한 삼매의 '작용이 없는' 묘한 힘으로써 자재하게 성취하나이다."

(3) 십사무외력(十四無畏力)

"세존이시여! 제가 또 문훈(聞熏) 문수(聞修)의 금강삼매(金剛三昧)인 작위함이 없는 묘한 힘으로써 시방삼세 육도(六道)의 모든 중생과 비앙(悲仰)이 동일하므로, 모든 중생으로 하여금 저의 몸과 마음에서 14가지 두려움이 없는 공덕을 얻게 하나이다."[83]

---

83) 보살의 음성을 관하는 것은 온갖 고통이 핍박할 때 급하면서도 갑작스럽게 보살 명호의 일성(一聲)을 칭하는 것이니, 바로 이 일성이 성품에 칭합(稱合)해서 전체의 현전을 발하면 고통은 벗어나길 기약하지 않아도 저절로 벗어난다.

1〉 고뇌(苦惱)무외(無畏) "첫째는 제가 스스로 소리를 관찰하지 아니하고, 관(觀)하는 것을 관찰하기 때문에, 저 시방의 고뇌하는 중생들로 하여금 그 음성(音聲)을 관찰하여 곧 해탈(解脫)을 얻게 하고,"

2〉 화소(火燒)무외(無畏) "두 번째는 지견(知見)을 돌이켜 회복하였으므로 모든 중생으로 하여금 설령 큰 불 속에 들어가더라도 불이 능히 태우지 못하게 하며,"

3〉 수익(水溺)무외(無畏) "세 번째는 관청(觀聽: 듣는 것을 관찰함)을 돌이켜 회복하므로 모든 중생으로 하여금 큰 물에 표류하여도 물이 빠뜨리지 못하게 하나이다."

4〉 귀해(鬼害)무외(無畏) "네 번째는 망상(妄想)을 끊어 없애서 마음에 살해함이 없기 때문에 모든 중생으로 하여금 모든 귀신(鬼神)의 나라에 들어갈지라도 귀신이 해칠 수 없고,"

5〉 도병(刀兵)무외(無畏) "다섯 번째는 듣는 것을 훈습(薰習)하여 본각의 들음을 이루어서 육근(六根)을 녹이고 회복(回復)하여 소리를 듣는 것과 같기 때문에, 능히 중생으로 하여금 피해를 당하게 되어도 칼이 조각조각 부서지며 병기(흉기)가 마치 물을 베는 듯, 빛을 부는 듯 하여 성(性)이 요동(搖動)함이 없게 하며,"

6〉 귀견(鬼見)무외(無畏) "여섯 번째는 듣는 것으로 훈습(薰習)하는 정명(精明)의 밝음이 법계에 두루하여 모든 유암(幽暗)의 성(性)은 온전하지 못하므로, 중생으로 하여금 야차(夜叉), 나찰(羅刹), 구반다(鳩槃茶)귀(鬼), 비사차(毘舍

遮), 부단나(富單那) 등이 비록 그 가까이 올지라도 눈으로 볼 수가 없게 하고,"

7〉 가쇄(枷鎖)무외(無畏) "일곱 번째는 음성이 원만히 소멸하여서 보고 듣는 것이 돌이켜 들어가서 육진(六塵)의 허망을 떠났으므로, 능히 중생들로 하여금 금계(禁繫)와 가쇄(枷鎖)가 부착할 수 없게 하며,"

8〉 도적(盜賊)무외(無畏) "여덟 번째는 소리를 없애고 원만히 들어서 인자한 힘을 두루 내었으므로 중생들로 하여금 험악한 길을 지나가도 도적이 겁탈하지 못하게 하나이다."84)

9〉 탐독(貪毒)무외(無畏) "아홉 번째는 듣는 것을 훈습(薰習)하여 진(塵)을 떠나서 물질이 겁탈하지 못하므로, 모든 음욕(淫慾)이 많은 중생으로 하여금 탐욕을 멀리 떠나게 하고,"

10〉 진독(瞋毒)무외(無畏) "열 번째는 순음(純音)이고 티끌이 없어져서 근(根)과 경(境)이 원융하여 대(對)와 소대(所對)가 없으므로, 모든 분심(憤心)을 내거나 원한을 품는 중생으로 하여금 성내는 것을 떠나게 하며,"

11〉 치독(痴毒)무외(無畏) "열한 번째는 육진(六塵)을 소멸하고 밝은 것에 돌아가 법계와 몸과 마음이 마치 유리

---

84) 육근이 도적의 중개자가 되어서 스스로 집안의 보배를 겁탈한다. 겁탈은 적대(敵對)에서 생기지만, 이제 이미 소리를 없애고 원만히 들었다면 육진이 단박에 공한다. 그리하여 평등하게 한결같이 비추는 것이 전혀 자타가 없기 때문에 비록 험한 길을 건너도 도적이 겁탈하지 못한다.

처럼 환하게 밝고 걸림이 없으므로, 일체의 어둡고 둔하고 성(性)이 장애가 많은 모든 아전가(阿顚迦: 一闡提라고도 함)로 하여금 어리석음을 영원히 떠나게 하나이다."

12〉 구남(求男)무외(無畏) "열두 번째는 형상이 원융하고 듣는 것을 회복하여 도량에서 움직이지 않고 세간에 잘 들어가며 세계를 파괴하지 않고 능히 시방에 두루하여 미진수(微塵數)와 같은 여러 부처님 여래께 공양(供養)을 올리며 여러 부처님의 옆에서 법왕자(法王子)가 되기 때문에, 법계에 아들 없는 중생이 아들 낳기를 구하는 이로 하여금 복덕(福德)과 지혜(智慧)가 있는 남자를 탄생하게 하고,"

13〉 구녀(求女)무외(無畏) "열세 번째는 육근(六根)이 원통(圓通)하고 밝게 비추어 둘이 없으매 시방세계를 포함하고 대원경(大圓鏡) 공여래장(空如來藏)을 세워서 시방의 미진수(微塵數) 부처님의 비밀(祕密)법문(法門)을 잘 받아 순종하여 이어 받아 잃어버리지 않기 때문에, 능히 법계의 자식 없는 중생이 딸 낳기를 구하는 이로 하여금 단정하고 복덕이 있고 유순하여 여러 사람이 사랑하고 존경하는 잘 생긴 딸을 탄생하게 하며,"

14〉 지명(持名)무외(無畏) "열네 번째는 이 삼천대천세계(三千大千世界)의 백억의 일월(日月)에서 현재 세간에 현주하는 법왕자가 62억 항하 모래수가 있사온데 법(法)을 닦고 모법을 드리워 중생으로 교화하되 중생을 수순하는 방편(方便)과 지혜(智慧)가 각각 같지 않나이다."

"제가 얻은 원통본근(圓通本根)이 묘오를 이문(耳門)에서 발하고 그런 후에 몸과 마음이 미묘하게 함용(含容)하여 법계에 두루하였으므로, 중생들이 저의 명호(名號)를 수지하는 것이 저 62억 항하 모래수와 같은 여러 법왕자들을 수지하는 이로 더불어 두 사람의 복덕이 똑같아서 다름이 없게 하나이다.

세존이시여! 저의 하나의 명호(名號)가 여러 보살의 명호와 다름이 없는 것은 제가 원통(圓通)85)을 닦아 익혀서 참 원통을 얻었기 때문이옵나이다.

---

85) 왜 이근원통을 말하는가? 이근이 가장 닦기가 쉽고 가장 성공하기 쉽기 때문이다. 어떻게 하는 것이 "돌이켜 자성을 듣는다[反聞聞自性]"고 하는가? 이러한 공부는 또한 지금 우리가 하는 참선 공부이다. 참선을 하는데, 바깥으로 망상을 짓지 않아야 하며 회광반조(廻光返照)해야 한다. 비유하면 우리가 화두를 참구하는데, "염불하는 것이 누구인가[念佛是誰]?"를 자기 마음속에서 생각하며, 귀는 이 "누구인가[誰]?"를 들어야 한다. 바로 이 "누구인가?"를 찾으려고 추구하는 것이다. 또한 언제나 이 공부를 하면서 흩어지게 하지 말아야 한다. 당신이 이 화두를 참구할 때 행주좌와에 모두 이것을 생각하는 것이다. 이것을 떠나게 되면 곧 잘못된 것이다. 이것은 무엇인가?(이뭣고?) 바로 "염불하는 것이 누구인가?"이다. 이것을 생각하면서 누구인가를 소리 내지 말고, 마음으로 생각하고 귀로 마음속의 이 소리를 들어야 하며 바깥의 소리를 들으면 안 된다. 이렇게 내면의 소리를 들으면서 오래되면 당신의 마음과 듣는 성품이 하나로 돌아갈 것이다. 이때 당신은 무엇에 부딪치든지 혹은 무엇을 마주치게 되든지, 혹은 어떤 동작이 있게 되면 확연히 깨닫게 될 것이다. 당신은 반드시 마음을 한 곳으로 통제하고 그것이 바깥으로 달려 나가지 않게 해야 한다. 안으로 모이게 해야 한다. 돌이켜 자성을 듣는 공부를 오래 하면 자연히 이 공부가 나오게 될 것이다. 따라서 화두를 참구하는 것도 "돌이켜 자성을 듣는" 공부와 같은 것이다. 지금 우리 각자는 이근으로 수행하는 것이 가장 쉬움을 알았으니, 모두 정신을 집중해서 이런 공부를 닦아야 할 것이다. 관세음보살이 이 원통법문을 증득하였을 뿐만 아니라 문수보살도 이 법문의 원통 도리를 증득하였으며, 과거의 미진수 부처님들도 모두 이 길로 열반의 문에 이르게 되었다. _ 선화상신, 上同

이것이 14가지 무외(無畏)를 베푸는 힘으로 중생들에게 복(福)을 구비하도록 해주는 것이라고 이름 하나이다."

(4) 사부사의덕(四不思議德)

"세존이시여! 제가 또 이 원통(圓通)을 얻어서 무상도(無上道)를 닦아 증득했기 때문에 또 4가지 부사의, 작위가 없는 묘한 덕(德)을 잘 얻었나이다.

첫째는 제가 처음 묘하고 묘한 듣는 마음을 얻음으로 말미암아 마음이 듣는 것을 벗어나서 견문각지(見聞覺知)가 능히 분격하지 아니하여 하나의 원융(圓融)하고 청정한 보각을 이루었으므로, 제가 능히 여러 가지 묘한 용모를 나타내어서 그지없는 비밀한 신주(神呪)를 말하나이다."

그 중에서 혹은 하나의 머리와 셋의 머리와 다섯의 머리와 일곱의 머리와 아홉의 머리와 열하나의 머리를 나타내기도 하며, 그와 같이 내지는 일백팔의 머리와 천(千)의 머리와 만(萬)의 머리와 8만4천 삭가라의 머리를 나타내며, 두 팔과 네 팔과 여섯 팔과 여덟 팔과 열의 팔과 열둘의 팔과 열넷, 열여섯, 열여덟, 스물, 스물넷의 팔과 그와 같이 내지 백팔의 팔과 천의 팔과 만의 팔과 8만4천 모다라라의 팔을 나타내기도 하며, 두 눈과 세 눈과 네 눈과 아홉 눈으로 그와 같이 내지 백팔의 눈과 천의 눈과 만의 눈과 8만4천 청정(清淨)보목을 나타내어서, 혹은 자비와 혹은 위엄 혹은 정(定)과 혹은 혜(慧)로 중생을 구호(救護)하여 대자재(大自在)를 얻나이다.[86]

두 번째는 제가 문(聞)·사(思)로 육진(六塵)을 벗어나는 것이 마치 소리가 담을 넘어가 장애되지 아니함과 같으므로, 제가 묘하게 낱낱 형체를 나타내며 낱낱 주문(呪文)을 외우되, 그 형체와 그 주문이 능히 두려움이 없는 것으로써 모든 중생에게 베푸나니 그러므로 시방의 미진수(微塵數) 국토들이 모두 다 저를 이름하여 무외(無畏)를 베푸는 이라고 하나이다.

세 번째는 제가 본래 묘한 원통(圓通)의 청정본근(本根)을 닦아 익힘을 말미암아 다니는 세계마다 중생들로 하여금 몸의 보배를 버리어 저에게 애민(哀愍)을 구하게 하나이다.

네 번째는 제가 불심(佛心)을 얻어서 구경(究竟)을 증득하옵고, 능히 가지가지 값진 보배를 가지고서 시방 부처님께 공양하고, 곁으로는 법계의 육도(六道)중생에까지 미쳐서 아내를 구하는 이는 아내를 얻고, 아들을 구하는 이는 아들을 얻고, 삼매(三昧)를 구하는 이는 삼매를 얻고, 장수(長壽)를 구하는 이는 장수를 얻고, 이와 같이 내지 대열반(大涅槃)을 구하는 이는 대열반을 얻게 하나이다.”

“부처님께서 원통(圓通)을 물으시니 저는 이문(耳門)에서 원조(圓照)하는 삼매(三昧)로 연심(緣心)이 자재롭고 유상(流相)이 들어감을 인하여 삼마지(三摩地)를 얻어 보리를

---

86) 이제 일심을 원만하게 증명하기 때문에 업력을 전변(轉變)해서 묘용이 되니, 머리가 온갖 모습에서 특출나고, 손은 감응해 접하는 것이 일정한 방향이 없고, 눈은 조명(照明)함에 걸림이 없다. 이것이 일체의 변현(變現)이 번뇌가 되지 않고 다 열반의 청정하고 묘한 덕에 합하기 때문에 신력이 불가사의한 까닭이다.

성취하는 것이 가장 첫째가 되나이다.

세존이시여! 저 부처님 여래께서 '제가 원통법문을 잘 얻었다.'고 찬탄을 하시어 대회 중에서 저를 수기(受記)하시기를 관세음(觀世音)이라 하였사오니, 제가 듣는 것을 관찰하여 시방세계가 원명하였으므로, 관음(觀音)이란 이름이 시방세계에 두루 하였나이다."[87]

여섯째. 제불의 광명과 천화(天花), 범패(梵唄)의 서응(瑞應)

그때 세존께서 사자좌(師子座)에서 오체로부터 보배광명을 놓아 시방의 미진수의 부처님과 모든 법왕자와 보살의 정수리에 멀리 대주시니, 저 모든 부처님들께서도 또한 오체에서 함께 보배광명을 놓아 미진수(微塵數)와 같은 국토로부터 오셔서 부처님 정수리에다 대시고 아울러 이 모임 중의 여러 대보살(大菩薩)과 아라한들에게 대시었다. 숲과 나무와 연못이 모두 법음(法音)을 연설하고 빛이 서로 사귀어 나열하는 것이 마치 보배실 그물과 같았다.

---

87) 원통본근 문훈문수(圓通本根 聞熏聞修)의 금강삼매에 의하면 성품의 법계에 칭합(稱合)해 시방을 원만히 비추어서 근(根), 진(塵), 식(識)의 마음이 때에 감응해 소멸한다. 그리하여 법계의 대용(大用)이 일념에 현전하기 때문에 32가지 응신(應身), 14가지 무외(無畏), 네 가지 부사의(不思議) 등의 미묘한 공덕이 오히려 한량 있는 마음으로 그 적은 부분을 아는 것이지, 실제로 완전한 바탕[全體]의 현현을 어찌 수량으로 구할 수 있겠는가.

이 모든 대중들이 미증유(未曾有)를 얻었으며 모두가 금
강삼매(金剛三昧)를 얻었다. 그때에 하늘에서 백가지 보배
로운 연꽃을 비내려서 청련, 황련, 홍련, 백련이 서로 얽
히고 설켜서 찬란하며 시방 허공이 칠보 빛을 이루었다.
이 사바세계의 대지와 산하가 동시에 나타나지 않고 오직
시방의 미진국토가 합(合)하여 한 세계가 된 것만 보이며,
범패(梵唄)와 영가(詠歌)가 저절로 연주되었다.

일곱째. 문수(文殊)에게 간택(揀擇)함을 명하시다(5)

1. 이십오인 성현의 수행법이 모두 우열(優劣) 없다

이에 여래께서 문수사리 법왕자에게 일러 말씀하시기를,
"그대가 지금 이 25인의 무학(無學)인 여러 대보살(大菩薩)
과 아라한들을 보라. 각각 최초에 도(道)를 이룬 방편(方
便)을 말하여 모두가 '진실한 원통(圓通)을 닦아 익혔다'고
하니, 저들의 수행은 참으로 우열과 전후의 차별이 없겠
지마는,"

2. 어떤 법이 아난과 중생에게 가장 좋은가

"내가 지금 아난으로 하여금 깨닫게 하려면 25행(行)에
서 어느 것이 그의 근기에 해당하며, 또 내가 멸도(滅道)

한 후에 이 세계의 중생들이 보살승(菩薩乘)에 들어가 무상(無上)의 도(道)를 구하려면, 어떠한 방편의 문(門)이 쉽게 성취하겠느냐?"[88]

3. 문수가 부처님께 게송으로 대답함

문수사리 법왕자가 부처님의 자비로운 가르침을 받들고 곧 자리에서 일어나 부처님의 발밑에 정례(頂禮)하고 부처님의 위신력(威神力)을 받들어서 게송을 연설하여 부처님께 대답하였다.

각해(覺海)의 성(性)이 맑고 둥글며
둥글고 맑은 각이 원래 묘하거늘,
원래 밝은 것이 비추어서 소(所)를 내니
소(所)가 성립됨에 비추는 성능 없어지네.

미(迷)한 허망에서 허공이 있게 되고
허공에 의(依)하여서 세계가 성립되었네.
생각이 가라앉아서 국토를 이루고
지각(知覺)작용이 이 중생이 되었나이다.

허공이 대각(大覺) 안에서 생기는 것이
바다에 한 물거품 생긴 것 같나니

---

88) 저들의 수행이 실제로 우열이 없다고 말한 것은 삼승이 성공(性空)을 동등하게 관해서 도를 얻은 것이니, 다만 마음에 대승과 소승의 차이가 있을 뿐이다. 이미 '실제로 우열이 없다'고 말했다면 문마다 다 근원으로 돌아갈 수 있다.

미진(微塵) 같이 수 없는 유루국(有漏國)이 다
허공에 의지하여서 생긴 바이네.

한 거품 사라지면 허공 없거니
하물며 모든 삼유(三有)이겠습니까?
근원에 돌아가면 성(性)은 둘이 없으나
방편(方便)으로는 많은 문(門)이 있나이다.
성인(聖人)의 마음에는 통(通)하지 않는 것 없어
순(順)과 역(逆)이 다 방편이지마는,
초심(初心)이 삼매(三昧)에 들어가는 데는
그 더디고 빠른 것이 같지를 않나이다.

1〉 우파니사타의 색진관(色塵觀)

색상(色想)은 맺어서 진(塵)이 되어서
정요(精了)라도 사무치지 못하거니,
어찌 밝게 사무치지 못하고
이에 원통(圓通)을 얻겠나이까?

2〉 교진나의 성진관(聲塵觀)

음성(音聲)은 여러 가지 말에 섞여서
다만 저 명구미(名句味) 뿐이라
하나가 일체를 포함 못하나니,
어떻게 원통(圓通)을 얻겠나이까?

3〉 향엄의 향진관(香塵觀)

향진(香塵)은 비근(鼻根)에 합해야 알고,
떠나면 원래 있는 것 아니어서
그 느끼는 바가 항상 하지 않거니,
어떻게 원통(圓通)을 얻을 수 있겠나이까?

4〉약왕의 미진관(味塵觀)

맛의 성품(性品) 본연한 것
맛볼 그때에만 있는 것이니
항상 있지 아니한 그 성품(性品)으로
어떻게 원통(圓通)을 얻겠나이까?

5〉 발타바라의 촉진관(觸塵觀)

촉진(觸塵)은 부딪혀야 알게 되고
부딪힘 없으면 알 수 없어서
합(合)과 이(離)의 성(性)이 일정하지 않거니,
어떻게 원통(圓通)을 얻겠나이까?

6〉 대가섭의 법진관(法塵觀)

법(法)이란 내진(內塵)이라 일컫는 것이니
진(塵)에 의지하면 반드시 소(所)가 있게 되며,
능(能)과 소(所)는 두루 건너감이 아니거니
어떻게 원통(圓通)을 얻겠나이까?

7〉 아나율타의 안근(眼根)

견성(見性)은 비록 통연(洞然)하여도
앞만 밝고 뒤는 보지를 못하여
4유에 일반(一半)이 빠졌나니
어떻게 원통(圓通)을 얻겠나이까?

8〉 주리반특가의 비근(鼻根)

비식(鼻識)은 출식(出息)과 입식(入息)에 통하나
현전(現前)에는 교(交)기(氣)(중간의 짓)가 없어서
지리하여 비입(鼻入)에 교섭함이 없거니
어찌 원통(圓通)을 얻겠나이까?

9〉 교범발제의 설근(舌根)

혀로 받아들이는 것은 무단(無端)이 아니어서
맛을 인하여 각요(覺了)를 내게 되고
맛이 없으면 각요도 있지 않거니,
어떻게 원통(圓通)을 얻겠나이까?

10〉 필릉가바차의 신근(身根)

신근(身根)은 마치 소촉(촉진觸塵)과 같아서
둘이 다 원만한 각관이 아니어서,
애(涯)량(量)을 명(冥)회(會)할 수 없거니
어떻게 원통(圓通)을 얻겠나이까?

11〉 수보리의 의근(意根)

아는 의근(意根)은 어지러운 생각이 섞였고
담요(湛了)함을 마침내 볼 수 없나니,
생각을 능히 벗어나지 못하는데
어떻게 원통(圓通)을 얻겠나이까?

12〉 사리불의 안식(眼識)

견(見)은 세 가지로 섞였나니
근본을 따져보면 비상(非常)이라고 하며
그 자체(自體)가 애초부터 일정함이 없거니,
어떻게 원통(圓通)을 얻을 수 있겠나이까?

13〉 보현보살의 이식(耳識)

마음으로 듣는 것이 시방에 통(通)한 것은
큰 인연의 힘으로 생긴 것이라.
초심(初心)으론 능히 들어가지 못하거니
어떻게 원통(圓通)을 얻겠나이까?

14〉 손타라난타의 비식(鼻識)

코에 생각함 본래부터 권기(방편의 근기)로서
다만 마음을 붙잡아 머물게 함이라.
머문다면 마음에 머무는 바가 되거니,
어떻게 원통(圓通)을 얻을 수 있겠나이까?

15〉 부루나의 설식(舌識)

설법은 음성(音聲)과 문자(文字)를 희롱하며
먼저 이룬 자가 깨우치게 됨이라.
명(名)과 구(句)는 무루(無漏)가 아니온데
어떻게 원통(圓通)을 얻겠나이까?

16〉 우파리의 신식(身識)

계(戒)를 가지고 범(犯)하는 일 몸만을 단속할 뿐,
몸 아니면 단속할 것도 없나니
원래 일체에 두루함이 아니거늘.
어떻게 원통(圓通)을 얻겠나이까?

17〉 목건련의 의식(意識)

신통(神通)은 본래 숙인(宿因)에서 얻어지고
법(法)을 분별(分別)함과는 관계가 없으며,
생각하는 인연은 물질을 못 떠났거니
어떻게 원통(圓通)을 얻겠나이까?

18〉 지지보살의 지대(地大)

만약 땅의 성질로 관찰한다면
굳고 막혀서 통달(通達)한 것이 아니라
유위(有爲)는 성인(聖人)의 성품(性品)이 아니온데
어떻게 원통(圓通)을 얻겠나이까?

19〉 월광동자의 수대(水大)

만약 물의 성질로 관(觀)한다면
생각은 진실(眞實)함이 아니고
여여는 각관(覺觀)이 아니온데
어떻게 원통(圓通)을 얻겠나이까?

20〉 오추슬마의 화대(火大)

만약 불의 성질을 관찰하건대
있음 싫어함은 참 여읜 것 아니며
초심자(初心者)의 방편(方便)이 아니거니
어찌 원통(圓通)을 얻겠나이까?

21〉 유리광의 풍대(風大)

만약 바람의 성질로 관찰한다면
움직임, 고요함이 상대가 없지 않나니.
상대인 것은 무상각(無上覺)이 아니온데
어떻게 원통(圓通)을 얻겠나이까?

22〉 허공장의 공대(空大)

허공의 성질로 관찰한다면
혼둔은 애초부터 각(覺)이 아니요
각이 없다면 보리와 다르거니
어떻게 원통(圓通)을 얻겠나이까?

23〉 미륵의 식대(識大)

만약 식성(識性)으로 관찰한다면
관(觀)하는 식(識)은 상주(常住)가 아니요
마음을 두는 것이 허망이온데
어찌 원통(圓通)을 얻겠나이까?

24〉 대세지의 근대(根大)

모든 행(行)은 무상(無常)한 것이요
생각하는 성질은 원래 생멸이며
원인(元因), 결과(結果)가 다르게 얻어지는데
어떻게 원통(圓通)을 얻겠나이까?89)

25〉 관세음보살의 이근원통(耳根圓通)

제가 지금 세존께 사뢰옵니다.
부처님께서 사바세계에 출현하시니
이 세계의 참된 교체(敎體)는
청정(淸淨)함이 소리를 듣는 데 있사오니
삼마제(三摩提)를 닦아서 얻으려 하면
실로 들음으로 들어가야 되나이다.

---

89) 문수가 가려 뽑은 24성인이 모두 이 세계의 기틀을 감당하지 못하고 있다. 이
    세계의 참된 가르침의 바탕[敎體]은 청정함이 소리를 듣는 데 있으니, 만약 속히
    삼마제를 취하고자 한다면 실제로 들음[聞]으로부터 들어가야 즉시 고통을 여의고
    해탈을 얻는다.

고통(苦痛)을 떠나고 해탈(解脫)을 얻게 하니
참으로 좋은 관세음(觀世音)이여!
항하 모래수와 같은 오랜 겁동안
미진수(微塵數) 불국토에 드나들면서,
크고도 자재한 신력을 얻어서
무외(無畏)로 중생에게 베풀어주며,

묘음이며 세상 소리 관청(觀聽)하시며
깨끗한 음성(音聲)이며 해조음(海潮音)으로
세상을 구원하여서 다 편안하게 하고
세간 벗어나 상주(常住)를 얻게 하나이다.90)
제가 지금 여래께 아뢰오니
관음보살이 말한 것과 같습니다.
비유컨대 사람들이 고요히 있을 적에
시방에서 북을 함께 치거든
열 곳을 일시에 다 듣사오니
이것은 바로 원진실(圓眞實)이옵니다.

눈은 장외색(障外色)을 보지 못하고
입으로도 코로도 그러하듯이

---

90) 여기서는 관음의 덕을 총체적으로 찬탄하고 있다. 미진수 국토에 들어가 대자재를 얻는 것은 32응신을 찬탄한 것이다. 무외로 중생에게 베푸는 것은 14무외를 찬탄한 것이다. 소리로 묘함에 들어가기 때문에 '묘음'이라 말하고, 성인은 자기가 없어 사물을 자기로 삼는다. 오직 세간의 음성을 관찰함으로써 자기의 덕을 이루기 때문에 '관세음'이라 말한다. 소리에 대해 집착이 없기 때문에 '범음'이라 말하고, 응당 때를 잃지 않기 때문에 '해조음'이라 말한다. 그리하여 세간이든 출세간이든 다 이익을 얻게 하기 때문에 편안하게 상주하는 것이다.

몸은 촉진(觸塵)이 합(合)해야 알며
심념(心念)은 분분(紛紛)하여서 두서 없지만,

귀는 담을 넘어서 소리를 듣고
멀거나 가깝거나 모두 들어서
5근으론 같을 수 없는 바이니
이것은 바로 통진실(通眞實)이옵니다.

음성(音聲)은 성질이 움직이고 고요하여
듣는 중에 있기도 없기도 하여
소리가 없으면 듣는 것 없다고 하나
실로 듣는 성(性)이 없는 것 아니옵니다.

소리가 없을 적에 (문성聞性은) 없어지지 않고
소리가 있을 적에도 생기지 않아서
생멸 두 가지를 원만히 떠났기에
이것은 바로 상진실(常眞實)이옵니다.

아무리 꿈을 꾸고 있을 적에도
생각하지 않는다고 없지를 않나니,
각(覺)과 관(觀)이 사유(思惟)보다 뛰어나서
몸과 마음으론 미칠 수 없나이다.

지금 이 사바세계의 중생들은
음성(音聲)으로 말해야만 알게 됩니다.
중생들이 본래 듣는 것을 미(迷)해버리고

소리만을 따르므로 유전하나니,

아난이 비록 많이 기억하나
사사(邪思)에 떨어짐을 면치 못하니,
어찌 빠짐 따르는 것 아니겠나이까?
빠짐을 벗어나야 진실 얻게 되나이다.91)

4. 문수(文殊)가 아난에게 게송으로 말함

아난아! 그대는 자세히 들으라.
내가 부처님의 위력(威力)을 받자와
금강왕(金剛王)의 환술(幻術)같고,
불가사의한 불모(佛母)이신 진삼매(眞三昧)를 말하리라.

그대는 미진수(微塵數)처럼 많은 부처님의
일체 비밀의 법문(法問)을 많이 들었으나
욕루(慾漏)를 먼저 제거하지 못했기에
다문(多聞)만 쌓아서 과오를 이루었네.
들음으로 부처님의 불법만을 갖고

---

91) 5근이 식(識)을 발함은 다 두루 행하는 사유가 있어도 능히 원만히 비추질 못하
는데, 다만 이근(耳根)은 텅 비고 원융하여 음성이 하나에 도달하면 사유도 없고
염도 없이 고요히 비추어서 특히 사유의 밖을 벗어나니,이는 몸과 마음이 미칠
수 없는 것이다. 음성을 따르면 생사에 빠지고, 들음의 기틀로 돌이키면 진상(眞
常)의 허망 없음을 얻는 것이 아니겠는가. 그러므로 홀로 이근만을 뽑아서 묘함으
로 삼는 것이다.

어찌 듣는 성품 듣지 않는가?

들음이란 자연으로 생기지 않고
소리를 인하여서 듣는다는 이름이 있나니
듣는 것을 돌이켜서 소리를 벗어나면
그 능탈(能脫)을 무엇이라고 이름하려는가?
하나의 근(根)이 근원에 돌아가면
육근(六根)이 모두 해탈(解脫)을 이루리라.[92]

보고 들음 헛된 눈병 같고
삼계(三界)가 허공꽃과 같나니
듣는 것 되찾으면 눈병이 없어지고
육진(六塵)이 녹아지면 본각이 청정(淸淨)하리라.

지극히 청정하고 빛나고 통(通)하여
고요함과 비춤으로 허공을 삼켰나니
거기에서 세상을 관찰해보면
꿈속에 보던 일과 다름 없으리.

마등가도 오히려 꿈속의 일이니
누가 그대 몸을 붙들겠는가?

세상의 교묘한 요술쟁이가

---

[92] 만약 그 허망하게 들음[妄聞]을 돌이켜서 성진(聲塵)을 벗어나면, '능히 벗어남'을 응당 무어라 칭하겠는가? 이것이 하나의 근(根)이 이미 근원으로 돌아가면 육진이 해탈을 이루는 까닭이다.

요술로 남자와 여자를 만들었듯이
비록 모든 근(根) 발동함이 있더라도
이 하나의 고동이 작동한 것이니
그 작동한 고동 멈추어 고요해지면
요술로 된 남과 여 온데간데없으리.

육근(六根)도 또한 그와 같아서
원래 하나의 정명(精明)에 의지하여
나뉘어서 6화합이 이룬 것이니,
한 곳만 쉬어져서 회복한다면
여섯 작용이 다 이루어지지 못하게 되고,
진(塵)의 더러운 때가 일시에 녹아져서
원명(圓明)하고 깨끗하고 묘하게 되리라.

진(塵)이 남은 이는 아직도 유학(有學)이거니와
밝음이 지극하면 곧 여래이니라.93)

대중이여, 아난이여! 여러분들의
전도(顚倒: 전도몽상으로)하게 듣는 기관을 돌이키시오.
듣는 자성을 돌이켜 들으면
그 자성(自性)이 무상도(無上道)를 이루오리니
그 원통(圓通)이 진실로 그러합니다.

---

93) 근본 무명을 단번에 타파하면 근(根), 진(塵), 식(識)의 세 가지가 다 진심의 진
구(塵垢)인 즉 염(念)에 감응하여 소멸하고, 그리하여 이전의 무명으로 어두워진
식체(識體)가 전변하여 원만하고 밝고 청정하며 묘한[圓明淨妙] 덕을 이룬다. 그렇
다면 공(空)과 가(假)에 떨어지지 않고 단박에 일심의 중도(中道)를 증명하는 것이
다.

이것이 미진같이 많은 부처님의
한 길로 열반(涅槃) 얻은 문(門)이시니

과거의 모든 부처님께서
이 법문(法門)을 이미 이루셨으며,
현재의 모든 보살들도
제각기 이 원명한 데 들어가며,
오는 세상에 수행하는 학인(學人)들도
마땅히 이 법문(法門)을 의지(依持)하리라.
나도 또한 이 법(法)으로 증득했었고
관세음보살(觀世音菩薩) 만이 아니었느니라.94)

5. 문수(文殊)가 부처님께 가피(加被)를 구하다

황공하게 부처님 세존께서
저에게 모든 방편(方便)을 물으시어
말세(末世)의 중생들을 구원하시고
출세간(出世間) 하려는 이를 구원하시니
위없는 열반심을 성취하려면
관세음의 이근원통(耳根圓通)이 으뜸이옵고,

그 밖의 여러 가지 방편(方便)들은
모두 다 부처님의 위신력(威神力)으로

---

94) 이근의 원통은 따로 별다른 법이 없으니, 단지 너희들의 뒤바뀌어 허망한 들음
의 기틀[聞機]을 돌이켜 자기의 듣는 성품[聞性]을 되돌아 듣는 것이다. 만약 들
음의 성품이 원만히 밝으면 단박에 무상도를 이룬다. 가장 간단하면서도 핵심인
것이니, 어찌 따로 불법을 구하겠는가? 원통의 진실은 이와 같을 뿐이다.

일에 당하여 진로(塵勞)를 버리게 함이요,
그 항상 닦아 배울 법이 되거나
얕고 깊은 근기들에게 일러줄 법이 아니옵니다.

샘이 없고 불가사의한
여래장께 정례(頂禮)하옵나니
미래세의 중생들에게 가피(加被)하시어
이 법문에 의혹이 없게 하소서.

성취하기 쉬운 방편이오며
아난과 그리고 말겁(末劫)의
헤매는 중생에게 적당하오니
다만 이근(耳根)으로써 닦기만 하면
원통(圓通)이 다른 것보다 뛰어나리니,
진실한 마음이 그와 같나이다.95)

여덟째. 대중이 듣고 개오(開悟)하고 증득(證得)하다

이때에 아난과 대중이 몸과 마음이 분명하게 알아 크게
열림을 얻고, 부처님의 보리와 대열반(大涅槃)을 보는 것
이 일이 있어 멀리 갔던 사람이 아직 집에 돌아오지 못했
으나 그 집에 돌아갈 길을 분명히 아는 것 같았으며, 여

---

95) 열반의 마음을 쉽게 성취하는 데는 관음의 이근(耳根)이 최상으로 이를 능가하는
    것이 없다.

러 모인 대중에 천룡(天龍) 팔부(八部)와 배움에 있는 이승 (二乘)과 그리고 일체 새로 발심한 보살들, 그 수가 무릇 십 항하의 모래수나 되는 이들이 모두 본심(本心)을 얻어 서 진애(塵埃)를 멀리 떠나 법안정(法眼淨)을 얻었고, 성 (性) 비구니는 이 게송을 듣고 아라한이 되었으며, 한량없 는 중생들은 모두가 무등등(無等等) 아뇩다라삼먁삼보리의 마음을 발했다.

제2. 조도(助道)의 능엄주(楞嚴呪)를 지송(持誦)하게 함(5)

아난이 의복을 정돈하고 대중 가운데 합장하고 정례(頂禮)하여 마음, 형태가 원만하고 밝아졌으며 슬픔과 기쁨이 얽혀서, 미래의 모든 중생들을 이익케 하려고 머리를 조아려 부처님께 고하였다.

"크게 자비로우신 세존이시여! 저는 지금에 성불(成佛)하는 법문을 깨달아 이 가운데 수행함에 의혹이 없나이다. 항상 듣건대 여래께서 이와 같은 말씀하시기를 '자기(自己)는 제도(濟度)되지 못했으나 먼저 남을 제도하려는 것은 보살의 발심(發心)이고, 자기의 깨달음이 이미 원만하여 능히 다른 사람을 깨우쳐 주는 것은 여래께서 세상에 응현(應現)함이라' 하였사오니, 제가 비록 제도되지 못했으나 말겁(末劫)의 일체중생(一切衆生)을 제도(濟度)하려 하나이다.

세존이시여! 이 중생들이 부처님을 떠난지 점점 멀어지면 사사(邪師)의 설법함이 항하 모래수와 같으리니, 그때에 그 마음을 포섭(包攝)하여 삼마지(三摩地)에 들어가게 하려면, 어떻게 그들로 하여금 도량을 안립(安立)해야 모든 마구니의 사고를 멀리하여 보리의 마음에 물러나는 것이 없겠나이까?"

첫째. 계정혜(戒定慧)인 삼무루학(三無漏學)을 알 것(3)

그때 세존이 대중 중에서 아난을 칭찬하시기를, "잘 물었다. 네가 묻는 바와 같이, 도량을 잘 세워서 말겁에 침익하는 중생을 구호하려 하니, 너는 지금 자세히 들어라. 너에게 말해주겠다."

아난과 대중은 "예! 그렇습니다." 하고 가르침을 받들었다.

부처님께서 아난에게 이르시기를, "너는 항상 내가 비나야(毘奈耶: 율장)에서 수행하는 데 필요한 세 가지 결정적인 뜻을 말한 것을 들었으니,

이른바 마음을 껴잡는 것을 계(戒)라 하고, 계(戒)를 인하여 정(定)이 생기고, 정(定)으로 인하여 혜(慧)를 발(發)하나니 이것을 세 가지 무루학(三無漏學)이라 하느니라."

1. 먼저 계(戒)를 엄수(嚴守)할 것(4)

1) 음욕(淫慾)을 끊음

"아난아! 어찌하여 마음을 껴잡는 것을 내가 계(戒)라고 말하느냐?

만일 모든 세계에 육도(六道) 중생들이 그 마음이 음란(淫亂)하지 않으면 곧 그 생사(生死)가 계속 되풀이 되는 것을 따르지 않으리라.

네가 삼매(三昧)를 닦음은 본래 진로(塵勞)를 벗어나고자 함이거늘, 음심(淫心)을 제거하지 못하면 진로(塵勞)를 벗어나지 못하리라.

비록 지혜가 많아서 선정(禪定)이 앞에 나타나더라도 만일 음욕(淫慾)을 끊지 못하면 반드시 마구니의 도(道)에 떨어질 것이니, 상품(上品)은 마왕(魔王)이 되고 중품(中品)은 마의 백성이 되고 하품(下品)은 마녀(魔女)가 되리라.

저 모든 마(魔)들도 또한 무리가 있어서 각각 말하기를 '위없는 도(道)를 이루었다'고 한다. 내가 멸도(滅度)한 후에 말법(末法)의 가운데에 이러한 마민(魔民)들이 세간에 치성(熾盛)하여 탐욕과 음욕을 널리 자행(自行)하면서 선지식(善知識)이로라 하여 중생들로 하여금 애견(愛見)의 구덩이에 떨어지게 하고 보리의 길을 잃게 하리라.

네가 세상 사람으로 하여금 삼마제(三摩提)를 닦게 하려면 먼저 마음의 음욕(淫慾)을 끊게 할 것이니, 이것이 여래, 옛날 부처님, 세존의 첫째로 결정적(決定的)인 청정한 밝은 가르침이다.

그러므로 아난아! 음욕(淫慾)을 끊지 않고 선정(禪定)을 닦는 이는 모래와 돌을 쪄서 밥을 만들려는 것 같아서, 백천겁을 지나더라도 다만 뜨거운 모래일 것이니 왜냐 하면 이것은 밥이 될 근본(根本)이 아니고 모래와 돌로 이루어졌기 때문이다.

네가 음욕하는 몸으로써 부처님의 묘과(妙果)를 구하여 비록 묘하게 깨달음을 얻더라도 이것은 모두 음욕(淫慾)의 근본이라, 근본(根本)이 음(淫)이 되었기에 삼도(三塗)에 윤전(輪轉)하여 반드시 벗어나지 못하리니, 여래의 열반을 어떻게 닦아 증득하겠느냐? 반드시 음(淫)의 고동을 몸과 마음에 아주 끊어버리고 끊었다는 심성(心性)까지 또한 없어져야 부처님의 보리를 바랄 수 있으리라.

나와 같이 이런 말은 부처님의 말씀이고 이 말과 같지 않은 것은 곧 마왕 파순(波旬)의 말이니라."[96]

2) 살생을 끊음

"아난아! 또 모든 세계에 육도(六道)중생이 그 마음이 살생하지 아니하면 그 생사(生死)의 계속됨을 따르지 아니하리라.

네가 삼매(三昧)를 닦음은 본래 진로(塵勞)를 벗어나려고 함이거늘 살생(殺生)하는 마음을 제거하지 아니하면 진로를 벗어나지 못하리라.

---

[96] 범망경의 판본들은 모두 불살생을 으뜸으로 삼고 있지만, 이 능엄경만은 홀로 음욕 끊는 걸 으뜸으로 삼고 있다. 범망경은 중생을 이롭게 하려고 불성의 종자로 중생을 관찰하는 걸 잡기 때문에 살생을 끊음을 으뜸으로 삼았다. 능엄경은 참된 수행은 음욕을 생사의 근본으로 삼는 걸 제시하기 때문에 먼저 음욕을 끊는 것이다. 그래서 '그 마음이 음란하지 않으면 생사의 상속(相續)을 따르지 않는다'고 말한 것이다.

비록 지혜가 많아서 선정(禪定)이 앞에 나타나더라도 만일 살생을 끊지 않으면 반드시 귀신(鬼神)의 도(道)에 떨어질 것이니, 상품(上品)은 큰 힘을 가진 귀신이 되고, 중품(中品)은 날아다니는 야차(夜叉)나 귀신들의 장수가 되고, 하품(下品)은 땅에 다니는 나찰(羅刹)이 되리라.

저 귀신들도 또한 무리가 있어서 각각 말하기를 '위없는 도(道)를 이루었다'고 하리라. 내가 멸도한 후 말법의 가운데에 이 귀신들이 세간에 치성하여 말하기를 '고기를 먹고도 보리의 도(道)를 얻는다'고 하리라.

아난아! 내가 비구로 하여금 오정육(五淨肉)을 먹게 하였으나 이 고기는 모두다 나의 신력(神力)으로 화생(化生)한 것이고 본래 생명이 없다. 너의 바라문 땅이 증습(蒸濕)이 많고 게다가 모래와 돌이 많아서 풀과 나물이 생장하지 않기 때문에, 나의 대비(大悲)와 신력(神力)으로 가피한 바라. 대자비(大慈悲)를 인하여 이름을 빌려서 고기라 하는 것을 너희가 먹었거니와, 여래가 멸도(滅度)한 후에 중생의 고기를 먹는 것을 어찌 석자(釋子: 부처님 제자)라 하겠느냐?

너희들은 마땅히 알라. 이 고기를 먹는 사람이 비록 마음이 열려서 삼마지와 같더라도 모두가 대나찰이라. 과보가 끝나매 반드시 생사고해(生死苦海)에 빠져서 부처님의 제자가 아니며, 이와 같은 사람은 서로 죽이고 서로 잡아먹기를 그치지 아니하리니 이런 사람이 어떻게 삼계(三界)를 벗어나겠느냐?

네가 세상 사람으로 하여금 삼마지(三摩地)를 닦게 하려면 다음으로 살생을 끊게 할 것이니 이것이 여래, 옛날 부처님, 세존의 두 번째 결정적인 청정한 밝은 가르침이다.

그러므로 아난아! 만약 살생(殺生)을 끊지 않고 선정(禪定)을 닦는 이는 **마치 어떤 사람이 자기 귀를 막고 큰 소리를 치면서 남이 듣지 못하기를 구하는 것 같나니 이런 것들은 '숨길수록 더욱 드러남이라'**고 말한다.

청정(淸淨)한 비구와 보살들이 길에 다닐 때 산 풀도 밟지를 않거늘 하물며 손으로 뽑아버리겠느냐? 어찌 대비(大悲)를 표방하면서 중생의 피와 살을 취하여 충식(充食)을 할 수 있겠느냐?

만약 비구들이 동방(東方)에 있는 실, 솜, 명주, 비단을 입지 않고, 이 땅의 가죽신과 털옷과 유(乳), 낙(酪), 제호(醍醐)를 입거나 먹지 않으면 이런 비구는 세상에서 참으로 벗어나 옛날 빚을 다 갚아 버리고 삼계(三界)에 다시 나지 아니할 것이다. 왜냐하면 그 신분을 입거나 먹게 되면 다 저의 인연이 되기 때문이니 마치 사람이 지중(地中)의 백곡(百穀)을 먹고 발이 땅을 떠나지 못함과 같느니라.

반드시 몸과 마음에 중생의 몸과 신분에 대하여서 입지도 않고 먹지도 아니하면, 나는 **'그 사람이야말로 참으로 해탈(解脫)한 자'**라고 말하노라.

나의 이 말과 같은 말은 부처님의 말씀이라 하고, 이 말과 같지 않은 말은 곧 마왕 파순(波旬)의 말이다."97)

3) 도둑질을 끊음

"아난아! 또 모든 세계에 육도(六道)중생이 그 마음이 도둑질하지 않으면 곧 생사(生死)가 계속되는 것을 따르지 않으리라.

네가 삼매를 닦음은 본래 진로(塵勞)를 벗어나는 것이어늘 도둑질하는 마음을 제거하지 아니하면 진로를 벗어나지 못하리니 비록 지혜(智慧)가 많아서 선정이 앞에 나타나더라도 만약 도둑질을 끊지를 아니하면 반드시 삿된 도(道)에 떨어지게 되어, 상품(上品)은 정령(精靈)이 되고 중품(中品)은 요매(妖魅)가 되고 하품(下品)은 삿된 사람이 될 것이니 모든 도깨비가 붙은 것이다.

저 삿된 무리들도 또한 무리가 있어서 각각 '위없는 도(道)를 이루었다'고 말하리라. 내가 멸도한 후 저 말법(末法)의 가운데 이런 요사(妖邪)들이 세상에 치성하여 가만히 숨기고 간사하고 사기를 쳐서 선지식(善知識)이라고 말하며 제각기 '이미 상인(上人)의 법을 얻었다'고 말하면서 무식한 사람을 현혹시키고 두렵게 하며 마음을 잃게 하여 가는 곳마다 그 집 가재를 소모케 하리라.

내가 비구들로 하여금 방(方)에 따라서 걸식하게 하는 것은 그들로 하여금 탐심(貪心)을 버리게 하여 보리의 도(道)를 이루게 함이니 모든 비구들이 스스로 밥을 지어먹

---

97) 참선 수행에서 살생을 끊지 않으면 반드시 귀신이나 나찰의 부류에 떨어진다. 이 부류가 오로지 살생의 업을 자행해서 이제 살생의 습기(習氣)로 감응해 초래하기 때문이다.

지 않고 더부살이하여 삼계(三界)에 나그네가 되어서 한번 가고 다시 돌아오지 아니함을 보이거늘,

어찌하여 도적질하는 사람이 나의 의복(衣服)을 빌어입고 여래를 비판하여 가지가지 업을 짓고 모두 다 불법이라고 말하며, 출가하여 계(戒)를 갖춘 비구를 그르게 어겨서 소승(小乘)의 도(道)라고 하느냐? 그로 말미암아 한량없는 중생을 의혹하게 하고 그르치게 하여 무간지옥(無間地獄)에 떨어지게 할 것이다.

만일 내가 멸도(滅度)한 후에 어떤 비구가 발심(發心)하여 결정심(決定心)을 가지고 삼마제(三摩提)를 닦으며, 여래의 형상 앞에서 몸에 하나의 등불을 켜거나 하나의 손가락 마디를 태우거나 몸 위에 하나의 향주를 사루면, 나는 말하기를 '이 사람은 무시이래(無始以來)의 묵은 빚을 일시에 갚아버리고 이 세상을 영원히 하직하고 모든 루(漏)를 벗어난다'고 하리니,

비록 아직 무상각(無上覺)의 길을 밝히지 못하였더라도, 이 사람이야 말로 법에 대하여 이미 결정심(決定心)을 가졌느니라.

만약 그렇게 몸을 버리는 조그마한 인(因)이라도 짓지 않으면 비록 무위(無爲)를 이루더라도 반드시 도로 사람으로 태어나서 묵은 빚을 갚되 나의 마맥(馬麥)을 먹은 일과 같으리라.

네가 세상사람으로 하여금 삼마지(三摩地)를 닦게 하려면 그 다음에는 도적질을 끊게 할 것이니, 이것이 여래의

옛날 부처님 세존의 세 번째 결정적(決定的)인 청정한 밝은 가르침이다.

그러므로 아난아! 만약 도적질을 끊지 않고 선정(禪定)을 닦는 사람은 **마치 어떤 사람이 새는 그릇에 물을 부어서 차기를 구함과 같아서 비록 미진겁(微塵劫)을 지내어도 마침내 평복(平復)하지 못하리라.**

만약 비구들이 의발(衣鉢) 이외에는 분촌(分寸) 정도도 저축하지 않으며 걸식한 나머지 부분을 굶주린 중생에게 베풀어주며,

큰 집회(集會)에서 합장하고 대중에게 예배하며,

어떤 사람이 구타하고 꾸짖어도 칭찬과 같이 여겨서, 반드시 몸과 마음으로 하여금 둘 다 함께 버리되, 몸과 살과 뼈와 피를 중생과 함께하며,

여래의 불요의설(不了義說)을 가져서 그것을 제 뜻대로 자기의 아는 것으로 여겨서 초학자(初學者)들을 그르치지 아니하면, 부처님이 인가하기를 '이 사람은 참 삼매(三昧)를 얻은 사람이라'고 하시니라.

내가 말한 바와 같은 것은 부처님의 말씀이고, 내 말과 같지 아니한 것은 곧 마왕 파순(波旬)의 말이니라."98)

---

98) 옷과 발우 이외에는 조금도 쌓아놓지 않고, 걸식하고 남은 음식을 굶주린 중생에게 베푸는 것은 탐내지 않음의 지극함이고, 때리고 욕설을 해도 칭찬과 똑같이 여기는 것은 무아(無我)의 지극함이다. 마음이 성냄을 일으키지 않고 몸에 과보를 가하지 않으니, 이것이 몸과 마음 둘 다 버리는 것이다.

4) 거짓말함을 끊음

"아난아! 이와 같이 세계의 육도(六道) 중생이 비록 몸과 마음에 살생, 도적질과 음행이 없어서 세 가지 행(行)이 이미 원만하더라도 만일 큰 망어(大妄語)를 한다면 곧 삼마지가 청정함을 얻지 못하고 애견(愛見)의 마(魔)를 이루어 여래의 청정한 종성(宗性)을 잃게 될 것이니,

이른바 얻지 못한 것을 얻었다고 말하고 증득(證得)하지 못한 것을 증득했다고 말하며, 혹은 세간에서 가장 존승(尊勝)함을 구하려 하여 현전의 사람에게 말하기를 '나는 이미 수다원과(須陀洹果)와 사다함과(斯多含果)와 아나함과(阿那含果)와 아라한도(阿羅漢道)와 벽지불승(辟支佛乘)과 십지(十地)와 십지(十地) 전의 여러 가지 보살위(位)를 얻었다'고 하여 그들의 예참을 구하며 그들의 공양을 탐함이다.

이 일전가(一顚迦: 일천제一闡提, 구제불능한 자)는 불종(佛種)을 끊어버리되 마치 어떤 사람이 톱으로 다라 목을 끊는 것 같이 하리니, 부처님은 이 사람을 수기(受記)하기를 '이 사람은 영원히 선근(善根)을 없애고 다시 지견(知見)이 없어 삼고(三苦)의 바다에 빠져서 삼매(三昧)를 이루지 못한다'고 하시느니라.

내가 멸도(滅度)한 후 모든 보살과 아라한을 시켜 응화신(應化身)으로 저 말법(末法) 가운데 태어나서 가지가지 형상으로 윤전하는 이를 제도(濟度)하되, 혹은 사문, 백의거사(白衣居士), 인왕(仁王), 재관(宰官), 동남(童男), 동녀

(童女)와 내지 음녀(淫女), 과부(寡婦)와 간투(姦偸) 도판자(屠販者)가 되어 그들과 일을 같이 하면서 부처님의 법을 칭찬하여 그들의 몸과 마음으로 하여금 삼마지에 들어가게 하되 끝내 **'내가 참으로 보살이며, 참으로 아라한이라'고 말하여 부처님의 비밀한 밀인(密印)을 누설하여 말학(末學)들에게 가볍게 말하지 말게 하고, 다만 숨이 마칠 때 가만히 유언(遺言)할 수는 있다 할 뿐이다.** 이 사람이 어찌 중생을 혹란(惑亂)하여 큰 망어(妄語)를 하겠느냐?

네가 세상 사람을 가르쳐서 삼마지(三摩地)를 닦게 하려면 그 뒤에 다시 대망어(大妄語)하는 것을 끊게 할 것이니 이것이 여래, 과거의 부처님, 세존의 네 번째 결정적인 청정한 밝은 가르침이니라.

그러므로 아난아! 만약 그 큰 망어를 끊지 않는 이는 사람의 똥을 새겨서 전단(栴檀) 모양을 만들어 향기를 구하고자 하는 것과 같아서 좋은 향기를 구해도 그런 도리는 없느니라.

내가 비구를 가르치되 '곧은 마음이 도량이라'고 하노니 4위의의 온갖 행동 중에 조금도 허가함이 없어야 하는데 어찌 '상인법(上人法: 열반경의 過人法에 해당)을 얻었다'고 자칭할 수 있겠느냐? **마치 곤궁한 사람이 망령되이 제왕(帝王)이라고 말하다가 스스로 주멸(誅滅)을 당하는 것과 같다. 하물며 그보다 더한 법왕(法王)을 어찌 망령되이 도적질하겠느냐? 인지(因地)가 참되지 못하면 결과(結果)가 우곡(紆曲)을 부르게 됨이라.**

　부처님의 보리를 구하는 것이 배꼽을 씹는 사람과 같으리니 어떻게 성취하려 하겠느냐?

　만약 비구들이 마음 정직하기가 곧은 활줄과 같으면 모든 일거일동(一擧一動)이 다 진실하여 삼마지에 들어감에 영원히 마구니의 일이 없을 것이니, 나는 인증하기를 '이 사람은 보살의 무상지각(無上知覺)을 성취한다'고 하리라.99)

　나의 이 말과 같은 말은 부처님의 말씀이고 이 말과 같지 않은 말은 곧 파순(波旬)의 말이니라."

---

99) 참 성인이라면 스스로 부처의 밀인(密印: 비밀스런 인가)을 누설하여 어기지 않으며 임종할 때에야 비로소 부촉하는 바가 있을 뿐인데, 어떻게 이런 사람이 크게 허망한 말로 중생을 미혹하고 교란시키겠는가? 그러므로 세상 사람들에게 선정을 닦게 하는 자는 반드시 허망한 말을 끊어야 비로소 삼마지에 들어갈 수 있다.

대불정수능엄경 제7권

2. 사종계(四種戒)를 정지(淨持)하여 영단(永斷)할 것

"아난아! 네가 마음을 껴잡는 것을 물었기에, 내가 먼저 삼마지(三摩地)에 들어가 닦아 배울 묘한 문(門)을 말하였으니 보살의 도(道)를 구하려면 먼저 이 네 가지 율의(律儀)를 가지되 깨끗하기가 얼음, 서리와 같이 하면, 저절로 온갖 지엽이 생길 수 없어서 마음의 세 가지와 입의 네 가지가 반드시 생길 원인이 없게 되리라.

아난아! 이와 같은 네 가지 사실을 유실(遺失)하지 아니하면 마음이 색(色), 향(香), 미(味), 촉(觸)에 반연(攀緣)하지 않으리니, 일체 마구니 일들이 어떻게 발생하겠느냐?"

3. 숙업(宿業)을 없애려면 능엄주(楞嚴呪)를 외울 것

"만약 옛날의 습관을 멸제하지 못하거든 너는 그 사람으로 하여금 일심(一心)으로 나의 불정광명 마하살달 다반달라 무상신주(佛頂光明 摩訶薩怛 多般怛羅 無上神呪)를 외

- 275 -

우게 하라.

이것은 여래의 볼 수 없는 정상(頂相: 부처님 정수리에 솟아 있는 상투 모양의 육계肉髻)의, 함이 없는 마음 부처님께서 정수리로부터 발휘하시어 보배연꽃에 앉아서 말씀하신 심주(心呪)니라.

또 너는 과거 전생에 마등가와 역겁(歷劫)에 인연이 있어서 은애(恩愛)의 습기(習氣)가 일생(一生)과 일겁(一劫)만이 아니지마는, 내가 한번 주(呪)를 선양(宣揚)함에 사랑하는 마음을 영원히 벗어나고 아라한을 이루었으니, 그는 오히려 음녀(淫女)로서 수행하는 마음이 없으되 능엄주(楞嚴呪)의 신력(神力)을 암암리에 입어서 속히 무학(無學)을 증득했나니, 더구나 너희들은 이 모임에 있는 성문으로서 최상승(最上乘) 법을 구하는 이들이니 결정코 성불(成佛)할 것이라, 마치 먼지를 순풍에 날리는 것 같으니 무슨 어렵고 험난함이 있겠느냐?

만약 말세에 도량에 앉으려고 하면 먼저 비구의 청정한 금계(禁戒)를 가지되, 마땅히 계(戒)가 청정(清淨)한 사람, 첫째 가는 사문을 선택하여 그 스승을 삼을 것이니, 만일 그 참으로 청정한 스님을 만나지 못하면 너의 계율(戒律)이 반드시 성취(醒醉: 잠이나 술에서 깨다)하지 못하리라.

계(戒)가 성취한 다음에는 새 옷 깨끗한 옷을 입고 분향(焚香)하고 고요히 앉아서 이 심불(心佛)이 말씀하신 신주(神呪)를 108번을 외우고 그 다음에 결계(結界)하여 도량을 건립하고서 시방의 국토에 현주(現住)하시는 위없는 부처님께서 대자비의 광명을 놓아 그 정수리에 와 대이기를 구할 것이니라.

아난아! 그와 같은 말세(末世)에 청정 비구(淸淨比丘)와 비구니와 백의단월(白衣檀越)들이 마음에 탐심과 음심을 없애고, 부처님의 청정한 계(戒)를 가져서 그 도량에서 보살의 원을 발하고, 나갈 때나 들어갈 때나 깨끗이 목욕하고 6시로 도(道)를 행하여 이와 같이 잠자지 않고 삼칠일(三七日)을 지나면, 내가 몸을 나타내어 그 사람 앞에 가서 정수리를 만져주고 위안을 시켜서 그로 하여금 마음이 열리게 하리라."

둘째. 도량을 세우고 정혜(定慧)를 닦는 법(6)

아난이 부처님께 고하여 말하기를, "세존이시여! 저는 부처님의 위없이 자비하신 가르침을 입사와 마음이 이미 열려서 무학(無學)의 도(道)를 닦아 증득하여 이룰 줄을 알았거니와, 말법에 수행하는 이가 도량을 건립하려면 어떻게 결계(結界)를 하여야 부처님, 세존의 청정한 법도(法度)에 합(合)하겠나이까?"100)

1. 단장(壇場)을 만듦

부처님께서 아난에게 이르시기를 "만약 말세(末世)의 사람으로서 도량 세우기를 원한다면 먼저 설산(雪山)에서 비니(肥膩)향초(香草)를 먹은 대력(大力)백우(白牛)를 구해야 하나니, 이 백우(白牛)는 설산의 맑은 물만 마시기 때문에 그 똥이 미세하다. 그 똥을 취하여 전단향과 같이 버무려서 그 지면을 바를 것이니라.

만일 설산의 흰 소가 아니면 그 똥이 더러워서 그 땅에 바를 수 없나니, 특별히 평원에서 땅 지표의 흙을 다 파서 버리고 5척 이하에서 황토(黃土)를 취하여 상전단(上栴檀), 침수향(沈水香), 소합(蘇合), 훈육(熏陸), 울금(鬱金), 백교(白膠), 청목(靑木), 영릉(零陵), 감송(甘松), 계설향(鷄舌

---

100) 여기서는 도량의 계(界)를 결성하는 법칙을 묻고 있다. 도에 들어가는 첫 번째 요체는 몸과 마음의 평등이고, 두 번째 요체는 마음과 경계의 일여(一如)이다. 그리하여 업을 짓고 경계를 인(因)함을 돕는 반연(助緣)으로 삼는데, 참된 수행도 역시 그러하기 때문에 모름지기 궤칙을 묻는 것이다.

香) 등을 같이 버무려서 이 열 가지의 향을 곱게 갈고 부드럽게 가루를 만들어 황토와 합하여 진흙을 만들어서 장지(場地)를 발라야 하느니라.

모나고 둥글게 16척의 팔각단을 만들고 단 복판에는 하나의 금(金), 은(銀), 동(銅), 목(木)으로 만든 연꽃을 안치하고 연꽃 가운데에는 바리를 두고 바리 가운데에는 먼저 팔월의 이슬 물을 두고, 물 안에는 있는 대로의 연잎을 뛰워 두며, 둥근 거울 팔면을 취하여 각각의 방(方)에 놓아 연꽃과 바리를 둘러싸고 둥근 거울 밖에 16연꽃과 16향로를 건립하되 향로를 연꽃 사이사이에다 차려놓아서 향로를 장엄(莊嚴)해 놓고 순전히 침수향(沈水香)을 사르되 불이 보이지 않게 하고,"

2. 불·보살님께 공양(供養) 올림

"설산(雪山)의 대력백우(大力白牛)의 젖을 취하여 16개의 그릇에 두고 우유로 전병(煎餅)을 만들고 여러 사탕과 유병(油餅), 유미(乳糜), 소합(蘇合), 밀강(蜜薑), 순낙(純酪), 순밀(純蜜)과 모든 과자와 음식과 포도와 석밀(石蜜) 등 가지가지의 최상 미묘한 음식을 연꽃 밖에 각각 16씩 둘러 놓아서 여러 부처님과 위대한 보살께 받들 것이니라.

매양 밥 먹을 때와 밤중에는 꿀 반되와 수(酥) 세 홉을 준비해 놓고 단 앞에 따로 하나의 작은 화로를 안치하고, 도루바향(兜樓婆香)으로 달인 향수로 숯을 목욕을 시켜 태워서 치성하게 하고, 수(酥)와 밀(蜜)을 성하게 타는 화로 안에 던져 연기가 늘 나게 태워서 불보살(佛菩薩)님께 공양을 올릴 것이니라."101)

3. 주위에 설치하는 의식(儀式)

"그 사방 밖에는 번기(幡幾)와 꽃을 두루 달고, 단실(壇室) 가운데에는 네 벽에 시방의 여래와 불보살들의 여러 가지 형상을 부설(敷設)하되, **응당 한복판에 노사나 부처님과 석가모니 부처님과 미륵 부처님과 아촉 부처님과 아미타 부처님을 모시고(五方佛),** 여러 가지로 크게 변화하는 관음보살의 형상과 아울러 금강장보살(金剛將菩薩)을 좌우에 모시며, 제석(帝釋), 범왕(梵王), 오추슬마, 람지가(藍地迦), 군다리(軍荼利), 비구지(毘俱胝), 사천왕(四天王) 등과 빈나(頻那)와 야가(夜迦)를 문(門) 곁의 좌우에 안치하며, 또 거울 여덟 개를 허공에 덮어 매달아 두어서 단장(壇場) 안에 안치한 거울과 방면(方面)이 서로 상대케 하여 그 형체와 그림자가 중중(重重)으로 서로 건너 비추게 해야 한다."

---

101) 모든 부처님과 보살은 본래 음식을 받지 않는다. 이제 공양을 닦는 뜻은 묘행(妙行)으로 시각(始覺)을 훈습해 닦음으로써 본각(本覺)을 향하는 뜻을 표현하는 것이다. 반드시 반연의 그림자[緣影]가 다해서 청정해져야 비로소 하나에 합치하기 때문에 수(酥: 정제한 우유)와 꿀을 불꽃이 이는 화로 안에 던져 넣어 연기가 다하도록 태워 부처님과 보살에게 공양한다.

4. 삼칠일(三七日)에 정혜(定慧)를 이루는 공부

"처음 일주일 동안에는 지성으로 시방 여래와 여러 위대한 보살들과 아라한의 명호(名號)에 정례(頂禮)하여, 항상 육시로 주문(呪文)을 외우고 단(壇)을 돌아 지극한 마음으로 도(道)를 행하되 한때에 항상 108번씩을 행하며,

두 번째 7일 중에는 한결 같이 전심(專心)으로 보살원을 발하되, 마음에 간단함이 없게 할 것이니, 나의 비나야(毘奈耶)에 이미 원에 대한 가르침이 있었느니라.

세 번째 7일 중에는 12시 가운데 언제나 부처님의 반달라주(般怛囉呪)를 지송하라.

5. 말일에 이루는 정(定)과 혜(慧)

네 번째 7일이 되면 시방 여래께서 일시(一時)에 출현하시어 거울이 서로 비추고 비추는 그곳에서 부처님이 친히 이마를 만져주시는 것을 받아서,102) 즉시 이 능엄도량(楞嚴道場)에서 삼마지(三摩地)를 닦으리니 이와 같은 말세에 수학하는 사람은 몸과 마음이 밝고 깨끗하기 유리와 같게 되리라."

---

102) 세 번째 7일의 제 7일이 되면 도의 교류에 감응해서 시방의 여래가 일시에 출현한다. 거울의 빛이 교차하는 곳은 바로 인심(人心)을 행하여 불심(佛心)에 계합하는 경지이기 때문에, 부처님께서 정수리를 어루만짐으로써 섭수(攝受)함을 이어 받는다.

6. 백일에 성과를 증득함

"아난아! 만일 이 비구들이 본래 수계(受戒)한 스님이나 동회(同會) 중의 열 비구에서 그 중 한 사람이라도 청정하지 못한 이가 있으면 그런 도량은 흔히 성취하지 못하느니라.

삼칠일 후부터는 단정히 앉아 안거(安居)하기 100일을 지나면 영리한 근기는 그 자리에서 일어나지 않고 수다원과(須陀洹果)를 얻게 되리라.

비록 그 몸과 마음에 성인(聖人)의 과(果)가 이루어지지 못하더라도 결정코 틀림없이 성불(成佛)할 줄을 알게 되리라.

네가 물은 도량을 건립함이 그와 같으니라."

셋째. 능엄주(楞嚴呪)를 다시 연설(演說)하심

아난이 부처님 발에 정례하고 부처님께 고하여 말하기를, "제가 출가한 후로 부처님의 교애(憍愛)만을 믿고 다문만을 구했기 때문에 무위(無爲)를 증득하지 못하고, 저 범천(梵天)의 삿된 주술(呪術)에 금제를 당했사오니 마음은 비록 명료하나 힘이 자유롭지 못했는데 문수보살을 만나서 벗어나게 되었나이다.

비록 여래의 불정신주(佛頂神呪)를 받자와 암암리에 그 가피(加被)의 힘을 입었으나 아직 친히 듣지를 못했사오니, 바라옵건대 대자(大慈)로 다시 선설(宣說)하시어 이 모임에서 수행하는 이들과 또 미래 말세에 윤회하는 이를 구원하셔서 그들이 부처님의 믿음을 받잡고 몸과 마음이 해탈케 하옵소서."

이때에 모임에 있던 모든 대중들이 모두 다 정례(頂禮)하고 여래의 비밀장구(祕密章句) 듣기를 기다리고 있었다.

그때에 세존께서 육계(肉髻)의 가운데에서 백 가지 보배로운 빛을 쏟아내셨다. 그 광명 가운데 천엽(千葉)의 보배연꽃이 솟아오르고, 화신(化身) 부처님께서 그 보배연꽃 가운데 앉아 계셔서 십도(十道)인 여러 가지 보배로운 광명을 정수리에서 놓으시니, 낱낱 광명에서 모두 열 항하사 금강밀적(金剛密跡)이 산을 떠받치고 방망이를 가지고서 온 허공계(虛空界)에 두루함을 시현(示現)하니 그를 대중들이 우러러보고 두려움과 사랑스러운 마음을 갖고서 부처님이 가 없게 도와주기를 바라면서 불(佛)의 무견정상(無見頂相)에서 방광(放光)하시는 여래가 선설(宣說)하시는 신주(神呪)를 일심으로 듣고 있었다.103)

---

103) 부처의 32상(相) 가운데는 육계가 첫 번째다. 이 육계로부터 광명을 놓는 것은 존귀하고 수승한 정수리의 법[尊勝頂法]이 중도의 묘한 지혜를 말미암아 발한 것임을 나타낸다. 광명 속에서 연꽃이 솟구치는 것은 묘한 지혜의 수승한 인(因)을 나타내고, 연꽃 속의 화신 부처는 인과가 하나로 계합함을 나타낸다. 화신 부처의 정수리에서 다시 광명을 놓고, 광명 속에서 금강신의 무리를 나타내 보인 것은 과(果)의 체(體)로부터 다시 묘용(妙用)을 일으키지만, 특별히 심식(心識)의 경계가 아님을 나타낸 것이다.

능엄주문(楞嚴呪文)

　나무사다타소가다야아라하례삼먁삼볻다샤　　사다타볻다구지스니삼　　나무살바볻다부디사다베뱌　　나무사다남삼먁삼볻다구지남　　사스라바가싱가남　　나무로계아라한다남　　나무소로다파나남　　나무사가리다가미남　　나무로계삼먁가다남　　삼먁가파라디파다나남　　나무예바리시난　　나무신다야비디야다라리시난　　샤바노계라하사하사라마타남　　나무바라하마니　나무인다라야　나무바가바례　로다라야　오마바례　사혜야야　나무바가바례　나라야나야　반자마하삼모다라　나무신가리다야　나무바가바례　마하가라야　디리바라나가라　비다라바나가라야　아디목례　시마샤나니바시니　마다리가나　나무신가리다야　나무바가바례　다타가다구라야　　나무바두마구라야　　나무발사라구라야　　나무마니구라야　　나무가사구라야　　나부바가바례　례리다슈라세나　　파라하라나라사야　　다타가다야　　나무바가바례　나무아미다바야　　다타가다야　　아라하례　　삼먁삼볻다야　나무바가바례　아추볘야　다타가다야　아라하례　삼먁삼볻다야　나무바가바례　볘사사야구로볘쥬리야　바라바라사야　다타가다야　나무바가바례　삼보스비다　살린나라라사야　다타가다야　아라하례　삼먁삼볻다야　나무바가바례　샤계야모나예　다타가다야　아라하례　삼먁삼볻다야　나무바가바례　라다나계도라사야　다타가다야　아라하례　삼먁삼볻다야　례뵤나무사가리다　이담바가바다사다타가도스니삼　사다다바다람　나무아바라시담　바라례양기라　사라바부다게라하　니가라하게가라하니　바라

비디야치다니   아가라미리쥬   바리다라야닝게리   사라바
반다나목차니   사라바도시다   도시빕바나니버라니   쟈도
라시예남   가라하사하사라야사   비다븡사나가리   아시다
빙샤예남   낙사차다라야사   파라사다나가리   아시다남
마하게라하야사   비다븡사나가리   살바샤도로니바라야사
호람도시빕난자나샤니   비사샤시다라   아기니오다가라야
사   아파라시다구람   마하바라전지(100)   마하딥다   마하
례사   마하세다사바라   마하바라반다라바시니   아리야다
라   비리구지   서바비사야   바사라마례디   비샤로다   부
드마가   바사라제하나아자   마라제바파라짇다   바사라단
지   비샤라자   선다샤베례바부시다   소마로파   마하세다
아리야다라   마하바라아파라   바사라샹가라제바   바사라
구마리   구람다리   바사라하사다자   비디야건자나마리가
구소모바가라다나   비로자나구리야   야라토스니삼   비지
람바마니자   바사라가나가파라바   로사나바사라돈치자
세다자가마라베라참   굴반도   인토나마마샤

("제자 아무개 지닙니다")

옴   리시게나   파라샤신다   사다타가도스니삼   훔   도
로옹   점바나   훔   도로옹   싣담바나   훔   도로옹   파라
비디야삼박차나가라   훔   도로옹   살바야차하라라차사   게
라하야사   비등븡사나가라   훔   도로옹   쟈도라시디남
게라하사하사라남   비등븡사나라   훔   도로옹   라차   바
가범   사다타가도스니삼   파라렴사기리   마하사하사라
부수사하사라시리사   구지사하살니례례   아볘례시바리다
다타낭가   마하바사로다라   례리부바나   만다라   옴   사

시례바바도　마마　인토나마마사

("제자 아무개 지닙니다")

　라사바야　주라바야　아기니바야　오다가바야　비사바
야　샤사다라바야　바라자가라바야　돌비차바야　아샤니
바야　아가라미리쥬바야　다라니부미겸파가바다바야　오
라가바다바야　라사단다바야　나가바야　비됴다바야　소
바라나바야　야체게라하　라차사게라하　피리다게라하
비샤자게라하　부다게라하　구반다게라하(200)　부단나게
라하　가타부단나게라하　시간도게라하　아파시마라게라
하　오단마다게라하　챠야게라하　혜리바뎨게라하　사다
하리남　게바하리남　로디라하리남　망사하리남　메다하
리남　마사하리남　사다하리녀　시비다하리남　비다하리
남　바다하리남　아슈쟈하리녀　짇다하리녀　뎨삼살볘삼
살바게라하남　비다야사친다야미　기라야미　파리바라쟈
그리담　비다야사친다야미　기라야미　다연니그리담　비
다야사친다야미　기라야미　마하파슈파다야　로다라그리
담　비다야사친다야미　기라야미　나라야나그리담　비다
야사친다야미　기라야미　다타가로다세그리담　비다야사
친다야미　기라야미　마하가라마다리가나그리담　비다야
사친다야미　기라야미　가파리가그리담　비다야사친다야
미　기라야미　사야가라마도가라　살바라다사다나그리담
비다야사친다야미　기라야미　자도라바기니그리담　난다
계사라가나파뎨　사혜야그리담　비다야사친다야미　기라
야미　나게나사라바나그리담　비다야사친다야미　기라야
미　아라한그리담비다야사친다야미　기라야미　비다라가

그리담　비다야사친다야미　기라야미바사라파니　구혜야
구혜야　가디파례그리담　비다야사친다야미　기라야미
라차망　바가밤　인토나마마샤

("제자 아무개 지닙니다")

　바가밤　사다다파다라　나무수도뎨　아시다나라라가
파라바시보타　비가사다다바례리　스부라스부라　다라다
라　빈다라빈다라친다친다　훔　훔　반닥　반닥반닥반닥
반닥　사바하　혜혜반　아모가야반　아파라례하다반　바
라파라다반　아소라비다라파가반　살바례볘뱌반　살바나
가뱌반　살바야차뱌반　살바간달바뱌반　살바부다나뱌반
가탁부다나뱌반　살바도랑기례뱌반　살바도스비리그시뎨
뱌반　살바시바리뱌반(300)　살바아파시마리뱌반　살바사
라바나뱌반　살바디뎨계뱌반　살바다마다계뱌반　살바비
다야라서자리뱌반　사야가라마도가라　살바라타사다계뱌
반　비디야자리뱌반　쟈도라바기니뱌반　바사라구마리
비다야라서뱌반　마하파라딩야차기리뱌반　바사라샹가라
야　파라댱기라사야반　마하가라야　마하마다리가나　나
무사가리다야반　비시나비예반　부라하모니예반　아기니
예반　마하가리예반　가다단디예반　메다리예반　로다리
예반　자문다예반　가라라다리예반　가파리예반　아디목
지다가시마샤나　바사니예반　연기진　살타바샤　마마인
토나마마샤

("제자 아무개 지닙니다")

　도시다진다　아마다리진다　오사하라　가바하라　로디

라하라　바사하라　마사하라　사다하라　시비다하라　바
랴야하라　간다하라　포사파하라　파라하라　사샤하라
파라진다　도시타진다　로다라진다　야차그라라　라차사
그라하　폐례다그라하　비사자그라하　부다그라하　구반
다그라하　시간다그라하　오다마다그라하　차야그라하
아파사마라그라하　　타카혁다기니그라하　　리붇뎨그라하
사미가그라하　샤구니그라하　모다라난디가그라하　아람
바그라하　간도파니그라하　시버라예가혜가　듀뎨야가
다례뎨야가　쟈돌타가　니뎨시버라비사마시버라　박디가
비디가　시례시미가　사니파례가　살바시버라　시로기뎨
말다뼤다로제겸　아기로겸　목카로겸　가리도로겸　게라
하그람　갈나슈람　단다슈람　흐리야슈람　말마슈람　바
리시바슈람　비리시다슈람　오다라슈람　가디슈람　바시
뎨슈람　오로슈람　샹가슈람　하시다슈람　바다슈람　사
방앙가파라댱가슈람　부다비다다　다기니시바라　다도로
가건도로기디바로다비　살파로하링가(400)　슈사다라사나
가라　비사슈가　아기니오다가　마라뼤라건다라　아가라
미리두다렴부가　디류l라탁　비리시진가　살바나구라　사
잉가뱌그라리야차다라츄　마라시뼤뎨삼사뼤삼　시다다파
다라　마하바사로스니삼　마하파라댱기람　야바도다샤유
사나　변다례나　비다야반담가로미　뎨슈반담가로미　파
라비다반담가로미　다냐타　옴　아나례　비샤례　뼤라바
사라다리　반다반다니　바사라방니반　훔도로옹반　사바
하104)

---

104) 주문은 비밀이라서 번역하지 않는 다섯 가지 중의 하나이다. 주문을 설하는 것
　은 군대의 비밀 암호와 같은 것이다. 다만 일을 밝히는 걸 취할 뿐이라서 명확한

넷째. 능엄주(楞嚴呪)를 지송(持誦)하는 공덕(功德)(9)

"아난아! 이 불정광취(佛頂光聚) 실달다반달라 비밀가타 미묘장구는 시방의 일체 부처님을 출생케 하나니,

시방의 여래께서 이 주심(呪心)을 인하여 위없는 정편지각을 얻어 이루시며,

시방 여래께서 이 주심(呪心)을 가지고서 모든 마구니를 조복하고 모든 외도를 제거하시며, 시방 여래께서 이 주심(呪心)을 타고서 보배연꽃에 앉아 미진국토(微塵國土)에 응하시며,

시방 여래께서 이 주심(呪心)을 머금어서 미진수(微塵數) 와 같은 여러 나라에서 대법륜(大法輪)을 굴리시며,

시방 여래가 이 주심(呪心)을 가지고서 능히 시방세계에서 마정수기(摩頂授記)를 하시며 자기의 성과(聖果)가 이루어지지 않았더라도 또한 시방세계에서 부처님 수기(受記)를 받게 하시며,

시방 여래께서 이 주심(呪心)에 의지하시어 능히 시방에서 온갖 고통(苦痛)을 벗어나게 하시나니,

이른바 지옥(地獄), 아귀(餓鬼), 축생(畜生)과 눈멀고 귀먹고 벙어리가 된 고통, 원수와 미운 사람을 만나는 고통, 사랑을 이별하는 고통, 구하는 것을 얻지 못하는 고통, 오

말을 허락하지 않는다. 또 "더구나 온갖 신왕(神王)들의 이름[名字]"이라고 하는데, 그 주(主)를 부르면 무리가 반드시 따르는 것은 삿됨을 꺾는 능력이 있기 때문이다.

음(五陰)이 치성(熾盛)하는 고통과 크고 작은 온갖 횡액(橫厄)을 동시에 다 해탈(解脫)케 하며 도적(盜賊)의 난(難), 병난(病難), 왕난(王難), 옥난(獄難)과 풍재(風災), 화재(火災), 수재(水災)의 어려운 난관들과 굶주리고 목마르고 빈궁한 고통들을 일시에 녹여서 없게 하시며,

시방 여래께서 이 주심(呪心)에 따라 능히 시방세계에서 선지식(善知識)을 받들어 섬기되 사위의(四威儀) 가운데 공양(供養)을 뜻과 같이 하며, 항하 모래수와 같은 여래의 모임에서 추대되어 대법왕자가 되느니라.

시방여래께서 이 주심(呪心)을 행(行)하여 시방에서 친한 이, 인연 있는 이를 섭수(攝受)하시며 소승(小乘)들로 하여금 비밀장(祕密藏)을 듣고 놀라거나 두려움을 내지 않게 하시며,

시방여래께서 이 주심(呪心)을 외우셔서 무상각(無上覺)을 성취하시며 보리수에 앉으시며 대열반(大涅槃)에 들기도 하시며,

시방여래께서 이 주심(呪心)을 전하시어 부처님께서 멸도하신 후에 불법(佛法)의 일을 부촉하여 오래 오래 유지되도록 하시고, 계율(戒律)을 엄하고 청정(淸淨)하게 하여 모두 다 청정함을 얻게 하시느니라."105)

---

105) 위로부터 부처의 심인을 전한 조사들 중에 주문의 힘을 말미암지 않고 공행(功行)을 이룬 이가 있지 않다. 이것이 소위 여래밀인수증요의(如來密因修證了義)로서 이 주문이 행의 근본이 됨을 정확히 가리킨다. 즉 보살의 만행(萬行)이 이승(二乘)의 사람으로 하여금 온갖 마(魔)의 일을 멀리하게 할 때 이로부터 도움이 시작되지 않음이 없다.

2. 그 공덕을 겁이 다해도 말할 수 없음

"만약 내가 이 불정광취(佛頂光聚) 반달라주(般怛囉呪)를 말하기를 아침부터 저녁에까지 음성(音聲)이 서로 연(聯)하며 자구(字句)의 중간에 또한 중첩되지 아니하여서 항하 모래수와 같은 겁을 지나더라도 마침내 다 할 수 없으니라."

3. 가지거나 써두어도 제병성지(除病成智)함

"또한 이 주문(呪文)은 여래의 정수리라고 하나니, 너희들 배움에 있는 사람들이 윤회를 끊지 못한 이로서 발심(發心)하여 지성으로 아라한도(阿羅漢道)를 취하되 이 주문(呪文)을 수지하지 않고 도량에 앉아서 그 몸과 마음으로 하여금 마사(魔事)를 멀리 하는 것은 있을 수 없느니라.

아난아! 만약 모든 세계의 여러 국토에 있는 중생들이 그 나라에 나는 가죽, 나무껍질과 패엽과 종이와 흰 천으로 이 주문(呪文)을 서사(書寫)하여 향낭(香囊)에다 간직해야 하며, 그 사람이 마음이 혼미(昏迷)하여 외우거나 기억하지 못해도 혹은 몸에 휴대하거나 자기 집안에 써 두면 이 사람은 그 생명이 다하도록 일체 모든 독(毒)이 능히 해치지 못할 것이다.

아난아! 내가 너를 위하여 다시 말하노니 이 주문(呪文)은 세간을 구호하여 대무외(大無畏)를 얻게 하며 중생의 출세간(出世間) 지혜(智慧)를 성취하게 하느니라."

4. 재앙(災殃)이 없고 성중(聖衆), 귀왕(鬼王)이 보호함

"만약 내가 멸도한 후에 말세의 중생들이 능히 스스로 외우며 다른 사람을 시켜서 외우게 하면, 마땅히 알라. 이와 같이 능엄주(楞嚴呪)를 송지(誦持)한 중생들은 불이 능히 태우지를 못하며 물이 능히 빠뜨리지를 못하며 큰 독과 작은 독이 능히 해치지 못하리라.

이와 같이 내지 용(龍)과 하늘과 귀신(鬼神)과 정기(精祇: 정령)와 마매(魔魅: 도깨비)들의 나쁜 주문(呪文)이 능히 건드리거나 붙지를 못하며, 마음이 삼매(三昧)를 얻어서 일체의 주저(呪詛)와 염고(厭蠱), 독약(毒藥)과 금독(金毒), 은(銀毒), 초목(草木), 충(虫), 사(蛇) 등 만물의 독기(毒氣)가 이 사람의 입에 들어가면 감로의 맛을 이룰 것이며, 일체 나쁜 별들과, 모든 귀신이 독한 마음으로 사람에게 독(毒)을 품는다 해도 사람에게는 능히 악독(惡毒)을 일으키지 못하며, 빈나(頻那)와 야가(夜迦)와 모든 고약한 귀신(鬼神)들의 왕(王)과 그 권속들이 모두 다 깊은 은혜를 받아서 항상 그를 수호하리라.

아난아! 마땅이 알라. 이 주문(呪文)은 항상 8만천 나유타 항하모래수와 같은 구지(俱胝)의 금강장왕보살(金剛藏王菩薩) 권속과 낱낱 금강(金剛) 무리들의 권속이 밤낮으로 따라 모시나니, 설령 어떤 중생이 산란심(散亂心)에서 삼마지가 아닐 때에도 마음으로 기억하거나 입으로 지송(持誦)만 해도 이 금강장왕(金剛藏王)이 항상 저 모든 선남자(善男子)를 따라 모시거든, 하물며 보리심을 결정(決定)

한 자이겠느냐?

이 모든 금강장왕(金剛藏王) 보살들이 정심이 암암리에 신속하여서 저 사람의 신식(神識)을 개발(開發)하므로, 저 사람은 그때에 곧 8만4천 항하사 겁을 다 기억하여 두루 알아서 의혹이 없게 되리라."

5. 악처(惡處)에 나지 않고 대복덕(大福德)을 이룸

"제일(第一)겁으로 부터 후신(後身)에 이르기까지 태어날 때마다 야차(夜叉), 나찰(羅刹)과 부단나(富單那)와 가타부단나(迦吒富單那)와 구반다(鳩槃茶)와 비사차(毘舍遮) 등과 그 밖의 모든 아귀(餓鬼)와 유형(有形) 무형(無形), 유상(有想), 무상(無想)인 그와 같은 나쁜 곳에 태어나지 않으리라.

이 선남자(善男子)가 만약 능엄주(楞嚴呪)를 읽거나 외우며 쓰거나 그리며 만일 휴대하거나 간직하여 여러 가지로 공양하면 겁겁(劫劫)마다 빈궁하고 하천한 좋지 못한 곳에 태어나지 않으리라.

이 중생들이 비록 그 자신이 복을 짓지 못했더라도 시방 여래가 그에게 있는 공덕을 모두 이 사람에게 줄 것이니, 이로 말미암아 항하 모래수 아승지(阿僧祇)의 말할 수 없고 말할 수 없는 겁 동안에 항상 여러 부처님과 한 곳에 같이 태어나며, 한량없는 공덕(功德)이 악차취(惡叉聚)와 같아서 같은 곳에서 훈습(熏習)하고 닦아서 영원히 분산(分散)함이 없으리라.

그러므로 능히 파계(破戒)하는 사람은 계(戒)의 뿌리가 청정(淸淨)하게 하고, 계를 얻지 못한 이는 계를 얻게 하며, 정진(精進)을 못하는 이는 정진하게 하고, 지혜(智慧)가 없는 이는 지혜를 얻게 하며, 청정하지 못한 이는 속히 청정하게 하고, 재계(齋戒)를 가지지 않는 이는 스스로 재계를 이루게 하느니라.

아난아! 이 선남자가 이 주문(呪文)을 가질 때에는 설령 받기 전에 금계(禁戒)를 범(犯)했더라도 주문을 가진 후에는 온갖 파계(破戒)한 죄(罪)의 경중(輕重)을 묻지 않고 일시에 다 소멸하리니 비록 술을 마시고 오신채를 먹고 가지가지 부정함을 범하더라도, 일체 부처님과 보살과 금강신장(金剛神將)과 하늘과 신선(神仙)과 귀신(鬼神)들이 그것을 가지고 허물로 여기지 아니하며, 설령 부정하고 해진 옷을 입었더라도 일거일동(一擧一動)이 모두 청정할 것이다."

6. 작단(作壇)하지 않아도 그 공덕(功德)과 같음

"비록 단(壇)을 만들지 않고 도량에 들어가지 않고 또한 행도(行道)하지 않더라도, 이 능엄주(楞嚴呪)를 송지(誦持)하면 단(壇)에 들어가 도(道)를 행한 공덕과 똑같아서 조금도 다르지 않으리라.106)

---

106) 여기서는 능히 잡행을 여의고 있다. 법계의 성품에는 물들거나 정화함이 없고

만약 오역(五逆)과 무간지옥(無間地獄)에 떨어질 중(重)한 죄와 비구, 비구니의 사기(四棄: 살생殺生, 투도偸盜, 음탕淫蕩, 망어妄語), 팔기(八棄: 사기四棄에 음주, 높고 큰 평상에 앉지 않음, 꽃과 향, 귀금속을 몸에 지니지 않음, 노래를 부르거나 춤을 추거나 풍악을 연주하지 아니하며 구경도 하지 않는 것)을 지었더라도, 이 주문(呪文)을 외우고 난 다음에는 그와 같은 모든 중한 업이 마치 맹렬한 바람이 모래를 날리듯이 모두 다 멸제하여 터럭 끝만치도 남아있지 않으리라.

아난아! 만약 어떤 중생이 한량없고 수없는 겁으로부터 지은 일체 가볍고 무거운 죄장(罪障)을 전세(前世)로부터 지금까지 참회를 미쳐 못했더라도, 이 능엄주(楞嚴呪)를 읽거나 외우거나 쓰거나 베끼거나 몸에 휴대하여 지니거나, 살고 있는 곳의 장택, 원관에 안치하면 이와 같은 쌓인 업(業)들이 끓는 물에 눈이 녹듯 하며, 미구에 무생법인(無生法忍)을 깨닫게 되리라."107)

7. 복덕(福德)한 남녀(男女)를 두고 장수, 건강함

"또 아난아! 어떤 여인이 아기를 낳지 못하여 낳기를 구하는 이가 지극한 마음으로 이 주문(呪文)을 억념(憶念)하

다만 지음[作]을 여읠 뿐이다. 죄의 성품이 본래 공하여 동란(動亂)에도 항상 하나이기 때문에 계를 파괴한 죄의 더러움을 능히 멸해서 계를 받기 전과 똑같이 청정하기 때문에 비록 단에 들어가지 않아도 들어간 것과 동일하다.
107) 한량없는 겁 이래로 쌓아온 가볍고 무거운 온갖 죄를 지금 주문의 힘으로 능히 소멸하는 것은 마치 천년이나 된 어두운 방이라도 등불 하나면 능히 어둠을 타파할 수 있는 것과 같다.

거나 혹은 몸에 이 실달다반달라(悉怛多般怛羅) 능엄주(楞
嚴呪)를 휴대하면 복덕과 지혜가 있는 남녀를 탄생할 것
이며, 또 장명(長命)을 구하는 사람은 곧 장명을 얻을 것
이며, 과보가 속히 원만해지기를 구하는 사람은 속히 원
만하게 되고 몸과 목숨과 건강도 또 그와 같으며,"

8. 원대로 좋은 국토에 태어남

"목숨이 마친 후에는 소원대로 시방국토에 왕생하며, 결
정코 변지(邊地)에서 하천하게 태어나는 일이 없으며, 잡
스런 형체의 경우는 말할 것도 없다."

9. 시화(時和) 연풍(年豐)하고 변괴(變怪)가 없어짐

"아난아! 만약 모든 국토에 주(州), 현(縣)과 마을들이 흉
년이 들고 전염병이 돌며 혹은 전쟁이나 도적의 난과 투
쟁하는 것과 그 밖의 일체 액난(厄難)의 땅에서도, 이 능
엄 신주(神呪)를 잘 베껴서 성(城)의 4문(門)과 지제(支提)
와 혹은 탈도(脫闍) 위에 두고 그 국토에 사는 중생들로
하여금 이 주문(呪文)을 받들고 영접하여 예배하고 공경하
고 일심(一心)으로 공양하며, 그 백성들이 이 능엄주를 각
각 몸에 차며 혹은 거처하는 택지에 각각 봉안하면, 일체
의 재난(災難)과 액난(厄難)이 모두 다 소멸하리라.

아난아! 있는 곳마다 어느 국토, 어느 중생에게 이 주문
(呪文)이 있으면 하늘과 용신(龍神)들이 기뻐하고 풍우(風

雨)가 순조하여 오곡이 풍성하고 백성이 안락하며 또 일체 고약한 별들이 방위를 따라 일으키는 변괴(變怪)를 능히 진압하여 재장이 일어나지를 아니하며, 사람이 횡액(橫厄)과 요사(夭死)하는 일이 없고, 유계(杻械)와 가쇄(枷鎖)가 그 몸에 붙지를 아니하며, 낮과 밤에 편안히 잠을 자고 항상 악몽이 없으리라.

아난아! 이 사바세계의 8만4천 재변을 일으키는 고약한 별들이 있는데, 28대악성(大惡星)이 우두머리가 되고, 다시 8대악성(大惡星)이 그 주가 되어서 가지가지 형태로 세상에 나타날 때에 능히 중생의 가지가지 재앙과 변괴를 내거니와, 이 주문(呪文)이 있는 땅은 모두가 다 소멸되고 12유순(由旬)이 결계지(結界地)가 되어서 여러 가지 나쁜 재앙이 영원히 들어가지 못하리라.

그러므로 여래께서 이 주문(呪文)을 선시(宣示)하여 미래 세상에서 처음 배우는 모든 수행자를 보호하여 삼마지에 들게 하되, 몸과 마음이 편안하여서 크게 편안함을 얻게 하며, 다시 일체 마구니와 귀신과 끝없는 옛적의 원횡(寃橫)과 숙앙(宿殃)과 옛날의 업과 묵은 빚이 와서 서로 괴롭히는 것을 없게 한다고 말하노라.

너와 이 회중의 배움에 있는 사람과 미래의 세상에서 수행하는 이가 나의 단량에 의지하여 법답게 계를 가지며 수계사도 청정한 스님을 만나서, 이 주심(呪心)에 대하여서 의심하거나 뉘우침을 내지 아니하고서, 이 선남자가 부모가 낳은 몸에서 마음이 통함을 얻지 못한다면 시방의 부처님께서 거짓말하시는 것이 될 것이다."

다섯째. 성중(聖衆)과 신장(神將)이 옹호함(6)

1. 백천 금강이 보호하기를 원함

이렇게 말씀하시니 모임 가운데 한량없는 백천 금강이 일시에 부처님 앞에 합장하고 정례(頂禮)하고 부처님께 고하여 말하기를 "부처님께서 말씀하신대로 저희들이 그와 같이 보리를 닦는 이를 성심(誠心)으로 보호하겠나이다."

2. 대범(大梵) 제석(帝釋) 사천왕(四天王)이 보호하기를 원함

그때에 범천왕과 하늘 제석과 사대 천왕들이 또 부처님 앞에서 동시에 정례(頂禮)하고 부처님께 고하여 말하기를, "틀림없이 이와 같이 닦아 배우는 착한 사람이 있사오면 저희들이 마음을 다하여서 지성으로 보호하여 그들로 하여금 일생에 하는 일이 소원대로 되도록 하겠나이다."

3. 야차(夜叉), 나찰(羅刹), 귀수(鬼帥)가 보호하기를 원함

또 한량없는 야차대장, 나찰왕, 부단나왕, 구반다왕, 비사차왕, 빈나, 야가와 모든 대귀왕(大鬼王)들과 여러 귀신 우두머리들이 역시 부처님 앞에 합장 정례하고, "저희들도 또한 맹세코 이 사람을 보호하여 그 보리심으로 하여금 속히 원만함을 얻게 하겠나이다."

4. 풍우(風雨), 뇌사(雷師), 순관(巡官)들이 보호하기를 원함

또, 한량없는 일월(日月), 천자(天子)와 풍사(風師), 우사(雨師), 운사(雲師), 뇌사(雷師), 전백(電伯) 등과 연세(年歲), 순관(巡官)과 모든 별의 권속들이 또한 이 모임에서 부처님 발에 정례(頂禮)하고 부처님께 고하여 말하기를, "저희들도 또한 이 수행하는 사람을 잘 보호하여 도량을 잘 세워서 두려운 바가 없도록 하겠나이다."

5. 산신(山神) 해신(海神) 무색천(無色天)들이 보호하기 원함

또 한량없는 산신(山神), 해신(海神), 일체의 토지신(土地神)과 물, 육지, 허공에 다니는 만물의 정기와 아울러 풍신왕(風神王)과 무색계천인(無色界天人)들이 여래 앞에서 동시에 머리를 조아리고 부처님께 고하여 말하기를, "저희들도 또한 이 수행하는 사람을 잘 보호하여 보리를 얻어 이루게 하고 영원히 마사가 없도록 하겠나이다."108)

---

108) 여기에서는 온갖 신의 수호를 말한다. 화엄경에서는 42위(位)의 이생신(異生神)들이 다 비로자나 해인삼매(海印三昧)의 위신(威神)이 나타난 바라고 말하는데, 저

6. 금강장왕(金剛藏王) 보살이 보호하기를 원함

이때에 8만4천 나유타 항하사 구지 금강장왕보살이 대회(大會) 중에 있다가 곧 자리에서 일어나 부처님 발에 정례(頂禮)하고 부처님께 고하여 말하기를, "세존이시여! 저희들이 닦은 공업(功業)으로는 벌써 보리를 이루었으나 열반(涅槃)을 취하지 않고 항상 이 주문(呪文)을 따르면서 말세에 삼마지를 닦는 바른 수행자들을 잘 보호하겠나이다.

세존이시여! 이렇게 마음을 닦아 정정(正定)을 구하는 사람이 만약 도량에 있거나 다른 곳에서 경행(經行)하거나 내지 흩어진 마음으로 마을에 돌아다닌다 해도 저희 도중(徒衆)들이 항상 따라다녀서 이 사람을 시위하여, 비록 마왕(魔王) 대자재천(大自在天)들이 그 기회를 노리려고 하여도 마침내 얻지 못하게 하며, 모든 작은 귀신들은 이 착한 사람에게서 거리가 십 유순 밖에 멀리 떨어지게 할 것이나, 다만 저들이 발심(發心)하여 선정(禪定) 닦기를 좋아하는 이는 제외하나이다.

세존이시여! 이와 같은 악마와 마구니의 권속이 와서 이 착한 사람을 침해하거나 괴롭히려고 하면, 제가 이 보배 방망이로 그 머리를 쳐부수어 가루같이 만들며, 항상 이 사람의 하는 일은 소원대로 되게 하겠나이다."109)

마다 여래의 한 가지 삼매를 얻은 것을 법계의 통일로 삼기 때문이다. 지금 이 주문의 핵심은 법계의 심인(心印)이기 때문에 무릇 존재하는 곳마다 온갖 신이 수호한다. 마치 대장의 병부(兵符)처럼 부(符)가 도착하면 명령이 행해지는 것이다. 온갖 사람이 다 수호신을 얻어서 그들을 좌지우지하는데 하물며 여래의 불가사의 한 힘이겠는가.

제3장 선나(禪那)를 말하여 원정(圓定)의 성도(聖道)를 수증(修證)하게 하다(2)

　아난이 곧 자리에서 일어나 부처님 발에 정례하고 부처님께 고하여 말하기를, "저희들이 우둔하여 다문만을 좋아하고 여러 가지 새나가는 번뇌(煩惱)에서 벗어나기를 구하지 못하였더니, 부처님의 자비로운 가르침을 입어서 바르게 훈수하는 것을 얻고 몸과 마음이 쾌연하여 큰 이익을 얻었나이다.

　세존이시여! 이와 같이 부처님의 삼마지를 닦아 증득할 적에 열반(涅槃)에 도달하기 전에, 어떤 것을 건혜(乾慧)의 지(地)라고 하오며, 44심(心)에 어떤 절차에 이르러야만 수행의 명목(名目)을 얻게 되며, 어떠한 자리에 나아가야만 지(地) 안에 들었다고 하오며, 어떤 것을 등각보살(等覺菩薩)이라 하나이까?"

　이렇게 말하고 오체를 땅에 던져서 대중과 일심으로 부처님의 자비로운 음성(音聲)을 기다리면서 눈을 똑바로 뜨

---

109) 수능엄정은 또한 여환문훈문수금강삼매(如幻聞熏聞修金剛三昧)라 칭하기 때문에, 55위의 마지막인 등각(等覺)에서는 모두 금강심(金剛心)으로 끊는다. 근본무명이 지극히 미세하고 견고해서 금강심이 아니면 타파할 수 없다. 지금 이 주문은 금강심 속에 흐르는 것이라서 근본무명을 곧바로 끊기 때문에 번뇌가 변해서 호법(護法)이 된다. 미혹한 때는 순수하게 물든 업이 되지만, 지금 흐름을 거슬러서 순수하게 청정의 작용을 이루기 때문에 8만4천 금강장왕이 항상 따르면서 수호한다.

고 부처님을 우러러보고 있었다.

그때 세존이 아난을 칭찬하여 말씀하시기를, "참으로 잘 물었다. 너희들이 이 대중들과 말세의 일체 중생이 삼마제를 닦아 대승을 구하는 이를 널리 위하여 범부로부터 대열반(大涅槃)에 이르는 동안의 위없는 바른 수행의 길을 미리 보여 주려 하니, 너는 지금 자세히 들으라. 너를 위하여 말하리라."

아난과 대중들이 합장하고 마음을 비우고서 잠자코 부처님의 가르침을 받들고 있었다.

제1. 염연기(染緣起)는 잘못 윤회를 이룸(2)

첫째. 중생의 전도(顚倒)

부처님이 말씀하시기를 "아난아! 이렇게 알아라. 묘한 성품(性品)은 둥글고 밝아서 모든 명(名)과 상(相)을 다 떠나서 본래 세계와 중생이 없거늘,

허망을 인하여서 생(生)이 있고, 생(生)을 인하여 멸(滅)이 있으니, 생멸을 망(妄)이라 말하고,

망(妄)을 없애는 것을 진(眞)이라고 말하나니 그를 여래의 무상보리(無上菩提)와 대열반(大涅槃)의 이전의(二轉依)

라 이름 하느니라.

아난아! 네가 지금에 참 삼마지(三摩地)를 닦아 여래의 대열반(大涅槃)에 바로 나아가려고 하면 먼저 중생과 세계의 두 가지 전도(顚倒)한 인(因)을 알아야 하나니 두 가지 전도(顚倒)가 생기지 아니하면 그것이 곧 여래의 참 삼마지이니라.110)

아난아! 어떤 것을 중생전도(衆生顚倒)라 하느냐?

아난아! 성명(性明)의 마음이 성이 밝고 둥글기 때문에, 그 밝음으로 말미암아 성(性)을 발하고 성(性)이 허망하여서 허망한 그 소견(所見)이 생겼다. 본시 없는 데서 구경(究竟) 있는 것이 이루어졌나니,

이 유(有)와 소유(所有)가 인(因)과 소인(所因)이 아니며, 주(住)와 소주(所住)인 상(相)이 마침내 근본(根本)이 없나니, 이 무주(無住)에 근본하여서 세계와 중생을 건립했느니라.111)

---

110) 수행해서 증득한 지위의 단계를 질문했기 때문에 먼저 일진법계를 세워 생사와 열반의 원인으로 삼는다. 범속함과 성스러움의 두 길이 모두 미혹과 깨달음을 말미암아 성립하지 본래 있는 것은 아니다. 이제 참된 수행으로 허망을 돌이켜 참에 돌아가면 따로 추구할 필요가 없고 단지 중생과 세간의 전도(顚倒)된 원인을 능히 인식해 타파할 뿐이니, 이것이 바로 참된 삼마지이다. 어찌 따로 법이 있겠는가? 허망에 즉(卽)해 참[眞]을 밝히는데 있지, 허망을 버려 참을 구하는 것이 아니다. 다만 최초 일념이 허망하게 움직여서 무명의 불가사의한 훈습의 변화가 있으니, 이 허망을 말미암아 전도된 중생이 있는 것이다. 만약 전도의 원인을 인식한다면 생겨나도 본래 생겨남이 없음[生本無生]을 요달하니, 이를 말미암기 때문에 두 가지 전변하고 의지하는 호칭[轉依號]이 있는 것이다. 그렇다면 미혹과 깨달음이 일심을 벗어나지 못하고, 범속함과 성스러움이 일념에 근본하고 있음을 알겠다.

본래의 둥글고 밝은 자리를 미(迷)하여 허망이 생겼으니 그 망성(妄性)이 실체가 없어서 의지하는 바가 있는 것 아니니라.

장차 진(眞)에 돌아가 참되고자 하더라도 이미 참 진여상(眞如性)은 아니거늘," "진(眞)이 아닌 데서 구복(求復: 회복하길 원하다)하려고 한다면 그릇된 상을 완연히 이루어서, 그릇된 생(生)과 그릇된 주(住)와 그릇된 심(心)과 그릇된 법이 전전(展轉)히 발생하여,

발생(發生)하는 힘이 발명(發明)하고 훈습(熏習)하여 업(業)을 이루어서 같은 업으로 서로 느끼게 되고 느끼는 업이 있음으로 인하여 서로 멸(滅)하고 서로 생기기에 그로 말미암아 중생 전도(顚倒)가 있느니라."112)

---

111) 중생의 전도된 몸과 마음에 나아감으로써 참[眞]으로부터 허망함이 일어남을 밝혔다. 요컨대 허망은 원래 원인이 없음을 드러낸 것이니, 소위 허망이 원래 비어있음을 통달하면 곧 범속한 마음[凡心]으로도 부처를 보기 때문에 56위가 12종류에 의거하여 성립되는 것이다.

112) '발생의 힘이 발명함'은 곧 육추(六麤: 여섯 가지 거치른 번뇌)에서 지상(智相)이 상속하는 것이다. '지상'이란 주관적 심작용인 능견상이 객관적 대상인 경계상을 반연하되, 그 실성(實性)을 알지 못하고, 마음 밖에 다른 존재인 줄로 잘못 집착하고 시비 선악의 판단을 내려 사랑하고 미워하는 생각에 사로잡히는 모양이다. '훈습으로 업을 이룬다'는 곧 집취상(執取相: 좋고 나쁨을 분별함에 의해 고락의 생각을 계속 가지고 다시 집착하는 마음을 일으키는 자리)과 계명자상(計名字相: 온갖 느낌에 의해 좋고 싫음의 허망한 경계에 반연해서 이름뿐인 언어 문자를 실제로 그렇다고 분별하는 것이다. 동일한 업이 서로 감응하면 업을 일으켜 고통에 속박된다. 만약 무명이 본래 공함을 요달하면 생사가 단박에 끊어지니, 이 때문에 허망이 원래 원인 없는 것이 관행(觀行)의 요체가 됨을 가리킨 것이다.

둘째. 세계의 전도(顚倒)(12)

"아난아! 어떤 것을 세계전도(世界顚倒)라 하느냐? 이 유(有)와 소유(所有)로 분단(分段)이 허망하게 생겨서 그로 말미암아 계(界)가 형성되고, 인(因)과 소인(所因)이 아니고 주(住)와 소주(所住)가 없어서 표류하여 머무르지 아니하므로 그를 인하여 세(世)가 형성되나니.

삼세(三世)와 사방(四方)이 화합하여 서로 교섭하므로 변화하는 중생이 12류(類)를 이루나이라.

그러므로 세계가 움직임으로 인하여 소리가 있고, 소리로 인하여 빛깔이 생기고, 빛깔로 인하여 냄새가 있고, 또 냄새로 인하여 부딪힘이 있고, 부딪힘으로 인하여 맛이 있고, 맛으로 인하여 법을 아느니라.

여섯 가지 어지러운 망상이 업의 성질을 이루기 때문에 12가지 구분이 이로 말미암아 윤전(輪轉)하나니,

그러므로 세간의 성(聲), 향(香), 미(味), 촉(觸)이 12변화하는 것을 다하여 한 선복이 되느니라.

이 윤전하는 전도(顚倒)한 상태로 인하여 이 세계에 난생(卵生), 태생(胎生), 습생(濕生), 화생(化生), 유색(有色), 무색(無色), 유상(有想), 무상(無想), 비유색(非有色), 비무색(非無色), 비유상(非有想), 비무상(非無想)이 있느니라."[113]

---

113) 중생과 세계는 단지 소리, 냄새, 맛, 접촉의 습기로 물드는 육진이 12가지 변화를 다한 것을 일선복(一旋復)으로 삼는다. 이로서 일념의 망상이 12종류가 생겨나는 원인이 됨을 알 수 있다. 이른바 훈습으로 업을 이루어서 다시 짓기[遣]를 기다리지 않아도 생사의 괴로운 과보가 생각생각[念念] 따르니, 어찌 애통하지 않

1. 난생(卵生)

"아난아! 이 세계에 허망하게 윤회하는 동전도(動顚倒)를 인하므로 기(氣)에 화합하여 8만4천의 비침난상(飛沈亂想)을 이루나니, 그러므로 난생(卵生) 갈라남이 국토에 유전(流轉)하여 물고기, 새, 거북이, 뱀 같은 종류들이 충색하느니라."

2. 태생(胎生)

"세계에서 잡염윤회하는 욕전도(欲顚倒)를 인하므로 불어남(滋)에 화합하여 8만4천의 횡수난상(橫豎亂想)을 이루나니 그러므로 태생(胎生) 알포담이 국토에 유전(流轉)하여 사람과 축생(畜生)과 용(龍)과 신선(神仙)의 무리들이 충색하느니라."

3. 습생(濕生)

"세계에서 집착(執著)으로 윤회하는 취전도(趣顚倒)를 인하므로 따뜻한 데 화합하여 8만4천의 번복난상(翻覆亂想)을 이루나니 그러므로 습상(濕相) 폐시(蔽尸)가 국토에 유전하여 함준(含蠢)과 윤동(蝡動)의 종류(種類)들이 충색하느니라."

4. 화생(化生)

"세계에서 변역(變易) 윤회하는 가전도(假顚倒)를 인하므로 촉(觸)에 화합하여 8만4천의 새것으로 바뀌는 어지러

겠는가. 12종류의 생겨남이 모두 일념을 말미암은 무명의 허망한 마음이 훈습해 변한 것임을 알 수 있다.

운 생각을 이루나니, 그러므로 화생(化生)의 갈라남이 국토에 유전(流轉)하여 전태(轉蛻)와 비행(飛行)의 무리들이 충색하느니라."

5. 유색(有色)

"세계에서 유애(留礙) 윤회하는 장전도(障顚倒)를 인하므로 집착에 화합하여 8만4천의 정요난상(精耀亂想)을 이루나니, 그러므로 유색상(有色想) 갈라남이 국토에 유전하여 휴구정명의 종류들이 충색하느니라."

6. 무색(無色)

"세계에서 소산(銷散)하여 윤회하는 혹전도(惑顚倒)를 인하므로 어두움에 화합하여서 8만4천의 음은난상(陰隱亂想)을 이루나니, 그러므로 무색(無色) 갈라남이 국토에 유전하여 공산소침 종류(種類)들이 충색하느니라."

7. 유상(有想)

"세계에서 망상(妄想)으로 윤회하는 그림자 전도(影顚倒)를 인하므로 기억에 화합하여 8만4천의 잠결난상(潛結亂想)을 이루나니 그러므로 유상(有想) 갈라남이 국토에 유전하여 신(神), 귀(鬼), 정령(精靈)의 종류들이 충색하느니라."

8. 무상(無想)

"세계에서 우둔(愚鈍)으로 윤회하는 어리석은 전도(癡顚倒)를 인하므로 완(頑)과 화합하여 8만4천의 고고난상(枯

槁亂想)을 이루나니, 그러므로 무상(無想) 갈라남이 국토에 유전하여 정신이 변화하여서 토(土), 목(木), 금(金), 석(石)이 되는 종류(種類)들이 충색하느니라."

9. 비유색(非有色)

"세계에서 상대(相待)하여 윤회하는 허위인 전도(僞顚倒)를 인하므로 염(染)에 화합하여 8만4천의 인의하는 난상(亂想)을 이루나니, 그러므로 비유색(非有色)인 유색(有色, 운허스님 번역본에서는 成色으로 나옴) 갈라남이 국토에 유전하여 모든 수모(水母)들이 새우로 눈을 삼는 종류들이 충색(充塞)하느니라."

10. 비무색(非無色)

"세계에서 서로 이끌며 윤회하는 성전도(性顚倒)를 인하므로 주문(呪文)에 화합하여 8만4천의 호소난상(呼召亂想)을 이루나니 그러므로 비무색상(非無色相)인 무색(無色) 갈라남이 국토에 유전하여 주저(呪詛)가 염생(厭生)하는 종류들이 충색하느니라."

11. 비유상(非有想)

"세계에서 망(妄)에 합(合)하여서 윤회하는 망전도(罔顚倒)를 인하므로 다름에 화합하여 8만4천의 회호난상(廻互亂想)을 이루나니, 그러므로 비유상(非有想)이면서 상(想)을 이루는 갈라남이 국토에 유전하여 저 포로(蒲盧: 뽕나무 속 하얀벌레) 등이 이질적으로 서로 이루는 종류들이 충색하느니라."

12. 비무상(非無想)

"세계에서 원해(怨害)로 윤회하는 살전도(殺顚倒)를 인하므로 괴상한 데에 화합하여서 8만4천의 부모를 죽이는 그런 생각을 이루나니, 그러므로 무상(無想)이 아닌 무상(無想) 갈라남이 있어서 국토에 유선하여 토효(土梟) 등은 흙덩어리에 붙어서 자기 새끼를 만들고 파경조(破鏡鳥)는 독나무의 열매를 안아서 그 새끼를 삼았다가 새끼가 성장하면 부모가 다 그들에게 잡아먹힘을 당하나니 그런 종류들이 충색하느니라."

"이것을 일컬어 12가지 중생의 종류(種類)라고 하느니라."114)

---

114) 묘하고 청정하고 밝은 마음[妙淨明心]은 온갖 명상(名相)을 여의어서 본래 세계와 중생이 있지 않으니, 이 때문에 세계와 중생은 단지 망상을 인해 존재하는 것이다. 이상 무명이 진여를 훈습함을 잡아 염법(染法)을 이루어서 12종류 중생의 원인이 됨을 마친다.

대불정수능엄경 제8권

[제사주(第四周) 원위인과주(圓位因果周)]

"아난아! 그러한 중생의 낱낱 종류에 또한 각각 12가지 전도(顚倒)를 간직함이 마치 눈을 비비면 어지러운 꽃이 발생하듯이, 묘하고 원만하고 참되고 청정한 밝은 마음을 전도(顚倒)하여 이와 같은 허망한 난상(亂想)을 갖추었느니라."115)

제2. 정연기(淨緣起)는 성위(聖位)를 역증(歷證)함(10)

첫째. 삼점차(三漸次)

"네가 지금 부처님의 삼마지(三摩地)를 닦아 증득하려면

---

115) 내가 진실로 허망함이 원래 비었음을 통달할 수 있다면 중생의 체(體)가 공(空)해서 본래 부처란 걸 요달하기 때문에, 55위의 참 수행이 중생의 12가지 전도에 근본을 두고 있는 것이다. 그래서 아래 경문에서는 참[眞]이 허망에 의거해 성립함을 밝히고 있다.

이 본인(本因)과 원래 어지러워진 생각에 대하여서 세 가지 점차(漸次)를 세워야만 비로소 제멸(除滅)할 수 있나니, 마치 깨끗한 그릇에 있는 독밀(毒密)을 제거하고 끓는 물과 재와 향으로 그 그릇을 깨끗이 씻고 난 다음에 감로를 담을 수 있는 것과 같느니라.

어떤 것을 세 가지 절차라 하느냐?

첫째는 닦아 익힘이니 그 돕는 원인(助因)을 제거함이요, 두 번째는 참으로 닦음이니 그 정성(正性)을 제거함이요, 세 번째는 증진(增進)이니 그 현업(現業)을 어기는 것이니라.

어떤 것이 조인(助因)이냐?

아난아! 이 세계의 12유생(類生)이 스스로 완전(自全)하지 못하고 네 가지 먹는 것에 의지하여서 생명을 유지하나니, 이른바 단식(段食), 촉식(觸食), 사식(思食), 식식(識食)이다. 그러므로 부처님이 '일체 중생이 모두 먹음에 의지하여서 생존한다' 말하느니라.

아난아! 일체 중생이 단 것을 먹으면 살고 독소를 먹으면 죽나니 중생들이 삼마지를 구하려면 마땅히 세간의 5가지 신채(辛菜)를 끊어야 한다. **이 5가지 신채는 익혀서 먹으면 음심(淫心)을 발하고, 생(生)으로 먹으면 성냄을 더하느니라.**

이 세계에서 오신채를 먹는 사람이 비록 십이부경(十二

部經)을 선설하여도 시방의 하늘 사람과 신선들이 그 냄새나는 더러움을 싫어하여서 모두 다 멀리 떠나며, 모든 아귀(餓鬼)의 무리들이 그가 먹을 적에 그 입술을 핥으므로 항상 귀신과 함께 있어서 복(福)과 덕(德)이 날로 줄어지고 이익이 없으며,

이 오신채(五辛菜)를 먹는 사람이 삼마지를 닦더라도 보살과 하늘사람과 신선과 시방의 선신(善神)들이 와서 수호하지 않으므로 큰 힘을 가진 마왕이 그 방편을 얻어서 부처님 몸을 가장하고 와서 금계(禁戒)를 그르다 훼방하고 음(淫), 노(怒), 치(癡)를 찬양할 것이며, 목숨이 마침에 저절로 마왕 권속이 되다가 복을 받는 것이 다하면 무간지옥(無間地獄)에 떨어지리라.

아난아! 보리를 닦는 자는 오신채를 영원히 끊을 것이니 이것이 첫 번째 증진(增進) 수행하는 점차(漸次)라 하느니라.

어떤 것을 정성(正性)이라 하느냐?

아난아! 이 중생이 삼마지(三摩地)에 들려면 반드시 먼저 청정한 계율을 엄하게 가져야 하나니, 음심(淫心)을 영원히 끊고 술과 고기를 먹지 않으며, 불로써 깨끗이 화식(火食)하고 생기(生氣)를 먹지 아니해야 한다.

아난아! 이 수행하는 사람이 음욕과 살생을 끊지 아니하고 삼계(三界)를 벗어난다는 것은 있을 수 없느니라.

마땅히 음욕이 독사와 같고 원적(怨賊)을 보는 것처럼

관찰해야 하느니라.

먼저 성문의 사기(四棄)를 가져서 몸을 단속하여서 부동(不動)하게 하고, 그 뒤에는 보살의 청정한 율의(律儀)를 행하여 마음을 잘 잡들여서 나쁜 마음을 일으키지 아니하여 금계(禁戒)를 성취하면, 세간에서 영원히 서로 나고 서로 죽이는 업이 없으며, 도적질과 겁탈을 행하지 않으면 서로 빚진 것이 없고, 또한 세간에 옛날 빚을 갚지 아니하리라.

이 청정한 사람이 삼마지(三摩地)를 닦으면 부모가 낳아준 육신으로 천안통(天眼通)이 필요하지 않더라도 자연히 시방세계를 널리 관찰하여 부처님을 뵙고 법을 들어 친히 성지(聖旨)를 받을 것이며, 큰 신통(神通)을 얻고 시방세계에 다니며 숙명통(宿命通)이 청정하여서 어렵고 험한 것이 없게 되리니, 이것을 두 번째 증진 수행하는 점차(漸次)라고 하느니라.

어떤 것을 현업(現業)이라 하느냐?

아난아! 그와 같이 청정하게 금계(禁戒)를 가진 사람은 마음에 탐욕(貪慾)이나 음심(淫心)이 없어져서 바깥 육진(六塵)에 마음이 유일(流逸: 방일하게 흘러가다)하지 아니하리라.

유일(流逸)하지 아니함을 말미암아 근원에 돌아가게 될 것이니, 육진을 이미 반연(攀緣)하지 않으면 육진이 짝할 바가 없어지고 흐름을 돌이켜 하나가 온전하여 6가지 작용이 행하지를 아니하여,

시방국토가 환하게 청정함이 마치 유리 안에 밝은 달을 넣어 놓은 것 같아서 몸과 마음이 쾌연하여 묘하고 둥글고 평등하여서 크게 편안함을 얻게 되어, 일체 여래의 정밀하고 원만하고 청정하고 묘한 것이 다 그 가운데 나타나서, **이 사람이 곧 무생법인(無生法忍)을 얻으리라. 이로부터 차츰 차츰 닦아서 발행(發行)하는 바에 따라 성인(聖人)의 지위를 안립할 것이니, 이를 세 번째 증진 수행하는 점차(漸次)라 말하느니라."**

둘째. 욕애건혜(欲愛乾慧)

"아난아! 이 선남자가 욕애(欲愛)가 말라버리어 육근(六根)과 육진(六塵)이 서로 짝하지를 아니하여, 현재의 남아 있는 몸이 다시 계속하여 나지를 아니하며,

"집착하던 마음이 비고 밝아 순전히 지혜이다. 지혜의 성품이 밝고 둥글어서 시방세계가 환하여져서 마른 지혜(智慧)만 있는 것을 건혜지(乾慧地)라고 하나니, 욕애(欲愛)의 습기(濕氣)가 처음 말라서 여래의 법류수(法流水)와 접하지 못했느니라."116)

---

116) 집착하는 마음이 텅 비어 밝은 것은 두 가지 무명이 조복되어 일어나지 않는 것이다. 흐름에 들어가 소(所)를 없애서 하나의 근(根)이 근원에 돌아가면 육근이 해탈하여 다시 장애가 없기 때문에 슬기의 성품이 원만하고 밝아서 시방 세계를 환하게 한다. 이는 다만 관(觀)의 슬기가 원만하고 밝을 뿐 아직 진리는 보지 못했기 때문에 마른 지혜가 있으니, 이름하여 건혜지라 한다.

셋째. 십신위(十信位)

1. 신심주(信心住) "곧 이 마음으로 중도(中道)의 안으로 깊이 들어가면 원만하고 미묘함이 열리리라. 참되고 미묘하고 원만함에서 거듭 그 진묘(眞妙)를 발하면 미묘한 믿음이 상주하여 모든 망상(妄想)이 다 남김없이 없어져서 중도가 순진(純眞)함을 신심주(信心住)라고 하느니라."117)

2. 염심주(念心住) "참 믿음이 밝아져서 일체법(一切法)을 두루 통하여 오음(五陰), 십이처(十二處), 십팔계(十八界)에 능히 걸리지 아니하며, 이와 같이 내지 과거, 미래, 무수겁(無數劫) 동안에 몸을 버리고 몸을 받던 모든 습기(習氣)가 모두 앞에 나타나거든, 이 선남자가 모두 다 기억하여 잊어버림이 없는 것을 염심주(念心住)라고 하느니라."

3. 정진심(精進心) "미묘하고 원만함이 순수하고 진실되어 진정(眞精)이 발화하여 무시(無始)의 습기(習氣)가 통틀어 하나의 정명함이어서 오직 정명(精明)으로써 진정(眞淨)한 데 나아가는 것을 정진심(精進心)이라고 하느니라."

4. 혜심주(慧心住) "마음 정(精)이 앞에 나타나서 순전히 지혜가 되는 것을 혜심주(慧心住)라고 이름하느니라."

5. 정심주(定心柱) "지혜의 밝음을 가져서 두루하고 고요

---

117) 여기서는 관행이 증진하는 초심을 잡아서 십신(十信)의 지위를 세우고 있다. 이 십신의 지위는 바로 건혜지에서 마음을 관하여 중도에 들어가는 것이다. 중도로 곧바로 팔식(八識)을 관하여 점점 궁구하기 때문에 '즉 이 마음이 점점 더 흘러 들어감'이라 말하는 것이니, 이는 마치 매듭을 풀려면 매듭의 중심부터 시작하는 것과 같다. 스스로의 마음[自心]이 본래 생멸이 없음을 적확하게 믿기 때문에 '묘한 믿음이 항상 머물면서'라고 말하는 것이다.

하고 맑아서 고요한 묘(妙)가 항상 엉겨 있는 것을 정심주(定心柱)라고 하느니라."

6. **불퇴심(不退心)** "정(定)의 광명이 발명하여 밝은 성(性)에 깊이 들어가서 나아가기만 하고 물러감이 없는 것을 불퇴심(不退心)이라고 하느니라."

7. **호법심(護法心)** "마음으로 나아가는 것이 안연(安然)하여 보호하고 지니기를 잃어버리지 아니하여, 시방여래의 기분(氣分)이 교접(交接)하는 것을 호법심(護法心)이라고 하느니라."

8. **회향심(回向心)** "각명(覺明)을 보호하고 지녀서 능히 묘한 힘으로써 부처님의 자비광명을 돌려 부처님을 향해 안주하는 것이 마치 두 거울의 광명이 서로 대하여 그 가운데 묘한 그림자가 겹겹으로 서로 들어가는 것과 같이 되는 것을 회향심(回向心)이라고 하느니라."

9. **계심주(戒心住)** "마음 광명을 비밀히 돌이켜서 부처님의 항상 엉기는 무상묘정(無上妙淨)을 얻고 무위(無爲)에 안주(安住)하여 유실함이 없는 것을 계심주(戒心住)라고 하느니라."

10. **원심주(願心住)** "계(戒)에 머무름이 자재하여 시방에 다니되 가는 곳마다 원대로 되는 것을 원심주(願心住)라고 하느니라."

넷째. 십주위(十住位)

1. 발심주(發心住) "아난아! 이 선남자가 참된 방편(方便)으로써 이 10가지 마음을 발(發)하여서 심정(心精)이 빛을 발하고, 10가지 작용이 서로 교섭해 들어가서 하나의 마음을 원만히 이루는 것을 발심주(發心住)라고 하느니라."118)

2. 치지주(治地住) "심중(心中)이 밝음을 발함이 청정한 유리 안에 정금(精金)을 나타낸 것 같아서, 앞에서의 묘한 마음을 밟아 땅을 이루는 것을 치지주(治地住)라고 하느니라."

3. 수행주(修行住) "심지(心地)가 교섭하여서 아는 것이 함께 명료하게 되고 시방세계를 밟아 노닐되 걸리는 것이 없음을 수행주(修行住)라고 하느니라."

4. 생귀주(生貴住) "행이 부처님과 같아서 부처님의 기분을 받는 것이 중음신(中陰身)이 스스로 자기 부모를 구하매, 음신(陰身)이 암암리에 통하듯이 여래의 종성(種姓)이 들어가는 것을 생귀주(生貴住)라고 하느니라."

5. 방편구족주(方便具足住) "이미 도태(道胎)에 노닐어서 친히 각윤(覺胤)을 받자옴이 태(胎)가 이미 이루어짐에 사

---

118) 십주위(十住位)는 관행의 궁구를 통해 본각(本覺)을 개발해서 항상 진심(眞心)에 머무는 것이다. 소위 들음[聞]을 다해 머물지 않지만, 머묾 없음을 머묾으로 삼기 때문에 주(住)란 명칭을 얻었다. 이(理)는 모름지기 단박에 깨달아서 깨달음을 타고 함께 소멸하지만, 사(事)는 단박에 제거되지 않고 차제(次第)를 인해 다하기 때문에 향후의 44심은 이를 말미암아 성립한다.

람의 모습이 하나도 부족함이 없는 듯 함을 방편구족주(方便具足住)라고 하느니라."

6. **정심주(正心住)** "용모가 부처와 같고 마음 모양도 또한 같은 것을 정심주(正心住)라고 하느니라."

7. **불퇴주(不退住)** "몸과 마음이 합하여 이루어서 나날이 더욱 증장(增長)하는 것을 불퇴주(不退住)라고 하느니라."

8. **동진주(童眞住)** "십신(十身: 菩提身, 願身, 化身, 力持身, 莊嚴身, 威勢身, 意生身, 福德身, 法身, 智身)의 영상(靈相: 신령스런 모양)을 일시에 구족(具足)한 것을 동진주(童眞住)라고 하느니라."

9. **법왕자주(法王子住)** "형상을 이루고 도태(道胎)에서 나와 친히 불자(佛子: 부처님 아들)가 되는 것을 법왕자주(法王子住)라고 하느니라."

10. **관정주(灌頂住)** "표하여 성인(成人)이 되는 것이 나라의 대왕(大王)이 나라 일을 태자(太子)에게 위임하고, 왕(王)의 세자가 장성함에 진열(陳列)하여 관정(灌頂)하는 것과 같음을 관정주(灌頂住)라고 하느니라."

다섯째. 십행위(十行位)

1. **환희행(歡喜行)** "아난아! 이 선남자가 불자가 되고서 한량없는 여래의 묘한 덕을 갖추어서 시방에 수순함을 환희행(歡喜行)이라고 하느니라."

2. **요익행(饒益行)** "능히 일체 중생을 잘 이익되게 하는 것을 요익행(饒益行)이라 하느니라."

3. **무진한행(無瞋恨行)** "스스로 깨닫고 다른 이도 깨닫게 하여 위거(違拒)함이 없음을 진한(瞋恨)이 없는 행(行)이라 하느니라."

4. **무진행(無盡行)** "종류(種類)를 출생하여서 미래제(未來際)가 다할 때까지 삼세(三世)가 평등하고 시방에 통달함을 무진행(無盡行)이라고 하느니라."

5. **이치난행(離痴亂行)** "가지가지 법문에 합동하여 착오가 없는 것을 치란을 떠난 행(行)이라고 하느니라."

6. **선현행(善現行)** "곧 같은 가운데서 여러 가지 다름을 나타내기도 하고, 낱낱 다른 모양에서 각각 같음을 나타내는 것을 선현행(善現行)이라고 하느니라."

7. **무착행(無着行)** "이와 같이 내지 시방 허공에 미진(微塵)이 만족하거든 낱낱의 미진 가운데 시방세계를 나타내어, 미진을 나타내거나 세계를 나타내되 서로 걸리지 않는 것을 무착행(無着行)이라고 하느니라."

8. **존중행(尊重行)** "가지가지가 앞에 나타난 것이 모두 다 제일 바라밀(波羅密)인 것을 존중행(尊重行)이라고 하느니라."

9. **선법행(善法行)** "이와 같이 원융(圓融)하여 시방 부처님의 법도(法道)를 잘 이루는 것을 선법행(善法行)이라고 하느니라."

10. 진실행(眞實行) "낱낱이 모두가 청정하여 샘이 없으며 일진으로 함이 없어서 성이 본연하기 때문에 진실행이라고 하느니라."119)

여섯째. 십회향위(十回向位)

1. 이상회향(離相回向) "아난아! 이 선남자가 신통(神通)을 만족하여 불사(佛事)를 이루고서 순결하고 정미롭고 참되어서 온갖 유환을 멀리하였거든, 마땅히 중생을 제도하되 제도한다는 상(相)이 없고 무위(無爲)의 마음을 돌이켜 열반의 길에 향하는 것을 '일체 중생을 구호하되 중생상(衆生相)을 떠난 회향(回向)'이라고 하느니라."

2. 불괴회향(不壞迴向) "그 무너뜨릴 것은 무너뜨리며 멀리 떠날 것은 멀리 떠나는 것을 '불괴회향(不壞迴向)'이라고 하느니라."

3. 등불회향(等佛迴向) "본각(本覺)이 담연하여 깨달은 것이 부처님의 깨달음과 같은 것을 '일체 부처님과 똑같은 회향(迴向)'이라고 하느니라."

---

119) 십행위(十行位)는 바로 참[眞]에서 나와 세속에 들어가서 가[假]를 일으키고 용(用)을 관해 불공(不空)여래장을 증명하는 것이다. 여래장은 업을 따라 발현하니 물든 업의 작용을 따르기 때문에 청정한 행[淨行]을 일으킨다. 이 여래장 성품이 항하 모래수의 성품에 칭합한 공덕을 갖추고 있는데, 예전엔 무명의 장애로 가려졌으나 지금은 무명이 이미 타파되어 성덕(性德)의 작용이 드러났기 때문에 한량없는 여래의 묘한 덕을 구족하고 있다.

4. 지처회향(至處廻向) "정진(精眞)이 발명이 되어 깨달은 경지가 부처님의 경지와 똑같은 것을 '일체처(一切處)에 이르는 회향(廻向)'이라고 하느니라."

5. 무진회향(無盡廻向) "세계와 여래가 서로서로 들어가되 걸리는 것이 없는 것을 '다함없는 공덕장(功德藏) 회향(廻向)'이라고 하느니라."

6. 평등회향(平等廻向) "부처님과 같은 경지, 그 경지 중에서 각각 청정한 인을 내고 그 청정한 인에 의하여 발휘하여서 열반의 도(道)를 취하는 것을 '평등선근(善根)을 수순하는 회향(廻向)'이라고 하느니라."

7. 등관회향(等觀廻向) "진근(眞根)이 이미 이루어짐에 시방 중생이 다 나의 본성(本性)이라 그 성(性)을 원만히 성취하여 중생을 잃지 않는 것을 '일체 중생을 수순(隨順)하여 평등하게 관찰하는 회향(廻向)'이라고 하느니라."

8. 진여회향(眞如廻向) "일체법(一切法)에 즉(卽)하면서 일체상(一切相)을 떠나서 즉(卽)과 이(離) 두 가지에 집착하는 바가 없는 것을 '진여상회향(眞如相廻向)'이라고 하느니라."

9. 해탈회향(解脫廻向) "참으로 같은 바 진여(眞如)를 얻어서 시방 세계에 걸림이 없는 것을 '속박 없는 해탈회향(解脫廻向)'이라고 하느니라."

10. 무량회향(無量廻向) "성덕(性德)이 원만히 이루어져서 법계량(法戒量)이 없어지는 것을 '법계무량회향(法界無量廻

向)'이라고 하느니라."120)

일곱째. 사가행위(四加行位)

"아난아! 이 선남자가 이 청정한 41심(心)을 다하고, 다음에 네 가지의 묘하고 원만(圓滿)한 가행(加行)을 이루나니,"

1. 난지위(煖地位) "부처님의 깨달음으로써 자기(自己) 마음을 삼았으나 날 듯 하면서 나지 못함이 나무를 문질러 불을 낼 적에 그 나무를 태울 듯 함과 같음을 난지(煖地)라고 하느니라."

2. 정지위(頂地位) "또 자기(自己)의 마음으로 부처님이 밟으신 바를 이루어 의지한 듯 의지하지 아니한 듯 함이 마치 높은 산에 올라서 몸이 허공에 들어갔지만 아래는 조금 걸림이 있는 것 같음을 정지(頂地)라 하느니라."

3. 인지위(忍地位) "마음과 부처 둘이 다 같아서 중도(中

---

120) 회향위(廻向位)는 앞서 가(假)를 교섭함을 말미암아 중도에 들어가는 것이다. 보살은 회향의 세 곳을 수행하니, 소위 실제(實際)에 회향하고, 보리(菩提)에 회향하고, 중생에 회향하는 것이다. 본각이 속박에서 벗어나 공(空)과 유(有)를 멀리 여의니, 공(空)에 들어가도 체류하지 않고, 유(有)에 들어가도 우환이 없기 때문에 '멀리 체류와 우환을 여의어서 마땅히 중생을 제도하는' 것이 중생에게 회향하는 것이다. 제도한다는 상(相)을 없애서 중생도 예전처럼 본래 평등한 것이 실제에 회향하는 것이다. 무위의 마음을 회향하여 열반의 길로 향하는 것이 보리에 회향하는 것이다.

道)를 잘 얻는 것이, 마치 일을 참는 사람이 품어두는 것
도 벗어나는 것도 아님과 같음을 인지(忍地)가 된다고 하
느니라."

4. 세제일지위(世第一地位) "수량이 다 소멸하고 미(迷)와
각(覺)의 중도(中道)에 둘 다 지목할 수 없음을 세제일지
(世第一地)라고 하느니라."121)

.

여덟째. 십지위(十地位)

1. 환희지(歡喜地) "아난아! 이 선남자가 큰 보리의 도
(道)를 잘 통달하여 깨달음이 여래와 통하여 부처님의 경
계(境界)를 다하는 것을 환희지(歡喜地)라고 하느니라."

2. 이구지(離垢地) "다른 성질이 같은 데에 들어가고, 같
은 성질도 또한 없어진 것을 이구지(離垢地)라 하느니라."

3. 발광지(發光地) "청정(淸淨)이 극치(極致)에 달하여 광
명이 나는 것을 발광지(發光地)라고 하느니라."

4. 염혜지(焰慧地) "밝음이 지극하여서 깨달음이 원만(圓

---

121) 앞서의 41심을 통틀어 청정이라 이름한다면, 건혜(乾慧)가 이미 참[眞]이므로
믿음이 상사(相似: 비슷한 깨달음)가 아님이 분명하다. 장차 평등한 일심을 증득
하여 네 가지 가행위(加行位)를 세우는 것은 앞서 거쳤던 개별적인 수행의 상(相)
을 원융하는 것이다. 그 뜻인 즉 능(能: 주관)과 소(所: 객관)가 없어지고 대대(對
待)가 끊어져서 이전의 관지(觀智)가 소멸하여 바야흐로 일진(一眞)을 증명하는데
있다.

滿)해진 것을 염혜지(焰慧地)라고 하느니라."

5. 난승지(難勝地) "일체(一切)의 동(同)과 이(異)가 능히 이르지 못하는 것을 난승지(難勝地)라고 하느니라."

6. 현전지(現前地) "무위(無爲) 진여(眞如)의 성(性)이 청정하고 밝게 드러나는 것을 현전지(現前地)라고 하느니라."

7. 원행지(遠行地) "진여(眞如)의 끝까지 다하는 것을 원행지(遠行地)라 하느니라."

8. 부동지(不動地) "하나의 진여(眞如)의 마음인 것을 부동지(不動地)라 하느니라."

9. 선혜지(善彗地) "진여(眞如)의 작용(作用)을 발하는 것을 선혜지(善彗地)라고 하느니라.

아난아! 이 모든 보살이 이로부터 이왕(已往)은 수습하는 공(功)을 끝내어 공덕이 원만하기에, 또한 이 지위(地位)를 지목하여 **수습위(修習位)**라고 하느니라."

10. 법운지(法雲地) "자비(慈悲)의 그늘과 묘한 구름이 열반의 바다를 덮은 것을 법운지(法雲地)라고 하느니라."

아홉째. 등각위(等覺位)

"여래는 역류(逆流)하는데 이 보살은 순행(順行)으로 나아가서 묘각(妙覺)의 실제에 들어가 합(合)하나니 등각(等

覺)된다고 하느니라."122)

금강건혜(金剛乾慧) "아난아! 건혜심(乾慧心)으로부터 등각(等覺)에 이른 후에야 이 각(覺)이 비로소 금강심중(金剛心中)의 처음 건혜지(乾慧地)를 얻으리라."

열째. 묘각위(妙覺位)

"이와 같이 중중(重重)으로 단(單)으로 하거나 복(複)으로 하여 12번 하여야만 비로소 묘각(妙覺)을 다하여 무상도(無上道)를 이루리라.

이 갖가지 지위(地位)는 모두 환(幻)과 같은 열 가지 깊은 비유를 금강(金剛)으로 관찰하사 사마타(奢摩他: 지止) 중에서 여래의 비발사나(毘鉢舍那: 위빠사나, 관觀)를 써서 청정하게 닦아 증득하여 점차로 깊이 들어가느니라.

아난아! 그와 같은 것이 다 세 가지 증진(增進)을 쓰기 때문에 능히 55위(位)의 참 보리의 길을 성취하는 것이니, 그렇게 관(觀)을 함은 정관(正觀)이라 말하고, 만약 다르게 관(觀)을 함은 사관(邪觀)이라고 하느니라."123)

---

122) 올바른 적멸이 현전하고 여래가 일심을 원만히 증명해서 비록 과(果)의 지위에 거처하더라도 인(因)의 문을 버리지 않기 때문에 흐름을 거슬러 나온다. 보살의 수행이 생사의 흐름을 거스르고 법성의 흐름에 순응해서 과해(果海)에 들어가면 인(因)과 과(果)가 서로 접하기 때문에 '각의 실제에 들어가 교류하는 것을 이름하여 등각이라 한다'고 했다. 이는 과(果)의 원만함을 매듭지음인데, 그리하면 홀연히 세간과 출세간을 초월해 묘각(妙覺)에 들어간다.

제2문(門). 본경(本經)의 다섯 가지 경명(經名)을 말씀하다

그때에 문수사리(文殊師利) 법왕자가 대중 안에 계시다가 곧 자리에서 일어나 부처님 발에 정례(頂禮)하고 부처님께 고하여 말씀하시기를 "이 경(經)을 무엇이라 이름하오며 저희들과 중생들이 어떻게 받들어 지녀야 합니까?"

부처님께서 문수사리에게 이르시기를, **"이 경(經)은 대불정 실달다반달라 무상보인 시방여래 청정해안이라고 이름할 것이며,**

또 친인(親因)을 구호하여 아난과 이 회중의 성 비구니를 제도하고 해탈시켜서 보리심을 얻고 변지해(徧知海)에 들어가게 하는 경(經)이라고 이름할 것이며,

또는 **여래밀인 수증요의(如來密因 修證了義)**라고 말하며,

"또는 **대방광 묘련화왕 시방불모 다라니주(大方廣 妙蓮華王 十方佛母 陀羅尼呪)**라고 이름하며,"

"또한 **관정장구 제보살만행수능엄(灌頂章句 諸菩薩萬行首楞嚴)**이라고 이름하나니 너희들이 마땅히 받들어 가져라."

이렇게 말씀을 마치시니, 아난과 대중들이 부처님께서 개시(開示)하시는 밀인(密印)인 반달라의 뜻을 얻고

---

123) 처음의 건혜지가 통틀어 기본이 되고 하나의 지위가 되며, 십신에서 십지에 이르기까지가 55위가 되니, 이전은 인(因)이 되고 등각은 과(果)가 된다. 화엄에서는 신위(信位)를 세우지 않고 오직 "초발심 때에 바로 보리를 얻는다"고 하는데, 지금 수능엄경에서 세 가지 점차로부터 성위(聖位)를 안립하는 이치와 동일하다.

아울러 이 경의 요의인 이름을 듣고서 선나(禪那)로 닦아 나아가는 성위(聖位)의 증상묘리를 단박에 깨닫고 마음이 텅비고 엉기어서 삼계(三界)에서 닦는 마음의 6품(品)인 미세번뇌를 끊어버렸다.

제3문. 경명(經名) 이후에 초심자의 긴요한 법을 밝히시다(2)

[제오(第五)주(周) 이유출마주(離有出魔周)]

(아난은) 곧 자리에서 일어나 부처님 발에 정례(頂禮)하고 합장 공경하여 부처님께 고하여 말하기를, "큰 위덕을 갖추신 세존께서 자비한 음성이 무한하시어 중생들의 미세한 침혹(沈惑: 깊은 미혹)을 잘 열어주셔서 저희들이 오늘에 몸과 마음이 상쾌하여 큰 요익(饒益)을 얻었나이다.

세존이시여! 만일 이 묘하고 밝고 참되고 청정하고 묘한 마음이 본래 두루하고 원만하며, 이와 같이 내지 대지, 초목(草木)과 연동하는 함령(含靈)이 본래 진여(眞如)이어서 곧 여래의 성불(成佛)하신 진체(眞體)이오면 부처님의 본체가 진실하거늘, 어찌하여 지옥(地獄), 아귀(餓鬼), 축생(畜生), 아수라(阿修羅), 인도(人道), 천도(天道) 등이 있나이까?

　세존이시여! 이 도(道)는 본래부터 스스로 있는 것이옵니까? 중생의 허망한 습기(習氣)로 말미암아 생겼나이까?

　세존이시여! 저 보련향(寶蓮香) 비구니는 보살계(菩薩戒)를 지니다가 음욕을 몰래 행하고 말하기를 '음행(淫行)은 살생도 아니고 도적질도 아니기에 업보(業報)가 없다'고 하는 그 말을 마치자 먼저 여근(女根)에서 큰 맹화(猛火)가 생기고 마침내 마디마디에 맹화가 치연하여 무간지옥(無間地獄)에 떨어졌으며, 유리대왕(琉璃大王)과 선성(善性) 비구를 말하자면 유리왕은 구담(瞿曇: 고타마) 족성(族姓)을 주륙하였고, 선성 비구는 일체법이 공(空)했다고 망언(妄言)을 하다가 둘 다 산 채로 몸이 아비지옥(阿鼻地獄)에 들어갔사오니,

　이 지옥들은 정처(定處)가 있는 것이오니까? 또는 저절로 된 것이오니까? 제각기 업(業)을 발하여 각각 받는 것이오니까?

　바라옵건대 대자비(大慈悲)로 동몽(童蒙)을 개발하시어 모든 계(戒)를 지키는 중생으로 하여금 결정한 이치를 듣고서 기뻐하여 정대하며 조심하고 정결하여 범하지 않게 하시옵소서."

제1장 칠취(七趣)를 말하여 떠나기를 권함(4)

제1. 중생의 내분의 정(精)과 외분의 상(想)

부처님이 아난에게 말씀하시기를, "통쾌하다. 이 물음이여! 중생들로 하여금 사견(邪見)에 들어가지 않게 하려는구나! 너는 자세히 들어라. 이제 너에게 말을 하리라.

아난아! 일체 중생이 실로 본래 청정한데, 망견(妄見)을 인하여 망습(妄習)이 생기기 때문에 그로 인하여 내분(內分)과 외분(外分)이 분개되었느니라."

1〉 내분(內分)인 정(情)

"아난아! 내분(內分)은 곧 중생의 분내이니 모든 애염(愛染)을 인하여 허망한 감정을 발기하고 감정이 쌓여서 쉬지 아니하여 능히 애수(愛水)를 내나니, 그러므로 중생들이 마음에 맛있는 음식을 생각하면 입속에 침이 생기고 마음에 앞의 사람을 생각하여 사랑하거나 원망하면 눈에 눈물이 흐르고 재보(財寶)를 탐구(貪求)하여 애틋한 마음으로 침을 흘리면 온몸이 광윤하고 마음에 음행함을 애착하면 남녀 두 근(根)에 저절로 액체가 흐르나니라."

"아난아! 여러 가지 애정이 비록 다르나 물이 흘러 맺힘은 이 마찬가지이니 윤습(潤濕)하는 것은 올라가지 못하매 자연히 떨어지게 되나니 이것을 내분(內分)이라고 하느니라."

2〉 외분(外分)인 상(想)

"아난아! 외분(外分)은 곧 중생의 분외(分外)이니 모든 갈앙(渴仰)을 인하여 헛된 생각이 발명(發明)하게 되고 허망한 생각이 쌓여서 쉬지 아니하면 능히 승기(勝氣: 수승한 기색)를 내나니,

그러므로 중생이 마음에 금계(禁戒)를 가지면 몸이 경청(輕淸)하고 마음으로 주인(呪印)을 가지게 되면 돌아보는 것이 웅장하고 씩씩하며 마음이 천상(天上)에 나고자 하면 꿈 생각이 날아다니고 마음이 부처님의 나라에 있으면 성인(聖人)의 경계가 그윽이 나타나며 선지식(善知識)을 섬기게 되면 신명(身命)을 가볍게 여기 나니라.

아난아! 여러 가지 허상(虛想)이 비록 다르나 가볍게 뜨는 것은 마찬가지이다. 비동(飛動)하는 것은 침몰하지 않기에 자연히 초월하나니 이것을 외분(外分)이라고 하느니라.

아난아! 일체 세간(중생)이 생사가 상속(相續)하여 생은 순습을 따르고 죽는 것은 변류를 따르나니, 목숨이 마치려 할 때 난촉을 버리기 전에 일생의 선악이 한꺼번에 나타나서 사(死)는 역(逆)이고 생(生)은 순(順)인 두 가지 습(習)이 서로 어울리느니라.

순상(純想)은 곧 날아가서 반드시 천상(天上)에 나게 되나니 만약 날아가는 그 마음 가운데 복(福)을 겸(兼)하고

혜(慧)를 겸하고 청정한 원(願)을 겸하면 자연히 마음이 열리어 시방의 부처님을 친견(親見)하여 일체 정토(淨土)에 원(願)을 따라 왕생(往生)하리라.

정(情)이 적고 생각이 많으면 가볍게 올라가는 것이 멀지 못하여 날아다니는 신선(神仙)이나 대력귀왕(大力鬼王)이나 날아다니는 야차(夜叉)나 땅에 다니는 나찰귀신(羅刹鬼神)이 되어 4천하(天下)에 노닐고 다니매 장애(障礙)가 없거니와,

그 중에 만약 착한 원과 착한 마음이 있어 나의 법을 호지하거나 금계를 보호하여 계 지키는 사람을 따르거나 혹은 신주(神呪)를 보호하여 지주자를 따르거나 혹은 선정(禪定)을 호위하여 법인을 보수하는 무리들은 여래의 좌하에 친주하느니라.

정(情)과 상(想)이 균등하면 날지도 않고 떨어지지도 아니해서 인간에 나되 상(想)이 밝으면 총명(聰明)하고 정(情)이 어두우면 둔(鈍)하게 되느니라.

정(情)이 많고 생각이 적으면 횡생(橫生)에 들어가되 중(重)하면 모군(毛軍)이 되고 경(輕)하면 우족(羽族)이 되느니라.

정(情)이 일곱이고 상(想)이 셋은 수륜(水輪)에 빠져 내려가서 화륜(火輪)에 나는데 맹렬한 불기운을 받아 몸이 아귀(餓鬼)가 되어 항상 불이 타고 물도 몸을 해하며 먹지도 마시지도 못하여, 백천 겁을 지내느니라.

정(情)이 아홉이고 상(想)이 하나가 되는 중생은 화륜(火輪)을 뚫고 내려가서 몸이 풍화 두 가지가 서로 섞여서 통과하는 곳에 들어가되 가벼우면 유간지옥에 나고 무거우면 무간지옥에 나느니라.

순정(純情: 순전히 감정)이면 곧 잠겨서 아비지옥(阿鼻地獄)에 들어가는데 만약 침익하는 마음에 대승(大乘)을 비방하거나 부처님의 금계(禁戒)를 훼방하거나 광망하게 법을 말하거나 허망하게 신시(信施)를 탐내거나 외람되게 공경을 받거나, 오역(五逆), 십중죄(十重罪)를 지었으면 다시 시방의 아비지옥(阿鼻地獄)에 나느니라.

악업을 지은대로 스스로 받는 것이나 동분(同分) 중에는 겸하여 원지가 있느니라."

제2. 칠취(七趣)가 생긴 종류(7)

첫째. 지옥취(地獄趣)(4)

"아난아! 이런 것들은 모두 저 중생들이 자업(自業)으로 감득(感得)한 것이니 10습인(習因)을 지어서 6교보(交報)를 받느니라."

1. 십습인(十習因)

1〉 음습(淫習)

"어떤 것을 십인(十因)이라고 하느냐? 아난아!

첫째는 음습(淫習)으로 교접(交接)함이 서로 마찰함에서 발하나니 마찰하여 쉬지 아니하므로 큰 화광(火光)이 있어서 그 가운데서 발동을 하나니, 마치 사람이 손을 서로 문지르면 따뜻한 모양이 나타나는 것과 같느니라.

이습(二習)이 서로 불이 탐으로 철상(鐵牀), 동주(銅柱)의 지옥 등 여러 가지가 있느니라. 그러므로 시방의 일체 여래가 음행을 지목하여 욕화(欲火)라 하고, 보살은 음욕을 봄에 불구덩이를 피하는 듯 하느니라."124)

---

124) 음행의 습기가 생사의 근본인 온갖 죄 중에 으뜸임을 밝혀서 해석하고 있다. 남자와 여자가 교접해서 두 허망함이 서로 마찰하기 때문에 따뜻한 상(相)이 현전하는데, 이는 목숨을 마칠 때 나타나는 경계이다. 두 음행의 습기가 타기 때문에 과보로 철상지옥 등의 일에 감응하는데, 이는 지옥의 고통스런 과보에 감응하는 것이다. 모든 부처가 음행을 지목하여 욕망의 불이라 했으니, 수행하는 사람은 응

2〉 탐습(貪習)

"두 번째는 탐내는 그 관습이 서로 집착함이 흡취함에서 발하나니 흡람하여 쉬지를 아니하므로 적한(積寒), 견빙(堅氷)이 그 가운데서 동렬하나니 마치 사람이 입으로 바람기운을 빨아들이면 냉촉(冷觸)이 생기는 것과 같느니라.

이습(二習)이 서로 능멸하기 때문에 타타(吒吒), 파파(波波), 라라(羅羅)와 푸른 연꽃, 붉은 연꽃, 흰 연꽃의 한빙지옥 등의 여러 가지가 있느니라. 그러므로 시방의 모든 부처님께서 많이 구함을 지목하여 탐수(貪水)라 하고, 보살은 탐하여 구하는 것을 보되 장해(瘴海: 풍토)를 피하는 듯 하느니라."

3〉 만습(慢習)

"세 번째는 만습(慢習: 거만한 버릇)이 서로 능멸하는 것이 서로 믿는 것에서 발한 것이니 치달려 흘러 쉬지를 아니하므로 위로 오르고, 분파가 있어서 파도가 쌓여 물이 되나니, 마치 어떤 사람이 혓바닥으로 스스로 입맛을 다시면 그로 인하여 물이 생김과 같느니라.

두 가지 습(習)이 서로 치기 때문에 핏물, 잿물, 뜨거운 모래, 독해와 융동(融銅: 구리 녹인 물)을 관탄하는 등의 여러 가지가 있나니, 그러므로 시방의 일체 부처님께서는 아만

_____

당 불구덩이를 피하듯 해야 한다.

(我慢)을 지목하여 치수(癡水)를 마시는 것이라 하고, 보살은 그 만습을 보기를 큰 물구덩이에 빠지는 것을 피하듯 하느니라.

4〉 진습(瞋習)

"네 번째는 진습(瞋習: 성내는 버릇)이 교충하는 것이 서로 거스름에서 발하나니, 거스름이 맺혀 쉬지를 아니하여 마음이 뜨거워서 화를 발하고 기운을 녹여 금이 되므로, 도산, 철곤, 검수, 검륜, 부월, 창거의 지옥이 있나니, 마치 어떤 사람이 원한을 품으면 살기(殺氣)가 비동함과 같느니라." "두 습이 서로 부딪히므로 지옥에서 궁할(宮割: 궁형을 당하고 손발을 잘리움), **참작**(斬斫: 목을 베이고 도끼로 찍힘), **좌자**(剉刺: 톱으로 썰리고 송곳으로 찔림), **추격**(槌擊: 몽둥이로 맞고 마차에 다침)하는 따위의 여러 가지가 있나니, 그러므로 시방의 일체 여래께서 성냄을 지목하여 이도검(利刀劍: 예리한 칼)이라 이름하고, 보살은 성나는 것을 보되 그 몸 베이는 것을 피하듯 하느니라."125)

---

125) 성냄의 습기는 분노의 기운이 서로 가하기 때문에 '서로 충돌한다'고 말한다. 오(忤)는 거스름이다. 거스름의 맺힘이 쉬지 않으면 화(火)가 치성해지고 기운이 더욱 굳어져서 주조된 기운[鑄氣]이 쇠가 되기 때문에 지옥의 칼산 등의 상(相)에 감응한다. 모든 부처님들은 성냄을 가리켜 날카로운 도검이라 했으니, 수행자는 반드시 주륙(誅戮)을 피하듯 해야 한다.

5) 사습(詐習)

"다섯 번째는 사습(詐習: 간사한 버릇)이 교유(交誘)함이 서로 끌어당기는 데서 발하나니 그렇게 이끌어서 머무르지 않으므로 승(繩), 목(木)으로 교(絞), 교(校)함이 있나니, 마치 물을 밭에 댐에 풀과 나무가 생장함과 같느니라.

두 습(習)이 서로 뻗어가므로 뉴(杻: 쇠고랑), 계(械: 수갑), 가(枷: 칼), 쇄(鎖: 족쇄), 편(鞭: 채찍), 장(杖: 곤장), 과(檛: 회초리), 봉(棒: 몽둥이) 등의 모든 것(형벌)이 있나니, 그러므로 시방의 일체 여래께서 간사함을 지목하여 참소하는 도적이라고 이름하고, 보살은 간사함을 보되 시랑(豺狼: 승냥이 시, 이리 랑)을 두려워하듯 하느니라."

6) 광습(誑習)

"여섯 번째는 광습(誑習: 속이는 버릇)으로 서로 속임이 상대를 속임에서 발하나니 무망(誣罔: 무고함)하여 그치지 아니하고 마음을 날려 간사(奸邪)를 지으므로 진(塵: 티끌), 토(土), 시(屎: 변), 뇨(尿: 오줌)의 예오(穢汚: 더러움), 부정(不淨) 따위가 있나니, 마치 먼지를 바람에 날리면 각각 보이지 아니함과 같느니라.

두 습(習)이 서로 가하므로 몰익(沒溺: 들어가서 빠짐), 등척(騰擲: 던져 올려짐), 비추(飛墜: 날았다 떨어졌다 함), 표륜(漂淪: 뜨고 가라앉음)하는 여러 가지가 있나니, 그러므로 시방의 일체 여래께서 속이는 것을 지목하여 함께 겁살(劫殺)이라 하고, 보살은 그 속이는 것을 보되 사훼(蛇虺: 뱀)를 밟은 것 같이 여기나니라."

7〉 원습(冤習)

"일곱 번째는 원습(冤習: 원망하는 버릇)이 서로 혐오함이 한(恨)을 머금은 데에서 발하나니 그러므로 비석(飛石: 돌을 날림), 투애(投礙: 바위를 던짐), 갑저(匣貯: 뒤주에 가둠), 차함(車檻: 함거에 실음), 옹성(甕盛: 독 속에 담다), 낭박(囊撲: 부대에 넣어 매치다)함이 있다. 마치 음융하고 독한 사람이 가슴에 품어 악(惡)을 축적함과 같으니라.

두 습이 서로 삼키므로 투척(投擲: 던지다), 금착(擒捉: 묶고 때리다), 격(擊: 매치다), 사(射: 쏘다), 포(抛: 당기다), 촬(撮: 쥐어짜다)하는 여러 가지가 있나니, 그러므로 시방의 일체 여래께서 원가(怨家)를 지목하여 위해귀(違害鬼)라 하고, 보살은 원한을 보되 짐주(鴆酒: 짐독의 술)를 마시는 것 같이 여기느니라."

8〉 견습(見習)

"여덟 번째는 견습(見習: 나쁜 소견)으로 서로 밝히는 살가야(薩迦耶: 身見)와 견(見)과 계금취(戒禁取)와 사오(邪悟)의 모든 업들이 서로 어기고 거부함에서 발하여 반목함을 출생하나니 그러므로 왕사(王使)와 주리(主吏: 관리)가 문서로 증명하고 주장하는 것이 있다. 마치 길 가는 사람이 내왕

하면서 서로 보는 것 같느니라.

두 습(習)이 서로 사귀므로 감문(勘問: 심문), 권사(權詐), 고신(拷訊), 추국(推鞫: 고문), 찰방(察訪: 수색), 피구(披究: 들추어냄), 조명(照明: 증거를 댐)과 선악의 동자가 손에 문서를 가지고 말로 밝히는 일들이 있나니, 그러므로 시방의 일체 여래께서 고약한 소견을 지목하여 견갱(見坑: 소견의 구덩이)이라고 함께 이름하고, 보살은 모든 허망한 치우친 소견 보기를 독한 구덩이에 들어간 것처럼 여기느니라."

9〉 왕습(枉習)

"아홉 번째는 그릇된 관습(慣習)으로 서로 부가하는 것이 무고(誣告)하여 비방하는 것에서 발하나니 그러므로 합산(合山: 산과 합함), 합석(合石: 돌과 합함), 년(碾: 연자 년), 애(磑: 매돌 애), 경(耕: 갈다), 마(磨: 부수다) 따위의 지옥이 있다, 마치 참소하는 도적이 어질고 선량한 사람을 핍박하고 그르치는 것 같느니라.

두 습(習)이 서로 배척하므로 압날(押捺: 누르고 비틀다), 추안(搥按: 때리고 뭉개다), 축록(蹙漉: 치고 쥐어짜다), 형도(衡度: 장대에 꿰다)하는 일들이 있나니, 그러므로 시방의 일체 여래께서는 원방(怨謗)을 지목하여 참호라 하고 보살은 왕습(枉習: 모함하는 버릇)을 보되 날벼락을 맞는 것 같이 여기느니라."

10〉 송습(訟習)

"열 번째는 송습(訟習: 드러내는 버릇)으로 서로 시끄럽게 떠드는 것이 장복(藏覆)에서 발하나니 그러므로 감견(鑑見)과 조촉(照燭)함이 있다. 마치 햇빛에는 그림자를 능히 감추지 못함과 같느니라.

두 습(習)이 서로 진술을 하므로 나쁜 벗이나 업경(業鏡)이나 화주(火珠)로 숙업(宿業)을 피로(披露)하고 대험(對驗)함이 있다. 그러므로 시방의 일체 여래께서 복장(覆藏)을 지목하여 음적(陰賊)이라 하고, 보살은 복장(覆藏)을 보되 높은 산을 이고 큰 바다를 밟는 것 같이 여기느니라."126)

2. 육교보(六交報: 六果)

"어떤 것을 여섯 가지 교보(交報)라 하느냐? 아난아! 일체 중생이 육식(六識)으로 업(業)을 지어 받는 나쁜 과보가 육근(六根)으로부터 나오느니라."

1〉 견보(見報)가 초인(招引)하는 악과(惡果)

---

126) 이상 열 가지 습기가 업을 발하여 인(因)이 되고, 인은 반드시 과(果)로 나아가기 때문에 지옥의 갖가지 고통의 도구를 감응하는 것이다. 또 열 가지 습기는 저마다 일념의 망상을 말미암아 발하고, 이 망상으로 육근과 융합해 교섭하니, 이 때문에 고통의 과보를 받아들여서 육근이 상호 변하는 것을 교보(交報)라 한다.

"어찌하여 나쁜 과보가 육근으로부터 나온다고 하느냐? 첫째는 견보(見報)가 악과(惡果)를 불러 이끌어냄이니, 이 견업(見業)이 얽히게 되면 곧 임종할 때에 먼저 맹화(猛火)가 시방세계에 가득함을 보고 망자(亡者)의 신식(神識)이 날아 떨어져서 연기를 타고 무간지옥(無間地獄)에 들어가서 두 가지 모양을 발견한다.

첫째는 밝게 봄이니 가지가지 악물을 두루 보고 한량없는 공포를 냄이요,

둘째는 어둡게 봄이니 적연하여 아무것도 보지를 못하여 한량없는 공포를 냄이니라.

이와 같이 견(見)의 화(火)가 보는 것에 타면 뜨거운 모래와 뜨거운 재가 되고, 듣는 것에 타면 확탕(鑊湯)과 양동이 되고, 숨쉬는 것에 타면 검은 연기와 붉은 불꽃이 되고, 맛에 타면 초환(焦丸: 볶은 철환)과 철미(鐵糜: 쇳물죽)가 되고, 촉각에 타면 열회(熱灰: 뜨거운 재)와 노탄(爐炭: 숯)이 되고, 심장에 타면 별의 불이 흩어 뿌려져서 허공계에 선고(煽鼓: 타오름)하나니라."

2〉 문보(聞報)가 초인(招引)하는 악과(惡果)

"두 번째는 듣는 과보가 악과를 불러 이끌어냄이니 문업(聞業)이 얽히게 되면 곧 임종할 때 먼저 파도가 천지(天地)에 몰익(沒溺)함을 보고 죽은 사람의 정신이 내려가 물이 흐르는 것을 타고 무간지옥(無間地獄)에 들어가서 두 가지 모양을 발견한다.

첫째는 잘 들음이니 가지가지 시끄러운 소리를 들어서 정신이 어지러움이요,

둘째는 못 들음이니 고요하여 들리지 아니하여 어두운 혼백(魂魄)이 침몰하나니라.

이와 같이 문파(聞波: 들음의 파도)가 듣는 것에 쏠으면 능히 질책이 되고 힐문도 되며, 견에 쏠으면 능히 우레가 되고 울부짖는 소리가 되고 악독한 기운이 되기도 하며, 숨 쉬는 것에 쏠으면 능히 비가 되고 안개가 되어 모든 독충을 뿌려서 몸에 두루 가득하며, 맛에 쏠으면 능히 고름도 되고 피가 되어 가지가지 더럽고 더러우며, 촉각에 쏠으면 능히 축(畜)이 되고 귀가 되고 똥도 되고 오줌도 되며, 의(意)에 쏠으면 능히 번개가 되고 우박도 되어 심장과 혼백을 쳐부수느니라."

3〉 후보(齅報)가 초인(招引)하는 악과(惡果)

"세 번째는 후보(齅報: 냄새맡는 업보)가 악과를 불러 이끌어 냄이니 이 후업(齅業)이 얽히게 되면 곧 임종할 때 먼저 독기가 원근에 가득함을 보고 죽은 자의 신식(神識)이 땅으로부터 솟아 나와 무간지옥(無間地獄)에 들어가서 두 가지 형상을 발견한다.

첫째는 통문(通聞)이니 모든 악기(惡氣)를 맡고 지독하여 마음이 요란함이요,

둘째는 색문(塞聞)이니 숨이 막혀 통하지를 아니하여 땅에서 까무러지느니라.

"이와 같이 맡는 기운이 숨 쉬는 것에 충격하면 능히 막힘이 되고 통함이 되기도 하며, 견(見)에 충격을 하면 능히 불이 되고 횃불이 되며, 듣는 것에 충격하면 능히 침몰이 되고 침익이 되고 녹음이 되고 비등함이 되며, 맛에 충격하면 능히 물크러짐이 되고 어긋남(변질)이 되고, 촉각에 충격하면 능히 파탄(破綻)이 되고 문드러짐이 되고 큰 고기 산이 되어 백천의 눈이 있거든, 한량없는 것들이 빨아먹고, 생각에 충격하면 능히 재가 되고 여기가 되며 나는 모래와 자갈이 되어 몸을 쳐부수느니라."

4〉 미보(味報)가 초인(招引)하는 악과(惡果)

"네 번째는 미보(味報: 맛을 탐하는 업보)가 악과(惡果)를 불러 이끌어냄이니, 이 미업(味業)이 얽히게 되면 곧 임종(臨終)할 때 먼저 철망(鐵網)에 불이 치열하게 붙어 세계에 두루 덮임을 보고 죽은 사람의 정신이 아래로 내려가다가 그물에 걸리어 머리가 거꾸로 매달려 무간지옥(無間地獄)에 들어가서 두 가지 형상을 발견하나니,

첫째는 흡기(吸氣)이니 차가운 얼음이 맺히어 몸과 살을 터지게 함이요,

둘째는 토기이니 날아서 맹렬한 불이 날리어 골수까지 초란(焦爛: 태움)하느니라.

이와 같이 맛보는 맛이 맛보는 것에 거치면 곧 능히 승인함이 되고 참음이 되며, 견(見)에 거치게 되면 곧 능히 불타는 금석이 되고, 듣는 것에 거치면 곧 능히 날카로운 칼날이 되기도 하고, 숨 쉬는 것에 거치게 되면 곧 능히 큰 철농(鐵籠)이 국토에 두루 덮는 것이 되며, 촉각에 거치면 곧 능히 활도 되고 화살도 되고 큰 활과 활로 쏘는 것이 되고, 생각에 거치게 되면 곧 능히 날아가는 열철(熱鐵)이 되어 허공에서 내려오느니라."

5〉 촉보(觸報)가 초인(招引)하는 악과(惡果)

"다섯 번째는 촉각의 과보가 악과를 불러 이끌어냄이니 이 촉업(觸業)이 얽히게 되면 임종할 때 먼저 큰 산이 사면으로 와서 합하여 나갈 길이 없는 것을 보고, 죽은 사람의 신식(神識)이 큰 쇠로 된 성벽에 불의 뱀과 불의 개와 호랑이, 사자와 우두옥졸과 마두옥졸이 손에 창을 들고 성문으로 몰아넣음을 보고 무간옥(無間獄)에 향하여 두 가지 형상을 발견하나니,

첫째는 합하는 촉(觸)이니 합쳐진 산이 몸을 핍박하여 뼈와 살과 피가 터짐이요,

둘째는 떠나는 촉(觸)이니 칼이 몸에 부딪혀서 심장과 같이 찢어지느니라.

이와 같이 합촉(合觸: 합해지는 업)이 촉각에 거치게 되면 곧 능히 지옥의 길이 되고 집이 되고 청사가 되고 치죄소

가 되고, 보는 것에 거치게 되면 곧 능히 타는 것이 되고 태우는 것이 되며, 듣는 것에 거치게 되면 곧 능히 두들기는 것과 치는 것과 쑤시는 것과 쏘는 것이 되며, 숨 쉬는 것에 거치면 곧 능히 훑치는 것과 고문하는 것과 결박하는 것이 되고, 맛보는 것에 거치게 되면 곧 능히 보습으로 가는 것과 재갈 물리는 것과 베는 것과 끊는 것이 되며, 생각에 거치게 되면 곧 능히 추락함이 되고 날림이 되고 볶고 굽는 것이 되느니라."

6) 사보(思報)가 초인(招引)하는 악과(惡果)

"여섯 번째는 사보(思報: 생각의 업보)가 악과(惡果)를 불러 이끌어냄이니 이 사업(思業)이 얽히게 되면 곧 임종할 때에 먼저 고약한 바람이 국토를 불어 무너뜨림을 보고 죽은 자의 영혼이 그 바람에 날려 공중에 올라갔다가 도로 떨어져서 바람을 타고 무간지옥에 떨어져서 두 가지 형상을 발견하나니,

첫째는 불각(不覺)이니 미(迷)함이 지극함에 황망하고 분주하여 쉬지를 아니함이요,

둘째는 미(迷)하지 않음이니 느껴 알 적에는 괴로워서 한량없이 볶고 지지는 고통이 심하여 참을 수가 없음이니라.

이와 같이 삿된 생각이 의사(意思)에 맺히게 되면 곧 능히 형벌 받는 지방과 장소가 되고, 보는 것에 맺히면 곧

능히 거울과 증거함이 되고, 듣는 것에 맺히면 큰 합석(合
石)이 되고 얼음이 되기도 하고 서리가 되기도 하고 흙이
되기도 하고 안개가 되기도 하며, 숨 쉬는 것에 맺히면
능히 큰 화차가 되기도 하고 불을 뿜는 배가 되고 불을
담은 우리가 되고, 맛에 맺히면 능히 크게 부르짖음과 뉘
우침과 우는 것이 되며, 촉각에 맺히면 능히 커지고 작아
져서 하루 동안에 만 번 살고 만 번 죽고 엎어지고 자빠
짐이 되느니라.127)

아난아! 이것을 지옥의 10가지 원인과 6가지 과보(果報)
라고 하나니, 모두가 중생들의 미망(迷妄)으로 지은 것이
니라."

3. 지옥의 명칭

"만약 중생들이 악업을 두루 지으면 아비지옥(阿鼻地獄)
에 들어가 한량없는 고통을 받으면서 한량없는 겁을 지내
느니라.

육근(六根)으로 각각 (십인十因을) 짓고 저 짓는 바가 경
계를 겸하거나 근(根)을 겸하면 이 사람은 곧 8무간옥(無

---

127) 육근의 교보(交報)가 모두 부사의한 업력이 훈변(熏變)한 것이니, 오직 부처의
눈[佛眼]만이 능히 볼 뿐 범속하고 허망한 식정으로 알 바가 아니기 때문에 오직
마음만이 변하는 것일 뿐이다. 총체적으로는 자기 마음이 나타낸 바에 속하지 마
음 밖의 법이 아니기 때문에 아래 경문에서 "만약 보리를 깨달으면 본래 있는 바
가 없어서[無所有] 무릇 미혹한 정[迷情]에 있으면서도 두려워하지 않을 수 있다.

間獄)에 들어가느니라.

신(身), 구(口), 의(意) 세 가지로 살생과 도적질과 음행을 짓게 되면 이 사람은 18지옥에 들어가느니라.

3업(業)을 모두 저지르지 않더라도 한 번의 살생이나 한 번의 도적질을 하게 되면 이 사람은 곧 36지옥에 들어가느니라.

능견과 소견인 하나의 근(根)이 한 업(業)만을 범하면 이 사람은 곧 108지옥에 들어가느니라."

4. 지옥이 본래 있는 것 아님

"이로 말미암아 중생들이 제각이 따로 업(業)을 지어서 이 세계 안에서 중동분인 지옥에 들어가나니 허망한 생각으로 발생한 것이요 본래 있는 것이 아니니라."

둘째. 아귀취(餓鬼趣)(2)

"또 아난아! 이 중생들이 부처님의 율의(律儀)를 그르다 하여 파(破)하였거나 보살계(菩薩戒)를 범하였거나 부처님의 열반을 훼방하였거나 그 밖에 여러 가지 업으로 여러 겁 동안 불타는 고통을 받다가 죄가 끝나면 모든 귀신의 보를 받느니라."[128]

1. 아귀(餓鬼)의 종류

1〉 탐(貪)의 여습(餘習)인 괴귀(怪鬼) "만약 본인(本因)에서 물건을 탐하여 죄를 지었으면 이 사람은 죄를 다 마치면 물을 만나 형체를 이루나니 괴귀(怪鬼)라고 하니라."

2〉 음(淫)의 여습(餘習)인 발귀(魃鬼) "색(色)을 탐하여 죄가 되었으면 이 사람은 죄를 다 마치면 바람을 만나 형체를 이루나니 발귀(魃鬼)라고 하느니라."

3〉 광(誑)의 여습(餘習)인 매귀(魅鬼) "혹(惑)을 탐하여 죄가 되었으면 이 사람은 죄를 마침에 축생(畜生)을 만나서 형체를 이루나니 매귀(魅鬼)라고 하느니라."

4〉 진(瞋)의 여습(餘習)인 고독귀(蠱毒鬼) "한(恨)을 탐해서 죄가 되었으면 이 사람은 죄를 마침에 고(蠱: 독 고)를 만나

---

128) 만약 계율의 의식(비구계)을 그르쳐 파괴하는 따위라면 그 고통이 더욱 길기에 다시 귀신의 형상을 받는다. 보살계를 범하면 대승의 성계(性戒)를 파괴하는 것이다. 부처의 열반을 훼손함은 일천제(一闡提)로 부처의 종성(種姓)을 끊는 것이다. 이렇게 선근을 끊어서 고통 받는 시기가 길기에 다시 귀신의 종류를 받는다.

서 형체를 이루나니 고독귀(蠱毒鬼)라고 하느니라.”

　5〉 원(冤)의 여습(餘習)인 여귀(癘鬼) “억(憶)을 탐내어 죄를 지었으면 이 사람은 죄를 마침에 쇠운(衰運) 있는 곳을 만나 형체를 이루나니 여귀(癘鬼)라고 하느니라.”

　6〉 만(慢)의 여습(餘習)인 아귀(餓鬼) “오만(傲慢)함을 탐해서 죄를 지었으면 이 사람은 죄를 마치면 기운을 만나서 형체를 이루나니 아귀(餓鬼)라고 하느니라.”

　7〉 왕(枉)의 여습(餘習)인 염귀(魘鬼) “망(罔)을 탐내어서 죄가 되었으면 이 사람은 죄를 마침에 음흉(陰凶)한 것을 만나서 형체를 이루나니 염귀(魘鬼)라고 하느니라.”

　8〉 견(見)의 여습(餘習)인 망양귀(魍魎鬼) “밝은 것을 탐하여 죄가 되었으면 이 사람은 죄를 마침에 정령(精靈)을 만나서 형체를 이루나니 망양귀(魍魎鬼)라고 하느니라.”

　9〉 사(詐)의 여습(餘習)인 역사귀(役使鬼) “이루는 것을 탐하여 죄가 되었으면 이 사람은 죄를 마침에 밝은 것을 만나서 형체를 이루나니 역사귀(役使鬼)라고 하느니라.”

　10〉 송(訟)의 여습(餘習)인 전송귀(傳送鬼) “당(黨)을 탐하여 죄가 되었으면 이 사람은 죄를 마침에 사람을 만나서 형체가 되나니 전송귀(傳送鬼)라고 하느니라.”

2. 망업(妄業)으로 있고 본래 없음

“아난아! 이 사람들은 모두 순정(純情: 순전한 정)으로 추락을 했다가 업화(業火)가 다 타고 나면 위로 나와서 귀신이 되나니, 그러한 것들은 다 자기 망상(妄想)의 업(業)으로 불러 만든 바라. 만약 보리를 깨달으면 곧 묘하고 둥글고 밝은 것 뿐이어서, 본래 있는 것(아귀) 아니라."129)

셋째. 축생취(畜生趣)(2)

"또 아난아! 귀신의 업이 다하면 곧 정(情)과 상(想)이 둘 다 함께 공(空)해져서 비로소 세간에서 원래 빚진 사람과 더불어 원수로 만나게 되어 몸이 축생이 되어서 그 옛날 빚을 갚게 되느니라."

1. 축생(畜生)의 종류

1〉 올빼미 무리 "물건에 붙었던 괴귀(怪鬼)는 그 물건이 없어지고 업보가 없어지면 세간에 태어나서 흔히 올빼미 종류가 되느니라."

2〉 구징(咎徵)의 무리 "바람에 붙었던 발귀는 바람이 없

---

129) 이상 열 가지 원인이 초래한 지옥은 순정(純情)으로 추락했다가 업의 불이 다 타도 나머지 습기가 다하지 않았기 때문에 지옥을 나와서 귀신이 되는데, 모두 허망한 업이 불러들인 것일 뿐 묘하고 원만한[妙圓] 마음속에는 본래 이런 일이 없다. 대체로 미혹한 정(情)을 말미암아 감응된 허망한 상(相)일 뿐이다.

어지고 업보가 다하게 되면 세상에 태어나서 흔히 구징(咎徵: 흉사의 징조)이 되느니라."

3〉 여우 무리 "일체 이상한 종류인 축생에 붙었던 매귀가 축생이 죽고 과보가 다하면 세상에 태어나서 흔히 여우 무리가 되느니라."

4〉 독충의 무리 "벌레에 붙었던 고독귀(蠱毒鬼)가 벌레가 없어지고 과보를 다 마치게 되면 세간에 태어나서 흔히 독류(毒類)가 되느니라."

5〉 회충(蛔蟲)의 무리 "쇠운(衰運)에 붙었던 여귀가 쇠운이 끝나고 과보가 다하게 되면 세간에 태어나서 흔히 회충의 무리가 되느니라."

6〉 먹을 감의 무리 "기운(氣運)을 받았던 아귀(餓鬼)가 기운이 소멸되고 과보가 다하게 되면 세간에 태어나서 흔히 식류(食類)가 되느니라."

7〉 입을 감의 무리 "어둠에 붙었던 염귀가 어두움이 사라지고 과보가 다하게 되면 세간에 태어나서 흔히 복류(腹類: 의복의 무리)가 되느니라."

8〉 철새의 무리 "정령(精靈)과 화합했던 망량귀(魍魎鬼)가 화합이 사라지고 과보가 없어지게 되면 세상에 태어나서 흔히 응류(應類: 계절을 따르는 무리)가 되느니라."

9〉 휴징(休徵)의 무리 "명주(明呪)로 영험하던 역사귀(役使鬼)가 명주(明呪)가 사라지고 과보가 다하게 되면 세간에 태어나서 흔히 휴징(休徵: 좋은 일을 알리는 동물)이 되느니

라."

10〉 따르는 무리 "일체 모든 류(類)인 사람에게 의지하였던 전송귀가 사람이 죽고 귀신의 업보가 다하게 되면 세간에 태어나서 흔히 순류(循類: 사람을 따르는 무리)가 되느니라."

2. 허망한 업(業)으로 있고 본래 없음

"아난아! 이들은 모두가 업(아귀의 업)의 불이 말라버려서 그 옛날 빚을 갚으려고 인간 곁에 축생이 된 것이니, 이들도 다 자기의 허망한 업으로 불러 만든 것이다. 만약 보리를 깨닫게 되면 이 허망한 인연이 본래 있는 것이 아니니라.

네가 말한 바 보련향 비구니 등과 유리왕과 선성 비구들의 그와 같은 악업은 본래 스스로 발명한 것이라, 하늘로부터 떨어진 것도 아니고, 또한 땅에서 솟아난 것도 아니며, 또한 사람이 준 것도 아니고, 자기의 허망한 업으로 초인(招引)한 것을 스스로 받은 것이요, 보리의 마음에는 모두가 부허(浮虛)한 망상으로 의결(疑結)함이 되느니라."

넷째. 인간취(人間趣)(3)

"또 아난아! 축생이 되었을 적에 묵은 빚은 갚되 만약 갚은 것이 너무 초과하였을 경우에는 그 중생은 다시 사람이 되어서 더 갚은 것을 도로 징수하느니라.

만일 저 사람이 유력하고 복덕이 있으면 인간으로서 사람 몸을 상실하지 아니하고 더 받은 것을 다시 갚아주거니와, 만일 복이 없으면 도로 축생이 되어서 더 받은 것을 변상하느니라.

아난아! 알아야 할 것이니 만약 돈을 사용하거나 그 힘을 부려먹어서 받을 만큼 받으면 그냥 정지해야 한다. 만일 그 중간에 신명(身命)을 죽이거나 혹은 그 고기를 먹게 되면, 이와 같이 내게 미진겁(微塵劫)을 지내도록 서로 잡아먹고 서로 죽이는 것이 마치 바퀴를 굴림에 서로 오르고 내려감과 같아서 쉬지 아니하리니,

사마타(奢摩他)와 부처님의 출세(出世)를 제외하고는 그칠 수 없느니라."130)

1. 인간의 종류

1〉 사나운 무리 "너는 지금 응당 알아라. 저 올빼미 무

---

130) 만약 돈을 빚져서 몸으로 갚아야 한다면, 그 빚진 만큼 갚고 그만두어야지 자기 몸을 죽여서 살을 먹게 한다면 다 지나친 것이니, 이 때문에 서로 먹고 서로 죽이면서 윤회가 그치지 않는 것이다. 스스로 선정의 힘이나 부처님께 참회하는 경우가 아니라면 결코 쉴 날이 없는 것이다.

리들은 더 많이 갚고서 다시 인간의 형체를 회복하여 인도(人道)에 태어나면 사나운 무리에 끼이느니라."

2〉 괴이한 무리 "저 구징의 무리는 더 많이 갚고서 인간의 형체를 회복하여 인도(人道)에 태어나면 괴이한 무리에 끼이느니라."

3〉 용렬한 무리 "저 여우의 무리들은 더 많이 갚고서 사람의 형체를 회복하여 인도(人道)에 태어나면 용렬한 무리에 끼이느니라."

4〉 심술궂은 무리 "저 독한 무리들은 더 많이 갚고서 형체를 회복하여 인도(人道)에 태어나면 심술궂은 무리에 끼이느니라."

5〉 미천한 무리 "저 회충의 종류가 더 많이 갚고서 사람의 형체를 회복하여 인도(人道)에 태어나면 미천한 무리에 끼이느니라."

6〉 나약한 무리 "저 먹을 감인 축생의 무리들은 더 많이 갚고서 사람의 형체를 회복하여 인도(人道)에 태어나면 나약한 무리에 끼이느니라."

7〉 노동하는 무리 "저 입을 감인 축생의 무리들은 더 많이 갚고서 사람의 형체를 회복하여 인도(人道)에 태어나면 노동하는 무리에 끼이느니라."

8〉 글자 아는 무리 "저 철 따르는 무리들은 더 많이 갚고서 사람의 형체를 회복하여 인도(人道)에 태어나면 글자 아는 무리에 끼이느니라."

9〉총명한 무리 "저 상서로운 축생들은 더 많이 갚고서 형체를 회복하여 인도(人道)에 태어나면 총명한 무리에 끼이느니라."

10〉통달(通達)한 무리 "저 순종하는 종류가 더 많이 갚고서 사람의 형체를 회복하여 인도(人道)에 태어나면 통달한 무리에 끼이느니라."

2. 상살(相殺)하고 윤회함이 가련함

"아난아! 이들은 모두가 옛날의 빚을 다 갚음으로 사람의 형체를 다시 회복하였으나 모두가 끝없는 옛적부터 업에 매여 뒤바뀌었음으로 서로 낳고 서로 죽이고 하여, 여래를 만나지 못하고 여래의 정법(正法)을 듣지도 못하여 진로(塵勞) 중에서 오래 윤회하나니 이러한 무리들을 가련하다고 하느니라."

다섯째. 신선취(神仙趣)(2)

"아난아! 다시 사람으로서 정각(正覺)에 의지하여 삼마지 (三摩地)를 닦지 아니하고 따로 망념(妄念)을 닦아서 생각 을 두고 형체를 견고하게 하여 산의 숲이나 인적이 미치 지 아니한 곳에 노는 10가지 신선(神仙)이 있느니라."131)

1. 신선의 종류

1〉 지행선(地行仙) "아난아! 저 중생들이 약(藥)을 굳건하 게 먹어서 쉬지를 아니하여 먹는 도(道)가 원만히 이루는 이는 지행선(地行仙)이라 하느니라."

2〉 비행선(飛行仙) "풀과 나무 먹는 것을 견고하게 하고 쉬지를 아니하여 약(藥)의 도(道)가 원만히 이루는 이는 비행선(飛行仙)이라 하느니라."132)

3〉 유행선(遊行仙) "쇠나 돌을 견고하게 하고 쉬지 아니 하여 변화하는 도(道)를 원만히 이룬 이는 유행선(遊行仙) 이라 하느니라."

4〉 공행선(空行仙) "움직이고 그치는 것을 견고하게 하고

---

131) 여기서는 선취(仙趣; 신선의 갈래)를 표방하고 있다. 신선의 길 역시 수행을 인 해 얻는 것이지만 정각을 의지해 삼마지를 닦는 것이 아니다. 단지 망념에 의지 해서 상념을 간직하고 형체를 견고히 하니, 소위 장생(長生)을 닦는 자는 각자 그 술법에 따라 열 가지가 있다.
132) 솔잎이나 잣을 먹고 황정(黃精)이나 지출(芝朮) 따위를 복용하기 때문에 오래 복용하면 몸이 가벼워지면서 날아다니게 되는데, 바람을 마시거나 이슬을 먹는 자 와 견줄 바가 아니다.

쉬지를 아니하여 기(氣)와 정(精)을 원만히 이루는 이는 공행선(空行仙)이라 하느니라."

　5〉 천행선(天行仙) "진액(津液)을 견고하게 하고 쉬지를 아니하여 윤택한 덕(德: 천지天池, 천액玉液)을 원만히 성취한 이는 천행선(天行仙)이라 하느니라."

　6〉 통행선(通行仙) "정색(情色)을 견고하게 하고 쉬지를 아니하여 흡수하는 것을 원만히 성취한 이는 통행선(通行仙)이라 하느니라."

　7〉 도행선(道行仙) "주금(呪禁: 주문과 금하는 계율)을 견고하게 하고 쉬지를 아니하여 술법을 원만히 이룬 이는 도행선(道行仙)이라 하느니라."

　8〉 조행선(照行仙) "사념(思念)을 굳게 하고 쉬지를 아니해서 생각을 원만히 이루는 이는 조행선(照行仙)이라 하느니라."

　9〉 정행선(精行仙) "교구(交遘: 사귀어 어울림)를 견고히 하고 쉬지를 아니해서 감응(感應)을 원만히 이룬 이는 정행선(精行仙)이라 하느니라."

　10〉 절행선(絶行仙) "변화를 견고히 하고 쉬지를 아니하여 각오(覺悟: 깨달음)를 원만히 이룬 이는 절행선(絶行仙)이라 하느니라."

2. 장수(長壽)하여도 윤회를 못 벗어남

"아난아! 이들은 모두 사람으로서 마음을 수련하되, 정각(正覺)을 닦지 아니하고 따로 장생(長生)하는 이치를 얻어서 천년 만년을 살면서 깊은 산과 큰 바다 섬과 인적이 끊어진 곳에 머문다. 이것 역시 윤회인 망상으로 유전(流轉)함이고 삼매를 닦지 않았기에 그 과보가 다하면 다시 와서 여러 갈래에 뿔뿔이 들어가느니라."133)

---

133) 신선의 갈래는 인간 속에서 마음을 단련하여 따로 장생의 이치를 얻기 때문에 다른 사람보다 뛰어나며 천 년, 만 년의 장수를 누리기 때문에 천(天)보다 못한 것이며, 정각을 닦지 못했기 때문에 '망상의 유전'이라 말하는 것이며, 과보가 다 하면 추락하기 때문에 천신[天]도 아니고 인간도 아니기 때문에 따로 이 갈래[趣] 를 열거했다.

여섯째. 천취(天趣)(3)

1. 욕계(欲界)의 육천(六天)

1〉 사천왕(四天王) "아난아! 세간 사람들이 상주를 구하지 않고, 능히 처첩의 은애를 버리지 못했어도, 사음 가운데에 마음이 흘러가지 아니하여 맑고 맑아서 밝은 마음이 나면 목숨을 마친 후에 해와 달에 가까이 가나니, 그와 같은 무리를 사천왕천(四天王天)이라고 하느니라."

2〉 도리천(忉利天) "자기 아내의 방에서도 음애(淫愛)가 미박(微薄)하여 청정하게 있을 때에 온전한 맛을 얻지 못하나, 목숨이 마친 후에 해와 달의 밝은 것을 초월하여 인간의 정상(정수리)에 있게 되나니, 이런 무리를 도리천(忉利天)이라고 하느니라."

3〉 時分天(야마천) "욕경(欲境: 애욕)을 만나면 잠깐 교제를 하고 애욕의 경계가 가버리면 생각함이 없어서, 인간의 세상에서 흔들림이 적고 고요함이 많은 사람은 목숨을 마친 후에 허공 가운데 밝게 머물러서 해와 달의 광명이 위로 비추는 것이 미치지 않으나 이 사람들은 자기의 광명이 있나니 그와 같은 무리를 수염마천(須焰摩天: 야마천)이라고 하느니라."

4〉 도솔천(兜率天) "어느 때에도 고요하나 응해줄 대상이 부딪혀 오거든 거절하지 못하는 이는 목숨을 마친 후에 위로 정미(精微)한 데에 올라가서 하계(下界)의 인천(人天)

과 근접하지 아니하여, 내지 무너지는 겁에도 삼재(三災)가 미치지 않나니, 이와 같은 무리를 도솔천(兜率天)이라고 하느니라."134)

5〉 화락천(化樂天) "나는 욕심이 없으나 너를 응하여 일을 행하거니와 어쩌다 만날 때에도 그 맛이 밀을 씹는 것과 같으면 목숨이 마친 후에 월화지(越化地: 초월하여 변화하는 곳)에 태어나니, 이와 같은 무리를 낙변화천(樂變化天)이라고 하느니라."

6〉 타화자재천(他化自在天) "세간에 마음이 없으면서 세상과 함께 일을 행사(行事)하고 행사하여 교접함에 아주 초월하면, 목숨이 마친 후에 화(化)와 변화가 있고 없는 경지를 두루 뛰어나나니, 이와 같은 무리를 타화자재천(他化自在天)이라 하느니라."

"아난아! 이와 같은 여섯 하늘이 형상으로는 비록 조동(躁動: 동요)한 데서 뛰어났으나 마음과 자취는 아직도 사귐이 있나니 여기까지를 욕계(欲界)라고 하느니라."

---

134) 욕계의 네 번째 하늘이다. 도솔(兜率)은 한역하면 지족(知足: 족함을 안다)이다. 내원(內院)과 외원이 있는데, 외원이 바로 실다운 과보의 천인이 거처하는 곳이다. 내원은 미륵인 일생보처(一生補處) 보살이 주인으로서 석가세존의 말법시대에 법을 널리 펴는 보살의 거처이다. 아울러 수행의 염원을 발해서 미륵의 하생(下生)을 기다렸다가 법의 교화를 도와 선양하는 자가 거처한다.

대불정수능엄경 제9권

2. 색계(色界)의 십팔천(十八天)(4)

1) 초선삼천(初禪三天)

1〉 범중천(梵衆天) "아난아! 세간에서 모든 마음을 닦는 사람들이 선나(禪那)를 가자하지 아니해서 지혜는 없으나, 다만 몸을 잘 단속하여 음욕을 행하지 아니하고, 걸어다니거나 앉아있을 때에 상(想)과 념(念)이 함께 없어서, 애염(愛染)이 나지를 아니하면 욕계(欲界)에 머물지를 아니해서, 이 사람은 곧 범려(梵侶)가 되나니, 그와 같은 무리를 범중천(梵衆天)이라 하느니라."

2〉 범보천(梵輔天) "애욕의 관습이 이미 제거되고 애욕을 떠난 마음이 나타나서 모든 율의(律儀)를 좋아하고 수순하면 이 사람은 곧 범천(梵天)의 청정한 덕을 잘 행하나니, 이와 같은 무리를 범보천(梵輔天)이라고 하느니라."

3〉 대범천(大梵天) "몸과 마음이 미묘하고 원만하며 위

의가 결함이 없어서 금계(禁戒)를 청정하게 가지며 밝게 깨닫기까지 하면, 이 사람은 곧 범중(梵衆)들을 능히 통솔하여 대범왕(大梵王)이 되나니, 이와 같은 무리를 대범천(大梵天)이라 하느니라."

"아난아! 이 세 가지 수승(殊勝)한 무리는 일체 고뇌가 핍박하지 못하는 곳이니, 비록 진정한 삼마지(三摩地)를 닦는 것은 아니나 청정한 마음에 모든 루(漏)가 움직이지 아니하나니 초선천(初禪天)이라고 하느니라."

2) 이선삼천(二禪三天)

1〉 소광천(少光天) "아난아! 그 다음 범천(梵天)은 범천의 사람들을 통솔하여 범행(梵行)이 원만하고, 마음을 맑혀 흔들리지 아니하며 고요하고 맑아서 빛이 나나니, 그와 같은 무리를 소광천(少光天)이라고 하느니라."

2〉 무량광천(無量光天) "광명과 광명이 서로 비추어서, 비추는 것이 끝이 없으며 시방세계를 비추어 두루 유리를 이루는 그와 같은 무리를 무량광천(無量光天)이라고 하느니라."

3〉 광음천(光音天) "원만한 광명을 흡수해서 교체를 이루고 교화를 발함이 청정하고 응용함이 끝없는 그와 같은 무리를 광음천이라고 하느니라."

"아난아! 이 세 가지 수승한 무리는 일체 우수(憂愁)가 핍박하지 못하는 바이니, 비록 참다운 삼마지(三摩地)를 바로 닦는 것은 아니나 청정한 마음에 추루(麤漏)가 이미 조복되었으니, 2선(禪)이 된다고 하느니라."

3) 삼선삼천(三禪三千)

1〉 소정천(少淨天) "아난아! 이런 천인(天人)은 원광(圓光)으로 음성을 이루고 음성을 제쳐 묘한 이치를 피로(披露: 나타냄)하여 정묘한 행을 이루어 적멸락(寂滅樂)에 통하는 그와 같은 무리를 소정천(少淨天)이라고 하느니라."

2〉 무량정천(無量淨天) "청정하고 빈 공(空)이 앞에 나타나매 끝없이 인발(引發: 펼쳐짐)해서 몸과 마음이 경안하여 적멸락(寂滅樂)을 이루는 이와 같은 무리를 한량없이 청정한 하늘이라 하느니라."

3〉 편정천(偏淨天) "세계와 몸과 마음이 일체가 다 원만하고 청정해서 청정한 덕을 성취하여 훌륭한 의탁이 나타나 적멸락(寂滅樂)에 돌아가는 그와 같은 무리를 편정천(偏淨天)이라고 하느니라."

"아난아! 이 세 가지 훌륭한 무리들은 큰 수순을 갖추어서 몸과 마음이 편안하여 한량없는 낙(樂)을 얻는다. 비록 참 삼마지(三摩地)를 바로 얻은 것은 아니나 편안한 마음에 환희(歡喜)가 다 갖추었으니 그를 삼선(三禪)이 된다고 하느니라."

4) 사선구천(四禪九天)(2)

(1) 범부천(凡夫天)

1〉 복생천(福生天) "아난아! 또 하늘 사람들이 몸과 마음을 고통이 핍박하지 아니하여 고통의 원인이 다하였으나, 그 낙(樂)은 항상 있는 것이 아니고 오래되면 반드시 무너지기에, 고(苦)와 낙(樂)의 두 가지 마음을 동시에 모두 다 버려서 거치르고 무거운 상이 없어지고 청정한 복의 성질이 나는 그와 같은 무리를 복생천(福生天)이라고 하느니라."

2〉 복애천(福愛天) "버리는 마음이 원만하고 융통하여 훌륭하게 아는 것이 청정하여 복(福)이 한정 없는 가운데 묘하게 수순함을 얻어서 미래제(未來際)가 다하는 그와 같은 무리를 복애천(福愛天)이라고 하느니라."

ㄱ) 후 이천(二天) 중의 첫째 광과천(廣果天) "아난아! 이 하늘에서 두 갈래 길이 있으니, 만약 먼저 마음에 한량없이 청정한 광명의 복(福)과 덕(德)이 둥글고 밝아서 닦아 증득하여 머무는 그와 같은 무리는 광과천(廣果天)이라고 하느니라."

ㄴ) 후 이천(二天) 중의 둘째 무상천(無想天) "만약 먼저 마음에 고(苦)와 락(樂)을 둘 다 싫어하고 버리는 마음을 정미롭게 연마하기를 간단없이 하여 버리는 도(道)를 원만히 다하면, 몸과 마음이 함께 사라져서 마음 생각이 재와

같이 되어서 오백 겁을 지내나니, 이 사람은 마음의 생(生)과 멸(滅)로써 원인을 삼았기 때문에, 능히 불생멸의 마음자리를 발명하지를 못하여 초반겁은 멸(滅)하고 후반겁은 생(生)하나니, 그와 같은 무리를 무상천(無想天)이라고 하느니라."

"아난아! 이 네 가지 수승한 무리는 온갖 세간의 고락(苦樂)의 환경으로는 요동(搖動)시킬 수 없나니 비록 무위(無爲)의 참 부동지(不動地)는 아니나, 소득이 있는 마음에서는 그 공부가 순숙되었나니 사선천(四禪天)이라고 하느니라."

(2) 오나함천(五那含天: 五不還天)

"아난아! 이 가운데 아나함(阿那含)들이 모여 사는 오불환천(五不還天)이 있나니, 하계(下界: 欲界)의 구품(九品) 습기(習氣)가 동시에 다 없어지고, 고락(苦樂)을 둘다 잊어버려서 아래에는 있을 데가 없으므로, 버리는 마음인 중동분(衆同分: 공동체)에서 있을 곳을 마련한 것이니라."

1〉 무번천(無煩天) "아난아! 고(苦)와 낙(樂) 두 가지가 다 없어져서 싸우는 마음이 일어나지 않는 그와 같은 무리를 무번천(無煩天)이라고 하느니라.

2〉 무열천(無熱天) "기괄(機括: 뜻을 드러내고 거두어들임)이 홀로 행하여 서로 상대할 곳이 없는 그와 같은 무리를 무열천(無熱天)이라고 하느니라."

3〉 선견천(善見天) "시방세계를 묘하게 봄이 원만하고 맑아서 진상(塵象: 티끌의 형상)과 일체 침구(沈垢: 깊이 잠긴 허물 즉 憂, 喜, 苦, 樂)가 없는 이와 같은 무리를 선견천(善見天)이라고 하느니라."

4〉 선현천(善現天) "정미롭게 보는 것이 앞에 나타나서 만들어냄이 걸림 없는 그와 같은 무리를 선현천(善現天)이라고 하느니라."

5〉 색구경천(色究竟天) "모든 기괄(機括)을 다 끝내고 색성(色性)의 성품(性品)까지 다 궁구하여 비어 끝없는 데에 들어가는 그와 같은 무리를 색구경천(色究竟天)이라고 하느니라."

"아난아! 이 불환천(不還天)은 저 사선의 사천왕들이 듣고 흠모하기만 하고 능히 알거나 보지 못하나니, 마치 이 세상의 넓은 들과 깊은 산에 있는 성스러운 도량은 다 아라한들이 있는 곳이나, 세간의 범인(凡人)들은 능히 보지 못하는 것과 같느니라.

아난아! 이 18천(天)은 홀로 다니고 사귐이 없으나 형루를 다하지 못하였으니 여기까지를 색계(色界)라고 하느니라.

3. 무색계(無色界)의 사천(四天)

"또 아난아! 이 유정천(有頂天)인 색변제(色邊際)에서 그 사이에 다시 두 가지 갈림길이 있으니, 만약 버리는 마음에서 지혜를 발명(發明)하여 지혜의 광명이 원통(圓通)하면, 곧 진계(塵界)를 벗어나 아라한이 되어 보살승(菩薩僧)에 들어가나니, 그와 같은 무리를 마음을 돌이킨 대아라한(大阿羅漢)이라고 하느니라."

1〉공무변처천(空無邊處天) "만약 버리는 마음이 있어서 버림과 싫어함을 성취하여, 몸이 장애가 됨을 깨닫고 장애를 소멸하여 공(空)에 들어가면 그와 같은 무리를 공처천(空處天)이라고 하느니라."

2〉식무변처천(識無邊處天) "모든 장애가 소멸되고 장애가 없어졌다는 것까지 없어지면 그 중에 오직 아뢰야식(阿賴耶識)과 말나식(末那識)의 미세한 반분(半分)만 남게 되나니, 그와 같은 무리를 식처천(識處天)이라고 하느니라."

3〉무소유처천(無所有處天) "공(空)과 색(色)이 없어지고 식심(識心)도 모두 없어져서 시방이 고요하여 훤칠하게 갈 데가 없어진 그와 같은 무리를 무소유처천(無所有處天)이라고 하느니라."

4〉비상비비상처천(非想非非想處天) "식(識)의 성(性)이 부동하거든 멸(滅)로써 궁구하고 잘 연마하여 다함이 없는 가운데서 그 다하는 성을 발명하여, 마치 있는 듯 하면서도 있는 것 아니고, 다한 것 같으면서도 다하지 아니한

그와 같은 무리를 비상비비상처천(非想非非想處天)이라 하느니라.”

“이러한 무리들은 공(空)을 연구하되 공(空)의 이치를 다하지 못했나니, 오불환천(五不還天)에서 성인(聖人)의 도(道)를 궁구하여 끝낸 그와 같은 무리는 마음을 돌이키지 못한 둔한 아라한이고, 만약 무상천(無想天)이나 모든 외도천(外道天)으로부터 공(空)의 이치를 궁구(窮究)하되 돌아가지 못하여 유루(有漏)를 미(迷)하고 들음이 없으면, 곧 윤회에 들어가느니라.135)

아난아! 이 모든 천상(天上)의 천인(天人)들은 이 범부의 업과로 받은 것이니 받은 것이 끝나면 윤회에 들어가거니와, 저 천왕(天王)들은 보살로서 삼마지(三摩地)에 노닐어서 점차로 향상하여 성인(聖人)의 무리로 회향을 하여 수행하는 길이니라.

아난아! 이 사공천(四空天)은 몸과 마음이 멸하여 없어지고, 선정(禪定)의 성질이 앞에 나타나 업(業)과의 색(色)은 없으니, 첫 번부터 종말에 까지를 무색계(無色界)라고 하느니라.

이들이 모두가 묘각명(妙覺明)인 마음을 알지 못하고, 허망을 쌓아서 발생하여 삼계(三界)가 허망하게 있나니, 그 중간에 허망스레 7취(趣)에 따라 침몰하는 보특가라(補特伽

---

135) 소위 사공(四空)이 참된 수행이 아님을 총체적으로 결론짓고 있다. 이 천인들이 비록 공을 궁구하고자 해도 단지 싫어하고 좋아함에 의거할 뿐 진공(眞空)의 이치는 다하지 못한 채 허망하게 취하거나 버리기 때문에 참된 수행이 아니다.

羅: 중음신, 삭취취數取趣)들이 제각기 그 무리를 따르느니라
."136)

일곱째. 아수라취(阿修羅趣)(4)

"또, 아난아! 이 삼계(三界) 안에 다시 네 종류의 아수라
가 있나니,"

1. 난생(卵生) 귀취(鬼趣)의 아수라(阿修羅)

"만약 귀신의 갈래에서 법을 보호한 힘으로 신통(神通)
을 얻어 허공에 들어가는 그러한 아수라는 알로 생기나
니, 귀신의 갈래에 속하느니라."

2. 태생(胎生) 인취(人趣)의 아수라

"만일 하늘에서 덕(德)이 감해져서 좌천되어 떨어져서
그 자리를 잡고 사는 것이 해와 달과 이웃을 하는 이 아
수라는 태(胎)로 생기나니 사람갈래에 속하느니라."

3. 화생(化生) 천취(天趣)의 아수라

"어떤 수라왕(修羅王)은 세계를 주름잡고 힘이 세고 두

---

136) 여기서는 삼계가 허망함을 간략히 매듭짓고 있다. 욕계 이상에서는 옛 사람을
말미암아 인(因)을 닦아 과(果)를 감응하면서 단지 묘각명(妙覺明)의 마음을 요달
하지 못했을 뿐이다. 비록 인(因)을 닦고자 했지만 실제로는 허망을 쌓은 것이 발
생해서 허망하게 삼계의 모습이 있으므로 참된 닦음은 얻지 못했다. 과보가 다하
면 윤회에 들어가기에 허망하게 7취에 따라 빠져들며 영원히 생사에 존재한다.

려움이 없어서 능히 범왕(梵王)과 제석천왕(帝釋天王)과 사천왕(四天王)과 더불어 권세를 다툰다. 이 아수라는 변화로 인하여 있나니 천취(天趣)에 속하느니라."

4. 습생(濕生) 축생취(畜生趣)의 아수라

"아난아! 따로 어느 하열(下劣)한 아수라가 있으니, 큰 바다 속에 생겨나서 물구멍 어귀에 잠겨 있으면서, 아침에는 허공에 놀고, 저녁에는 물에 돌아와서 자는 이 아수라는 습기(濕氣)로 인하여 있으니 축생취에 속하느니라."137)

제3. 칠취(七趣)가 있으나 본래 허망함

"아난아! 이와 같은 지옥, 아귀(餓鬼), 축생(畜生)과 인간, 신선(神仙), 하늘, 아수라(阿修羅)인 칠취(七趣)를 정밀하게 연구해보건대 모두가 이 혼침(昏沈)인 온갖 유위상(有爲相)이라, 망상(妄想)으로 태어나고 망상으로 업을 따르거니와, 묘하고 원만하고 밝은 무작본심(無作本心)에는 다 허공꽃과 같아서 원래 붙어있는 것 없고 다만 하나의 허망 뿐이라, 다시 꼬투리(根緖)가 없느니라.

---

137) 여기서는 아수라의 길이다. 예전에는 비천(非天)이라 했는데, 말하자면 하늘의 명칭은 있으나 하늘의 덕이 없음이니 성냄의 습기가 그렇게 만든 것이다.

아난아! 이 중생들이 본심(本心)을 알지 못하고 이 윤회
를 받아서, 한량없는 겁을 지나도록 진정(眞淨: 본래의 청정한
마음)을 얻지 못함은 모두가 살(殺), 도(盜), 음(淫)을 따르
는 때문이다. 이 3종을 돌이키면 또 살, 도, 음이 없는 것
을 자아내리라. 있는 것은 귀신의 무리이고 없는 것은 천
취(天趣)라고 하나니, 있는 것과 없는 것이 서로 기우뚱거
려서 윤회의 성(性)을 일으키느니라.

만약 묘하게 삼마제를 개발하게 되면 곧 묘하고 항상하
고 고요해서, 유무(有無)가 둘이 없고 둘이 없다는 것까지
도 없어져서, 오히려 살생하지 않고 도적질하지 않고 음
행을 하지 아니한 것까지도 없거니, 어찌 다시 살, 도, 음
의 일을 따르겠느냐?"138)

"아난아! 삼업(三業)을 끊지 못함이 각기 사사로움이 있
으며 그 제각기 사사로움으로 인하여 중사동분(衆私同分: 사
특한 업을 가진 무리)으로는 일정한 곳이 없는 것은 아니나 자
기의 허망으로 발생한 것이니, 발생한 허망이 원인이 없
어서 찾아 궁구할 수 없느니라."

---

138) 만약 묘하게 삼매를 발해서 묘하게 일심을 깨달으면 세 가지 덕의 비장(祕藏)
을 단박에 증득한다. 그래서 묘함[妙], 항상함[常], 적멸함[寂]이 반야와 법신과 해
탈의 세 가지 덕에 순차적으로 배열하면 일심을 원만히 증득하는[圓證] 것이다.

제4. 윤회를 끊으려면 삼혹(三惑)을 제거할 것

"네가 힘써 수행을 하여 보리를 얻으려 하면, 모름지기 삼혹(三惑: 살, 도, 음)을 제거해야 한다. 삼혹을 다하지 못하면 비록 신통을 얻더라도 모두가 이 세간의 유위공용(有爲功用: 세간의 집착된 행위)이라, 습기(濕氣)를 없애지 못하면 마도(魔道)에 떨어질 것이며, 허망을 제거하려고 하나 허위(虛僞)만 더하게 되리니, '불쌍한 자'라고 여래는 말한다. 네가 망(妄)을 스스로 지은 것이요, 보리의 허물은 아니니라.

이렇게 말을 하는 것은 바른 말이라고 할 수 있고, 만약 달리 말을 하는 것은 곧 마왕(魔王)의 말이니라."

제2장 오음마(五陰魔)를 말하여 타락을 방지함(2)

제1. 물음 없이 오음(五陰)의 마(魔)를 자설(自說)하심(3)

즉시에 여래께서 곧 법좌(法座)를 마치려 하시다가, 사자의 평상에서 칠보 의자를 잡아당기시어 자금산과 같은 몸을 돌이키어 다시 기대앉으시고, 대중과 아난에게 말씀하셨다.

"너희들 배움에 있는 이와 연각과 성문이 금일에 마음을 돌이켜서 위대한 보리 위 없는 묘각(妙覺)에 나아가려 하기에, 내 이미 참 수행하는 법을 말했거니와,

너희들은 오히려 사마타(奢摩他)와 비발사나(毘鉢舍那)를 닦을 적에 나타나는 미세한 마사(魔事)를 알지 못하니, 마의 경계가 앞에 나타나면 너희들이 잘 알지를 못하여 마음을 바르게 가지지 못하여 사견(邪見)에 떨어지리라.

혹 너의 음마(陰魔)나 천마(天魔)나 귀신이 붙거나 이매(魑魅)를 만날 적에 마음이 분명하게 알지 못하여 도적을 잘못 알고 아들로 여기며, 또 그 중에 적은 것을 얻어 만족함으로 여김이 마치 제사선정(第四禪定)을 성취한 무문(無聞) 비구가 성위(聖位)를 증득했다고 망언하다가 하늘의 과보가 끝나 쇠상천인(衰相天人)이 앞에 나타날 적에, '아라한이 후유(後有)를 만난다'고 비방을 하여 아비지옥에 떨어진 것과 같이 되리라. 너는 자세히 들으라. 내가 이제

너를 위하여 자세하게 분별하리라."

아난이 일어서서 회중의 유학(有學)들과 함께 기뻐하여 부처님께 정례하고 부처님의 자비로운 가르침을 엎드려 듣고 있었다.

첫째. 마(魔)를 진동시켜 마(魔)가 생김(2)

부처님이 아난과 여러 대중에게 이르시기를 "너희들은 마땅히 알아라. 유루세계(有漏世界)에 십이유생(十二類生)들의 본각묘명(本覺妙明) 각원심체(覺圓心體)는 시방 부처님과 더불어 둘이 없고 다름도 없건마는, 너희들의 망상으로 진리를 미(迷)한 것이 허물이 되어 어리석음과 애착이 발생하고, 발생하여서는 두루 미(迷)하므로 허공의 성(性)이 있게 되었으며 미(迷)로 변화하여 쉬지를 아니하여 세계가 생기었나니, 이 시방의 미진수 같은 유루(有漏)의 국토는 모두가 이 미(迷)하고 완고한 망상으로 안립하였느니라.

마땅히 알아라. 허공이 너의 마음 안에서 생긴 것이 마치 조각구름이 태청 속에 일어난 것 같다. 하물며 모든 세계가 허공 안에 있음이랴?"

1. 선정(禪定)의 힘이 제마(諸魔)를 경동(警動)함

"너희들 한 사람이 진성(眞性)을 발명하여 근본에 돌아가면 이 시방 허공이 모두 다 소멸하리니, 어찌 허공 중에 있는 국토들이 찢어지지(振裂) 않겠느냐?139)

너희들이 선(禪)을 닦아서 삼마지(三摩地)를 이루게 되면 시방의 보살과 루(漏)가 없는 큰 아라한과 더불어 마음정신이 통하여 그 자리에서 청정해지리니, 일체 마왕(魔王)과 귀신과 범부 하늘들은 그 궁전이 까닭 없이 무너지고 대지가 갈라지며 수륙비등(水陸飛騰: 물이나 육지에 사는 것들과 하늘을 나는 무리들)이 모두 놀래고 겁내는 것을 보게 되리라."

"범부들은 혼미하여 천와(遷訛: 변천)함을 느끼지 못하거니와, 저들은 모두가 다섯 가지 신통(神通)을 얻었고 오직 루진통(漏盡通)만 얻지 못했음으로 이 진로(塵勞)를 연모하거니 어찌 너로 하여금 그의 처소(處所)를 부수는 것을 그냥 두겠느냐. 그러므로 귀신과 천마와 도깨비와 요정들이 삼매(三昧)를 닦는 때에 몰려와서 너를 괴롭히리라."

2. 마음이 마(魔)에 빠지면 파란(破亂)을 부름

"그러나 저 마구니들이 비록 크게 성을 내더라도 저들은 진로(塵勞)의 안에서 하는 짓이고, 너희들은 묘각(妙覺)

---

139) 장차 마(魔)를 움직이는 이유를 밝히고자 먼저 일진(一眞)이 미혹과 깨달음의 근본임을 제시했다. 일진법계(一眞法界)에서는 마음과 부처와 중생의 셋이 차별이 없다. 미혹과 깨달음의 전변(轉變)도 이 마음을 벗어나지 못하고, 허공과 세계도 이 마음에 의거해 성립하니, 마음이 본래 묘하고 밝지만 진실로 일념의 무명 망상을 말미암아 참[眞]을 미혹하고 이(理)를 등지기 때문에 어리석음과 애착이 발생한다. 이는 무명이 통틀어 네 가지 미혹의 근본이 됨을 말한 것이다.

의 안에 있는지라, 바람이 빛을 부는 것 같고 칼로 물을 베는 것 같아서 마침내 조금도 저촉되지 않는다. 너는 끓는 물과 같고 저들은 굳은 얼음과 같아서, 더운 기운이 점점 가까이 가면 얼음이 곧 녹으리라.

한갓 신력(神力)을 믿더라도 그는 다만 객(客)이 될 뿐이고, 파란(破亂)을 이루게 함은 너의 마음 안에 오음(五陰) 주인을 말미암은 것이니 주인이 만약 혼미(昏迷)하면 객(客)이 그 기회를 얻거니와 그 자리에서 선나(禪那)에 있어 깨달아 미혹함이 없으면 저 마구니의 장난이 너에게 어찌할 수 없으리라.

음(陰)이 녹아지고 밝은 데 들어가면, 저 모든 사들은 모두 다 어둔 기운을 받았나니, 밝은 것은 능히 어두운 것을 깨뜨리기에 가까이 가면 어두운 것은 저절로 소멸하는데 어떻게 감히 머물러 있어서 선정(禪定)을 요란케 하겠느냐?

만약 밝게 깨닫지 못하면 오음(五陰)에 미(迷)한 바가 되어서 너 아난이 반드시 마구니 아들이 되어서 마구니 무리가 되리라. 저 마등가는 보잘것 없는 미천한 것이지마는 그가 너에게 주문(呪文)을 써서 부처님의 율의(律儀)를 파하되, 팔만 세행(細行) 중에서 다만 하나의 계(戒)만을 무너뜨릴 뻔했으나 마음이 청정했기 때문에 오히려 빠져들지는 않았거니와, 이 마(魔)들은 너의 보각(寶覺: 보배로운 깨달음)의 전신을 무너뜨릴 것이니 마치 재신(宰臣: 재상)집이 적몰(籍沒: 몰수 당함)을 당함에 완전히 몰락하여 가엾게도 구해줄 수 없는 것과 같느니라."140)

둘째. 오음마(五陰魔)의 양상을 자세히 밝히시다(5)

1. 색음마(色陰魔)의 열 가지 양상(3)

1) 그의 시종(始終)을 갖추 보임

"아난아! 마땅히 알라. 네가 도량에 앉아서 모든 생각이 소멸하여 그 생각이 만약 다해지면, 곧 생각을 여읜 거기에 일체가 정미롭고 밝아서, 동(動)과 정(靜)에 변이(變移)하지 않고 기억함과 잊음이 한결 같거든, 그 자리에서 삼마지(三摩地)에 들어가는데, 마치 눈 밝은 사람이 컴컴한 곳에 있는 것과 같아서, 정미로운 성품(性品)은 묘하고 청정하나 마음이 아직 광명을 발하지 못했나니, 이것을 '색음(色陰)에 갇힌[區宇] 경계]라고 한다.

만약 눈이 밝아지면 시방이 환하게 열리어 다시는 유암(幽黯)이 없는 것을 색음(色陰)이 다한 것이라고 말한다. 이 사람은 곧 겁탁(劫濁)을 초월하리니 그 이유를 관찰하

---

140) 선나(禪那)의 지혜로 비추면 마(魔)는 저절로 용납되지 않으며, 선정의 힘이 더욱 견고하면 마가 능히 흔들 수 없으니 깨달으면 샷됨을 이긴다. 가령 너의 오음이 스스로 미혹하기 때문에 마(魔)의 일을 이루니, 미혹하면 샷됨이 승리한다.

건대 견고한 망상으로 근본이 되었느니라."

2) 그 중간의 열 가지 양상(10)

(1) 몸이 구애를 벗어남

"아난아! 이 가운데서 묘하고 밝은 성품을 정밀하게 연구하면 사대가 짜여지지 않아서 잠깐 사이에 몸이 능히 장애를 벗어나리니, 이것은 정명(精明)이 앞의 경계에 흘러 넘치는 것이라, 이런 것은 다만 공부의 힘으로 잠깐 동안 그렇게 된 것이요 성인(聖人)이 된 증거는 아니니, 성인이 되었다는 그 마음을 갖지 않으면 좋은 경계라고 말할 수 있으나 만약 성인이 되었다고 하는 견해를 내면 곧 모든 사마(邪魔)를 받게 되리라."

(2) 몸속의 벌레를 끄집어 냄

"아난아! 또 이 마음으로써 묘하고 밝은 성품을 정미롭게 연구하여 그 몸이 안으로 사무치면, 이 사람이 홀연히 그 몸 안에서 요충과 회충을 집어내어도 몸은 완연하고 또한 조금도 상하지 아니하리니, 이것은 정명(精明)이 형체에 흘러 넘친 것이라, 이것은 다만 정진(精進)의 수행으로 잠깐 그와 같음을 얻게 됨이요 성인(聖人)이 된 증거는 아니니, 성인이 되었다는 마음을 내지 않으면 좋은 경계(境界)라고 말할 수가 있으나, 만약 성인이 되었다고 하는 견해를 일으키면 곧 모든 사마(邪魔)를 받게 되리라."

(3) 허공에서 설법소리를 들음

"또 이 마음으로써 안팎으로 정미롭게 연구하면 그때 혼백(魂魄), 의지, 정신이 집수(執受: 제8 아뢰야식)와 몸을 제외하고는 그 밖에는 모두 서로 드나들어서 서로 손님이 되기도 하고 주인(主人)이 되기도 하여, 문득 공중에서 설법소리를 듣기도 하고, 혹은 시방에서 함께 밀의(密義) 말하는 것을 듣기도 하리니, 이것은 정신(精神)과 혼백(魂魄)이 번갈아 서로 떠났다가 합했다가 해서 착한 종자(善種)를 성취함이니, 잠깐동안 그와 같이 되는 것이요 성인(聖人)이 된 증거는 아니니, 성인이 되었다는 마음을 갖지 않으면 좋은 경계라고 말할 수 있으나, 만약 성인이 되었다는 견해를 내면 여러 가지 사마(邪魔)를 받게 되리라."

(4) 외경(外境)이 변해서 부처가 나타남

"또 이 마음으로써 맑게 드러나고 밝게 사무쳐서 마음 안의 광명이 밝아지면 시방이 모두 염부단금(閻浮檀金) 빛이 되면 모든 종류가 여래로 변화하여 문득 비로자나불(毗盧遮那佛)이 천광대에 걸터앉아 계시거든 천 부처님이 둘러 모시고 계시며 백억(百億) 국토와 연꽃이 함께 나타남을 보게 되리니, 이것은 마음 혼(魂)이 신령스럽게 깨달은 것에 젖어 마음 광명이 밝아져서 모든 세계를 비춤이니, 잠깐 그와 같이 된 것이요 성인(聖人)이 된 증거는 아니니, 성인이 되었다는 마음을 내지 아니하면 좋은 경계라고 말할 수 있으나, 만약 성인이 되었다고 하는 견해를 일으키면 곧 여러 가지 사마(邪魔)를 받게 되리라."

(5) 허공이 칠보(七寶) 빛깔로 나타남

"또 이 마음으로써 묘하고 밝은 성품(性品)을 정미롭게 연구하여 관찰해서 쉬지를 아니하여 억누르고 항복하며 제지하여 초월하면, 그때에 홀연 시방 허공이 칠보색(七寶色)이 되고, 혹은 백 가지 보석 빛깔이 동시에 두루 꽉 차되 서로 걸리지를 아니하여 청·황·적·백이 각각 순수하게 나타나리니, 이것은 억누르는 공력이 분수에 넘치는 것이라. 잠깐 동안 그와 같이 되는 것이요 성인(聖人)이 된 증거는 아니니, 성인이 되었다는 마음을 갖지 아니하면 좋은 경계라고 할 수 있으나, 만약 성인이 되었다는 견해를 일으키면 곧 모든 사마(邪魔)를 받게 되리라."

(6) 어둠 속에서 물건을 밝게 봄

"또 이 마음으로써 연구하여 맑아지고 사무쳐서 심정(心精)의 광명이 밝아 산란하지 아니하면, 문득 야밤에 캄캄한 방 안에서 가지가지 물건을 보되 한낮과 다르지 않고 암실의 물건도 또한 없어지지 아니하리니, 이것은 마음이 미세하여 그 보는 바를 치밀하게 맑혀서 보는 바가 어두움을 밝힘이라. 잠깐 그와 같이 된 것이요 성인(聖人)이 된 증거는 아니니, 성인이 되었다는 마음을 갖지 아니하면 좋은 경계라고 말할 수 있으나, 만약 성인이 되었다는 견해(見解)를 일으키면 곧 군사(群邪: 많은 마구니)를 받게 되리라."

(7) 몸이 풀과 나무와 같음

"또 이 마음으로써 허융(虛融)한 데에 원만히 들어가면 사지(四肢)가 홀연히 초목과 같아서 불로 지지고 칼로 찢어도 조금도 아프지 않으며, 또 불이 능히 태우지 못하고 비록 그 살을 칼로 베더라도 마치 나무 깎는 것 같으리니, 이것은 진(塵)이 제거되고 사대성을 배제해서 한결같이 순수한 데 들어간 것이라, 잠깐 그와 같이 된 것 뿐이요 성인(聖人)이 된 증거는 아니니, 성인이 되었다는 마음을 갖지 아니하면 좋은 경계(境界)라고 할 수 있으나, 만약 성인이 되었다는 견해(見解)를 일으키면 곧 모든 사마(邪魔)를 받게 되리라."

(8) 불국토(佛國土)와 세계를 봄

"또 이 마음으로써 청정함을 성취하여 청정한 마음의 공부가 지극해지면, 대지와 시방의 산하가 다 불국토를 이루어서 칠보를 구족하고 광명이 변만한 것을 보며, 또 항하 모래수와 같은 여러 부처님 여래가 허공계에 변만하고 부처님이 계시던 누각(樓閣)과 궁전(宮殿)이 화려한 것을 보며, 아래로는 지옥도 보고 위로는 천궁(天宮)을 보되 걸림이 없으리니, 이것은 좋아하고 싫어하는 생각이 엉기고 날로 깊어져서 그 생각이 오래되어 변화로 된 것이요 성인(聖人)이 된 증거는 아니니, 성인이 되었다는 마음을 갖지 아니하면 좋은 경계(境界)라고 말할 수 있으나, 만약 성인이 되었다는 견해(見解)를 일으키면 곧 모든 사마(邪魔)를 받게 되리라."

(9) 먼 곳을 보거나 들음

"또 이 마음으로써 연구하기를 심원하게 하면, 문득 밤 중에 먼 곳의 시정과 골목과 친척, 권속을 멀리 보며 혹은 그분들이 말하는 소리도 듣나니, 이것은 마음을 핍박함이 지극하여 마음광명이 날려 나오기 때문에 막히는 데를 많이 본 것이요 성인(聖人)이 된 증거는 아니니, 성인이 되었다고 하는 마음을 내지 아니하면 좋은 경계라고 할 수 있으나, 만약 성인이 되었다는 견해를 가지면 곧 모든 사마(邪魔)를 받게 되리라."

(10) 선지식(善知識)의 여러 가지 모습을 봄

"또 이 마음으로써 연구하기를 정미롭게 지극하게 하면, 선지식(善知識)의 형체가 변하여 잠깐만에 무단히 가지가지로 변천하는 것을 보나니, 이것은 삿된 마음이 도깨비를 받아들인 것이며, 혹은 천마(天魔)가 그 사람의 심장 복부에 들어가서 무단히 설법하매 묘한 이치를 통달함을 만난 것이요 성인(聖人)이 된 증거는 아니니 성인이 되었다는 마음을 갖지 아니하면 마(魔)의 장난이 없어지거니와, 만약 성인이 되었다는 견해(見解)를 일으키면 곧 모든 사마(邪魔)를 받게 되리라."

3) 그의 피해와 보호함을 부탁함

"아난아! 그와 같은 10가지 선나(禪那)의 경지가 나타나는 것은 다 이 색음(色陰)에 대한 마음 쓰는 것이 교호(交互)하므로 그러한 사실이 나타난 것인데, 중생들이 그것을 몰라서 스스로 헤아리지 못하고 이런 인연을 만나면 혼미(昏迷)하여 스스로 알지 못하고서 일러 말하기를 '성인(聖人)이 되었노라' 하여 큰 망어(妄語)를 이루어서 무간지옥에 떨어지나니, 너희들은 마땅히 의지하여 여래가 멸도(滅度)하신 후 말법(末法) 세상에서 이러한 도리를 잘 알려주어서 천마(天魔)로 하여금 그 방편을 얻지 못하게 하여 잘 보호하고 잘 지니고 감싸주고 보호해서 무상도(無上道)를 이루게 하라."

2. 수음(受陰)마(魔)의 열 가지 양상(3)

1) 그의 시종(始終)을 갖추 보임

"아난아! 저 선남자가 삼마제(三摩提)를 닦는 사마타(奢摩他) 중에 색음(色陰)이 다한 이는 부처님의 마음을 보는 것이 밝은 거울 가운데 자기 얼굴이 나타난 것 같아서, 얻은 바가 있는 것 같으나 능히 작용을 하지 못하는 것이 마치 가위눌린 사람이 손과 발이 완연하고 보고 듣는 것이 헷갈리지 않는데도 마음이 가위에 눌리어서 잘 움직이지 못하는 것과 같나니, 이것을 '수음(受陰)에 간힘[區字]'이라고 한다.

만약 가위눌린 증세가 쉬게 되면 그 마음이 몸을 떠나 제 얼굴을 보게 되며 가고 머무는 것이 자유로워서 조금도 걸림이 없을 것이니, 이것은 수음(受陰)이 다한 것이라 말한다. 이 사람은 곧 능히 견탁(見濁)을 초월하리니 그 까닭을 본다면 허명(虛明)한 망상(妄想)으로 그 근본이 되었느니라."

2) 그 중간의 열 가지 양상(10)

(1) 비마(悲魔)를 불러 빠지게 됨

"아난아! 이 선남자가 이 가운데 있어서 큰 빛나는 것을 얻고, 그 마음이 발명하여 안으로 억제하는 것이 과분하면 문득 거기에서 무궁한 슬픔이 발하여, 이와 같이 내지 모기와 깔떼기를 보더라도 마치 갓난애와 같이 여기고, 마음에 연민한 마음을 내어 그냥 눈물을 흘리리라.

이것은 공부 힘으로 억누름을 너무 지나치게 함이라. 깨달으면 허물이 없거니와 성인(聖人)이 된 증거는 아니니, 깨달아 미(迷)하지 아니하면, 오래 되면 저절로 녹아 없어지거니와, 만약 성인이 되었다고 하는 견해(見解)를 가지면 곧 슬픈 마(魔)가 심장에 들어가서 사람만 보면 슬퍼하여 울며 우는 것이 무한하리니, 정수를 잃어버렸기에 마땅히 윤추(淪墜: 타락)하게 되리라."

(2) 광마(狂魔)를 불러 빠지게 됨

"아난아 또 선정 중에 선남자가 색음(色陰)이 녹아지고 수음(受陰)이 명백하여 수승한 모양이 앞에 나타남을 봄에 감격함이 너무 지나치면, 문득 그 가운데에서 한없는 용기를 내어서 그 마음이 맹리(猛利)하여, 뜻이 부처님과 같다고 해서 '3아승지겁을 일념(一念)에 능히 초월한다'고 말하리라."

이것은 공부 힘으로 지나치게 능멸함이라. 깨달은 즉 허물이 없거니와 성인(聖人)이 된 증거는 아니니, 깨달아 알아서 미(迷)하지를 아니하여 오래 되면 저절로 녹아서 없어지거니와, 만약 성인이 되었다는 견해(見解)를 갖게 되면 곧 광마(狂魔)가 그 심장에 들어가서 사람만 보면 과시하며 아만이 대단하여 그 마음이 위로는 부처도 보이지 않고 아래로는 사람이 보이지 않나니, 정수(正受)를 잃어 버렸기에 마땅히 윤추(淪墜)하게 되리라.”

(3) 침억마(沈憶魔)를 불러 빠지게 됨

“또 저 선정 중에 선남자가 색음(色陰)이 녹아지고 수음 (受陰)이 명백함을 보되, 앞으로는 더 새로운 증득함이 없 고 돌아서서는 예전에 있었던 데가 없어졌으므로, 지혜의 힘이 쇠미하여 중휴지(中隳地: 중간지점)에 들어가 멀리 보는 바가 없게 되면, 마음에 문득 크게 고갈함을 내어 언제나 침울한 생각이 흩어지지 아니하여 그것을 가지고 부지런 히 정진(精進)하는 것으로 여기나니,

이것은 마음을 닦을 때 지혜가 없어서 스스로 잘못된 것이라, 깨달으면 허물이 없거니와 성인(聖人)이 된 증거 는 아니니, 만약 성인이 되었다는 견해(見解)를 갖게 되면 곧 억마(憶魔)가 그의 심장에 들어가서, 아침과 저녁으로 심장을 거머쥐어서 한 곳에 매달아 두게 되리니, 정수(正 受)를 잃어버렸기에 마땅히 윤추(淪墜: 타락)하게 되리라.”

(4) 지족마(知足魔)를 불러 빠지게 됨

“또 저 정중(定中)에 선남자가 색음(色陰)은 녹아지고 수 음(受陰)은 명백함을 보고, 지혜의 힘이 선정(禪定)보다 지 나쳐서 너무 날카롭게 되어 온갖 수승한 성(性)으로써 마 음속에 품게 되면, 자기의 마음에 이미 노사나(盧舍那)인

가 의심하여 조금 얻고 만족(滿足)으로 여기리라.

이것은 마음 쓰는 것이 항상 살피는 것을 상실하여 지견(知見)에 빠짐이라. 깨달으면 허물이 없거니와 성인(聖人)이 된 증거는 아니니, 만약 성인이 되었다고 하는 견해를 내게 되면 곧 하열(下劣)해서 쉽게 만족하는 마구니가 그 심장에 들어가서, 사람을 보면 말하기를 '나는 위없는 제일의제를 얻었다'고 하나니, 정수를 잃어버렸기에 마땅히 타락하게 되리라."

(5) 우수마(憂愁魔)를 불러 빠지게 됨

"또 저 정중(定中)에 선남자가 색음(色陰)이 녹아지고 수음(受陰)이 명백함을 보는데, 새로 증득(證得)함은 얻지 못하고 예전 마음은 이미 잃었음에 두 가지(色, 受)를 이리저리 살펴보고 스스로 어렵고 험난하다는 생각을 내게 되면, 마음에 홀연히 무궁한 근심을 내어서 철상에 앉은 것 같고 독약을 마신 것 같아서 살고 싶은 마음이 없어서 항상 사람에게 자기 목숨 끊어주기를 구하여 일찍 해탈(解脫)을 취하려고 하리라.

이것은 수행함이 방편(方便)을 잃은 것이라. 깨달으면 허물이 없거니와 성인이 된 증거는 아니니, 만약 성인이 되었다고 하는 견해를 갖게 되면, 어떤 항상 우수(憂愁: 근심)하는 마(魔)가 그 사람의 심장에 들어가서 손에 칼을 가지고 스스로 제 살을 베면서 그 목숨 버리기를 좋아하고, 혹은 항상 근심하고 걱정해서 산 숲속으로 달아나 들어가서 사람을 보기를 좋아하지 않나니, 정수를 잃어버렸기에 마땅히 타락하게 되리라."

(6) 희락마(喜樂魔)를 불러 빠지게 됨

"또 저 정중(定中)에 선남자가 색음(色陰)이 녹아지고 수음(受陰)이 명백함을 보고, 청정한 가운데 있어서 마음이 편안한 후에, 홀연히 스스로 한량없는 기쁨이 생겨 마음 속에 즐거움을 금하지 못하리니,

이것은 '지혜로써 경안(輕安: 깨달음 속에 묘하게 즐거운 것)함을 금함이 없는 것이라'고 한다. 깨달으면 허물이 없거니와 성인이 된 증거는 아니니, 만약 성인이 되었다고 하는 견해를 가지면 어떤 희락(喜樂)을 좋아하는 마(魔)가 그 심장에 들어가서, 사람을 보기만 하면 웃기도 하고 길거리에서 혼자 노래하고 춤추면서 '이미 걸림이 없는 해탈을 얻었다'고 말을 하나니, 그것은 정수(正受)를 잃어버렸기에 마땅히 타락하게 되리라."

(7) 아만마(我慢魔)를 불러 빠지게 됨

"또 저 정중(定中)에 선남자가 색음(色陰)이 녹아지고 수음(受陰)이 명백함을 보아서, 스스로 이미 만족하다고 여겨 무단히 대아만(大我慢)이 생겨서, 이와 같이 내지 만(慢), 과만(過慢), 만과만(慢過慢), 증상만(增上慢), 비열만(卑劣慢)이 일시에 다 발생하여, 마음속에는 오히려 시방

- 387 -

여래도 가볍게 보거든 하물며 하위의 성문, 연각이겠느냐?

이것은 수승한 것을 보고 지혜로 구원하는 것이 없는 것이라 한다. 깨달으면 허물이 없거니와 성인이 된 증거는 아니니, 만약 성인이 되었다고 하는 견해를 갖게 되면, 곧 어떤 대아만(大我慢)의 마구니가 그 사람의 심부(心府)에 들어가서 탑묘(塔廟)에 절도 하지 않고 경전과 불상을 헐고 망가뜨려서 단월(檀越)에게 말하기를 '**이것은 금과 구리이고, 혹은 흙이나 나무이며, 경(經)은 이 잎사귀와 헝겊이라, 육신이 참되거늘 공경하지 아니하고 도리어 나무와 흙을 숭배하니, 참으로 전도(顚倒)가 되었다.**'고 하면, 그를 깊이 믿는 자들이 그 말에 따라 헐고 무너뜨리고 땅속에 묻어버려서 중생을 의혹하게 하고 그르치게 하여 무간지옥에 들어가게 하리니, 정수(正受)를 잃어버렸기에 마땅히 타락하게 되리라."

(8) 호경청마(好輕淸魔)를 불러 빠지게 됨

"또 저 정중(定中)에 선남자가 색음(色陰)이 소멸하고 수음(受陰)이 명백함을 보고, 정명(精明: 정미롭고 밝은 식識의 근원) 가운데서 정미로운 이치를 원만히 깨달아서 크게 수순함을 얻으면, 그 마음에 홀연히 한량없는 경안(輕安: 편안한 마음)을 내어서 이미 '성인이 되어 크게 자재(自在)함을 얻었다'고 말하리라.

이것은 지혜로 인하여 경청(輕淸: 홀가분하고 깨끗함)함을 얻

없음이라. 깨달으면 허물이 없거니와 성인이 된 증거는 아니니, 만약 성인이 되었다는 견해를 가지면 곧 어떤 경청(輕清)을 좋아하는 마구니가 그 심부(心府)에 들어가서, 스스로 말하기를 '이만하면 만족하다'고 하여 다시 더 나아가기를 구하지 아니하리니, 이런 무리들은 흔히 무문(無聞) 비구가 되어서 중생들을 의혹하고 그르치게 하여 아비지옥(阿鼻地獄)에 떨어지게 하나니, 정수(正受)를 잃어버렸기에 마땅히 타락하게 되리라."

(9) 공(空)에 집착해서 계(戒)를 훼손함

"또 저 정중(定中)에 선남자가 색음(色陰)이 녹아지고 수음(受陰)이 명백함을 보아서, 밝게 깨달은 가운데 비고 밝은 성품을 얻게 되면, 그 가운데서 홀연히 돌아감이 영원히 없어져서 '인과(因果)가 없다'고 하여, 언제나 공(空)에 들어가 공(空)한 마음이 앞에 나타나매 내지 마음에 '길이 단멸(斷滅)한다'는 견해를 내게 되리니, 깨달으면 허물이 없거니와 성인이 된 증거는 아니니,

만약 성인이 되었다는 견해를 갖게 되면 곧 공마(空魔)가 그 심장에 들어가서, 곧 계(戒)를 갖는 것을 비방하여 '소승이 된다'고 하며, '보살은 공(空)도리를 깨달았거니 무슨 계(戒)를 가지고 범함이 있으리요?' 하면서, 그 사람이 항상 신심이 있는 단월(檀越) 앞에서 술을 마시고 고기를 먹으며, 음예(淫穢: 음란하고 더러운 행위)를 자행하되 마(魔)의 힘을 인하여 그 사람들을 포섭하여 의심과 비방을 내

지 않게 하며, 오랫동안 귀신의 마음이 들렸음으로 혹은 똥, 오줌과 술, 고기를 먹으면서도 모두 다 같이 함께 공(空)하다고 하여, 부처님의 계율(戒律)을 깨뜨리고 사람들을 잘못 죄악(罪惡)에 빠지게 하나니, 정수(正受)를 잃어버렸기에 마땅히 타락하게 되리라."

(10) 유(有)에 집착해서 황음(荒淫)에 빠짐

"또 저 정중(定中)에 선남자가 색음(色陰)이 녹아지고 수음(受陰)이 명백함을 보고, 그 비고 밝은 허명(虛明)을 맛들여 깊이 사람의 심장, 뼈 속에까지 사무쳐 들어가면, 그 마음이 홀연히 무한의 애욕이 생기고 애욕이 지극해서 발광하여 곧 탐욕한 짓을 하리니, 이것은 정의 경계가 편안하고 순함이 마음에 들어감에 그를 지혜로 바로 잡는 것이 없어서 잘못 애욕에 들어감이라.

깨달으면 허물이 없거니와 성인이 된 증거는 아니니, 만약 성인이 되었다는 생각을 갖게 되면, 탐욕(貪慾)의 마(魔)가 그 심복(心腹)에 들어가서 언제나 '애욕(愛慾)이 바로 보리의 도(道)'라고 말하여, 모든 백의(白衣)를 교화하여 평등하게 애욕을 행하고, 그 음욕을 행하는 이를 법을 지니는 법자(法子)라고 말하며, 귀신의 힘 때문에 말세에서 어리석은 범부(凡夫)들을 포섭하여 그 수가 백에 이르고, 그와 같이 내지 백에서 이백과 혹은 오, 육백이 되기도 하며 많이는 천만까지 되리라.

마(魔)의 마음이 싫증을 내어서 그 사람의 몸을 떠나게 되면 위덕(威德)이 없어져서 왕난에 빠지며, 중생을 현혹하고 그르쳐서 무간지옥(無間地獄)에 들어가게 하리니, 정수(正受)를 잃어버렸기에 마땅히 타락하게 되리라."

3) 그의 피해와 보호함을 부탁함

"아난아! 그와 같은 10가지 선나(禪那)의 경계가 나타난 것은 모두 이 수음(受陰)의 마음 쓰는 것이 얽히고 설켰으므로 그러한 사실이 나타난 것이니, 중생들은 완고하고 혼미(昏迷)해서 스스로 헤아리지 못하고, 그러한 인연을 만나면 미(迷)하여 알지를 못하고, '성인 경지에 올랐다'고 말하여 대망어(大妄語)를 이루어서 무간지옥(無間地獄)에 떨어지나니, 너희들은 마땅히 여래의 말씀을 가져다가 내가 열반한 뒤 말법 세상에 전하여, 두루 중생들로 하여금 이러한 도리를 깨닫게 하고, 천마(天魔)로 하여금 그 방편을 얻지 못하게 하여 수행자를 잘 보호하고 감싸주어서 위없는 도(道)를 이루게 하라."141)

---

141) 여기서는 깊이 방어하도록 훈계하고 도와주신다. 선정의 힘이 정밀하고 엄격해도 무명이 다하지 않으면 습기가 선정을 따라 나타나기 때문에 이 일을 변하여 나타낸 것이고, 이(理)와 지(智)가 나뉘지 않기 때문에 '용심(用心)'이 상호 교섭한다'고 한 것이다. 만약 미혹해서 알아채지 못하면 대망어(大妄語)에 떨어진다. 말법시대에 여래의 말씀을 보여주어 온갖 선(禪) 수행자가 그 모습[相]을 일찍 깨닫도록 훈계함으로써 천마가 그 틈을 얻지 못하게 하라.

3. 상음마(想陰魔: 천, 귀마)의 열 가지 양상(3)

1) 그의 시종(始終)을 갖추 보임

"아난아! 저 선남자가 삼마지(三摩地)를 닦아서 수음(受陰)이 다한 이는 비록 루(漏)가 다하지는 못했으나 마음이 그 형체를 떠나는 것이 새가 새장을 벗어난 것 같아서, 이미 능히 성취하여 이 범부(凡夫)의 몸으로부터 위로 보살의 60성위(聖位)를 거쳐서 의생신(意生身)을 얻어 가는 데마다 걸림이 없으리라.

비유컨대 어떤 사람이 깊이 잠들어 잠꼬대를 할 적에 이 사람이 비록 별달리 알지는 못하나 그 말이 어음이 분명하고 차례가 있어서 잠자지 않는 이는 그 말을 알아 듣는 것과 같나니, 이것을 '상음(想陰)에 갇힌 것'이라고 한다."142)

"만약 요동하는 생각이 다 없어져서 뜬 생각이 소멸하게 되면, 각(覺)의 밝은 마음이 진구(塵垢)를 씻어버린 듯하여 일륜 생사의 머리와 꼬리를 원만히 비추리니, 이것은 상음(想陰)이 다한 것이라고 말할 수 있다. 이 사람은 곧 번뇌탁(煩惱濁)을 초월하리니, 그 이유를 관찰해보면 융통(融通)한 망상(妄想)으로 그 근본이 되었느니라."

---

142) 참선으로 약간의 개오(開悟)는 있지만 아직 크게 사무치지는 못했기 때문에 단지 지해선(知解禪)일 뿐이니, 듣는 자가 비록 깨달았어도 실제로는 아직 요달하지 못했다. 그리하여 억상(憶想)의 소굴에 떨어졌으니, 비록 상음(想陰)을 아직 타파하지 못한 것이 이런 종류이다.

2) 그 중간의 열 가지 양상(10)

(1) 선교(善巧)를 탐구(貪求)하여 천(天)·귀마(鬼魔)가 붙음

"아난아! 저 선남자가 수음(受陰)이 허묘(虛妙)해서 삿된 생각을 만나지 아니하여 원만한 선정(禪定)이 밝아진 삼마지(三摩地) 중에서 마음이 원만하고 밝은 것을 좋아하고 그 정사(情思)를 예리하게 하여 선교(善巧)를 탐내어 구하면, 그때에 천마(天魔)가 그 기회를 엿보아 정령(精靈)을 날려서 사람에게 붙게 하여 입으로 경법(經法)을 말하거든, 그 사람이 마구니가 붙은 줄을 알지 못하고 **스스로 말하기를 '무상열반(無上涅槃)을 얻었다'고 하면서, 저 선교(善巧)를 구하는 선남자에게 와서 자리를 펴고 법을 말할 적에, 그 형상이 잠시 동안에 비구가 되어서 그 사람으로 하여금 보게 하며, 혹은 제석천왕(帝釋天王)이 되기도 하고 부녀(婦女)도 되고 비구니도 되며, 혹은 어두운 방에서 잠을 잘 때에 몸에 광명이 있기도 한다.**

이 사람이 어리석고 혼미하여 그가 보살인 줄로 미혹하여, 그의 교화(教化)를 믿고 그 마음을 방탕하여 부처님의 율의(律儀)를 파(破)하고 몰래 탐욕을 행하리라. 입으로는 재앙(災殃)과 상서(祥瑞)와 변이(變異)를 말하기를 좋아하여, 혹은 여래가 어느 곳에서 출세(出世)했다고 말을 하며, 혹은 괴겁(壞劫)의 불을 말하기도 하며, 혹은 도병(刀兵)겁을 말하여 그 사람을 공포(恐怖)케 하여 그 집의 재산을 까닭 없이 흩어지게 하리니, 이것은 괴귀(怪鬼)가 나이 늙어서 마(魔)가 된 것이니 이 사람을 괴롭히다가 싫증이 나서 그 사람의 몸에서 떠나가게 되면, 제자와 스승들이 함께 왕난(王難)에 빠질 것이니, 네가 마땅히 먼저 깨달으면 윤회에 들어가지 않거니와, 미혹하여 알지를 못하면 무간지옥(無間地獄)에 떨어지리라."

(2) 유방(遊方)을 탐구(貪求)하여 천(天)·귀마(鬼魔)가 붙음

"아난아! 또 선남자가 수음(受陰)이 허묘(虛妙)하여 삿된 생각을 만나지 아니하여, 원만한 정(定)이 밝아진 삼마지(三摩地)에서 마음에 방탕함을 좋아하고 그 정사(情思)를 날려서 사방으로 돌아다니기를 탐내고 구하면(貪求), 그때에 천마(天魔)가 그 기회를 엿보아 그 정령(精靈)을 날려서 사람에게 붙게 하여 입으로 경법을 말하거든, 그 사람이 그 마(魔)가 붙은 줄을 알지 못하고, 또한 말하기를 '**스스로 무상열반(無上涅槃)을 얻었다**'고 하여, **저 놀기를 좋아하는 선남자에게 와서 자리를 펴고 설법을 하되, 자기 형상은 변함이 없으나 그 설법을 듣는 이는 문득 그 몸이 보배연꽃 위에 앉았는데 전체가 변화하여 붉은 금빛 덩어리가 되는 것을 보며, 법을 듣는 사람들마다 다 그러하여 미증유(未曾有)함을 얻었다고 하리라.**

이 사람이 어리석고 혼미하여 보살이라고 미혹하고, 그 마음이 음탕하여 부처님의 율의(律儀)를 파(破)하고 몰래 탐욕을 행하리라. 입으로는 여러 부처님이 세상에 나오시는 것을 말하기 좋아하여, '어느 곳에 어떤 사람은 어떤 부처님의 화신(化身)이 여기에 왔다'고 하며, 또 '어떤 사람은 어느 보살 등이 와서 인간을 교화한다'고 하면, 그 사람이 그것을 보았기 때문에 마음에 쏠리고 갈앙(渴仰)하여 사견(邪見)이 암암리에 치열하게 일어나서 종지가 소멸하리니, 이것은 발귀(魃鬼: 여색을 탐하는 귀신)가 나이 늙어서 마가 된 것이니 이 사람을 괴롭히다가, 싫증이 나서 저 사람의 몸을 떠나게 되면 제자와 스승들이 함께 왕난에 빠질 것이다. 네가 마땅히 먼저 깨달으면 윤회에 들어가지 않거니와 미혹(迷惑)하여 알지 못하면 무간지옥(無間地獄)에 떨어지리라."

(3) 밀계(密契)를 탐구(貪求)하여 천(天)·귀마(鬼魔)가 붙음

"또 선남자가 수음(受陰)이 허묘(虛妙)하여 삿된 생각을 만나지 아니하여 원만한 정(定)이 밝아진 삼마지(三摩地) 중에서 마음이 면밀하게 합치되는 것을 사랑하고 그 정사(情思)를 맑히어 계합하기를 탐내어 구하면 그때에 천마(天魔)가 그 기회를 엿보아 정령(精靈)을 날려서 사람에게 붙게 하여 입으로 경법(經法)을 말하거든, 그 사람이 그 마가 붙은 줄을 알지 못하고 또한 말하기를 '스스로 위없는 열반을 얻었다'고 하여 저 계합(契合)함을 구하는 선남자에게 와서 자리를 펴고 설법을 하되 자기 형상과 저 법을 듣는 이가 겉으로는 변함이 없으나 그 듣는 이로 하여금 법을 듣기도 전에 마음이 열리어 찰나찰나에 달라져서 숙명통(宿命通)을 얻기도 하고 타심통(他心通)을 얻기도 하며, 지옥을 보기도 하고 인간의 좋고 나쁜 일을 알기도 하며, 입으로 게송을 말하기도 하고 경(經)을 외우기도 하여 제각기 기뻐하여 일찍이 없었던 희한함을 얻게 한다.

이 사람이 어리석고 혼미하여 그가 보살이라고 미혹하여 그를 마음에 몹시 좋아하고 애착하여 부처님의 율의(律儀)를 파(破)하고 몰래 탐욕을 행하리라. 입으로 말하기 좋아하기를 '부처도 대불(大佛), 소불(小佛)이 있으니 어느 불(佛)은 선불(先佛)이고 어느 불은 후불(後佛)이며, 그 중에는 진짜 부처와 가짜 부처와 남자 부처와 여자 부처가 있으며, 보살들도 역시 그러하다' 하거든, 그 사람이 그를 눈으로 보기 때문에 본래 마음을 씻어버리고 사특한 소견에 쉽게 들어가나니. 이것은 매귀(魅鬼: 요사하고 괴의한 짐승에게 붙는 귀신)가 나이 늙어서 마(魔)가 된 것이라. 이 사람을 괴롭히다가 싫증이 나서 그 사람의 몸에서 떠나가게 되면, 제자와 스승들이 함께 왕난에 빠질 것이니, 네가 마땅히 먼저 깨달으면 윤회에 들어가지 않거니와 미혹하여 알지를 못하면 무간지옥(無間地獄)에 떨어지리라."

(4) 판석(辦析)을 탐구(貪求)하여 천·귀마가 붙음

"또 선남자가 수음(受陰)이 허묘(虛妙)하여 삿된 생각을 만나지 아니하여, 원만한 정(定)이 밝아진 삼마지(三摩地) 가운데 마음이 근본을 사랑하여 만물이 변하는 성질의 처음과 종말을 궁구하여 보고 그 마음을 가다듬어 분석하기를 탐내어 구하면, 그때에 천마(天魔)가 기회를 엿보아 정령(精靈)을 날려서 사람에게 붙게 하여 입으로 경법(經法)을 말하거든, 그 사람이 마구니가 붙은 줄을 먼저 알지 못하고 또한 말하기를 '스스로 위 없는 열반을 얻었다'고 하여, 저 근원을 구하는 선남자에게 와서 자리를 펴고 설법을 하되, 몸에 위신력(威神力)이 있어 근본을 구하는 이를 굴복시켜 그 자리 밑에 있는 사람들로 하여금 비록 법을 듣지 못했으나 모든 사람들의 마음이 저절로 굴복하게 하여, '부처님의 열반과 보리의 법신이 곧 현전의 나의 육신'이라고 하며, '아버지와 아들이 대대로 서로 낳는 것이 곧 이 법신(法身)이 항상 머물러 끊어지지 않음'이라고 하며, 모두 현재를 가리켜 불국토가 된다고 하고, '정토(淨土)나 금빛 몸이 따로 없다'고 한다.

그 사람이 그 말을 믿고 받아서 먼저 마음(本心)을 잃어버리고 신명(身命)을 다 바쳐서 귀의하여 미증유(未曾有)를 얻었다고 하며, 그들이 어리석고 미(迷)해서 보살이라고 미혹하여, 그 마음을 추구하여 부처님의 율의(律儀)를 파(破)하고 탐욕을 몰래 행하리라. 입으로는 눈, 귀, 코, 혀가 모두 이 정토가 되고 남녀의 두 근이 곧 보리·열반의 진실한 곳이라고 말하기를 좋아하거든, 저 무지한 이들이 이 더러운 말을 믿으리니, 이것은 고독귀(蠱毒鬼: 독충에 붙어 있는 사나운 귀신), 염승악귀(厭勝惡鬼: 어두운 곳에 숨어 사는 탐욕스런 악귀)가 나이 늙어서 마가 되어 이 사람을 괴롭히다가 싫증나는 마음이 생겨 저 사람의 몸을 떠나게 되면 제자와 스승들이 함께 왕난에 빠질 것이다. 네가 마땅히 먼저 깨달으면 윤회에 들어가지 않거니와, 미혹(迷惑)하여 알지 못하면 무간지옥(無間地獄)에 떨어지리라."

(5) 명감(冥感)을 탐구(貪求)하여 천(天) · 귀마(鬼魔)가 붙음

"또 선남자가 수음(受陰)이 허묘(虛妙)하여 삿된 생각을 만나지 아니해서, 원만한 정(定)이 밝아진 삼마지 가운데 마음에 현응(懸應)함을 사랑하고 여러모로 정미롭게 연구하여 명감(冥感)을 탐내어 구하면, 그때에 천마(天魔)가 그 기회를 엿보아 정(精)을 날려 그 사람에게 붙어서, 입으로 경법(經法)을 말하거든, 그 사람이 원래 마(魔)가 붙은 줄을 모르고, 또한 말하기를 '**스스로 위없는 열반(涅槃)을 얻었다**' 하고, 저 감응을 구하는 선남자에게 와서 자리를 펴고 설법을 하되, 능히 청중으로 하여금 잠깐 동안에 그 몸이 백세 천세와 같게 됨을 보게 하고, 마음에 연모하는 애착을 내어 능히 떠나지 못하고 자신이 종이 되어 사사(四事)로 공양(의복, 음식, 거처, 의약의 공양)하되 피로를 느끼지 않게 하며, 그 자리 밑에 있는 사람들로 하여금 그는 선대(先代)의 스승이고 본래의 선지식(善知識)임을 알게 하여, 각별히 법에 대한 애착을 내어서 달라붙는 것이 아교풀과 같아서 일찍이 없었던 것을 얻었다고 하리라.

이 사람이 어리석고 혼미하여 보살인 줄 미혹하고 그 마음을 친근하여 부처님의 율의(律儀)를 파(破)하고 몰래 탐욕을 행하리라. 입으로 곧잘 말하기를 '내가 전세(前世)의 어느 생에서 아무 사람을 먼저 제도했으니 그때에는 나의 아내였으며, 혹은 첩이었고 형이었고 동생이었는데,

지금에 와서 또 제도하게 되었으니, 서로 따라다니다가
어느 세계에 가서 어느 부처님께 공양하리라'고 말하며,
또 '따로 대광명천(大光明天)이 있으니 부처님이 거기에
계시며, 일체 부처님의 휴식처'라고 말을 하거든, 저 무지
한 이들이 그 허망한 말을 믿고 본심(本心)을 잃어버릴 것
이니, 이것은 여귀(癘鬼)가 나이 늙어 마(魔)가 된 것이라.
이 사람을 괴롭히다가 싫증이 생겨서 저 사람 몸을 떠나
면, 제자와 스승이 함께 왕난에 빠지리라. 네 마땅히 먼저
깨달으면 윤회에 들어가지 아니하려니와, 미혹(迷惑)하여
알지 못하면 무간지옥(無間地獄)에 떨어지리라."

(6) 적정(寂靜)을 탐구(貪求)하여 천(天)·귀마(鬼魔)가 붙음

"또 선남자가 수음(受陰)이 허묘(虛妙)하여 삿된 생각을
만나지 아니해서, 원만한 정(定)이 밝아진 삼마지(三摩地)
중에서 마음에 깊이 들어가는 것을 좋아하여, 극기하고
애써서 음적(陰寂)한 데 있기를 좋아하고 정밀하기를 탐내
어 구하면, 그때에 천마(天魔)가 그 기회를 타서 정(定)을
날려서 사람에게 붙어 입으로 경법(經法)을 말하거든, 그
사람이 본래 마(魔)가 붙은 줄을 알지 못하고, 또한 말하
기를 '스스로 위없는 열반(涅槃)을 얻었노라'고 하여 저
음적(陰寂)함을 구하는 선남자에게 와서 자리를 펴고 법을
말할 적에, 그 설법을 듣는 사람으로 하여금 각각 본래의
업(業)을 알게 하며, 혹은 그곳에서 어떤 사람에게 말하기
를 '네가 지금 죽기도 전에 벌써 축생이 되었다' 하고, 다

른 사람을 시켜 뒤편에서 꼬리를 밟으라 하면, 그 사람이
갑자기 일어나지 못하리라.

　그때에 온 대중이 마음을 기울여 흠복(欽伏)한다. 남의
마음 먹는 것을 미리 알며, 부처님의 율의(律儀)보다 더
까다롭게 하여, 비구들을 비방하고 도중(徒衆)들을 꾸짖으
며, 남의 비밀한 일을 들추어내되 혐의를 피하지 아니하
리라. 입으로 아직 당하지 않은 화(禍)와 복(福)을 곧잘 말
하거든, 그때에 이르면 털끝만치도 틀리지 아니하리라.

　이것은 대력귀(大力鬼)가 나이 늙어 마(魔)가 되어서 이
사람을 괴롭히다가 싫증이 생겨 이 사람의 몸에서 떠나면
제자와 스승이 함께 왕난에 걸리리니, 네가 마땅히 먼저
깨달으면 윤회에 들어가지 않거니와, 미혹하여 알지 못하
면 무간지옥(無間地獄)에 떨어지리라.”

(7) 숙명(宿命)을 탐구(貪求)하여 천(天) · 귀마(鬼魔)가 붙음

　“또 선남자가 수음(受陰)이 허묘(虛妙)하여 삿된 생각을
만나지 아니해서, 원만한 정(定)이 밝아진 삼마지(三摩地)
중에서 마음으로 알고 보기를 사랑하여, 애써 연구하여
숙명(宿命)을 탐내어 구(求)하면, 그때에 천마(天魔)가 그
기회를 타서 정(精)을 날려 사람에게 붙어서 입으로 경법
(經法)을 말하거든, 그 사람이 마구니가 붙은 줄을 알지
못하고, 또한 ‘스스로 위없는 열반(涅槃)을 얻었노라’고 말
을 하면서, 저 알기를 구하는 선남자에게 와서 자리를 펴
고 설법을 하되, 그 사람이 까닭 없이 법을 말하는 데서

큰 보주(寶珠)를 얻기도 하며, 그 마(魔)가 어떤 때는 축생으로 변화하여 입으로 구슬이나 여러 가지 보배나 간책이나 부독(附牘)이나 온갖 기이한 물건을 물어다가 먼저 그 사람에게 주고, 뒤에 그 사람 몸에 붙기도 하며, 혹은 설법을 듣는 이들을 꾀어 땅속에 들어가게 하고 명월주(明月珠)가 그곳에 비추거든, 듣는 이들이 일찍이 없었던 것을 얻었다고 하리라. 흔히 약초(藥草)를 먹고 좋은 음식도 먹지 아니하며, 어떤 때는 하루에 삼씨 하나와 보리 하나만을 먹어도 그 몸이 살찌고 충실한 것은 마(魔)의 힘으로 유지하기 때문이다. 그 때문에 비구들을 비방하고 제자들을 꾸짖되 혐의를 피하지 아니하며, 입으로는 타방의 보장(寶藏)과 시방의 성현(聖賢)들이 숨어있는 데를 말하기를 좋아하거든, 그 뒤를 따라 가보는 이들이 가끔 기이한 사람을 보게 되리라.

이것은 산림, 토지, 성황(城隍), 산천의 귀신들이 나이가 늙어 마귀(魔鬼)가 된 것이라, 혹은 음행을 하여 부처님의 율의(律儀)를 파괴하고 받들어 섬기는 이와 가만히 오욕(五欲)을 행하기도 하며, 혹은 정진(精進)하면서 풀과 나무만을 먹기도 하여 일정한 행사가 없이 이 사람을 괴롭히다가 싫증이 생겨서 저 사람의 몸에서 떠나면 제자와 스승이 함께 왕난에 걸리리니, 네가 먼저 깨달으면 윤회에 들어가지 않거니와, 미혹하여 알지 못하면 무간지옥(無間地獄)에 떨어지리라."

(8) 신변(神變)을 탐구(貪求)하여 천(天)·귀마(鬼魔)가 붙음

"또 선남자가 수음(受陰)이 허묘(虛妙)하여 삿된 생각을 만나지 아니해서 원만한 정(定)이 밝아진 삼마지(三摩地) 중에서 마음으로 신통(神通)과 갖가지로 변화함을 좋아하며 변화하는 원리를 연구하여 신통을 탐내어 얻으려 하면 그때 천마(天魔)가 그 기회를 포착하여 정(精)을 날려 사람에게 붙게 하여 입으로 경법(經法)을 말하거든, 그 사람이 진실로 마(魔)가 붙은 줄을 알지 못하고, 또한 **'위없는 열반(涅槃)을 스스로 얻었다'**고 말하면서, 저 신통을 구하는 선남자에게 와서 자리를 펴고 설법을 하되, 이 사람이 혹 손으로 불빛을 잡기도 하고, 손으로 그 불빛을 쥐어다가 듣는 사부대중의 머리 위에 두거든, 이 설법을 듣는 이들의 정수리 위에 불빛이 두어 자 씩이나 일어나되, 뜨겁지도 않고 타지도 않으리라. 혹은 물 위에 다니기를 평지같이 하며, 혹 공중에서 단정히 앉아 움직이지 않기도 하며, 혹은 작은 병속에 들어가고, 혹 주머니 속에 있기도 하며, 혹 들창으로 나가고 담을 뚫고 나가되 장애가 없기도 하거니와, 오직 칼이나 병장기에만 자재하지 못하느니라. 스스로 '내가 이 부처라'고 말하면서, 백의(白衣)를 입고 비구에게 예배를 받으며, 선(禪)과 율(律)을 비방하고 도중(徒衆)들을 꾸짖으며, 남의 일을 들추어내되 기혐(譏嫌)을 피하지 아니하며, 입으로 항상 신통(神通) 자재(自在)함을 말하며, 혹 사람들로 하여금 곁으로 불국토를 보게 하나, 귀신으로 사람을 현혹함이요 진실한 것이 아니다. 음행(淫行)을 찬탄하고 추잡한 행도 탓하지 않으며,

외설한 짓을 가지고 법을 전하는 것이라 하리라.

이것은 천지 간에 기운 센 산의 정기, 바다의 정기, 바람의 정기, 하천의 정기, 토지의 정기와 일체 초목의 오래된 정령(精靈), 용매, 목숨을 마친 선인이 다시 살아 도깨비가 된 것과, 혹은 선인(仙人)의 기한이 차서 벌써 죽었어야 할 것이 그 형체가 변화하기 전에 다른 요괴가 붙은 것들이니 나이가 늙어 마귀가 되어서 이 사람들 괴롭히다가 싫증이 나서 저 사람의 몸에서 떠나면, 제자와 스승이 흔히 왕난에 빠지리라. 네가 마땅히 먼저 깨달으면 윤회에 들어가지 않거니와, 미혹(迷惑)하여 알지 못하면 무간지옥(無間地獄)에 떨어지리라."

(9) 심공(深空)을 탐구하여 천·귀마가 붙음

"또 선남자가 수음(受陰)이 허묘(虛妙)하여 삿된 생각을 만나지 아니해서, 원만한 정(定)이 밝아진 삼마지(三摩地) 중에서 마음으로 적멸(寂滅)에 들기를 사랑하며, 변화하는 성품(性品)을 연구하여 깊은 공(空)을 탐내어 구하면 그때에 천마가 그 기회를 타서 정을 날려 사람에게 붙어서 입으로 경법(經法)을 말하거든, 그 사람이 마구니가 붙은 줄을 알지 못하고, 역시 **'스스로 위없는 열반(涅槃)을 얻었다'**고 말을 하면서, 저 공(空)을 구하는 선남자에게 와서 자리를 펴고 설법을 할 적에, 대중 속에서 그의 형체가 홀연히 공(空)하여져서 사람들이 보지 못하다가, 다시 허공으로부터 갑자기 나타나서, 없어지고 나타남이 자재하며, 혹은 그 몸을 유리처럼 꿰뚫어 보이게 나타내기도 하고, 혹은 손발을 내밀면 전단향기가 나기도 하며, 혹은 대변과 소변이 두터운 석밀과 같기도 하여서, 계율(戒律)을 비방하고 출가하는 이를 업신여기고 천(賤)하게 여기리라. 입으로는 항상 '원인도 없고 결과도 없어, 한번 죽으면 영원히 없어서 다시 후신(後身)도 없고, 범부(凡夫)와 성인도 없다'고 말하며 비록 공적(空寂)을 얻었다 하나 가만히 탐욕을 행하거든 그 음욕을 당한 이도 역시 마음이 공(空)하여져서 '인과(因果)가 없다'고 부정을 하리라.

이것은 일식(日蝕), 월식(月蝕)의 정기나 금, 옥, 지초(芝草), 기린, 봉황, 거북, 학들이 천만 년을 지나면서 죽지 않고 정령(精靈)이 되어 국토에 출생한 것이니 나이가 늙어 마(魔)가 되어서, 이 사람을 괴롭히다가 싫증이 생겨서 저 사람의 몸에서 떠나면, 제자와 스승이 흔히 왕난에 빠지리라. 네가 마땅히 먼저 깨달으면 윤회에 들어가지 않거니와, 미혹(迷惑)하여 알지 못하면 무간지옥(無間地獄)에 떨어지리라."

(10) 장수(長壽)를 탐구하여 천·귀마가 붙음

"또 선남자가 수음(受陰)이 허묘하여 삿된 생각을 만나지 아니해서, 원만한 정(定)이 밝아진 삼마지(三摩地) 중에서 마음으로 장수(長壽)하기를 사랑하며, 애써서 기미(幾微)를 연구하고 영생(永生)함을 탐내어 구하여 분단생사(分段生死)를 버리고 변역생사(變易生死)를 얻어서 미세한 상

(相)이 상주(常住)하기를 바라면 그때에 천마(天魔)가 그 기회를 타서 정(精)을 날려 사람에게 붙어서 입으로 경법 (經法)을 말하거든, 그 사람이 마침내 마(魔)가 붙은 줄을 알지 못하고, 역시 말하기를 '**스스로 위없는 열반(涅槃)을 얻었다**'고 하면서, 저 영생(永生)을 구하는 선남자에게 와 서 자리를 펴고 설법을 하되, '다른 지방으로 왕래함이 걸 림 없는 것을 곧잘 말하며, 혹은 만리 밖에 갔다가 순식 간에 돌아오되 매양 그 지방의 산물(産物)을 가지고 오리 라. 혹 어떤 데에서는 한 방에 있으면서, 몇 걸음 쯤 되 는 데를 어떤 이로 하여금 동쪽 벽으로 부터 서쪽 벽으로 가라 하면, 이 사람이 빨리 걸어가나 여러 해가 되어도 도달하지 못하거든, 그것을 보고 마음으로 믿어 부처님이 출현하였다고 현혹하느니라.

입으로는 항상 말하기를 '**시방의 중생이 모두 나의 아들 이며, 내가 제불(諸佛)을 낳았고, 내가 세계를 만들었으며, 내가 원래 부처라, 자연(自然)으로 이 세상에 출세하였고 수행하여 얻은 것이 아니라**'고 하나니,"

"이것은 세상에 머무는 자재천마(自在天魔)가 그의 권속 인 차문다(遮文茶)나 발심하지 못한 사천왕(四天王)의 비사 동자(毗舍童子)를 시켜서, 그 허명(虛明)함을 이용하여 그 의 정기(精氣)를 먹게 한 것이라, 어떤 때는 스승을 인하 지 않고도, 수행하는 사람으로 하여금 집금강신(執金剛神) 이라고 자칭하는 이가 너를 장수케 한다 함을 친히 보게 되며, 혹 아름다운 여자의 몸을 나타내어 탐욕을 성행하 게 하면 일년도 못 되어서 간(肝)과 뇌(腦)가 다 고갈되고,

입으로 혼자 말하는 것이 듣기에 요매(妖魅)의 소리 같으리라. 앞에 사람이 자세히 알지 못하고, 흔히 왕난에 빠져서 형(刑)을 받기도 전에 먼저 말라죽게 될 것이니, 저 사람을 괴롭히어 죽음에 이르게 하리라. 네가 마땅히 먼저 깨달으면 윤회에 들어가지 않거니와 미혹(迷惑)하여 알지 못하면 무간지옥(無間地獄)에 떨어지리라."

3) 그 피해와 보호함을 부탁함

"아난아! 마땅히 알아라. 이 열 가지 마구니가 말세의 때에 나의 법 가운데 있어 출가하여도 도(道)를 닦는 척하면서, 다른 이의 몸에 붙기도 하고, 스스로 형상을 나타내기도 하여, 다 정변지(正遍知)를 이루었노라 하면서, 음욕(淫慾)을 찬탄하고 부처님의 율의(律儀)를 파하며, 먼저 고약한 마사(魔師)와 마(魔)의 제자들이 음(淫)과 음(淫)으로 서로 전하며, 그러한 사정들이 그의 마음을 매혹하여 가까우면 구생(九生)이요, 오래면 백세를 지내면서, 진정하게 수행하는 이들로 모두 마구니의 권속이 되게 하기에, 죽은 뒤에는 반드시 마구니의 백성이 되어 정변지(正遍知)를 잃어버리고 무간지옥(無間地獄)에 떨어지느니라.[143]

---

143) 옛날 부처님께서 세간에 계실 때 온갖 마(魔)가 법을 파괴하려 했지만, 부처님의 신력(神力) 때문에 능히 파괴할 수 없었다. 마(魔)가 "내가 여래가 열반에 들고 나면 그 가르침에 의거해 출가해서 부처님 법을 파괴하겠다"고 맹세하자, 부처님께서 즉시 눈물을 흘리며 "너희가 어찌 할 수 있겠는가. 비유컨대 사자의 몸 속에 있는 벌레가 스스로 사자 몸 속의 살을 먹는 것과 같으리라"서 하셨으니, 이로서 말세에 법을 파괴하는 비구는 다 마(魔)의 권속임을 알겠다.

너는 이제 먼저 적멸(寂滅)을 취하지 말 것이니, 비록 무학(無學)을 얻었더라도 원(願)을 세워 말법 가운데 들어가서 대자비를 내어, 바른 마음, 깊이 믿는 중생들을 잘 구원하고 제도해서 그 마(魔)가 붙지 않게 하고 정지견을 얻게 하라. 내가 지금 너를 제도하여 이미 생사(生死)를 벗어나게 했으니, 너도 부처님의 말씀을 따라주면 부처님의 은혜를 보답함이라고 말할 수 있느니라.

아난아! 그와 같은 열 가지 선나(禪那)의 경계가 나타난 것은 다 이 상음(想陰)에 걸려 있는 마음이 얽히고 설킴이므로, 이러한 열 가지의 사실이 나타난 것이니, 중생들이 그것을 모르고 완고하고 혼미하여 스스로 헤아리지 못하고, 이러한 인연을 만나면 미(迷)하여 스스로 알지 못하고 '성인이 되었다'고 하는 큰 망어(妄語)를 범하여 무간지옥(無間地獄)에 떨어지리니, 너희들은 반드시 여래의 말씀을 가지고서 내가 멸도(滅度)한 후에 말법에 전하여 두루 중생으로 하여금 이러한 도리를 깨우치게 하고, 천마로 하여금 그 방편(方便)을 얻지 못하게 하여, 잘 보호하고 지켜서 위없는 도(道)를 이루게 하라."

대불정수능엄경 제10권

4. 행음(行陰)마(魔)의 열 가지 양상(3)

1) 그의 시종(始終)을 갖추 보임

"아난아! 저 선남자가 삼마지(三摩地)를 닦아 상음(想陰)이 다한 사람은 평상시에 꿈과 생각이 소멸하여, 깰 때와 잘 때가 한결 같고, 각명(覺明)이 비고 고요함이 마치 비가 개인 맑은 허공과 같아서, 다시는 거칠고 무거운 전진(前塵)의 그림자가 없으며, 세간의 산하대지를 보되 거울에 물건이 비치듯 하여 와도 붙은 바가 없고 가도 종적이 없어서, 텅 비게 받아들이고 비추어 응하는지라, 묵은 습기(習氣)는 조금도 없고 오직 하나의 정진(精眞) 뿐이다.

생멸의 근원이 이로부터 드러나서 시방의 12유생(類生)을 보되 그 종류를 다하리니, 비록 그들 낱낱 생명의 유래는 통하지 못했으나, 동생기(同生基)가 아지랑이처럼 반짝거리고 청우(淸優)하여 부근진(浮根塵)의 구경추혈(究竟樞

穴: 핵심 기관을 의미)이 되는 것을 보게 되리니, 이것을 행음(行陰)의 구우(區宇)라 하느니라.

만약 이 맑게 흔들리고 반짝거리는 근원 성품(性品)이 원래 맑은 데에 들어가 근본 습기를 한 번 맑히면 마치 파도가 가라앉아 고요하고 변하여 맑은 물이 되는 것 같나니, 이것은 행음(行陰)이 다함이라, 이 사람은 곧 능히 중생탁(衆生濁)을 초월하리니, 그 까닭을 관찰해 보건대 유은(幽隱)한 망상으로 그 근본이 되었느니라.”

2) 그 중간의 열 가지 양상(10)

(1) 두 가지 무인론(無因論)에 빠짐(2)

“아난아! 마땅히 알아라. 이 정지(正知)를 얻은 사마타 중의 선남자가 바른 마음을 맑게 밝히어 열 가지 천마(天魔)가 기회를 노리지 못하거든, 비로소 정미롭게 연구하여 생류(生類)의 근본을 다 궁구하여 본류 중에서 생기는 근원이 드러나는 이는 저 깊고 맑고 원만하고 요동하는 근원을 관찰하고, 원원(圓元) 가운데서 계탁(計度)을 내는 이 사람은 두 가지 무인론(無因論)에 떨어지리라.”

1〉 본무인(本無因)이라고 봄

“첫째는 이 사람이 근본(根本)이 원인 없다고 보나니, 왜냐하면 이 사람이 생기는 기틀이 전파(全破)함을 얻고, 눈의 팔백공덕에 의지하여 팔만겁 안에 있는 중생의 업의 흐름이 굽이쳐 돌아서 여기서 죽었다가 저기서 태어나거든, 다만 중생들이 그곳에 윤회하는 것만 보고 팔만겁 외에는 캄캄하여 보이지 않으므로, 문득 이해하기를 '이런 세간의 시방중생이 팔만겁 동안 원인이 없이 스스로 생겼다'고 하나니, 이렇게 계탁(計度)하여 정변지(正遍知)를 잃고 외도(外道)에 타락하여 보리 성품을 미혹하나니라."

2〉 말무인(末無因)이라고 봄

"두 번째는 이 사람이 종말(終末)이 원인 없다고 보나니, 왜냐하면 이 사람이 '생기는 근본'을 보아서 사람은 사람을 낳는 것을 알며, 새는 새를 낳고, 까마귀는 본래부터 검고, 따오기는 본래부터 흰 것이며, 인간과 천상(天上)은 본래 서서 다니고, 축생은 본래 기어 다니며, 흰 것이 씻어서 된 것도 아니고, 검은 것이 물들여 만들어진 것도 아니라. 팔만 겁 동안에 다시 고쳐지거나 옮겨지는 것 없는 것을 깨달았기에 지금 이 형체가 다한다고 해도 역시 그러하여, 내가 본래로 보리를 보지 못하였으니, 어찌 다시 보리를 이루는 일이 있으랴.

오늘날에 일체 물상(物像)이 다 (종말이) 근본이 원인 없음을 응당 알아야 한다고 하여 이렇게 계탁(計度)하므로 정변지(正遍知)를 잃고, 외도(外道)에 타락하여 보리의 성품을 미혹하나니, 이것을 제일외도(第一外道)의 무인론(無

因論)을 세움이라고 한다."

(2) 네 가지 변상론(偏常論)에 빠짐(4)

"아난아! 이 삼마지 중의 선남자가 바른 마음을 맑게 밝혀서 마(魔)가 기회를 노리지 못하거든, 생류(生類)의 근본을 궁구하여 저 깊고 맑고 항상하고 요동하는 근원을 관찰하고, 원상 가운데 계탁(計度)을 내는 이는, 이 사람은 네 가지 두루 항상하다는 변상론(偏常論)에 떨어지리라."

1〉 심경(心境)의 순환을 원상(圓常)으로 봄

"첫번째는 이 사람이 마음과 경계의 성(性)을 궁구하여 두 것이 원인이 없다 하고, 닦아 익혀서 '2만 겁 중의 시방 중생의 생멸함이 모두 순환하는 것이요, 흩어져 없어지는 것이 아니다'라고 능히 알고서 항상하다고 계탁(計度)하느니라."

2〉 사대(四大)의 생멸을 원상(圓常)으로 봄

"두 번째는 이 사람이 사대(四大)의 근원을 궁구하여 사성(四性: 견堅, 습濕, 난煖, 동動)이 상주한다 하고 닦아 익혀서, 사만 겁 중의 시방중생의 생멸함이 모두 그 자체가 항상

하고 산실(散失)되지 않음을 능히 알고 항상하다고 계탁
(計度)하느니라."

3〉 팔식(八識)의 성(性)이 상주(常住)라고 봄

"세 번째는 이 사람이 육근(六根)과 말나식(末那識)과 집
수(제8식)와 심의식(心意識) 가운데 근본 원유(元由)자리를
궁구하여 성(性)이 항상하기 때문에 닦아 익혀서 '팔만 겁
가운데 일체 중생이 순환하여 상실하지 아니하고 본래부
터 상주하는' 줄을 능히 알아 '상실하지 않는 성(性)'을 궁
구해서 항상하다고 계탁(計度)하느니라."

4〉 생각이 다함을 상(常)이라고 봄

"네 번째는 이 사람이 상(想)의 근원(根元)을 이미 다했
음에 생리(生理)가 다시 유지(流止) 운전(運轉)함이 없어서
생멸의 생각하는 마음이 이미 영원히 없어졌으니, 이치
가운데 저절로 불생멸(不生滅)함을 이루었으리라 하여 마
음으로 요량하여 항상하다고 계탁(計度)하느니라.

이렇게 항상하다고 계탁(計度)하므로 정변지(正遍知)를
잃고 외도(外道)에 타락하여 보리성을 미혹하나니, 이것은
제이(第二) 외도(外道)가 원상론(圓常論)을 세움이라 한다."

(3) 네 가지 전도(顚倒)론(論)에 빠짐(4)

"또 삼마지 중의 선남자가 바른 마음을 굳게 맑히어서 마(魔)가 기회를 못 잡거든, 생류(生類)의 근본을 궁구하여 저 깊고 맑고 항상하고 요동하는 근원을 관찰하고 자타(自他)의 가운데 계탁(計度)을 내는 이는, 이 사람이 네 가지 전도(顚倒)된 소견(所見)인 일분(一分)은 무상(無常)하고 일분(一分)은 항상(恒常)하다는 주장에 떨어지느니라."

1〉 자아(自我)는 상(常), 타(他)는 무상(無常)이라 봄

"첫째는 이 사람이 묘하고 밝은 마음이 시방세계에 두루함을 보고는 담연한 것으로써 구경(究竟)의 신아(神我)라 하고, 그로부터 계탁(計度)하되 아(我)가 시방에 두루하여 맑고 밝아서 요동하지 않거든, 일체 중생이 나의 마음속에서 스스로 생기고 스스로 죽나니, 곧 나의 심성(心性)은 항상함이라 하고, 저 생멸하는 것은 참으로 무상(無常)한 성(性)이라 하느니라."

2〉 불괴처(不壞處)를 상(常), 괴처(壞處)를 무상(無常)으로 봄

"두 번째는 이 사람이 마음을 관찰하지 않고 시방의 항하 모래와 같은 국토만을 두루 관찰하고서, '겁에 무너지는 곳을 볼 적에는 구경(究竟)에 무상(無常)한 종성(種性)이라'하고, 겁에 무너지지 아니한 곳을 보고는 구경(究竟)의 상(常)이라 하느니라."

3〉 아심(我心)은 상(常), 몸의 생사는 무상(無常)이라 봄

"세 번째는 이 사람이 자기의 마음이 정세(精細)하고 미밀함이 미진(微塵)과 같아서 시방에 유전(流轉)하여도 그 성품은 하나도 옮겨지거나 고쳐짐이 없어서, 이 몸으로 하여금 곧 생기게 하고 곧 멸하게 함을 따로 관찰하여 그 무너지지 않는 것은 아(我)의 성(性)이 항상한 것이고, 모든 생사(生死)가 아(我)에서 유출함은 무상(無常)한 성(性)이라고 하느니라."

4〉 행음(行陰)은 상(常), 색(色)수(受)상(想)은 무상(無常)이라 봄

"네 번째는 이 사람이 상음(想陰)이 다 없어짐을 알고 행음(行陰)이 흘러가는 것을 보고는, 행음(行陰)이 항상 흐르는 것을 계탁(計度)하여 항상한 성(性)이라 하고, 색음(色陰), 수음(受陰), 상음(想陰) 등이 이미 없어진 것을 무상(無常)이라 말한다고 한다. 이렇게 일분(一分)은 무상(無常)하고 일분(一分)은 항상하다고 계탁(計度)하므로, 외도에 타락하여 보리의 성(性)을 미혹하나니, 이것은 제삼외도(第三外道)의 일분상론(一分常論)을 세움이라 하느니라."

(4) 네 가지 유변론(有邊論)에 빠짐(4)

"또 삼마지 중의 선남자가 바른 마음을 굳게 밝히어 마(魔)가 기회를 노리지 못하거든, 생류(生類)의 근본을 궁구하여 저 깊고 맑고 항상하고 요동하는 근원을 관찰하고 분위(分位) 중에서 계탁(計度)을 내는 이는, 이 사람이 네 가지 유변론(有邊論)에 떨어지리라."

1〉과미(過未)는 유변(有邊), 상속심(相續心)은 무변(無邊)이라 봄

"첫째는 이 사람이 마음에 계탁하기를, 태어나는 본원이 흐르는 작용이 쉬지 않는다 하여, 과거와 미래는 유변(有邊)이라 계탁하고, 상속(相續)하는 마음은 무변(無邊)이라 계탁하느니라."

2〉견문(見聞)은 유변(有邊), 무견문(無見聞)은 무변(無邊)이라 봄

"두 번째는 이 사람이 관찰하여 팔만 겁까지는 중생을 보겠고, 팔만 겁 전은 고요해서 듣고 보는 것이 없으므로, 보고 들음이 없는 데는 무변(無邊)이라 하고, 중생이 있는 데는 유변(有邊)이라 하느니라."

3〉 아(我)는 무변(無邊), 타인(他人)은 유변(有邊)이라 봄

"세 번째는 이 사람이 계탁(計度)하되, 아(我)는 두루 아는 것이니 무변성(無邊性)을 얻는 것이고, 저 모든 사람들은 아(我)의 아는 그 안에 나타나되, 아(我)는 저의 아는 성품(性品)을 알지 못하니, 그는 무변(無邊)한 마음을 얻지 못해서 다만 유변(有邊)한 성품(性品)이라 한다고 하느니라."

4〉 생계(生界)를 반(半)유변(有邊), 반(半)무변(無邊)이라 봄

"네 번째는 이 사람이 행음(行陰)이 공(空)했다고 궁구하여 그가 보는 마음대로 생각하되, 일체 중생의 한 몸 안에 모두가 다 반(半)은 생(生)하고 반(半)은 멸(滅)한다고 하며, 세계의 모든 것이 반(半)은 유변(有邊)이요, 반(半)은 무변(無邊)이라고 계탁(計度)하느니라.

이렇게 유변(有邊)과 무변(無邊)을 계탁(計度)하므로 외도에 타락하여 보리 성(性)을 미혹(迷惑)하나니, 이것은 제사외도(第四外道)의 유변론(有邊論)을 세움이라 하느니라."

(5) 네 가지 교란론(矯亂論)에 빠짐(4)

"또 삼마지 중의 선남자가 바른 마음을 굳게 맑히어 마(魔)가 기회를 노리지 못하거든, 생류(生類)의 근본을 궁구하여 저 깊고 맑고 항상하고 요동하는 근원을 관찰해서 지견(知見) 중에서 계탁(計度)을 내는 이는, 이 사람은 네 가지 전도(顚倒)의 죽지 않는다는 교란인 편계허론(遍計虛論)에 떨어지느니라."

1〉 변항(變恒), 생멸(生滅), 증감(增減), 유무(有無)의 교란

"첫째는 이 사람이 변화하는 본원을 관찰하되, 천류(遷流)하는 곳을 보고는 변한다 하고, 상속(相續)하는 곳을 보고는 항상(恒常)하다 하며, 볼 바의 것을 보는 곳을 생(生)이라 하고, 볼 것을 보지 못하는 것을 멸(滅)이라 하며, 상속하는 원인의 성(性)이 끊어지지 아니한 것을 증(增)이라 하고, 정작 상속하는 중에 가운데가 뜨는 곳은 감(減)이라 하며, 각기 생기는 것을 유(有)라 하고, 서로 서로 없어지는 것을 무(無)라고 하여, 이로는 통틀어 보고, 마음으로는 따로 따로 보고서, 법을 구하는 사람이 와서 그 이치를 물으면 대답하기를 '**내가 지금에 나기도 하고, 멸하기도 하며, 있기도 하고, 없기도 하며, 더하기도 하고 줄어지기도 한다**'고 하여 언제든지 말을 교란케 하여, 그 사람으로 하여금 종잡을 수 없게 하느니라."

2〉 무(無)만 말하는 교란

"두 번째는 이 사람이 그 마음이 얼기설기 없는 곳을 관찰하고 무(無)를 인하여 증득(證得)하였기에, 사람이 와서 물으면 다만 한 마디로 '무(無)'라고만 대답하고 그 '무(無)'를 제외하고는 아무 말도 하지 않느니라."

3〉 유(有)만 말하는 교란

"세 번째는 이 사람이 마음의 각각 있는 곳을 자세히 관찰하여 유(有)를 인하여 증득(證得)하였기에, 사람이 와서 물으면 다만 한마디로 '시(是)'라고만 답하고 '시(是)'를 제한 외에는 아무 말도 하지 않느니라."

4〉 유(有)와 무(無)라고만 말하는 교란

"네 번째는 이 사람이 '유(有)'와 '무(無)'를 함께 보아서 그 경계(境界)가 두 갈래이기에, 마음도 어지러워져서 사람이 와서 물으면 답하기를 '또한 있는 것이 곧 또한 없는 것이며, 또한 없는 것 가운데 옳지 못한 것이 또한 있는 것'이라 하여, 일체를 교란해서 따질 수가 없게 하느니라.

이렇게 교란함과 허무(虛無)함을 계탁(計度)해서 외도에 타락하여 보리성을 미혹하나니, 이것은 제5외도(第五外道)의 네 가지 전도성(顚倒性)이 죽지 않는다는 교란인 편계

허론(偏計虛論)이라고 하느니라."

(6) 사후(死後)에 유상(有相)이라고 하는 전도론(顚倒論)에 떨어짐(2)

"또 삼마지 중의 선남자가 바른 마음을 굳게 밝히어 마(魔)가 기회를 노리지 못하거든, 생류(生類)의 근본을 궁구하여, 저 깊고 맑고 항상하고 요동하는 근원을 관찰하고 무진한 흐름에서 계탁(計度)을 내는 이는, 이 사람은 죽은 뒤에 상(相)이 있다는 발심(發心)전도(顚倒)에 떨어지느니라."

1〉 색(色), 수(受), 상(想), 행(行)에서 사계(四計)를 냄

"혹 스스로 육신을 견고히 하여 색(色)이 곧 아(我)라 하며, 혹 아(我)가 원만하여 국토를 포함하여 두루하였음을 보고, 아(我)가 색(色)을 소유했다고 말을 하며, 혹 저 앞의 인연들이 아(我)를 따라 회복한다 하여 색(色)이 아(我)에 속하였다 하며, 혹 아(我)가 행(行)의 가운데에 상속(相續)한다고 해서 아(我)가 색(色)에 있다고 하여, 모두 계탁하기를 '죽은 뒤에 상(相)이 있다' 하나니, 이렇게 순환하여 16가지 상(相)이 있느니라."

2〉 오음(五陰)이 사후(死後)에 있다고 봄

"이로부터 혹 계탁(計度)하기를 '필경 번뇌와 필경 보리의 두 성질이 아울러 달리면서도 각각 서로 걸리지 않는다'고 하느니라.

이로 말미암아 사후(死後)에 상(相)이 있다고 계탁하므로, 외도에 타락하여 보리성을 미혹함이니, 이것은 제6외도(第六外道)의 오음(五陰) 중에서 사후에 상(相)이 있다고 하는 발심(發心) 전도론을 세움이라 하느니라."

(7) 현(現), 미(未)에 사음(四陰)이 없다는 무상론(無相論)에 빠짐

1〉 사음(四陰)이 없다는 팔무상론(八無相論)

"또 삼마지 중의 선남자가 바른 마음을 굳게 맑히어 마(魔)가 기회를 노리지 못하거든, 생류(生類)의 근본을 궁구해서 저 깊고 맑고 항상하고 요동하는 근원을 관찰하여, 먼저 제멸(除滅)한 색(色)·수(受)·상(想) 가운데서 계탁을 내는 이는, 이 사람이 사후(死後)에 상(相)이 없다는 발심 전도(發心顚倒)에 떨어지느니라.

그 색(色)이 멸(滅)함을 보고 몸이 인한 바가 없다 하며, 그 상(想)이 사라짐을 보고 마음이 얽매인 바가 없다 하며, 그 수(受)가 사라져서 다시 연해짐이 없음을 아는지

라, 음(陰)의 성(性)이 소멸해서 없어졌으니, 비록 생기는
이치가 있더라도 수(受)와 상(想)이 없어져서 초목(草木)과
같은지라. 이 몸을 현재(現在)에도 오히려 얻을 수가 없거
든, 사후(死後)에 어떻게 다시 상(相)이 있으리요 하여 사
후에 상(相)이 없다고 헤아려서 이렇게 순환하여 여덟 가
지 무상(無相)이 있느니라."

2〉 열반(涅槃)의 인과(仁果)도 공(空)했다고 봄

"이로부터 혹 계탁하기를 열반(涅槃)의 인(因)도 과
(果)도 일체가 모두 공(空)하여 한갓 이름만 있고 구경
(究竟)에는 단멸(斷滅)하는 것이라 하여,

이렇게 죽은 뒤에 없다고 계탁하므로, 외도에 타락하
여 보리성을 미혹(迷惑)하나니, 이것은 제7외도(第七外
道)의 오음(五陰) 중에서 사후에 상(相)이 없다고 하는
심전도론(心電圖論)을 세움이라 하느니라."

(8) 사후에 오음(五陰)의 팔구비론(八俱非論)에 빠짐(2)

"또 삼마지 가운데 선남자가 바른 마음을 굳게 맑히어
마(魔)가 기회를 노리지 못하거든, 생류(生類)의 근본을 궁
구하여, 저 깊고 맑고 항상하고 요동하는 근원을 관찰하
고, 행음(行陰)이 존재하는 가운데 겸하여 수음(受陰)과 상

음(想陰)은 없어졌기에 쌍으로 유무를 계탁하여 그 자체를 서로 쳐부수는 이는, 이 사람이 사후에 모두 아니라는 전도론(顚倒論)을 일으키는 데에 떨어지느니라."

1〉 사음(四陰)을 비유(非有), 비무(非無)라고 봄

"색(色), 수(受), 상(想) 중에서 유(有)로 보아도 유(有)가 아니고, 행(行)의 천류(遷流)하는 데서는 무(無)로 보아도 무(無)가 아니라 하며, 이렇게 순환하여 음계(陰界)에서 '여덟 가지가 다 아니라'고 하는 상(相)을 모조리 다하여, 하나의 인연을 얻는 대로 (어떤 음이든지) 모두 사후에 유상(有相)·무상(無相)이라고 말하느니라."

2〉 일체 법도 모두 구비(俱非)라고 봄

"또 모든 행(行)의 성(性)이 천화(遷化)한다고 계탁하므로, 마음에 통오(通悟)를 내어 유(有)와 무(無)가 모두 아니라고 하여 허(虛)와 실(實)을 종잡지 못하느니라."

"이렇게 사후(死後)에 모두 아니라고 계탁하여 후제(後際)가 캄캄하여 말할 수 없으므로, 외도에 타락하여 보리성을 미혹(迷惑)하나니, 이것은 제8외도(第八外道)의 오음(五陰) 가운데 사후에는 모두 아니라는 심전도론(心顚倒論)을 세움이라고 하느니라."

(9) 일곱 가지 단멸론(斷滅論)에 빠짐(2)

1〉 행음(行陰)의 염염(念念)이 멸(滅)한다고 봄

"또 삼마지 중의 선남자가 바른 마음을 굳게 맑히어 마(魔)가 기회를 노리지 못하거든, 생류(生類)의 근본을 궁구하여, 저 깊고 맑고 항상하고 요동하는 근원을 관찰하고, 다음 다음이 없다는 것에 계탁(計度)을 내는 이는, 이 사람은 일곱 가지 단멸론(斷滅論)에 떨어지느니라."

2〉 칠처(七處=七際)가 소멸한다고 봄

"혹은 몸(欲界, 人, 天의 몸)이 없어진다고 계교(計巧)하며, 혹은 욕(欲)이 없어짐(初禪)이 멸한다고 하며, 혹은 고(苦)가 다함(二禪)이 멸한다고 하며, 혹은 최고 낙(樂)(三禪)이 멸한다고 하며, 혹은 극사(極捨, 四禪과 無色界)가 멸한다고 계탁(計度)하여, 이렇게 순환하여 칠처(七處)를 모두 다하여 현전에 소멸하고는 다시 회복되지 않는다고 하여 그로 말미암아 사후에는 단멸(斷滅)한다고 계탁하여, 외도에 타락해서 보리성을 미혹하나니. 이것은 제9외도(第九外道)가 오음 중에서 사후에는 단멸하다는 심전도론(心顚倒論)을 내세움이라 하느니라."

(10) 다섯 열반론(涅槃論)에 빠짐

"또 삼마지 중의 선남자가 바른 마음을 굳게 맑히어 마(魔)가 기회를 노리지 못하거든, 생류(生類)의 근본을 궁구하여, 저 깊고 맑고 항상하고 요동하는 근원을 관찰하고, 다음 다음이 있다고 계탁(計度)을 내는 이는, 이 사람은 다섯 가지 열반론(涅槃論)에 떨어지느니라.

혹은 욕계(欲界)로 바른 전의(轉依: 열반 혹은 귀의처)를 삼나니 원명(圓明)함을 보고 애모(愛慕)를 내기 때문이며, 혹 초선(初禪)으로 그렇다 하나니 성(性)에 근심이 없기 때문이며, 혹 이선(二禪)으로 그렇다 하나니 마음에 고(苦)가 없기 때문이며, 혹 삼선(三禪)으로 그렇다 하나니 극열(極悅: 매우 기뻐함)이 따르기 때문이며, 혹 사선(四禪)으로 그렇다 하나니 고락(苦樂)이 둘 다 없어져서 윤회하는 생멸을 받지 않는다고 보기 때문이라. 유루천(有漏天)을 잘못 알아서 무위(無爲)로 보아서 다섯 곳의 안은(安隱)함을 수승한 정의로 여겨서, 이와 같이 순환하여 다섯 곳을 구경이라고 하느니라.

이렇게 오현열반(五現涅槃)을 계탁(計度)하므로, 외도에 타락하여 보리성을 미혹하나니, 이것은 제10외도(第十外道)가 5음(陰) 중에서 다섯 가지 현재 열반(五現涅槃)이라는 심전도론(心顚倒論)을 세움이라 하느니라."

3) 그 피해와 보호함을 부탁함

"아난아! 이 열 가지 선나(禪那)의 미친 견해는 모두 이 행음(行陰)에서 마음을 쓰는 것이 엇갈리므로 이러한 알음이 나타나니, 중생이 완고하고 미(迷)해서 스스로 헤아리지 못하고, 이런 것을 앞에 만나게 되면 미(迷)를 가지고 아는 것으로 여겨서 스스로 성인의 경지에 올랐다고 말하여, 대망어(大妄語)를 범하여 무간지옥(無間地獄)에 떨어지느니라.

너희들이 반드시 여래의 말씀을 가져다가 내가 멸도한 후에 말법에 전하여 중생으로 하여금 이러한 도리를 깨달아 알게 하여, 심마(心魔)로 하여금 스스로 큰 허물을 일으키지 않게 하여, 잘 보호하고 감싸주어서 삿된 소견을 쉬게 하고, 그 몸과 마음이 참 이치를 깨닫게 하며, 위없는 도(道)에 대하여 갈래길을 만나지 않게 하여, 마음속에 조그만치 얻고 만족으로 여기지 않게 하여 대각왕(大覺王)의 청정한 표지가 되게 하라."

5. 식음마(識陰魔)의 열 가지 양상(3)

1) 그의 시종(始終)을 갖추 보임

"아난아! 저 선남자가 삼마지를 닦아 행음(行陰)이 다 없어진 이는, 세간의 성(性)인 깊고 맑고 요동하는 동분생기(同分生機)가 문득 망가지며 잠재하고 미세한 강령 단추인 보특가라(補特伽羅)의 업(業)을 따르는 깊은 맥(脈)의 감응(感應)이 멀리 끊어져서," "열반(涅槃)의 하늘이 크게 밝아지려함이, 마치 닭이 맨 나중 울 적에 동쪽을 보매 동이 훤하게 트는 것 같아서, 육근(六根)이 비고 고요하여 다시 달려가는 것이 없으며, 내외(內外)가 맑고 밝아서 들어가나 들어가는 바가 없으며, 시방의 12류생(類生)들이 목숨받는 근원을 깊이 통달하여, 그 까닭을 관찰하고 본원을 잡아서 모든 친생을 불러들이지 아니하며, 시방세계에서 이미 동일함을 얻어서 정색(精色)이 어둡지 아니하여(밝아져서) 깊고 은밀함을 발휘하나니, 이것은 식음(識陰)의 구우(區宇)라 하느니라.144)

만약 모든 유생(모든 류생類生을 불러들이지 아니하고)에서 동일함을 얻은 가운데 육문(六門)을 쇄마(鎖磨)하여 합(合)하거나 여는 것을 성취하면, 보고 듣는 것이 서로 융통하고 호용함이 청정하며, 시방세계와 몸과 마음이 유리처럼 내

---

144) 시방세계 12종류 중생의 몸과 마음과 세계는 오직 식(識)이 변하여 나타난 것일 뿐이다. 이제 식의 성품을 관해서 돌아가기 때문에 '이미 그 똑같음[同]을 획득한다'고 말한 것이다.

외가 명철하리니, 이것은 식음(識陰)이 다함이라고 한다. 이 사람은 명탁(命濁)을 능히 초월하리니, 그 까닭을 관찰하면 형체가 없고 허무한 전도망상으로 그 근본이 되었느니라."

2) 그 중간의 열 가지 양상(10)

(1) 인·소인의 집착(因所因執)에 떨어짐

"아난아! 마땅히 알아라. 이 선남자가 행음(行陰)이 공(空)함을 궁구하여 식음(識陰)에서 근원에 돌아가, 생멸을 이미 없앴으나 적멸(寂滅)에는 정묘(精妙)함이 원만하지 못하였기에, 자기의 몸으로는 6근(根)의 막힌 것을 합하고 열며, 또한 시방의 모든 유생과 깨달음이 통하여 깨달아 아는 것이 통하고 합해서 능히 원원(圓元)에 들어가거든," "만일 돌아갈 데에 진상(眞常)하다는 인을 내세워 수승한 견해를 내는 이는, 이 사람은 인(因)과 소인(所因)의 집착에 떨어져서 사비가라들이 돌아갈 데가 명제(冥諦)라고 하는 이들과 반려(伴侶)가 되어 부처님의 보리를 미(迷)하고 지견(知見)을 망실(亡失)하리니.

이것은 첫 번째 얻을 바 마음을 내세워서 돌아갈 바의 과(果)를 이루는 것이라고 함이니, 원통(圓通)을 어기게 되고 열반성(涅槃城)을 등져서 외도(外道)의 종(種)에 나느니라."

(2) 능(能)·비능의 집착(能非能執)에 떨어짐

"아난아! 또 선남자가 행음(行陰)이 공(空)함을 궁구(窮究)하여 이미 생멸을 없앴으나 적멸(寂滅)에는 정묘(精妙)함이 아직 원만하지 못하였나니, 만약 돌아갈 바를 보아 그를 자체로 여겨서, 온 허공계의 12유생(類生) 안에 있는 중생들이 다 내 몸에서 한결같이 흘러나간다고 하여 승해(勝解)를 내면, 이 사람은 능(能)과 비능(非能)의 집착에 떨어져 마혜수라(摩醯首羅)들의 무변신(無邊身)을 나투는 그들과 반려(伴侶)가 되어 불 보리를 미하고 지견(知見)을 망실(亡失)하리니.

이것은 두 번째 능위심(能爲心)을 내세워 능사과(能事果)를 이룸이니, 원통(圓通)을 어기고 열반의 자리를 등져서 대만천(大慢天)의 아(我)가 두루하고 원만하다고 하는 종류에 나게 되리라."

(3) 상(常), 비상집(非常執)에 떨어짐

"또 선남자가 행음(行陰)이 공(空)함을 궁구(窮究)하여 이미 생멸을 없앴으나 적멸(寂滅)에는 정묘(精妙)함이 아직 원만하지 못하였나니, 만약 돌아갈 바에 대해서 돌아가 의지할 바가 있다 하여 스스로 자기 몸과 마음이 그것에서 흘러 나왔다고 의심하며, 시방 허공도 다 거기에서 생겼다고 하여, 곧 모두 생기어 흘러나왔다는 거기에서 '참되고 항상한 몸, 생멸이 없다'는 견해를 내고서, 생멸의 가운데 있으면서 '상주(常住)하는 것이라' 미리 계교(計巧)

하여, 이미 불생멸(不生滅)에 대해서 잘못 알고 또한 생멸에 대해서 잘못 알아, 침미(沈迷)한 데에 안주하여 승해(勝解)를 내는 이 사람은 곧 상(常)과 비상(非常)의 집착에 떨어져서 자재천(自在天)을 주장하는 이들과 반려(伴侶)가 되어 불 보리를 미(迷)하고 지견(知見)을 망실(亡失)하리니,

이것은 세 번째 인의심(因依心)을 내세워 망계과(妄計果)를 이룸이라 하나니, 원통을 어기고 열반의 자리를 등져서 거꾸로 원만하다는 종류에 나게 되리라."

(4) 지(知), 무지(無知)의 집착에 떨어짐

"또 선남자가 행음(行陰)이 공(空)함을 궁구하여 이미 생멸을 없앴으나 적멸(寂滅)에는 정묘(精妙)함이 아직 원만하지 못하였나니, 만약 아는 바에 대해서 그 아는 것이 두루하고 원만하기 때문에, 아는 것을 인하여 알음알이를 내세워서, 시방의 풀과 나무가 다 정(情)이 있어서 사람과 다름이 없다고 하여, 초목이 사람이 되고 사람이 죽어서 도로 시방의 풀과 나무가 된다고 하며, 가릴 것 없이 두루 안다고 하여 수승한 견해를 내는 이 사람은 곧 지(知)와 무지(無知)의 집착에 떨어져서 일체가 각(覺)이라고 고집하는 파타(婆吒), 산니(霰尼)와 반려(伴侶)가 되어 불 보리를 미(迷)하고 지견(知見)을 망실(亡失)하리니,

이것은 네 번째 원만히 아는 마음이라고 계교(計巧)하여 허류과(許謬果)를 이룸이니 원통(圓通)을 어기고 열반의 성(城)을 등져서 전도(顚倒)하게 아는 종류(種類)에 나게 되

리라."

(5) 생(生), 무생(無生)의 집착에 떨어짐

"또 선남자가 행음(行陰)이 공(空)함을 궁구하여 이미 생멸을 없앴으나 적멸(寂滅)에는 정묘(精妙)함이 원만하지 못하였나니, 만약 원융(圓融)하여 근(根)을 호용(互用)한 가운데 이미 수순함을 얻고서 문득 원융하여 변화하는 데서 일체가 발생한다고 하여, 불의 광명을 구하고, 물의 청정함을 좋아하고, 바람의 주류(周流)하는 것을 사랑하고, 진(塵)이 성취함을 관찰하여 각각 숭배하고 섬겨서 이 군진(羣塵)으로써 본래의 원인을 개발해 만들어서 상주한다는 견해를 내세우면, 이 사람은 곧 생(生)과 무생(無生)의 집착에 떨어져서 모든 가섭파(迦葉波)와 바라문들의 마음을 괴롭히고 몸을 혹사하면서 불을 섬기고 물을 숭배하며 생사(生死)를 벗어나려는 이들과 반려(伴侶)가 되어 부처님의 보리를 미(迷)하고 지견(知見)을 망실하리니,"

"이것은 다섯 번째 계교해서 집착하고 숭배하고 섬겨서 마음을 미(迷)하고 물건에 쫓아가서 허망하게 인을 구하는 것을 세워, 허망하게 과보를 바라는 것을 구함이니, 원통(圓通)을 어기고 열반(涅槃)의 성(城)을 등겨서 전화(顚化)의 종류에 태어나리라."

(6) 귀(歸), 무귀(無歸)의 집착에 떨어짐

"또 선남자가 행음(行陰)이 공(空)함을 궁구하여 이미 생멸을 없앴으나 적멸(寂滅)에는 정묘(精妙)함이 아직 원만하지 못하였나니, 만약 원명에 대해서 밝은 가운데 텅 비었다고 계교(計巧)를 하고, 모든 변화함을 그르다 하여 멸(滅)하고 영멸의(永滅依)로써 귀의(歸依)할 바라고 여겨서 수승한 견해를 내는 이는, 이 사람은 귀(歸)와 무귀(無歸)의 집착에 떨어져서 무상천(無想天) 가운데 순야다(舜若多)들과 반려가 되어 불 보리를 미하고 지견(知見)을 망실하리니,"

"이것은 여섯 번째 뚜렷이 허무한 마음으로 공망과(空亡果)를 이룸이니, 원통을 어기고 열반의 성(城)을 등져서 단멸종(斷滅種)에 나리라."

(7) 탐(貪), 비탐(非貪)의 집착에 떨어짐

"또 선남자가 행음(行陰)을 궁구(窮究)하여 이미 생멸을 없앴으나 적멸(寂滅)에는 정묘(精妙)함이 원만하지 못하였나니, 만약 원상(圓常)에 대해서 몸이 상주하기를 굳게 하여 정원(精圓)함과 같이 영원히 죽지 않으려 하여 수승한 견해를 내는 이는, 이 사람은 곧 탐과 비탐(非貪)의 집착에 떨어져서 곧 장명(長命)을 구하는 아기타(阿耆陀)들과 반려(伴侶)가 되어 불 보리를 미(迷)하고 지견(知見)을 망실(亡失)하리니,

이것은 일곱 번째 명원(命元)을 집착하여 고망인(固妄因)을 세워서 장로과(長勞果)에 나아감이니, 원통을 어기고 열반의 성(城)을 등져서 망연종(妄延種)에 나게 되리라."

(8) 진(眞), 무진(無眞)의 집착에 떨어짐

"또 선남자가 행음(行陰)이 공(空)함을 궁구(窮究)하여 이미 생멸은 없앴으나 적멸(寂滅)에는 정묘(精妙)함이 아직 원만하지 못하였나니, 명(命)의 서로 통함을 관찰하여 문득 진로(塵勞)를 남겨두고 그가 녹아 없어지는 것을 두려워하여, 문득 그때 연화궁(蓮華宮)에 앉아서 칠진(七珍)을 널리 변화하며 미녀(美女)를 많이 모아 마음대로 즐기리라 하여 수승한 견해를 내는 이는, 이 사람은 진(眞)과 무진(無眞)의 집착에 떨어져서 타지가라(吒枳迦羅)들과 반려가 되어 불 보리를 미혹하고 지견(知見)을 망실(亡失)하리니,

이것은 여덟 번째 삿된 생각의 인(因)을 발하여 치성한 진로(塵勞)의 과(果)를 세움이니, 원통을 어기고 열반의 성(城)을 등져서 천마(天魔)의 종류에 나게 되리라."

(9) 정성성문(定性聲聞), 증상만(增上慢)에 떨어짐

"또 선남자가 행음(行陰)이 공(空)함을 궁구하여 이미 생멸을 없앴으나 적멸(寂滅)에는 정묘(精妙)함이 원만하지 못하였나니, 명명(明命) 가운데 정(精)과 추(麤)를 분별하고 진(眞)과 위(僞)를 소결(疏決)하고, 인(因)과 과(果)가 서로

갚아지는 것이라 하여, 오직 감응만을 구하여 청정한 도(道)를 등지나니, 이른바 고(苦)를 보고 집(集)을 끊으며, 멸(滅)을 증득하려고 도(道)를 닦아서, 멸도(滅度)에 있어서 그만 쉬고 다시 전진하지 않으면서 수승한 견해를 내는 이는, 이 사람은 곧 정성성문(定性聲聞)에 떨어져서 모든 증상만(增上慢)인 무문(無聞) 비구들과 반려가 되어 불 보리를 미(迷)하고 정지견(正知見)을 망실하리니,

이것은 아홉 번째 정미롭게 감응하는 마음을 원만히 하여 적(寂)에 나아가는 과(果)를 이룸이니, 원통을 어기고 열반(涅槃)의 성(城)을 등져서 전공종(纏空種)에 나게 되리라.”

(10) 정성벽지(定性辟支), 불회심자(不回心者)에 떨어짐

“또 선남자가 행음(行陰)이 공(空)함을 궁구하여 이미 생멸은 없앴으나 적멸(寂滅)에는 정묘(精妙)함이 원만하지 못하였나니, 만약 원융하고 청정한 각명에 대해서 깊고 묘한 진리를 개발하고 연구를 하여, 곧 이것이 열반이라 하고 전진(前進)하지를 않으면서 승해(勝解)를 내는 이는, 이 사람은 정성벽지(定性辟支)에 떨어져 마음을 돌리지 못하는 연각, 독각들과 반려가 되어 불 보리를 미(迷)하고 정지견(正知見)을 망실하리니,

이것은 열 번째 원각(圓覺)에 합하는 마음으로 담명과(湛明果)를 이루는 것이라고 함이니, 원통을 어기고 열반의 성(城)을 등져서 각(覺)은 원명(圓明)하나 원통(圓通)에 융

화(融和)되지 못한 종류(種類)에 나게 되리라."

3) 그 피해와 보호함을 부탁함

"아난아! 이 열 가지 선나(禪那)가 도중에 광해(狂解)를 이루어 미혹함을 말미암아 부족한 가운데서 만족하게 증득했다는 생각을 내는 것은, 모두 이 식음(識陰)에서 용심함이 엇갈리므로 이런 위상이 생기는데, 중생이 완고하고 미혹하여 스스로 헤아릴 줄을 모르고, 이런 현상을 만나면 각각 좋아하는 바와 먼저 익혔던 버릇으로 마음을 미혹하고서 스스로 휴식하여, 장차 필경에 돌아가 편히 있을 곳인 줄 여기고 위없는 보리를 만족했다고 말하여 큰 망어(妄語)를 이루어서, 외도(外道)와 사마(邪魔)는 받는 업보(業報)가 끝나면 무간지옥(無間地獄)에 떨어지고, 성문과 연각은 증진하지 못하느니라.145)

너희들은 마음먹고 여래의 도(道)를 붙들어 이 법문(法門)을 가져다가 내가 멸도(滅度)한 후의 말세(末世) 중생에게 잘 전하여 널리 중생들로 하여금 이러한 도리를 깨닫게 하여, 견마(見魔)로 하여금 스스로 깊은 죄를 짓지 않게 하며, 안보하여 편안케 하고 슬피 여겨 구원하여, 삿된 반연을 다 쉬게 하고 그의 몸과 마음이 불지견(佛知見)에

---

145) 허망한 계탁을 통틀어 배척하고 계신다. 장차 식음이 타파되어도 묘하고 원만함[妙圓]을 극하지 못해서 각(覺)인 듯 각이 아닌지라, 문득 삿된 계탁을 내기 때문에 '중도에 미친 견해를 이룬다'고 하셨다. 식음을 요달하지 못하고 허망하게 만족하다 여기기 때문에 '미혹에 의지하기 때문에'라고 설했다. 얕은 자는 외도와 사마(邪魔)의 종류가 되고, 깊은 자는 이승의 경지에 떨어진다.

들어가게 하여 처음부터 성취하고 기로(岐路)를 만나지 않
게 하라.146)

이와 같은 법문은 과거세(過去世)의 항하 모래수와 같은
겁에 미진수와 같은 여러 부처님께서 이것을 의지하여 마
음이 열리어 위없는 도(道)를 얻으셨느니라."

셋째. 초증(超證)함과 호지(護持)함을 말씀하다(2)

1. 초월하여 과위(果位)를 증득함

"식음(識陰)이 만일 다하면 너의 현전의 모든 근(根)을
호용하리니, 호용(互用)의 가운데로부터 보살의 금강건혜
(金剛乾慧)에 들어가서 원만하고 밝고 정미로운 마음이 그
중에서 발화하되 마치 깨끗한 유리 속에 보월을 넣은 듯
하며, 이와 같이 10신(信), 10주(住), 10행(行), 10회향(回
向), 4가행(加行)의 마음과 보살이 행하는 금강 10지(地)를
뛰어넘어서, 등각(等覺)이 원명하여 여래의 묘장엄(妙莊嚴)

---

146) 식음 속의 마(魔)는 모두 허망하게 보는 것에 의지하기 때문에 견마(見魔)라고
   한다. 스스로의 마음이 취하고 집착해서 스스로 참된 수행을 무너뜨리기 때문에
   '스스로 죄를 짓는다'고 말했다. 이 법문이 아니면 '편안하게 보호하고 연민으로
   구원해서 삿된 반연을 소멸해 쉽게 하여 부처의 지견[佛知見]에 들어가게 하지'
   못한다. 마음 밖에서 법을 취하기 때문에 '갈림길[岐路]'라고 했다.

의 바다에 들어가 보리를 원만히 갖추어서 무소득(無所得)에 돌아가리라."147)

2. 세심(洗心)하거나 지주(持呪)하여 마(魔)를 방어함

"이것은 과거의 부처님 세존께서 사마타(奢摩他) 중의 비발사나(毘鉢舍那: 위빠사나)에서 각명을 분석하신 미세한 마(魔)의 일이니라. 마의 경계(境界)가 앞에 나타나거든 너희들이 잘 알아서 마음의 때를 씻어버려 사견(邪見)에 떨어지지를 않으면 음마(陰魔)는 소멸하고 천마(天魔)가 부서지고 대력귀신은 넋을 잃고 도망쳐 갈 것이며 이매(魑魅)와 망양(魍魎)들이 다시 나오지 못할 것이며, 바로 보리에 이르고 조금도 부족함이 없을 것이요, 하열(下劣)한 이도 증진하여 대열반(大涅槃)에 마음이 미민(迷悶)하지 아니하리라.

만약 말세(末世)의 어리석고 둔한 중생으로서 선나(禪那)를 알지 못하여 설법을 알지 못하면서 삼매(三昧) 닦기를

---

147) 식음이 일단 타파되면 온갖 지위를 거치지 않고 단번에 초월하여 곧바로 들어가세[一超直入] 불과(佛果)를 원만히 증득하게 된다. 왜 그런가? 여래장의 청정한 진심(眞心)은 본래 미혹과 깨달음이 없지만, 다만 일념의 허망한 움직임을 인(因)하는 이것이 모습[相]을 낳는 무명이 되고, 불생불멸과 생멸이 화합하여 아뢰야식을 이루고, 색과 마음의 온갖 법을 변화해 일으켜서 오음의 중생을 이룬다. 이제 허망함을 돌이켜 참에 돌아가는 것은 바로 금강여환삼매(金剛如幻三昧)로 팔식의 근본무명을 곧바로 관함이 곧 생사를 전변하여 열반이 되기 때문에, 온갖 지위를 거치지 않고 일념에 단박 위없는 보리를 증득하는 것이다. 이것이 바로 상근기의 날카로운 지혜이니, 마치 소리를 관하는 이근(耳根)이 원만히 통해서 생멸이 이미 소멸하고 적멸이 현전하여 홀연히 세간과 출세간을 초월하는 것과 같다.

좋아하거든, 네가 사도(邪道)와 같이 될까 염려되면 일심
으로 권하여 나의 불정다라니주문(佛頂陀羅尼呪文)을 지니
게 하라. 만약 외우지 못하면 선당(禪堂)에 써두거나 자기
몸에 지니게 되면 모든 마(魔)가 요동하지 못하리니, 너는
마땅히 시방여래의 구경까지 닦아 나아가는 최후의 수범
을 공경하여 받들어라."

제2. 물음을 인하여 오음(五陰)의 기멸(起滅)을 밝힘(2)

아난이 곧 자리에서 일어나 부처님의 가르침을 듣고 정례하고 공경히 받들어 기억하고 지녀서 잃어버리지 않고 대중 가운데서 다시 부처님께 말하기를, "부처님이 말씀하신 바와 같이 오음 중에는 다섯 가지의 허망이 근본 생각하는 마음이오나, 저희들이 평상시에 여래의 미세한 개시를 받지 못하였나이다. 또 이 오음은 한꺼번에 쇄제하나이까? 차례로 끊게 되나이까? 이러한 다섯 겹은 어디로 한계가 되나이까? 원하옵노니 여래께서 큰 자비를 펴시어 이 대중의 마음눈이 맑고 밝게 하시며, 말세(末世)의 일체 중생들을 위하여 장래의 눈이 되게 하소서."

첫째. 오음(五陰)의 본인(本因)은 모두 망상(妄想)이다

부처님이 아난에게 이르시기를, "정진묘명(精眞妙明)한 본각(本覺)은 원만하고 청정하여 생사와 모든 진구(塵垢)가 있는 것이 아니다. 내지 허공이라도 모두 다 망상(妄想)으로 인하여 생기는 것이나, 이것은 원래 본각(本覺)이 묘명정진(妙明精眞)이거늘 허망하게 기세간(器世間)을 발생한 것이 마치 연야달다(演若達多)가 제 머리를 모르고 그림자를 인식하는 것과 같느니라.

망(妄)은 원래 까닭이 없거늘 망상(妄想) 가운데서 인연성(因緣性)을 세우고, 인연을 미(迷)하는 이는 자연(自然)이라 칭하거니와 저 허공성(性)도 오히려 실로 환(幻)으로 생긴 것이니, 인연이니 자연이니 하는 말들은 모두 이 중

- 438 -

생들의 허망한 마음으로 계탁(計度)한 것이니라.

아난아! 허망이 생긴 바를 안다면 허망의 인연을 말할 수가 있으려니와, 허망이 원래 없을진대 허망의 인연을 말하더라도 원래 있는 것 아니거든, 하물며 (인연이 본래 없는 줄을) 알지 못하고 자연(自然)이라고 추측함이랴. 그러므로 여래가 너에게 '오음(五陰)의 본래 원인이 다 같이 망상(妄想)이라'고 밝히느니라."

1. 색음(色陰)은 견고망상(堅固妄想)

"너의 몸이 애당초에 부모의 생각으로 인하여 생겼나니, 너의 마음이 생각이 아니면 능히 상중(想中)에 와서 목숨을 전달하지 못하였으리라.

내가 먼저 말하기를, '마음에 신맛을 생각하면 입 안에 침이 생기고, 마음에 높은 데 올라감을 생각하면 발복판에 시그러움이 생긴다' 했나니 높은 벼랑은 있지 않고, 신 물건도 오지 않았거늘, 너의 몸이 반드시 허망 통윤(通倫)이 아니라면, 입에 침이 어떻게 신 것 말함을 인하여 나오겠느냐? 그러므로 마땅히 알아라. 너의 현재 색신(色身)을 견고한 제일(第一) 망상(妄想)이라고 한다."

2. 수음(受陰)은 허명망상(虛明妄想)

"위에서 말한 높은 데 오를 것을 생각하는 마음이 능히 너의 몸으로 하여금 참으로 시그러움을 받게 하듯이, 이 수음(受陰)이 생김을 인하여 능히 색체(色體)를 움직이게 하나니, 네가 현전에 순하면 좋고 거슬리면 나쁜 두 가지 달리는 작용을 허명(虛明)한 제이(第二) 망상(妄想)이라고 한다."

3. 상음(想陰)은 융통망상(融通妄想)

"너의 생각으로 말미암아 너의 색신(色身)을 부리나니, 몸은 생각의 무리가 아니거늘 너의 몸이 어찌 생각이 시키는 바를 따라 가지가지로 취상(取相)하여, 마음으로 내고 몸으로는 취하여 생각과 더불어 서로 상응(相應)하느냐? 잠깨면 곧 생각이요, 잠잘 때는 꿈이 되나니, 곧 너의 생각이 요동하는 허망한 정(情)을 융통(融通)한 제삼(第三) 망상(妄想)이라고 한다."

4. 행음(行陰)은 유은망상(幽隱妄想)

"변화하는 이치가 머물지 아니하여 찰나 찰나 암암리에 옮겨져서, 손톱, 발톱이 자라고 터럭이 나며, 기운이 쇠퇴하고 얼굴이 쭈그러져 낮과 밤에 서로 번갈아 변함을 일찍이 깨닫지 못한다. 아난아! 이것이 만약 네가 아니라면 어떻게 몸이 변천하며 만일 그것이 반드시 진실이라면 네가 어찌 깨닫지 못하느냐? 곧 너의 행음(行陰)이 잠깐 잠깐도 머물지 아니하는 그것을 유은(幽隱)한 제사(第四) 망상(妄想)이라고 한다."

5. 식음(識陰)은 미정망상(微精妄想)

"또 너의 정명(精明)이 맑아서 요동하지 않는 것을 항상한 것이라 한다면, 몸에서 견(見), 문(聞), 각(覺), 지(知)를 내지 못하리라. 만약 참으로 정진(精眞)이라면 망(妄)의 습기(習氣)를 용납하지 아니할 것이어늘, 어찌하여 너희들이 일찍이 예전에 어떤 기이한 물건을 보고, 여러 해를 지나면서 기억과 망각함이 모두 없었다가, 뒤에 문득 그것을 다시 보면 기억이 완연하여 일찍이 유실을 하지 않느냐? 곧 이 정미롭고 잘 알고 맑아서 흐르지 아니한 가운데 찰나 찰나에 훈습(薰習)을 받는 것을 어찌 다 헤아릴 수 있으랴.

아난아! 마땅히 알아라. 이 담(湛)은 참되지 아니하여, 마치 세차게 흐르는 물을 바라봄에 고요한 것 같아서 세차게 흐르는 것을 볼 수는 없으나 흐르는 것이 없는 것은 아니다. 만일 생각의 근원이 아니면 어찌 허망한 훈습을 받겠느냐? 너의 6근(根)을 호용(互用)하여 마음대로 할 적이 아니면 이 망상(妄想)이 없어질 때가 없으리라.

그러므로 너의 현재 보고 듣고 느끼고 아는 그 가운데 관습(串習: 꿸 관, 익힐 습)의 기미이니, 곧 담요(湛了)의 안에 모양이 없는 허무(虛無)한 제오(第五) 전도미세(顚倒微細)한 정상(精想)이라 하느니라.

아난아! 이 오수음(五受陰)은 다섯 가지 망상으로 이루어
진 것이니,

네가 지금 인과의 옅고 깊음을 알고자 하면 색(色)과 공
(空)은 이 색음(色陰)의 변제(邊際)이고, 촉(觸)과 이(離)는
이 수음(受陰)의 변제이고, 기억과 망각은 상음(想陰)의 변
제이고, 멸(滅)과 생(生)은 행음(行陰)의 변제가 되며, 담
(湛)으로 들어가 담(湛)에 합함은 식음(識陰)의 변제에 돌
아가느니라."

둘째. 이(理)로는 돈오(頓悟)하나 사(事)에서는 점제(漸除)한다

"이 오음(五陰)이 원래 중첩하여 생겼으니, 생길 때는 식
(識)으로 인하여 있고, 소멸할 때는 색(色)으로부터 제거한
다. **이치는 곧 단박에 깨달음이라. 깨달으면 한꺼번에 다
녹일 수가 있지만, 현실은 단박에 제거하지 못하는지라
차례로 없앤다. 내가 이미 너에게 겁바라 수건의 매듭을
보였거늘, 무엇이 분명치 않아서 그를 다시 또 묻느냐?"**

"너는 응당 이 망상의 근원을 가져서 마음이 개통하고,
장래의 말법 중에서 수행하는 이에게 전해 주어, 허망함
을 알아서 깊이 싫어함을 내게 하고, 열반(涅槃)이 있음을
알고 삼계(三界)를 그리워하지 않게 하라."148)

---

148) 일체의 세계는 망상으로 유지하는 것이다. 이제 오음의 몸과 마음이 동일한 망
상인 걸 안다면 일체가 망상으로 건립하지 않음이 없다. 만약 망상에 성품이 없
다는 걸 요달한다면, 몸과 마음과 세계가 당장 녹아 없어질 터이니, 열반이 어찌
증득하기 어렵겠는가. 또 어찌 삼계에 연연할 수 있겠는가. 그러므로 이 망상의

근원을 갖고서 말법시대에 전하여 수행의 요체를 알게 하는 것이다.

제3부 유통분(流通分)

"아난아! 만일 어떤 사람이 시방에 두루한 허공에 가득한 칠보(七寶)를 가지고 미진수와 같은 많은 부처님께 받들어 섬기고 공양하여 마음에 헛되이 지나감이 없다면, 어떻게 생각하느냐? 이 사람이 이렇게 부처님께 보시한 인연으로 복을 얻는 것이 많겠느냐?"

아난이 대답하여 말하기를, "허공도 다함이 없고 진보(珍寶)도 그지없습니다. 옛날에 어떤 중생이 부처님께 칠전을 보시하고 그 몸을 버리고서 오히려 전륜왕(轉輪王)이 되었사온데, 하물며 다시 현전에 허공에 가득하고 불국토에 충만한 진보(珍寶)를 다 보시함이겠나이까? 겁이 다하도록 생각하고 말을 하여도 오히려 미칠 수가 없사오니, 이 복이 어찌 변제(邊際)가 있겠나이까?"

1. 지옥의 죄가 극락(極樂)으로 변함

부처님이 아난에게 이르시기를, "부처님 여래는 말씀이 허망이 없으니, 만약 어떤 사람이 몸으로 사중(四重)과 십바라이(十波羅夷)를 갖추 지어서, 순식간에 이 세계의 아비지옥이나 다른 세계의 아비지옥을 두루 거치며, 내지 시방의 무간지옥(無間地獄)까지 경력하는 죄일지라도, 능히 한 생각에 이 법문(法門)을 가지고서 말법 중의 초학자(初學者)에게 개시(開示)해 준다면, 이 사람의 죄와 업장(業障)이 찰나에 소멸하여 그가 받을 지옥의 고인(苦困)이 변하여 안락국(安樂國)을 이루고, 복을 얻는 것이 앞에서 보시한 사람보다 백 배, 천 배, 천만억 배가 되며, 이와 같이 내지 산수와 비유로도 미칠 수 없으리라."

2. 이 경(經), 주(呪)를 지송(持誦)하면 보리를 이룸

"아난아! 만약 어떤 중생이 능히 이 경(經)을 외우며 능히 이 주문(呪文)을 가지면, 내가 아무리 겁이 다할 때까지 말하여도 다하지 못하리라. 내가 가르치는 말에 의지하여 가르침과 같이 도(道)를 행하면 바로 보리를 이루게 되고 다시 마(魔)의 장난이 없으리라."149)

3. 대중들이 법희를 얻다

부처님께서 이 경(經)을 연설해 마치시니, 비구·비구니·

---

149) 진실로 원돈(圓頓) 법문으로 일념에 훈습해 닦으면 바로 위없는 보리의 과보를 얻기 때문에 이 경에서는 여래장 성품의 공덕이 무궁무진하다고 설했다. 능엄주는 바로 모든 부처의 심인(心印)으로서 인의 지님[印持]이 다함이 없고, 현교(顯敎)와 밀교(密敎)를 쌍으로 닦아서 부처의 참된 요체를 이루기 때문에 설한다 해도 다할 수 없다. 만약 가르침에 의거해 수행해서 곧바로 보리를 이루면 다시는 마(魔)의 업이 없을 것이니, 이는 가장 수승한 법문임을 말하는 것이다. 그러므로 널리 전도하는 공덕은 생각으로는 헤아릴 수 없다.

우바새·우바이와 일체 세간의 하늘과 사람과 아수라와 및 타방의 보살, 이승과 성선동자와 처음 발심한 대력귀신들이 모두 다 크게 기뻐하여 예배하고 물러갔다.150)

---

150) 여래께서는 범부와 성인이 함께 모인 법회에서 한량없는 광명의 상서로운 모습을 나타내고, 신비하고 은밀해서 사량하기 어려운 신령한 주문을 펼치고, 미묘하고 이해하기 어려운 법문을 설하고, 겁을 거치면서 생사에 애착하는 근원을 끊고, 오음의 삿된 생각에서 비롯된 마(魔)의 업을 녹였다. 보지 못하던 것을 보고 듣지 못하던 것을 들으니, 이 때문에 모두 크게 환희한 것이다.

南無護法韋陀尊天菩薩

畫家陳士侯提供

우리말로 읽는
부처님 말씀
능 엄 경

1판 1쇄 펴낸 날 2018년 7월 27일(미타재일)

한역 원조 각성스님 **편저** 제안 용하스님
발행인 김재경
펴낸곳 도서출판 비움과소통
    경기도 파주시 하우고개길 151-17 예일아트빌 103동 102호(야당동 191-10)
    전화 031-945-8739   팩스 0505-115-2068
홈페이지 blog.daum.net/kudoyukjung   **이메일** buddhapia5@daum.net
출판등록 2010년 6월 18일 제318-2010-000092호